ITALIANO IN DIRETTA

ITALIANO
IN
DIRETTA

AN INTRODUCTORY COURSE

Antonella Pease ≡ **Daniela Bini**

University of Texas, Austin

McGraw-Hill Publishing Company

New York St. Louis San Francisco Auckland Bogotá Caracas
Hamburg Lisbon London Madrid Mexico Milan Montreal New Delhi
Oklahoma City Paris San Juan São Paulo Singapore Sydney Tokyo Toronto

*To Arthur, Geraldine, Joseph, Laura, and Leo,
and to our students over many years.*

This is an ⴃⴃ book.

3   4   5   6   7   8   9   0   DOH   DOH   8   9   4   3   2   1

Library of Congress Cataloging in Publication Data

Pease, Antonella.
    Italiano in diretta: an introductory course / Antonella Pease,
    Daniela Bini.
    p. cm.
    "This is an EBI book."
    Includes index.
    1. Italian language—Textbooks for foreign speakers—English.
2. Italian language—Grammar—1950–   I. Bini, Daniela, 1945–
II. Title.
PC1128.P4   1989   458.2'421—dc19   88-38422   CIP
ISBN 0-07-557328-8 (Student Edition)
ISBN 0-07-557868-9 (Instructor's Edition)

Manufactured in the United States of America

Developmental Editor: Leslie Berriman
Copyeditor: Paola Caro
Project editor: Anne Weinberger
Art director: Jamie Sue Brooks
Text and cover designer: Linda Marcetti
Illustrator: Stan Tusan
Photo researcher: Judy Mason
Production supervisor: Susan McCabe
Compositor: Jonathan Peck Typographers
Cover color separator: Color Tech
Insert color separator: Williams Litho Service
Cover and insert printer: Phoenix Color Corporation
Printer/Binder: R.R. Donnelley & Sons Company
Cover photograph: © John Blaustein/Woodfin Camp & Associates

Text and realia credits

Grateful acknowledgment is made for use of the following: *pages 44, 45* © Disegnatori Riuniti; *72* © *L'Agendacasa di Suor Germana 1988*, Edizioni Piemme, Casale Monferrato, Italy; *83* © *Corriere della Serra; 86, 96* © *Il Messaggero; 106* Syndication International Ltd.; *118* © *Noi Enigmistica; 154* © *L'Espresso; 165* (*right*) © *Panorama; 174* © *Agendacasa di Suor Germana 1988*, Edizioni Piemme, Casale Monferrato, Italy; *178, 183* © *la Repubblica; 186* © *Noi Enigmistica; 220* © Van Kasteel; *229* © *L'Espresso; 235* (*top*) © Disegnatori Riuniti; *235* (*bottom*) © United Feature Syndicate; *251* © Syndication International Ltd.; *254* © Freer; *256* © *Panorama; 261* © Disegnatori Riuniti; *263* © 1987 by The New York Times Company, reprinted by permission; *280* © *100 Itinerari Italiani*, Selezione del Reader's Digest, 1980; *296* (*bottom*) © New York Times Pictures; *298* © Feltrinelli Publishers; *317* © *Grazia; 322* © Disegnatori Riuniti; *333* © *Panorama; 344* © Disegnatori Riuniti; *349, 350* © *L'Espresso; 352* © Giovanetti; *354, 369* © *L'Espresso; 387* ("*O Sole Mio*") © 1938 Amsco Music Publishing Company; *388* ("*Santa Lucia Lontana*") © 1985 the Decca Record Company Ltd.; *388* © Disegnatori Riuniti; *397* (*top*) © *la Repubblica; 397* (*bottom*) © *L'Espresso; 406–410* © Giunti Marzocco, *Le Avventure di Pinocchio*, by C. Collodi, 1981, *418* © *100 Itinerari Italiani*, Selezione del Reader's Digest, 1980.

CONTENTS

Italiano in diretta is an introductory four-skills Italian text whose primary goal, as the title implies, is to bring students directly in touch with the language and culture of contemporary Italy. This is a text that encourages student involvement in the classroom, where the focus is on creative and communicative use of language. Dramatization of the language by students is a key principle in *Italiano in diretta*, where the instructor's role is like that of a stage director who guides actors through real-life situations. Included among the key elements in this text are streamlined grammar presentations, brief dialogues in contemporary Italian, and authentic materials.

The practical language, rich visuals, and authentic materials of *Italiano in diretta* give the text its communicative flavor. A lively introduction to the language and culture of Italy, combined with a comprehensive focus on the four basic skills of listening, speaking, reading, and writing, make *Italiano in diretta* a solid beginning text with a contemporary flair. The text's conversational focus encourages students to interact with the language and their classmates and instructor. Authentic materials, such as movie listings, travel brochures, announcements, newspaper and magazine articles, and advertisements, appear in every chapter and bring the Italy of today directly into the classroom.

ORGANIZATION

Italiano in diretta is organized into twenty-four chapters, preceded by a preliminary chapter that introduces Italian pronunciation. The text's basic elements are the same from chapter to chapter, but, unlike other texts, this one does not impose a rigorous organization on the chapters; each takes its natural course according to the flow of the particular topics and structures introduced. The basic chapter elements are the following:

Rapidi scambi A series of short conversational exchanges takes a variety of perspectives on a particular type of situation. For example, the **Rapidi scambi** section in Chapter One, which introduces expressions used in greetings, contains seven brief dialogues, each creating a slightly different context because of the people involved in the exchange. Students immediately learn the different types of expressions used in greetings according to whether the speakers are two students, a student and a professor, two neighbors, and so on. As they are brief, the **Rapidi scambi** are easily memorized by students. It is meant for students to learn these situational dialogues and then act them out in class. The **Rapidi scambi** sections are illustrated with drawings and authentic materials to reinforce the particular contexts of the exchanges.

Come si dice? A list of words and expressions taken directly from each **Rapidi scambi** section presents the new vocabulary in context. These boxed **Come si dice?** sections, together with the boxed special-vocabulary sections of some of the earlier chapters, constitute the *active* vocabulary in this text.

Parole nel contesto Appearing sometimes in place of the **Rapidi scambi** section, the **Parole nel contesto** section introduces new vocabulary or structures within a highly visual context.

Structural Presentations The grammar sections present all of the basic structures of an introductory Italian program, but in a streamlined and concise fashion. Explanations are brief, clear, and supported with a rich variety of examples. Each presentation has a single-point emphasis, and explanations are generally followed immediately by an interactive exercise section. These structural materials appear several times over the course of each chapter.

Facciamo pratica! These exercise sections follow the presentation of all new vocabulary and grammar that appear in the **Rapidi scambi**, **Parole nel contesto**, and structural presentation sections. They verify comprehension of the new material and promote student interaction through a variety of situational exercises. The **Facciamo pratica!** sections can sometimes be brief as they practice a focused point in context. There is no lack of exercise material, however, as there are a number of these sections in each chapter to give students continual practice with new material.

Informazioni Brief cultural information boxes create a picture of contemporary Italy.

Lettura Cultural readings complete each chapter, integrating chapter content and providing culturally authentic views of Italy. The **Lettura** sections of the first eight chapters are preceded by **Prima di leggere**, a strategy-building section that prepares students for each reading. Hints on strategies such as cognate recognition, skimming for the general idea, scanning for specific information, and predicting information help students approach new texts and provide guidance for reading in a foreign language.

SUPPLEMENTS

A complete instructional package accompanies *Italiano in diretta*.

Annotated Instructor's Edition Marginal notes for the instructor within the complete student text give specific guidelines for using the material. Annotations include suggestions for implementing exercises and activities, additional exercises, expansion activities, and relevant cultural information.

Instructor's Manual This reference for the instructor contains an introduction to the program, course syllabus planning, lesson planning, sample lesson plans, and a guide to developing a testing program.

Instructor's Resource Binder This kit of optional materials coordinated with each chapter contains optional exercises, transparency masters of illustrations from the text, and realia.

Combined Workbook/Laboratory Manual The written exercises of the Workbook part of this supplement provide a wealth of additional material for the student. Basic structural exercises are combined with more expansive exercises to offer a complete range of supplementary written exercises. And, like the main text, the Workbook contains authentic materials from Italy, integrated with exercises. An important feature of the Workbook is review material; **Ancora una volta** sections appear after every four chapters in the Workbook, providing comprehensive review material for the student to work through on his or her own. Unlike other programs where review material might appear in the main text, *Italiano in diretta* places **Ancora una volta** sections in the Workbook for outside-of-class work, allowing the instructor to reserve classroom time for more interactive work.

The Laboratory Manual part of this supplement provides additional oral practice. Material coordinated with the chapters of the main text includes the **Rapidi scambi** with additional exercises, work with pronunciation and intonation, structural exercises, dictations, and listening comprehension exercises.

In addition to the student Laboratory Manual, components of the laboratory program include cassette or reel-to-reel tapes and a complete tapescript for the instructor.

Slides A set of forty contemporary color slides of Italy includes commentary and questions.

Computer materials The *Random House Electronic Language Tutor* (*RHELT*), by John Underwood of Western Washington University, includes all the manipulative exercises and activities from the student text.

ACKNOWLEDGMENTS

The authors gratefully acknowledge the valuable suggestions of the language professionals in the Italian field who read the manuscript at various stages of its development: Rosa Bellino-Giordano, Lyons Township High School, La Grange, Illinois; Walter Blue, Hamline University; Erminio Braidotti, University of Pennsylvania; Walter Centuori, University of Nebraska at Lincoln; Thomas Cox, San Diego State University; Mario Donatelli, Ramapo High School, Spring Valley, New York; Angelica Forti-Lewis, SUNY Stonybrook; Ferdinand Iucci, Bergen Catholic High School, Oradell, New Jersey; Edgar Knowlton, University of Hawaii at Manoa; Susan Mancini, Saint Francis De Sales High School, Worthington, Ohio; Franco Martinelli, Northern Illinois University; Antonio Masullo, Virginia Commonwealth University; Vito Recchia, William E. Grady High School, Brooklyn, New York; Seymour Resnick, CUNY Queens College; Robert Rodini, University of Wisconsin; Joseph Siracusa, SUNY Brockport; Anthony Tamburri, Purdue University; Pasquale Verdicchio, University of California at San Diego; and Lynn Winget, Wichita State University.

Special thanks go to Laura Bini, who read the manuscript in its preliminary phase and helped with specifics of the vocabulary; Gilca Cespedes De Cearley, for skillfully typing the manuscript; Catherine Feucht, at the University of California at Berkeley, for carefully reading the manuscript; Paola Caro, for her editorial work at both the developmental and copy editing stages; Marion Connell, at the University of California at Berkeley, for her intensive and thoughtful editing of the complete manuscript; and Donna Yowell, at the University of Washington, for her teaching suggestions, which appear in the margins of the Annotated Instructor's Edition.

We would especially like to thank our friend and colleague Antonella Olson, at the University of Texas at Austin, who patiently read the manuscript, offered useful suggestions, helped with the copy editing, the appendix, and the end maps, and who wrote the Italian–English and English–Italian vocabularies that appear at the back of the book.

We would like to express our appreciation to the production staff at Random House for their fine work. Anne Weinberger, our project editor, deserves special thanks for her expertise in carrying this text through all stages of production. Thanks also go to the invaluable contributions of Cathy de Heer, Marie Deer, Jamie Sue Brooks, Susan McCabe, and Karen Judd.

Finally, we wish to thank warmly the editorial staff of Random House, especially Dr. Thalia Dorwick and Leslie Berriman, for their expertise, skillful work, and constant guidance.

A. P.
D. B.

La Primavera del Botticelli. (1444–1510) Rinascono i miti classici arricchiti dalla sensibilità gotico-cristiana. (Scala/Art Resource)

BELOW, LEFT: *Siena: Palazzo Comunale con la torre del Mangia in Piazza del Campo (secolo XIII)* (© Karen Rantzman)

BELOW, RIGHT: *Un'arte antica: la lavorazione del vetro sull'isola di Murano* (© Tony Howarth/ Woodfin Camp)

Eleganza e raffinatezza in una strada milanese (© Stuart Cohen/Comstock)

Paesaggio delle Dolomiti nelle Alpi italiane (© Gregg Mancuso/Stock, Boston)

La Predica agli uccelli di Giotto da Bondone. L'amore di San Francesco per tutte le creature di Dio è il motivo ispiratore di questo affresco. Chiesa Superiore di San Francesco, Assisi (secolo XIII) (Scala/Art Resource)

Venezia: il famoso Caffè Florian in Piazza San Marco (© Hugh Rogers/Monkmeyer)

Pompei: atrio di casa patrizia distrutta dall'eruzione del Vesuvio nel 79 d.C. (© Peter Menzel)

Una passione antica: il calcio. I rosso-neri (Milan) giocano una partita internazionale (© Stuart Cohen/Comstock)

*Castello sul lago di Garda
(© Peter Menzel)*

BELOW LEFT: *L'imponente figura
di Mosè a guardia della tomba
del pontefice Giulio II.
Michelangelo, Chiesa di San
Pietro in Vincolo, Roma (Scala/
Art Resource)*

*Una fermata giornaliera all'edicola (© Hugh Rogers/
Monkmeyer)*

RIGHT: Mme Zbororawska, *uno degli inconfondibili ritratti di donna del pittore livornese Amedeo Modigliani (1884–1920). Museo de Arte, Sao Paulo (Giraudon/Art Resource)*

FAR RIGHT: *La piccola Maria de' Medici nel ritratto del Bronzino. Compostezza e dignità aristocratiche. Galleria degli Uffizi, Firenze (secolo XVI) (Scala/Art Resource)*

BELOW: *Ritratto di Leone X coi cardinali Giulio de'Medici e Luigi de'Rossi. Raffaello. Realismo e spiritualità indicano il potere temporale e divino della Chiesa. Galleria degli Uffizi, Firenze (secolo XVI) (Scala/Art Resource)*

Contrasto di luci e attenzione ai dettagli nel Giovane Bacco del Caravaggio, uno dei primi, e dei più grandi, pittori del periodo Barocco (1573–1610) (Scala/Art Resource)

L'incontro tra il divino e l'umano nella Annunciazione di Fra' Giovanni da Fiesole, detto L'Angelico. Museo di San Marco, Firenze (secolo XV) (Scala/Art Resource)

Un capolavoro di Andrea Palladio: la chiesa di San Giorgio Maggiore a Venezia (1566–1610) (© Tom Grill/ Comstock)

Leonardo da Vinci: Autoritratto. L'occhio del genio puntato su se stesso: un volto segnato dall'intelletto e dagli anni. Biblioteca Reale, Torino (secolo XVI) (Scala/Art Resource)

Testimonianze greche in Sicilia: tempio dedicato a Hera Licinia ad Agrigento (450–430 a.C.) (© Steven L. Rosenberg)

Studenti dell'Accademia di Belle Arti a Venezia (© Karen Rantzman)

Pesce, frutta e verdura: mercato a Chiavari sulla Riviera Ligure (© Hugh Rogers/Monkmeyer)

Uno sguardo dall'alto: La cupola di San Pietro a Roma di Michelangelo (secolo XVI) (© A. J. Hartman/Comstock)

Una grande famiglia: i Gonzaga di Mantova. Nell'affresco di Andrea Mantegna (1474, detaglio della Camera degli sposi, Palazzo Ducale di Mantova) (Scala/Art Resource)

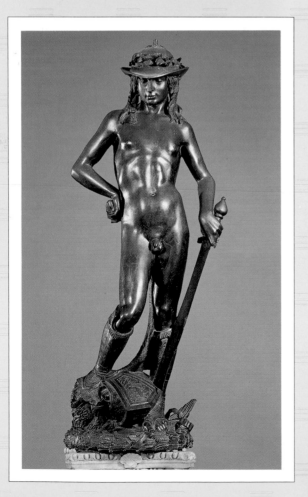

Il trionfo della bellezza nel bronzo del Giovane David di Donatello. Museo del Bargello, Firenze (secolo XV) (Scala/Art Resource)

CAPITOLO PRELIMINARE

Università di Pavia: Due studentesse passeggiano tra una lezione e l'altra (© Stuart Cohen/Comstock)

1

Italian is a romance language; that is, it derives from Latin, as do Spanish, French, Portuguese, and Rumanian. Its alphabet has 21 letters. Although **j, k, w, x,** and **y** appear, they are used only for foreign words. Listen to your instructor say each letter, and repeat it several times. Notice how the sounds differ from the corresponding English sounds.

a	a	**h**	acca	**q**	cu
b	bi	**i**	i	**r**	erre
c	ci	**l**	elle	**s**	esse
d	di	**m**	emme	**t**	ti
e	e	**n**	enne	**u**	u
f	effe	**o**	o	**v**	vu
g	gi	**p**	pi	**z**	zeta

j	i lunga
k	cappa
w	doppia vu
x	ics
y	ipsilon

Vowels

1. The vowels **a, e, i, o,** and **u** have a distinct, clearly articulated sound. The pronunciation of **a, i,** and **u** does not vary. The vowels **e** and **o** have both an open sound and a closed sound.

   Listen and repeat the following words after your instructor.

bambina	barca	pasta	pista	alpinista
risata	ruga	musica	rubini	figura

   ### Closed sound of **e**

beve	cera	sera	vero	tre
pero	verde	vedere	rete	pena

   ### Open sound of **e**

bene	bella	prete	treno	coperta

   ### Closed sound of **o**

famosi	robusto	sposare	vola	rosso

   ### Open sound of **o**

spora	poca	rosa	cosa	porta

2. Two or more vowels can appear in sequence. Repeat the following words after your instructor.

italiani	ruota	palio	lauro	Paolo

Consonants

Many consonants in Italian have the same sound as in English; some are pronounced with a slight difference. You will learn the differences in time, through practice and listening. However, a few basic rules should be kept in mind.

1. While **h** is never pronounced, its appearance in writing can differentiate one word from another. For example: **ho** (*I have*), **o** (*or*); **hanno** (*they have*), **anno** (*year*).

2. **H** is also used to distinguish the soft sound of **ci** and **ce** (as in *chip*) from the hard sound of **chi** and **che** (as in *kite*). Likewise, it changes the soft sound of **gi** and **ge** (*general*) into the hard sound of **ghi** and **ghe** (*get*).

   When directly followed by **a, o,** or **u,** the consonants **c** and **g** have a hard sound.

   Pronounce the following words after your instructor.

Soft sound of **c** and **g**

Cesare	cipolla	atroci	ceci	feroce
regina	generale	girare	dirigere	gelato

Hard sound of **c** and **g**

come	cavallo	banca	acuto	custode
cuore	cosa	chiesa	oche	perché
schiuma	schema	chiedere	rischio	chiuso
Gorizia	legumi	legame	largo	lungo
gusto	diga	spaghetti	righe	ghisa
ghiaia	laghi	sghembo	ghiande	streghe

3. Double consonants must always be pronounced so as to be clearly distinct from their single counterparts. Initially, in order to make the doubling heard, you will probably have to exaggerate and sound excessive to your own ears. Listen to your instructor and repeat.

bella	gonna	mamma	cappa	rossa
letto	gregge	sette	fratello	burro

4. The Italian **r** sound has no English equivalent. The tongue rolls on the palate, directly behind the upper teeth, creating a trill. Practice this sound with your instructor.

rubare	trentatré	tigre	trento	treno
tremare	trottare	proporre	tradurre	sradicare
strafare	lustrare	scrofa	errore	errare

5. The sound **gli** is similar to the palatalized **l** sound in *stallion* and *pavillion*. Listen and repeat.

figli	giglio	foglia	famiglia	triglia
miglio	sveglio	voglio	meglio	gliene

6. The sound **gn** is similar to the **n** sound in *onion*.

signore	ogni	ognuno	lavagna	guadagnare
ragni	pagnotta	pugno	impegno	gnomo

Stress

1. In Italian, the stress generally falls on the next-to-last syllable.

giornale	lavoro	amare	arzigogolato

There are, however, many words which are stressed on a different syllable. In vocabulary lists and grammar paradigms throughout the text, a dot has been placed under the appropriate syllable for words with an irregular stress.

articolo	ridere	fantastico	leggere

2. Words whose stress fall on the last syllable always have an accent on that syllable.

virtù	così	città	università

Accents

1. Italian has both an acute (´) and a grave (`) accent. The use of these accents varies. Today, many editors and writers use only the grave accent; in this text, the grave accent is used in all cases except on an accented, closed final **e** (**perché, benché**).

Repeat the following words after your instructor.

città	caffè	supplì	farò	laggiù
perché				

2. The accent is also used to distinguish some words with different meanings: **la** (a definite article) from **là** (*there*); **si** (the pronoun) from **sì** (*yes*); **e** (*and*) from **è** (*is*).

CAPITOLO I

SALUTIAMOCI IN ITALIANO!

Studenti davanti all'Università degli studi a Firenze (© Stuart Cohen/Comstock)

Rapidi scambi
    Subject Pronouns and Present Indicative of stare
        Forms of Address
            Non
                Titles

Lettura 1: Come si salutano gli italiani?
Lettura 2: Carta d'identità

RAPIDI SCAMBI

Ripetiamo insieme! (*Let's repeat together!*)

1. —Come ti chiami?
   —Laura Bernardini,
   e tu?
   —Marco Rossi.
   Piacere!
   —Molto piacere!

2. —Come si chiama,
   signorina?
   —Paola Cappelli,
   e Lei?
   —Mario Togni. Molto
   piacere!
   —Piacere mio!

3. —Ciao, Maria,
   come stai?
   —Bene, grazie,
   e tu?
   —Benone, grazie.

4. —Buon giorno, ragazzi,
   come state oggi?
   —Bene, grazie, e Lei,
   professore?
   —Non c'è male, grazie.

5.　—Buona sera, signora Gallo, come sta?
　　—Abbastanza bene, grazie, e Lei?
　　—Poco bene: ho il raffreddore.
　　—Mi dispiace°! ArrivederLa, dottore!
　　—ArrivederLa, signora. Mi saluti
　　　Suo marito.°

Mi... *I'm sorry!*

Mi... *Say hello to
　your husband for
　me.*

6.　—Buona sera, signori
　　　Berto. Come stanno?
　　—Molto bene! E Lei,
　　　dottor Rossi?
　　—Bene, grazie.
　　　Arrivederci.
　　—ArriverderLa,
　　　dottore.

7.　—Ciao, bella, come
　　　va?
　　—Non c'è male, e tu?
　　—Benissimo, Laura;
　　　a domani.
　　—Ci vediamo. Buona
　　　notte, caro.

COME SI DICE?

Words in the **Come si dice?** *lists are considered active vocabulary that
you should learn carefully.*

Buon giorno, signora! Good
　morning, madam!
Buona sera, signorina! Good eve-
　ning, miss!
Buona notte, signore! Good night,
　sir!

Ciao, Anna! Hi, Anna!
Ciao, bello/a (caro/a).* Hi, gor-
　geous (dear).

Arrivederci, ragazzi. Goodbye,
　guys.
ArrivederLa, professore. Goodbye,
　Professor.
A domani. See you tomorrow.

Ci vediamo. See you.

Come stai, Mario? How are you,
　Mario?
Come state oggi, ragazzi? How
　are you today, guys?
Come sta, signore? How are you,
　Sir?
Come stanno, signori Berto? How
　are you, Mr. and Mrs. Berto?

Bene! Benone! Benissimo! Well!
　Very well! Great!
Molto bene! Very well!
Non c'è male. Not bad.
Abbastanza bene. Pretty well.

Poco bene. Not too well.
Ho il raffreddore. I have a cold.

Come va? How's it going?
Bene, grazie! Fine, thanks!
Come ti chiami? What's your
　name? (*familiar*)
... E tu? . . . And yours?
Come si chiama? What's your
　name? (*formal*)
... E Lei? . . . And yours?
Piacere! Molto piacere! Pleased
　to meet you! Very pleased to
　meet you!
Piacere mio! My pleasure!

---

*These are terms of endearment used among friends, especially young people.

Attenzione!

- **Buon giorno** (*lit., good day*) used from morning until the middle of the afternoon, no later than six o'clock
  Buona sera used in the late afternoon and evening*
  Buona notte used late in the evening, mainly in final leave-taking at night
- **Ciao!** an informal way of both greeting and saying goodbye
  Arrivederci (*lit., till we see each other again*) an informal way of saying goodbye to one or more persons
  ArrivederLa a polite way of saying goodbye to a person you don't know well

||| Facciamo pratica! . . . .

A. Come ti chiami?

1. Domandate il nome ai compagni di classe e rispondete secondo l'esempio. (*Ask your classmates their names and answer according to the model.*)

   ESEMPIO: —Come ti chiami?
   —Robert Brown, e tu?
   —Angela Smith. Piacere!
   —Molto piacere!

2. E ora fate la stessa domanda al vostro professore. (*And now ask your professor the same question.*)

B. Completate questi scambi e fate pratica orale. (*Complete these exchanges and practice them orally.*)

1. —____, Maria, come ____?
   —____, e tu?
   —____, grazie.
2. —Buon giorno, professore, ____?
   —____, Giorgio, e ____?
   —____, grazie.
   —Arrivederci, Giorgio.
   —____, professore.
3. —Buona sera, ragazzi, ____?
   —____, e Lei, professore?
   —____!

---

*In certain regions of Italy, this expression is used in the early afternoon as well.

4. —Ciao, bella, _____?

—_____, e tu?

—_____, grazie.

—Ci vediamo domani.

—_____.

C. Situazioni

1. You and your professor run into each other in the morning. Say hello, ask each other how you are, then say goodbye.
2. You meet a classmate on the Via Nazionale in the evening. What do you say to each other?
3. It's late at night, and you and your boy/girlfriend must say goodnight. You will see each other tomorrow. What do you say?

SUBJECT PRONOUNS AND PRESENT INDICATIVE OF *STARE*

stare (*to be*)	
SINGOLARE	PLURALE
io **sto** bene	noi **stiamo** bene
tu **stai** benone	voi **state** molto bene
lui (*he*), lei (*she*) **sta** bene	loro (*they*) **stanno** così così
Lei (*you, formal*) **sta** bene	Loro (*you, formal*) **stanno** bene

1. As you probably noticed in the preceding exercises, subject pronouns are usually omitted in Italian since the person is indicated by the verb ending. Subject pronouns are used only for emphasis or to avoid ambiguity.

   Lui sta bene, ma **lei** sta male.   *He is well, but she isn't.*

2. Intonation is different in questions and in statements. This difference is clearly demonstrated when the verb in the question and statement is the same.

   Maria sta bene?
   Sta bene Maria?   Sì, sta bene.

Maria, stai bene? ⎫
Stai bene, Maria? ⎭   No, non sto bene.

Come sta, signora? ⎫
Signora, come sta? ⎭   Sto abbastanza bene.

State bene, ragazzi? ⎫
Ragazzi, state bene? ⎭   Sì, papà, stiamo bene.

FORMS OF ADDRESS

	SINGOLARE	PLURALE
Familiare	tu	voi
Formale	Lei	Loro

Italian expresses *you* in a variety of ways. Familiar forms are used to address relatives, friends, children, and animals. Formal, or polite, forms are used to address persons you don't know or with whom you are not on familiar terms.

The verb form varies according to whether the **tu**, **voi**, **Lei**, or **Loro** form of address is used or implied.

Singolare	**Plurale**
Come **stai**, Maria?	Come **state**, ragazzi?
Stai bene, papà?	Giorgio e Maria, come **state**?
Come **stai**, mamma?	**State** bene, bambini (*children*)?
Come **sta**, professore?	Come **stanno**, signori?
Signora Rossi, come **sta**?	Signori Monti, come **stanno**?
Sta bene, signorina?	**Stanno** bene, signorine?

Attenzione!

■ The polite plural form **Loro** is used only in formal situations (for example, a clerk greeting a group of people or a waiter addressing a couple in a restaurant) or on formal occasions. The familiar plural form **voi** is generally used more frequently and is the form used when addressing groups of young people.

■ The word **ragazzi** is often used informally to address a group of young people (all males or males and females). It is similar in use and meaning to the English expression *guys*.

NON

non + VERBO	
(Io) **Non** sto bene.	I'm not well.
(Noi) **Non** stiamo bene.	We're not well.

1. To make a negative statement, Italian uses the word **non**, which always precedes the verb: **non** + *verb*. There is no Italian equivalent for the English forms *do not* (*don't*) and *does not* (*doesn't*).

     Non ho il raffreddore.   *I don't have a cold.*

2. A negative answer to a question is often preceded by the word **no**, just as in English, but **non** must still precede the verb.

     Stai bene, Laura? —**No,**   *Are you well, Laura? —No,*
     non sto bene.   *I'm not well.*

3. An affirmative answer to a question is often preceded by the word **sì**.

     Signora, sta bene? —**Sì,** sto   *Are you well, madam? —Yes,*
     molto bene!   *I'm very well!*

TITLES

signora (sig.ra)	*madam, ma'am, Mrs.*
signorina (sig.na)	*miss, Ms., young lady*
signore (sig.)	*sir, Mr.*
dottore (dott.)	*Doctor, Dr. (male)*
dottoressa (dott.ssa)	*Doctor, Dr. (female)*
professore (prof.)	*Professor (male)*
professoressa (prof.ssa)	*Professor (female)*

Attenzione!

- **Dottore** is used to address a medical doctor and also anyone holding a university degree. It is often used as a title of respect, regardless of the actual degree(s) the person addressed holds.

- The titles **dottore**, **professore**, and **signore** drop the final **-e** in front of a proper name.

—Perché avete quell'aria disperata,ª oggi, signor Betti?

ᵃPerché... *Why do you look so upset*

    Come sta, dotto**re**?   Come sta, dotto**r** Magni?

- **Signori**, the plural form of **signore**, means *Mr. and Mrs.* when followed by a proper name.

    Come stanno, **signori** Smith?

- When talking *about* a person, use the words **il** (*male*) and **la** (*female*) before their titles.*

    Come sta, **signor** Neri?   *How are you, Mr. Neri?*
    Come sta **il signor** Neri?   *How is Mr. Neri?*

||| Facciamo pratica! . . . .

A. Come state? Domandate e rispondete secondo l'esempio. Siate originali nelle risposte. (*Ask and answer according to the model. Give original answers.*)

ESEMPIO: —_____, Marta?
            —_____. →
            —Come stai, Marta?
            —Benone! E tu?

1. —_____, professore?   6. —E voi, ragazzi, _____?
   —_____.   —_____.

2. —_____, ragazzi?   7. —Papà, _____?
   —_____.   —_____.

3. —Marta, _____ Anna?   8. —_____, dottore?
   —_____.   —_____.

4. —_____, signora?   9. —_____, signori Stoppato?
   —_____.   —_____.

5. —E Lei, signor Botta, _____? 10. —_____, Giorgio e Patrizia?
   —_____.   —_____.

_____

*Il and la are two Italian definite articles (*the*). You will learn these forms and their uses later.

B. Cosa si dicono? (*What do they say to each other?*) *Read the situa-tions, then do the exchanges in Italian. The number of spoken lines* (**battute**) *in each exchange is indicated in parentheses after each situation.*

1. Anna e Maria si incontrano (*meet*) in classe. Cosa si dicono? (3 battute)

   A:

   M:

   A:

2. Il professor Nuti entra in classe. Cosa dice? Cosa rispondono (*answer*) gli studenti? (2 battute)

3. Il dottor Conti incontra la signora Gallo alle sette (*at seven*) di sera, la saluta (*greets her*) e le dice che ha il raffreddore (*tells her that he has a cold*). Cosa si dicono? (4 battute)

4. Carol telefona a Gina alle undici di sera (*at 11:00 P.M.*). Cosa si dicono? (4 battute)

C. Qual è la parola o l'espressione adatta? (*Which is the appropriate word or expression?*) (Note: *In Exercise B, you read a number of words and phrases that are cognates of English words or that were parentheti-cally described in English. While you may not be able to use these words actively in conversation yet, you will find it useful to be able to recognize them in reading. The following exercises will give you additional practice in recognizing some of this "receptive" vocab-ulary.*)

1. Marco entra in classe e dice _____ al professore.

   a. buona notte   b. ciao   c. buon giorno

2. Elisabetta _____ il dottor Conti.

   a. saluta   b. dice   c. sta

3. Marco e Maria si dicono _____.

   a. bene   b. non c'è male   c. ciao

4. Matilde non sta bene; ha _____.

   a. il vocabolario   b. il raffreddore   c. il signore

5. Che cosa _____ Laura e Carla?

   a. s'incontrano   b. si dicono   c. stanno

6. Il signor Penna _____ la signora Taviani alle undici di sera.

   a. dice   b. sta   c. incontra

7. La signora Mazzi non _____ bene. Ha il raffreddore.

   a. incontra   b. sta   c. dice

8. Claudio telefona a Giulia alle undici di sera e le dice _____.

   a. come stanno   b. il raffreddore   c. buona notte

LETTURA 1

Prima di leggere

The following reading contains some words and phrases that you are already familiar with, along with material that you will be seeing for the first time. Go through the reading several times until you are comfortable both with its meaning and with the sounds it contains.

The **Attenzione!** section will explain some aspects of the structures used in the reading, and the **Facciamo pratica!** section will give you practice with the words and phrases you will learn to recognize in the reading. Remember that you do not need to use this material actively in conversation right now. However, building up a large recognition vocabulary in this way will make some aspects of Italian easier to learn later on and will also eventually improve your conversation skills.

Come si salutano gli italiani?

La mattina° e il pomeriggio° gli italiani si dicono «buon giorno». La sera si dicono «buona sera» e prima di andare a letto° si dicono «buona notte». Tra parenti e amici spesso si baciano e si abbracciano.° Quando
5 non si conoscono° bene, si danno la mano.° Quando si incontrano per la prima volta,° dicono «piacere».

morning / afternoon
prima... *before going to bed*
Tra... *Relatives and friends often kiss and hug.*
Quando... *when they don't know each other /* si... *they shake hands*
per... *for the first time*

Attenzione!

■ To express the equivalent of the English *in* in certain time expressions (*in the morning, in the evening,* etc.), use only the definite article (**il, la**) plus the noun: ***la* mattina, *la* sera, *il* pomeriggio, *la* notte.**

■ When the word **si** precedes a third person plural verb form (one that ends in **-no**), in many cases it expresses *each other*: **si dicono, si baciano, si abbracciano, si danno.** Begin to recognize this common Italian structure; you will learn to use it later.

||| Facciamo pratica! . . . .

A. Vero o falso? (*True or false?*)

1. Gli italiani la mattina si dicono «buona notte».
2. Il signor Magni e la signora Testa s'incontrano la mattina alle undici (*at 11:00 A.M.*) e si dicono «buon giorno».
3. Gli italiani non si abbracciano quando si conoscono.
4. Gli italiani dicono «ciao» quando s'incontrano per la prima volta.
5. Gli italiani quando si incontrano la mattina si dicono «buona sera».

B. Qual è l'espressione adatta?

1. Gli italiani prima di andare a letto si dicono _____.

   a. buon giorno   b. come stai?   c. buona notte

2. Gli italiani dicono «piacere» quando _____.

   a. si abbracciano   b. prima di andare a letto
   c. s'incontrano per la prima volta

3. Pietro e Luigi sono amici; la mattina quando s'incontrano si dicono _____.

   a. arrivederLa   b. si abbracciano   c. ciao

4. Tra amici e parenti gli italiani _____.

   a. si dicono «piacere»   b. si abbracciano   c. si danno la mano

5. Gli italiani si danno la mano quando _____.

   a. si conoscono bene   b. non si conoscono bene   c. si abbracciano

6. Quando s'incontrano il pomeriggio gli italiani si dicono _____.

   a. mi dispiace   b. sto male   c. buon giorno

7. Quando s'incontrano per la prima volta gli italiani _____.

   a. si abbracciano   b. si danno la mano   c. si dicono

LETTURA 2

Prima di leggere

Although you may have never seen the type of Italian document shown on page 16 before, you can figure out what it is and what information it contains by scanning it quickly and recognizing words similar in form and meaning to English words (*cognates*). Do you recognize any words? Which ones? What is the document?

Vocabolario supplementare

Many of the words in the following list are cognates of English. You can figure out the meaning of others in context from the **carta d'identità**.

capelli: biondi, rossi, neri, castani; **occhi:** neri, azzurri, verdi, grigi, castani; **stato civile:** sposato/a, divorziato/a, nubile, celibe; **professione:** studente, professore (professoressa)

Carta d'identità

REPVBBLICA ITALIANA

COMVNE DI
Roma

CARTA D'IDENTITÀ

N° 48280507

DI

Conti
Clara

Cognome ..... *Conti*
Nome ..... *Clara*
nato[a] il *5- 4-9-66*
(atto n. *1392* P. *I* . . . S. *A/2*)
a ..... *Roma* (.....)
Cittadinanza ..... *Italiana*
Residenza ..... *Roma*
Via ..... *Cardinal De Luca 10*
Stato civile ..... *Cgt et Hallach Nicholas Edward*
Professione ..... *Insegnante*

CONNOTATI E CONTRASSEGNI SALIENTI

Statura ..... *1,62*[b]
Capelli[c] ..... *Cast*
Occhi[d] ..... *Cast*
Segni particolari .....

Firma del titolare *Clara Conti*
Roma li *1990*

IL SINDACO

Valerio Alfredo

[a]*born* / [b]*1 meter 62 centimeters* / [c]*hair* / [d]*eyes*

E ora riempite la vostra carta d'identità. (*And now fill out your own identification card.*)

Cognome . . . .
Nome . . . .
Nato il . . . .
(atto n. 2583 . . . P. II . . . S. A/2)
a . . . .
Cittadinanza . . . .
Residenza . . . .
Via . . . .
Stato civile . . . .
Professione . . . .

CONNOTATI E CONTRASSEGNI SALIENTI

Statura . . . .
Capelli . . . .
Occhi . . . .
Segni particolari . . . .

Firma del titolare: . . . .

il Sindaco

Valerio Alfredo

CAPITOLO 2

GUARDIAMOCI INTORNO!°

Let's look around!°

Una studentessa all'uscita dalla biblioteca universitaria (© Stuart Cohen/Comstock)

Parole nel contesto: Ecco una classe!
Rapidi scambi
Nouns and Indefinite Articles
C'è, ci sono, ecco!
Parole nel contesto: Ecco un ufficio!
Rapidi scambi
Plural Forms of Nouns

Lettura: Il sistema scolastico italiano

PAROLE NEL CONTESTO

Ecco una classe°!

Ecco... *Here is a classroom*

Chi è? —È un professore.

Che numero è?
—È sei.

Che cos'è?
—È una
classe.

Ecco...una porta! (2)   un nome! (13)
    una finestra! (3)   un cognome! (14)
    un tavolo! (4)   un orologio! (15)
    un banco! (5)   un numero! (16)
    una sedia! (6)   un televisore! (17)
    un libro! (7)   un professore! (18)
    un quaderno! (8)   un topolino! (19)
    una penna! (9)   un gesso! (20)
    una lavagna! (10)   una matita! (21)
    una data! (11)   una carta geografica! (22)
    una parola! (12)

Attenzione!

- **Che cos'è?**   È una carta geografica.
                      È un televisore.
                      È un topolino.

- **Chi è?**   È un professore.
                   È una ragazza.
                   È Carlo.

- **Che numero è?**   0   zero
                          1   uno   11   undici
                          2   due   12   dodici
                          3   tre   13   tredici
                          4   quattro   14   quattordici
                          5   cinque   15   quindici
                          6   sei   16   sedici
                          7   sette   17   diciassette
                          8   otto   18   diciotto
                          9   nove   19   diciannove
                         10   dieci   20   venti

- **Quanto fa?**

$2 + 2 = 4$ $5 - 5 = 0$
Due più due fa quattro.   Cinque meno cinque fa zero.

||| Facciamo pratica! . . . .

A. Che cos'è? Il vostro/La vostra insegnante (*Your instructor*) indica gli oggetti nella classe e domanda: Che cos'è? Fate pratica (*Practice*) in coro o individualmente.

B. Che... ? Chi... ? Indicate a un compagno un oggetto o una persona o un numero e domandate: Che cos'è? Chi è? Che numero è? (*Point to an object, a person, or a number and ask a classmate: What is it? Who is he/she? What number is it?*)

C. Che numero è? Dite il numero che il vostro/la vostra insegnante scrive alla lavagna. (*Say the number that your instructor writes on the blackboard.*)

D. Quanto fa? Domandate a un compagno.

1. 5 + 5	5. 7 − 2	9. 18 − 7	13. 18 − 9
2. 3 + 6	6. 6 + 6	10. 4 + 3	14. 16 − 16
3. 13 − 11	7. 13 + 1	11. 20 − 7	15. 8 + 9
4. 3 + 8	8. 17 − 3	12. 14 + 2	16. 19 − 1

RAPIDI SCAMBI

1. —Marco è un nome o un cognome?
   —È un nome.
   —Io mi chiamo Marco Costa. E Lei, come si chiama?
   —Carlo Betti.
   —E Lei, signorina, chi è?
   —Non sono° signorina! Sono la signora Maria Ruspoli.

Non... *I'm not*

2. —Anna, c'è una porta in questa classe?
   —Sì, c'è.
   —C'è anche una finestra?
   —Certo che c'è!
   —E sul° tavolo cosa c'è?
   —Ci sono una matita, una penna, un quaderno e un libro.

on the

3. —Ragazzi, oggi non c'è lezione!
   —Come mai? C'è uno sciopero?
   —No. Il professore non c'è. È malato.

4. —Aldo! Che bella ragazza! Chi è?
   —È Laura. È la mia ragazza.
   —Fortunato!

5. Una telefonata°
   —Pronto, chi parla?
   —Piero Pirelli. C'è° il dottor Sartori?
   —No, non c'è; è in ufficio.

phone call

Is . . . there (at home)?

COME SI DICE?

Che cos'è? What is it?
Che numero è? What number is it?
Chi è? Who is he/she?
Chi parla? Who is speaking?
  Pronto, chi parla? Hello, who is speaking? (*on the telephone*)
Come mai? How come?
Quanto fa... ? How much are (2 + 5)?
c'è, ci sono there is, there are
  c'è... ? ci sono... ? is there . . . ? are there . . . ?
Certo che c'è! Of course there is!
Cosa c'è? What is there?
ecco... here is . . .

un alunno a pupil (*male*)
un'alunna a pupil (*female*)

una classe a classroom; a class of students
un corso a course
una lezione a lesson; a class
uno sciopero a strike
uno studente a student (*male*)
una studentessa a student (*female*)
una telefonata a telephone call

la mia ragazza, il mio ragazzo my girlfriend, my boyfriend
che bella ragazza! what a beautiful girl!

fortunato/a lucky
malato/a sick, ill

anche also

in questa classe in this class
in ufficio at the office

Attenzione!

■ Use the form that ends in **-o** to talk about a male and the form that ends in **-a** to talk about a female (**fortunato, fortunata; malato, malata**). You will learn more about this aspect of Italian in Chapter 3.

■ Note the differences in meaning of these expressions.

    una classe   a group of students who are taking the same course with the same instructor
                   a classroom

    una lezione   a lesson
                   a class
    Questa lezione d'italiano non è difficile!
    Oggi ho (*I have*) due lezioni: una d'italiano e una di storia.

    un corso   a course
    Questo semestre frequento (*I'm taking*) quattro corsi.

> ### ||| Facciamo pratica! . . . . . · · · · · · · · · ·

A. Ripetete gli scambi tra di voi. (*Repeat the exchanges among yourselves.*)

B. Domandate e rispondete secondo gli scambi. (*Ask and answer questions according to the exchanges.*)

   1. Costa è un nome o un cognome? E Marco?
   2. Maria Ruspoli è una signorina o una signora?
   3. Carlo Betti è un professore o uno studente? E chi è il signor Costa?
   4. C'è una signora oggi in classe? Come si chiama?
   5. C'è lezione oggi? Perché non c'è?
   6. Come si chiama la ragazza di Aldo?
   7. È a casa (*at home*) o in ufficio il dottor Sartori?

C. La vostra classe (*Your class*). Domandate e rispondete.

   1. Come ti chiami?
   2. Come si chiama l'insegnante (*the teacher*)? È un professore o una professoressa?
   3. C'è una lavagna in questa classe?
   4. C'è anche un orologio?
   5. Ci sono due finestre? Ci sono due porte?
   6. C'è una carta geografica?
   7. C'è un tavolo? C'è anche un topolino?

NOUNS AND INDEFINITE ARTICLES

MASCHILE	FEMMINILE
un nome	**una** lezione
uno sciopero	**una** stazione
uno zero	**una** zebra
un ragazzo	**una** ragazza
uno studente	**una** studentessa
un alunno	**un'**alunna

1. Nouns are either masculine or feminine in Italian.
   a. Most nouns that end in **-o** are masculine.
   b. Most nouns that end in a consonant are masculine.

c. Most nouns that end in **-a** or **-ione** are feminine.

d. Nouns that end in **-e** can be either masculine or feminine. Their gender must be memorized.

2. The indefinite articles are expressed in English by *a, an,* or *one.*

   a. **uno** is the indefinite article for masculine nouns beginning with **s +** *consonant* or **z.**

   b. **un** is the indefinite article for all other masculine nouns.

   c. **una** is the indefinite article for feminine nouns beginning with a consonant.

   d. **un'** is the indefinite article for feminine nouns beginning with a vowel.

   e. The number *one* follows the same rules as the indefinite article when it precedes a noun:

un libro	*a book, one book*
uno studente	*a student, one student*
una ragazza	*a girl, one girl*

C'È, CI SONO, ECCO!

1. **C'è** (*There is*) and **ci sono** (*there are*) indicate that certain objects or people are present in a given place.

C'è una porta in questa classe.	*There is one door in this classroom.*
Ci sono cinque ragazze e dieci ragazzi in questa classe.	*There are five girls and ten boys in this class.*

2. These phrases are also used to ask whether someone is in (*at home*) and to give the answer.

C'è Mario? —Sì, **c'è**.	*Is Mario at home?* *—Yes, he is.*
Ci sono Giovanna e Franco? —No, non **ci sono**.	*Are Giovanna and Franco in? —No, they aren't in.*

3. **Ecco** is used to point out an object or a person, to draw attention to someone or something. It is usually accompanied by a hand gesture. **Ecco** expresses emphasis, and for that reason it is often followed by an exclamation point in writing.

Ecco una bella ragazza!	C'è Mario? Ah, **ecco** Mario!
Ecco una penna!	Ah, **ecco** il signor Berto!

PAROLE NEL CONTESTO

Ecco un ufficio!

||| Facciamo pratica! · · · · · · · · · · · · · · · · ·

A. Cosa c'è in un ufficio? In un ufficio ci sono molte cose (*many things*). Guardate il disegno (*Look at the drawing*) e completate con l'articolo.

—C'è _____ scrivania,[1] _____ macchina da scrivere,[2] _____ agenda,[3] _____ telefono,[4] _____ elenco telefonico,[5] _____ sedia _____ tavolo con _____ computer[6] (*m.*), _____ orologio, _____ calendario,[7] _____ quadro,[8] _____ poltrona,[9] _____ scaffale[10] (*m.*).
—C'è anche _____ specchio (*mirror*)?
—No, non c'è.
—C'è _____ lampada?[11]
—Sì, ci sono due lampade.

B. Cosa c'è nella tua stanza (*in your room*)? Domandate e rispondete secondo l'esempio.

ESEMPIO: lampada →
                —C'è una lampada?
                —Sì, c'è. (No, non c'è.)

COSE: carta geografica, televisore, sedia, banco, lavagna, finestra, scaffale, tavolo, calendario, telefono, poltrona, elenco telefonico, topolino

C. Situazioni

1. Conversazioni al telefono (*Phone conversations*). Domandate e rispondete secondo gli esempi (*according to the models*).

ESEMPI: L'avvocato (*The lawyer*) →
—Pronto, c'è l'avvocato?
—Sì, c'è, ma è occupato (*but he is busy*).*

Laura →
—Pronto, c'è Laura?
—No, non c'è. È in ufficio.

LUOGHI (*places*): in banca (*at the bank*), a scuola (*at school*), in classe, in ospedale (*at the hospital*), in biblioteca (*in the library*)

PERSONE: il professore, la dottoressa, Mario, Carla, la signora Castelli

2. Oggi non c'è lezione. Che bello! (*Great!*) Ma perché? (*But why?*) Domandate e rispondete secondo l'esempio.

ESEMPIO: —Perché non c'è lezione oggi?
—Perché l'insegnante è malato.

CAUSE (*reasons*): È festa (*holiday*), c'è uno sciopero, nevica (*it is snowing*)

3. Tu arredi un ufficio. Che cosa compri? (*You're furnishing an office. What do you buy?*)

ESEMPIO: Compro una macchina da scrivere. Compro anche...

4. Carletto entra in classe, prima elementare. Ogni oggetto che vede, dice: Ah, ecco una matita! Ecco una lavagna!... Continuate. (*Carletto enters the classroom, first grade. He names everything he sees: Ah, ecco... ! Continue.*)

— Dice che non ha nessuna intenzione[a] di passare tutta la vita[b] lavorando dietro[c] ad una scrivania!

[a]non... *he has no intention*
[b]tutta... *his whole life*
[c]lavorando... *working behind*

RAPIDI SCAMBI

1. —Quanti studenti ci sono in questa classe?
—Ci sono dodici ragazze e otto ragazzi.
—Ah, ci sono venti studenti e un insegnante.

2. —Quanti insegnanti ci sono in questa facoltà?
—Ci sono cinque insegnanti in questa facoltà.

---

*Remember to use the **-a** ending for females.
—Pronto, c'è Sandra?
—Sì, c'è, ma è occupata.

—E quante facoltà ci sono in questa università?
—Ce ne sono diciotto.°*

3. —Quante sedie ci sono in quest'aula?
—Ce ne sono diciannove.
—E quante poltrone?
—Non ce ne sono.°*

4. —C'è un'università in questa città?
—Sì, ci sono due università.
—C'è un bar in questa università?
—Ci sono due bar.

Ce... There are eighteen of them.

Non... There are none.

COME SI DICE?

---

l'insegnante, gli insegnanti teacher, teachers
la ragazza, le ragazze girl, girls
il ragazzo, i ragazzi boy, boys

l'aula, le aule classroom, classrooms
la poltrona, le poltrone armchair, armchairs

la sẹdia, le sẹdie chair, chairs

la facoltà, le facoltà department (school), departments (schools) of a university
l'università, le università university, universities

il bar, i bar café (bar), cafés (bars)
il caffè, i caffè café (coffee), cafés (coffee)
la città, le città city, cities

quanti? quante? (*m./f. pl.*) how many?

INFORMAZIONI

- Italian universities are organized into many **facoltà**, where different disciplines are taught. A **facoltà** is like a school at an American university (Law School, Medical School) or a department. **Una facoltà** offers only specialized courses. Students enter the **facoltà** of their choice right after high school, and take courses only in their area of specialization.

- A **bar** and a **caffè** are the same thing in Italy. In both you can order an **espresso**, a **cappuccino**, a beer or a glass of wine, a sandwich or a pastry. The word **bar** does not mean a place where only alcohol is served, as it does in the United States.

Politecnico di Milano
Piazza Leonardo da Vinci, 32 - Tel. 02/23991

Le iscrizioni al primo anno delle Facoltà di

INGEGNERIA e di **ARCHITETTURA DEL POLITECNICO DI MILANO**

per l'anno accademico 1986/87 si apriranno il 1° agosto 1986 e si chiuderanno il 30 settembre 1986.

Il 1° ottobre gli immatricolati dovranno presentarsi per svolgere una prova scritta orientativa e non discriminante per il proseguimento degli studi, il cui esito verrà comunicato in forma riservata ai singoli studenti.

---

*Just recognize these expressions in context for now. You will learn more about them later on.

||| **Facciamo pratica!** . . . .

A. Ripetete gli scambi tra di voi.

B. Domandate e rispondete.

1. Quanti studenti ci sono in questa classe?
2. Quanti insegnanti ci sono in questa facoltà?
3. Quante facoltà ci sono in questa università?
4. Quante sedie ci sono in quest'aula?
5. C'è una poltrona in quest'aula?
6. C'è un bar nella vostra università?
7. Quante università ci sono nella vostra città?

PLURAL FORMS OF NOUNS

1. Most noun endings change from the singular to the plural.

SINGOLARE	PLURALE	
un ragazzo	due ragazzi	a. Nouns ending in **-o** change **-o** to **-i**
una ragazza	due ragazze	b. Nouns ending in **-a** change **-a** to **-e**
un esame (*m.*) (*exam*) una lezione (*f.*)	quattro esami cinque lezioni	c. Nouns ending in **-e**, regardless of their gender, change **-e** to **-i**

2. Some nouns retain the same ending in both the singular and the plural.

un **film** (*movie*) un **bar**	sette **film** tre **bar**	a. Nouns that end in a consonant (usually words of foreign origin)
un'università una città un caffè	otto università tre città due caffè	b. Nouns that end in an accented vowel
una foto (*photo*) un'auto	sei foto nove auto	c. Abbreviated nouns (**fotografia** → **foto**, **automobile** → **auto**)

3. Nouns that end in **-ca** and **-ga** undergo a spelling change to retain the hard sound of the singular form.

un'ami**ca** (*friend*)	cinque ami**che**	**ca** → **che**
una ri**ga** (*line*)	otto ri**ghe**	**ga** → **ghe**

4. The plural form of nouns ending in **-co** and **-go** varies according to stress. However, some general rules are easy to remember.

   a. Most nouns ending in **-ico** have the plural in **-ici**.

un am**ico** (*friend*)	due am**ici**
un nem**ico** (*enemy*)	due nem**ici**
un mędic**o** (*doctor*)	due mędic**i**

   b. Most nouns ending in **-co** not preceded by **i** end the plural in **-chi**.

un ban**co**	due ban**chi**
un dis**co** (*record*)	due dis**chi**
un par**co** (*park*)	due par**chi**

   c. Most nouns ending in **-go** end the plural in **-ghi**.

un alber**go** (*hotel*)	due alber**ghi**
un la**go** (*lake*)	due la**ghi**
un a**go** (*sewing needle*)	due a**ghi**

You will learn exceptions as you encounter them.

5. Nouns that end in **-io** generally have plural forms ending in **-i**. If the **i** of the **-io** ending is not stressed, the plural will end in **-i**; if the **i** is stressed, the plural will end in **-ii**.

un orolọ**gio**	due orolọ**gi**
un calendạ**rio**	tre calendạ**ri**
ma (*but*): uno zị**o** (*uncle*)	quattro zị**i**

Attenzione!

■ Nouns ending in **-cia**, **-gia** retain the **i** in the plural only when the stress falls on the **i**.

> una farmacịa *(pharmacy)* → due farmacịe
> *ma:* una frẹccia *(arrow)* → due frẹcce
>
> una bugịa *(fib)* → due bugịe
> *ma:* una valịgia *(suitcase)* → due valịge

||| Facciamo pratica! . . . .

A. Domandate e rispondete quanti dei seguenti *(of the following)* oggetti o persone ci sono in questa classe.

> ESEMPI: penna →
> —Quante penne ci sono?
> —Ci sono venti penne.
>
> libri →
> —Quanti libri ci sono?
> —Ci sono quindici libri.

Attenzione! **quante** + *feminine noun*
quanti + *masculine noun*

OGGETTI: banco, libro, finestra, sedia, orologio, quaderno, matita, lavagna, scaffale, calendario, gesso, porta, scrivania

PERSONE: ragazzo/a, studente, professore (professoressa)

B. Qual è la parola adatta? Completate le frasi con una delle seguenti parole. Fate i cambiamenti necessari. *(Make any necessary changes.)*

> ESEMPIO: Sulla *(On the)* lavagna ci sono dieci *parole*.

PAROLE: macchina da scrivere, numero, città, cognome, medico, televisore, banco, amico/a, parola, facoltà, insegnante, specchio

1. In casa di Giorgio ci sono tre _____.
2. Nell' *(In the)* ufficio del *(of the)* signor Barchetti c'è una _____.
3. In questa classe c'è un _____.
4. Stefano e Carlo sono *(are)* _____.
5. Quanti _____ ci sono in quest'aula?
6. «Barchetti» e «Costa» sono _____.
7. «5», «12» e «20» sono _____.

8. Laura e Vanna sono _____.
9. Il dottor Centaro e il dottor Sartori sono _____.
10. In bagno (*bathroom*) ci sono due _____.
11. In questa università ci sono venti _____.
12. Roma e Firenze sono due _____.

C. Qual è la domanda? Sostituite la parola (le parole) in corsivo con l'espressione interrogativa adatta. (*Substitute the appropriate interrogative expression with the word[s] in italics.*)

> ESEMPIO: È un libro *d'italiano.* → Che libro è?

1. In questa facoltà ci sono *dieci* professori.
2. Il professor Rossi insegna (*teaches*) *matematica.*
3. È *la signora Bonomi.*
4. Marco non sta *bene* oggi.
5. Oggi non c'è lezione *perché la professoressa è malata.*
6. È *il* numero *18.*
7. Ci sono *cinque* classi d'italiano.
8. Questo (*This*) signore è *il professore di francese.*

LETTURA

Prima di leggere

The following reading is about the organization of the educational system in Italy. It is accompanied by an illustration, called **L'albero della scienza** (***The Tree of Knowledge***), that presents in schematic form much of the information given in the reading.

You will encounter a number of cognates in this reading and, in addition, a number of words that you can guess in context. Prepare yourself for the reading by seeing if you can match the following Italian words with English words that are similar in form and meaning.

_____ 1. dell'obbligo   a. public
_____ 2. dura   b. inferior, lower
_____ 3. media   c. established
_____ 4. inferiore   d. finality, end
_____ 5. fine   e. obligatory
_____ 6. uguali   f. endures, lasts
_____ 7. stabiliti   g. equal
_____ 8. pubbliche   h. middle, medium

As you do the reading, you will probably find other words whose meaning you will not immediately recognize or cannot figure out easily. Ignore them and try to get the general meaning of the sentence in which they appear.

_____ **Il sistema scolastico italiano** _____

L'albero della scienza

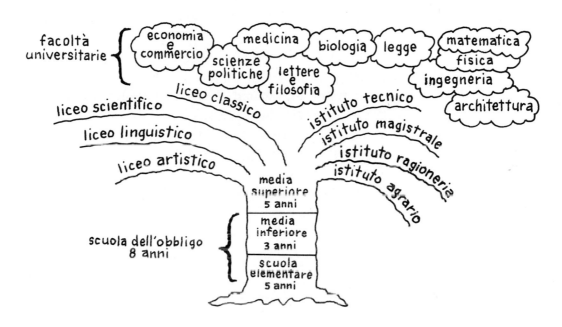

La scuola dell'obbligo dura otto anni.

- cinque anni di scuola elementare
- tre anni di media inferiore

La scuola media superiore dura cinque anni. Ci sono otto indirizzi.

- quattro licei:° artistico, linguistico, scientifico, classico   *high schools*
- quattro istituti: agrario,° ragioneria,° magistrale e tecnico. (L'istituto   *agricultural / accounting*
  magistrale prepara gli insegnanti elementari.)

Alla fine della scuola media superiore è obbligatorio *l'esame di matu-*
rità. Con il diploma di maturità lo studente può entrare° all'università   *può... can enter*
nella facoltà° di sua scelta.°   *department / choice*

Quasi tutte° le scuole e le università sono pubbliche e gratuite, e i   *Quasi... Almost all*
programmi di studio sono stabiliti dal Ministero dell'Istruzione Pubblica
e sono uguali per tutti.

||| Facciamo pratica! . . . .

A. Quali facoltà riconoscete nel disegno? (*Which schools do you recognize in the drawing?*)

B. Qual è la risposta adatta?

1. La scuola dell'obbligo dura in Italia _____.

    a. 5 anni   b. 12 anni   c. 8 anni

2. Il liceo è _____.

    a. una scuola tecnica   b. una facoltà   c. una scuola superiore

3. L'istituto magistrale prepara __.

    a. professori universitari   b. insegnanti elementari   c. architetti

4. All'università lo studente _____.

    a. riceve un'istruzione generale   b. si specializza
    c. riceve una preparazione tecnica

5. Economia e Commercio è _____.

    a. un istituto tecnico   b. un liceo   c. una facoltà

6. In Italia quasi tutte le scuole sono _____.

    a. superiori   b. licei   c. gratuite

C. Quanti anni? Domandate e rispondete.

1. Quanti anni dura la scuola dell'obbligo?
2. Quanti anni ci vogliono (*does it take*) per avere il diploma di maturità?
3. Quanti anni ci vogliono per diventare (*to become*) insegnante alle scuole elementari?
4. Quanti anni ci vogliono per diventare medico? Ingegnere? Architetto?

CENTRO STUDI UNIVERSITARI
via PAVIA 3   tel. 864.203

Corsi di preparazione agli esami nelle facoltà di:

ARCHITETTURA
ECONOMIA E COMMERCIO
FARMACIA
GIURISPRUDENZA
INGEGNERIA
MEDICINA
SCIENZE MATEMATICHE, FISICHE E NATURALI
SCIENZE POLITICHE
SCIENZE STATISTICHE

Si tengono anche lezioni individuali su tutte le materie

CAPITOLO 3

DI DOVE SEI?

Conversazione tra amici in attesa del treno (© Stuart Cohen/Comstock)

RAPIDI SCAMBI

1. —Com'è Clara?
   —È alta, bruna e magra.
   —E Gloria com'è?
   —Anche Gloria è bruna, ma è piccola e grassottella.

2. —Ecco Piero, il fratello di Clara.
   —È un tipo interessante. Di dov'è?
   —È di Milano.
   —E Mario, chi è?
   —È un amico di Piero; è fiorentino.°   *from Florence*

3. —Di dove sei, Anna?
   —Sono di Palermo, e tu?
   —Sono siciliano anch'io. Sono di Agrigento.

4. —Scusi, signora Mattei, Lei è italiana?
   —No, sono francese. Sono di Parigi, ma mio
   marito è italiano.

5. —Di che colore è la macchina di Silvia?
   —È rossa.
   —È una Fiat?
   —No, è una macchina tedesca; è una Mercedes.
   —Fortunata!

COME SI DICE?

alto/a tall
bruno/a dark-haired, brunette
grassottello/a chubby
magro/a thin

fiorentino/a Florentine
francese French
italiano/a Italian
siciliano/a Sicilian
tedesco/a German

interessante interesting
rosso/a red

il fratello brother
mio marito my husband

la macchina* car
un tipo a type

scusa excuse me (*familiar*)
scusi excuse me (*formal*)

Com'è? What is he/she like?
    How is it?

Di che colore è? What color is it?
Di dov'è? Where is he/she from?
Di dove sei? Where are you from?
    Sono di... I am from . . .

Attenzione!

- **Com'è?** *What is he/she like?* (*What sort of person is he/she?*) *How is it?* (for objects)
- **Come sta?** *How are you?* (*How do you feel?*) (*formal*)

Facciamo pratica! . . . .

A. Ripetete gli scambi tra di voi.

B. Qual è la risposta? (*What is the answer?*)

1. Gloria è magra o grassottella? E Clara com'è?
2. È di Firenze Piero? E Mario di dov'è?
3. È italiana la signora Mattei? Il marito è francese o italiano?
4. Di che colore è la macchina di Silvia? È una macchina tedesca o americana?
5. Di dov'è Anna? E tu, di dove sei? E il professore/la professoressa, di dov'è?

***Macchina** is used in Italian to mean *car*. The term **macchina** has other meanings when accompanied by a specification of function or purpose (macchina fotografica, macchina da scrivere, etc.).

ADJECTIVES

COM'È?				
È	alto/a	*tall*	È	brutto/a	*ugly*
	basso/a	*short*		vecchio/a	*old*
	bruno/a	*dark-haired*		nuovo/a	*new*
	biondo/a	*blonde*		giovane	*young*
	piccolo/a	*small*		intelligente	*intelligent*
	grande	*large, big*		interessante	*interesting*
	grasso/a	*fat*		simpatico/a	*likable*
	magro/a	*thin*		antipatico/a	*unpleasant*
	carino/a	*pretty, cute*			

Adjectives of nationality

DI DOVE SEI?	
Sono di Roma	Sono italiano/a
Parigi	francese
Londra	inglese
Berlino	tedesco/a
Toronto	canadese
Guadalajara	messicano/a
San Francisco	americano/a
Tokyo	giapponese
Madrid	spagnolo/a
Mosca	russo/a

Attenzione!

■ Adjectives of nationality are not capitalized.

Colors

DI CHE COLORE È?			
È azzurro/a	*light blue*	È marrone	*brown*
bianco/a	*white*	nero/a	*black*
blu*	*blue*	rosa*	*pink*
giallo/a	*yellow*	rosso/a	*red*
grigio/a	*gray*	verde	*green*

‖ Facciamo pratica! . . . .

A. Com'è? Guardate i disegni (*Look at the drawings*) e rispondete.

È bassa e grassa
Giovanna?

È magro Pierino?

È vecchio o giovane
questo signore?

È simpatico questo
gatto?

Com'è questa Fiat?
Piccola o grande?

B. Domandate e rispondete.

1. È francese Luciano Pavarotti?
2. È italiana Barbra Streisand?
3. È americana la Fiat?
4. È russo Nureyev?
5. È inglese Margaret Thatcher?
6. È giapponese la Toyota?
7. È spagnola o tedesca la
   Mercedes?†

***Blu** and **rosa** are invariable (never change form).

†Since **automobile** and **macchina** are feminine nouns, in Italian all car names are treated as
feminine, regardless of make.

PRESENT INDICATIVE OF *ESSERE* (TO BE) WITH ADJECTIVES

ẹssere *(to be)*		
SINGOLARE		PLURALE
(io)	**Sono** italiano.	(noi)	**Siamo** italiani.
(tu)	**Sei** francese.	(voi)	**Siete** francesi.
(lui, Lei)	**È** americano.	(loro, Loro)	**Sono** americani.
(lei, Lei)	**È** americana.	(loro, Loro)	**Sono** americane.

In Italian, two verbs express the English *to be*: **stare** (which you have already seen) and **essere**. **Stare** is used primarily in expressions relating to one's health, such as **Come stai?** and **Sto bene**. **Essere** is used to describe people and objects, colors, and nationality, as you see here.

1. Adjectives that end in **-o** take four forms, because they agree in both gender and number with the nouns they modify.

	singolare	**plurale**
maschile	Gino è italia**o**.	Gino e Rino sono italia**i**.
femminile	Carla è italia**a**.	Carla e Lina sono italia**e**.

2. Adjectives that end in **-e** take only two forms, because they agree only in number with the nouns they modify.

	singolare	**plurale**
maschile	Jim è ingles**e**.	Jim e Charles sono ingles**i**.
femminile	Joan è canades**e**.	Joan e Sheila sono canades**i**.

3. When one adjective modifies two nouns of different genders, the masculine plural form is used.

    Giorgio e Patrizia sono italia**i**.

4. When using the **Lei** form to address a man, adjectives must have the masculine ending.

Scusi, signor Brown, Lei è american**o**? E Lei, signora Brown, è american**a**, ingles**e** o italian**a**?

5. As with nouns, adjectives ending in **-ca, -ga,** and **-go** generally add an **h** in the plural.

   un'amica simpati**ca**　　　　　due amiche simpati**che**
   una lezione lun**ga** (*long*)　　due lezioni lun**ghe**
   un film lun**go**　　　　　　　due film lun**ghi**

6. As with nouns, adjectives ending in **-co** generally take the form **-chi** in the plural. If, however, the ending **-co** is preceded by an **i**, the **h** does not appear.

   stan**co** → stan**chi** (*tired*)　　Exception: anti**co** → anti**chi**
   ma: simpat**ico** → simpat**ici**　　　(*old, ancient*)

THE DEMONSTRATIVE ADJECTIVE *QUESTO*

	SINGOLARE	PLURALE
Maschile	**questo** libro	**questi** libri
	quest'orologio	**questi** orologi
Femminile	**questa** casa	**queste** case
	quest'arancia (*orange*)	**queste** arance

Questo (*this*) has the usual four endings. It always precedes the noun. In front of vowels in the singular form, contraction is optional. The plural forms are not contracted.

▌▌▌ Facciamo pratica! · · · · · · · · · · · · ·

A. Come sono? Domandate e rispondete.

   1. Come sei? Descrivi te stesso alla classe. (*Describe yourself to the class.*) Usate almeno tre aggettivi.
   2. Com'è? Descrivi il tuo/la tua (*your*) insegnante.
   3. Com'è? Descrivi il tuo ragazzo (*your boyfriend*)/la tua ragazza (*your girlfriend*). Usate almeno tre aggettivi.

B. Di dov'è? Domandate e rispondete secondo l'esempio.

> ESEMPIO: Anna / Torino →
> —Di dov'è Anna?
> —Anna è di Torino; è italiana.

1. Fred e Mary / Londra
2. Erika / Berlino
3. Paul / Parigi
4. Rosa e Manuela / Acapulco
5. La signora Jones / Toronto
6. E tu, di dove sei?

C. Di che colore è? Domandate e rispondete secondo l'esempio.

> ESEMPIO: il cielo (*the sky*) →
> —Di che colore è il cielo?
> —È azzurro.

1. i tuoi occhi (*your eyes*)
2. l'erba (*the grass*)
3. i tuoi capelli (*hair*)
4. l'abito da sposa (*wedding dress*)
5. la bandiera (*flag*) russa
6. il caffè
7. l'invidia (*envy*)
8. il girasole (*sunflower*)
9. le ciliege (*cherries*)
10. la bandiera italiana (*white, red, and green*)

D. Di dove sono queste persone? Completate secondo l'esempio.

> ESEMPIO: la signora italiana →
> *Questa* signora è di Torino, di Venezia, di Palermo...

1. il ragazzo francese
2. la ragazza giapponese
3. gli studenti americani
4. le studentesse inglesi
5. il signore canadese
6. il dottore spagnolo
7. l'amico siciliano
8. le amiche messicane
9. il professore tedesco
10. gli amici russi

E. Situazioni

1. Tu arredi la tua stanza. Quali tipi e colori scegli per questi oggetti?
   (*You are furnishing your room. What types and colors do you choose for these objects?*)

ESEMPIO: una poltrona rossa

OGGETTI: una poltrona, un computer, una scrivania, un orologio, un telefono, due sedie, un letto (*bed*), due lampade, due quadri, una calcolatrice

TIPI E COLORI: danese (*Danish*), giapponese, svizzero (*Swiss*), italiano, rosso, verde, nero, moderno, grande, piccolo

2. Gian Paolo Bonvisin è di Venezia; è veneto. Vincenzino Cuccaro è di Palermo; è siciliano. Si incontrano (*They meet each other for the first time*) a una festa (*at a party*) a Firenze. Si presentano (*They introduce themselves*) e poi (*then*) si domandano... Completate lo scambio.

G: _____. Sono _____.
V: _____. Scusa, hai un accento particolare. Di _____?
G: _____.
V: Ah _____!
G: E tu sei _____!
V: Sì, _____. Come lo sai? (*How do you know it?*)
G: Il tuo accento!

F. Scrivete e ripetete altri due (*two more*) scambi secondo il modello precedente (*preceding model*), con queste variazioni (*with these variations*).

1. Mario Nuti: di Arezzo, toscano
   Giuliana Gigli: di Torino, piemontese
2. Rosaria Bonanno: di Cosenza, calabrese
   John Guzzardo: di New York, italo-americano

RAPIDI SCAMBI

1. —Com'è il fidanzato di Claudia?*
   —È un ragazzo alto e magro, con capelli neri e occhi azzurri.

2. —Ecco Claudia!
   —È una bella ragazza e anche molto simpatica.

3. —Com'è la casa di Antonio e Nina?
   —È una vecchia casa con una grande cucina e un piccolo giardino.
   —Non è una casa elegante; è una casa comoda.

---

*Possessive forms such as *Claudia's fiancé, Mark's book, John's father* are always rendered in Italian with the structure *the fiancé of Claudia, the book of Mark, the father of John.* You will learn more about this form later.

4. —È un bravo dottore Alberto?
   —Sì, è un dottore abbastanza bravo, ma troppo caro.

5. —Come sono gli italiani, Jane?
   —Sono biondi, sono bruni, sono alti, sono bassi, sono
     magri e sono grassi. Sono di tutti i tipi, ma sono tutti
     simpatici.
   —Esagerata! ... Ma, scusa, come si chiama il tuo° ragazzo?   *your*
   —Salvatore.
   —Ah, ora capisco, è italiano!

6. —Che persone simpatiche sono i signori Cesari! Di dove
     sono?
   —Sono di Verona.
   —Com'è Verona? Non la conosco.°
   —È una città incantevole vicino a° Venezia.

Non... *I don't know it (the city).*
vicino... *near*

COME SI DICE?

la casa house	**bravo/a** good, capable (*only for people and animals*)	**e** and
la cucina kitchen		**molto** very
il giardino garden	**caro/a** expensive; dear	**troppo** too much
	comodo/a comfortable	
il tuo ragazzo your boyfriend	**elegante** elegant	**Esagerato/a!** Don't exaggerate!
la tua ragazza your girlfriend	**incantevole** enchanting, charming	
il fidanzato fiancé		
	abbastanza enough	
capelli (*pl.*) hair	**con** with	
occhi (*pl.*) eyes		

||| Facciamo pratica! . . . .

A. Domandate e rispondete secondo gli scambi.

1. È grassottello il fidanzato di Claudia?
2. È biondo il fidanzato di Claudia?

3. È simpatica Claudia?
4. È nuova la casa di Antonio e Nina?
5. È una casa con un giardino grande e una cucina piccola?
6. È una casa comoda?
7. È elegante la casa di Antonio e Nina?
8. Alberto è un bravo dottore?
9. Di dove sono i Cesari?
10. Com'è Verona?

B. Mettete (*Put*) le seguenti frasi al plurale.

ESEMPIO: È un dottore simpatico. →
          Sono dottori simpatici.

1. È un ragazzo americano simpatico.
2. È una casa antica.
3. È una lezione lunga.
4. È un dottore caro.
5. È una casa comoda.
6. È uno studente bravo.
7. È un orologio svizzero.
8. È un'arancia cara.
9. È una signora stanca.
10. È un'amica di Carla simpatica.

C. Situazioni

Teresa sarà (*will be*) ospite (*guest*) del dottor Pierotti, un amico di famiglia, a San Francisco l'estate prossima (*next summer*). Teresa è molto curiosa e domanda a suo padre (*her father*). Domandate e rispondete.

1. Com'è la città di San Francisco?
2. Com'è la casa del dottor Pierotti?
3. Che tipo (*type of person*) è il dottor Pierotti?
4. Che automobile ha?
5. Com'è la famiglia del dottor Pierotti?
6. Come sono le case in America?
7. Come sono le cucine americane?
8. Ci sono molte persone di diverse nazionalità in California?
9. Come sono i ragazzi americani?
10. Com'è la California?

POSITION OF DESCRIPTIVE ADJECTIVES

1. Contrary to English, in Italian most descriptive adjectives are placed after the nouns they modify.

un professore **simpatico**   una risposta **facile**
una domanda **difficile**   una studentessa **intelligente**

2. The following descriptive adjectives always appear *after* the noun.

   a. Adjectives of *nationality*

      un ristorante **francese**   un gatto **siamese**

   b. *Colors*

      occhi **azzurri**   una rosa **rossa**

   c. All adjectives modified by adverbs such as **molto** (*very*), **abbastanza** (*quite*), and **troppo** (*too much*)

      Maria è una **ragazza molto carina**.
      Francesca è una **bambina troppo grassa**.
      Marco e Paolo sono due **studenti abbastanza bravi**.

3. Certain descriptive adjectives are usually placed before the nouns they modify.

una **nuova** macchina	*a new car*
un **vecchio** signore	*an old gentleman*
una **giovane** donna	*a young woman*
un **caro** amico	*a dear friend*
un **piccolo** animale	*a small animal*
una **grande** stanza	*a large room*
una **buona** bambina	*a good little girl*
un **cattivo** ragazzo	*a bad boy*
un **brutto** vestito	*an ugly dress*
una **bella** casa	*a beautiful house*
un **grosso** libro	*a big book*

   Note, however, that the same adjectives might be placed after the nouns for emphasis or contrast.

	emphasis/contrast
Ho conosciuto (*I met*) un **giovane dottore**.	Mario Costici è un **dottore giovane, ma bravo**.
Andrea Bronzini è un **vecchio professore** di matematica.	Gino Mazzoni è un **professore vecchio e noioso**.
Mio nonno abita in una **vecchia casa** di campagna. (*My grandfather lives in an old country house.*)	Mio zio abita in una **casa vecchia**. (*My uncle lives in an old, rundown house.*)

   —È ancora libera[a] la mia vecchia camera[b]?

   [a]*available*
   [b]*room*

4. Some adjectives can appear either before the noun or after the noun. Their meaning varies according to the position.

È un **grande scrittore**.	*He is a great writer.*
Pierino è un **bambino grande** per la sua età.	*Pierino is a big boy for his age.*
Povera donna! Ha tanti problemi!	*Poor woman! She has so many problems!*
È una **famiglia povera**. Non hanno soldi.	*It's a poor family. They have no money.*
È una **cara persona**.	*She/He is a dear person.*
La Jaguar è una **macchina cara**.	*The Jaguar is an expensive car.*

Attenzione!

- **Grande**, when used with objects, always means *big, large*. It never means *great*.

- **Caro**, when used with objects, is generally placed after the noun and means *expensive*.

- **Brutto** and **bello** are sometimes used in place of **cattivo** and **buono**.

un **brutto** voto	*a bad grade*
un **brutto** incidente	*a bad accident*
una **brutta** sorpresa	*a bad surprise*
una **bella** domanda	*a good question*
una **bella** risposta	*a good answer*

- **Buono**, when placed before the noun, takes the same endings as the indefinite article.

un bambino	un **buon** bambino
uno studente	un **buono** studente
una ragazza	una **buona** ragazza
un'amica	una **buon**'amica

—Brutto cane, restituisci subito[a] alla signora Bianchi il suo barboncino[b]!

[a]restituisci... *give back immediately*
[b]il... *her little poodle*

||| Facciamo pratica! . . . .

A. Qual è il plurale? Completate secondo l'esempio.

ESEMPIO: Ecco Marco. È un ragazzo simpatico e anche molto intelligente. (Marco e Giacomo) →
Ecco Marco e Giacomo. Sono due ragazzi simpatici e anche molto intelligenti.

1. Ecco Michelle. È una ragazza francese molto carina. (Michelle e Paulette)
2. Ecco Giorgio. È uno studente italiano alto e bruno. (Giorgio e Francesco)
3. Ecco Jane. È una vecchia amica canadese. (Jane e Philip)
4. Ecco Paolo. È un tipo molto interessante. (Paolo e Roberto)
5. Ecco Luigi Bernardini. È un bravo professore di matematica. (Luigi Bernardini e Guido Salviati)
6. Ecco Marta. È una buona e cara persona. (Marta e Cesare)
7. Ecco Enrico. È povero ma simpatico. (Enrico e Caterina)
8. Ecco Nerone. È un gatto brutto e antipatico. (Nerone e Pepe)

B. Tocca a voi! Scegliete gli aggettivi adatti. Attenzione all'accordo degli aggettivi con il nome! (*It's your turn! Choose suitable adjectives. Be careful to make the necessary agreements of adjectives and nouns.*)

ESEMPIO: «B» è un _____ voto (*grade*). →
«B» è un *buon* voto.

1. «F» è un _____ voto.
2. La bandiera italiana è _____, _____ e _____.
3. *Gone with the Wind* è un _____ film molto bello.
4. Paul Newman ha occhi _____ molto _____.
5. _____ zio! Sta molto male.
6. La Rolls Royce è una _____ macchina, ma è troppo _____.
7. Pavarotti è un _____ tenore.
8. Giacomo è uno studente _____. Non ha soldi.
9. Margherita non è grassa; è _____.
10. È una piccola città New York? No, è una _____ città.

C. Come si dice in italiano? (*How do you say in Italian . . . ?*) Ecco... !

ESEMPIO: a very beautiful city →
Ecco una città molto bella!

1. a young professor
2. an old friend
3. an expensive dress
4. a German car
5. ten small children
6. seventeen American students and one Italian teacher
7. a very dear husband
8. two bad boys
9. three pink roses
10. five large American universities
11. a good question and a bad answer
12. a very interesting guy
13. a mean dog (**cane** [*m.*])
14. a Japanese restaurant

LETTURA

Prima di leggere

You can facilitate your reading of a passage by quickly skimming it for general information before you actually read it. Look at the reading passage and answer the following questions. Look only for the information that will answer these questions. Then read the entire passage.

1. What is the topic of the passage? Where did you look first to find that information?

2. What are the names of the people you will be reading about? How many people appear throughout the reading?

── Di dove sono? ──

Clara, Salvatore, Nino e Rosa sono studenti all'Università di Roma, ma solo Nino è romano. Clara è nata° a Verona e ha un accento veneto molto grazioso.° Salvatore e Rosa invece sono di un piccolo paese° in
5 Campania e parlano con un forte° accento napoletano. I quattro ragazzi sono grandi amici e s'incontrano° ogni giorno° alla lezione di letteratura inglese del professor Aldini.
    Un giorno Clara domanda: —Scusi, professore, Lei parla senza accento; di dov'è?
10   —Di Bologna, signorina, ma Roma ormai° è la mia città.

è... was born
charming / town
strong
meet each other / ogni... every day

by this time

‖ Facciamo pratica! . . . .

A. Domandate e rispondete.

1. Chi è di Roma? Salvatore di dov'è?
2. Perchè Clara ha un accento veneto? Anche Rosa ha un accento veneto?
3. Come si chiama il professore di letteratura inglese? Parla con un accento il professore? Di dov'è?
4. Sono studenti all'Università di Roma o di Bologna i quattro amici?
5. Qual è la capitale d'Italia: Roma, Bologna, o Napoli?

B. Look at the maps on the inside covers of the textbook. Study the cities and regions of Italy.

CAPITOLO 4

UN GIRO PER LA CITTÀ

Vicolo di Firenze con caratteristici lampioni (© Stuàrt Cohen/Comstock)

RAPIDI SCAMBI

1. —Scusi, dov'è lo stadio?
   —È piuttosto lontano, ma la fermata dell'autobus è qui vicino.

2. —Scusi, qual è la direzione per l'autostrada?
   —Sempre dritto fino al° semaforo e poi a destra.

   fino... *to the*

3. —Scusi, l'ufficio postale è a destra o a sinistra?
   —È a sinistra, signora.

COME SI DICE?

l'autostrada highway
la fermata dell'autobus bus stop
il giro tour
il semaforo stoplight
lo stadio stadium

la direzione direction
a destra to the right
a sinistra to the left
sempre dritto straight ahead
qui vicino nearby
piuttosto lontano rather far

Dov'è? Where is it?
  Dov'è... ? Where is . . . ?

Qual è? Which is it?
  Qual è... ? Which is . . . ?

PAROLE NEL CONTESTO

In centro°

downtown

1. la piazza (*city square*)
2. la strada (*city street*)
3. l'autobus (*city bus*)
4. il ristorante (*restaurant*)
5. il negozio, i negozi (*shop, shops*)
6. il cinema (*movie theater*)
7. il museo (*museum*)
8. il mercato (*market place*)
9. lo stadio (*stadium*)
10. la banca (*bank*)
11. la farmacia (*pharmacy*)
12. la stazione (*railroad station*)
13. l'albergo (*hotel*)
14. l'ospedale (*hospital*)
15. la chiesa (*church*)
16. l'ufficio postale (*post office*)
17. il palazzo (*palace*)

||| Facciamo pratica! . . . .

A. Ripetete gli scambi tra di voi.

B. Scusi, dov'è... ? Domandate e rispondete secondo l'esempio.

ESEMPIO: la banca di Napoli →
—Scusi, dov'è la banca di Napoli?
—È in Via Cavour (in Piazza Garibaldi, in Via
Masaccio, qui vicino).

LUOGHI: lo stadio, il museo archeologico, la stazione, l'ospedale di
Santo Spirito, la chiesa di Santo Stefano, l'ufficio postale, il mercato,
l'albergo Villa del Parco, il ristorante Alfredo

C. Cosa c'è nella tua città (*in your city*)?

ESEMPIO: uno zoo →
—C'è uno zoo nella tua città?
—Sì, c'è.   (No, non c'è.)

LUOGHI: museo, stadio, ospedale, stazione, ristorante italiano, chiesa
cattolica, autostrada, università

D. Associazioni. Cosa vi ricordano? (*What do they remind you of?*)

ESEMPIO: automobile → autostrada

COSE: medicina, treno, autostrada, lasagne, lettere, statue, film, giraffa

DEFINITE ARTICLES

MASCHILE		
Singolare	*Plurale*	
lo stadio	**gli** stadi	Before s + *consonant* or **z**
lo zero	**gli** zeri	
il mercato	**i** mercati	Before all other consonants
l'autobus	**gli** autobus	Before vowels

FEMMINILE		
Singolare	*Plurale*	
la piazza	**le** piazze	Before consonants
l'automobile	**le** automobili	Before vowels

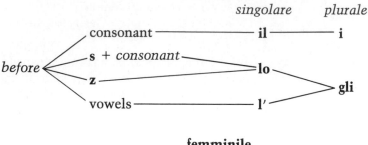

maschile

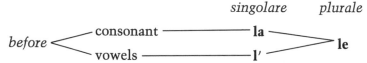

femminile

The definite article always agrees in gender and number with the noun. It must be repeated before each noun.

>   **il** mercato e **lo** stadio

Attenzione!

- The form of the definite article is determined by the initial letter(s) of the word immediately following it.

i bravi studenti	*ma:* **gli** studenti bravi
il grande zoo	*ma:* **lo** zoo grande

||| **Facciamo pratica!** . . . .

A. È vicino o lontano... ? Domandate e rispondete secondo l'esempio.

>   ESEMPIO: Caffè Greco →
>   —Scusi, è qui vicino il Caffè Greco?
>   —Sì, è qui vicino.   (No, è piuttosto lontano.)

POSTI: stazione, ufficio postale, zoo, farmacia, albergo Savoia, università, stadio, fermata dell'autobus (*bus stop*), mercato centrale, ristorante Sabatini

B. Di chi è? Di chi sono? Domandate e rispondete secondo l'esempio.

>   ESEMPIO: penne / Gina →
>   —Di chi sono le penne?
>   —Sono di Gina.

1. libro d'italiano / Marta
2. macchina da scrivere / Roberto
3. matite / Pierino
4. computer / Giovanna e Carlo
5. carta geografica / Maurizio
6. quaderni / Patrizia
7. orologi / Veronica

C. Situazioni

Preparate e recitate scambi secondo l'esempio.

ESEMPIO: stadio →
—Scusi, qual è la direzione per lo stadio?
—Sempre dritto fino al semaforo e poi a destra
(a sinistra).

LUOGHI: autostrada, mercato centrale, Musei Vaticani, stazione, cinema Astor, zoo, giardini di Boboli, ospedale di Careggi

D. Leggete attentamente (*carefully*) e completate con articoli indeterminativi (*indefinite*) o determinativi (*definite*).

Io abito (*I live*) in _____¹ piccola città. Corso Italia è _____² strada principale (*main street*). In questa strada ci sono _____³ negozi più (*most*) eleganti, _____⁴ cinema Excelsior, _____⁵ albergo Cavour, e _____⁶ ristorante cinese. C'è anche _____⁷ buona pizzeria con musica disco per _____⁸ giovani (*young people*).

RAPIDI SCAMBI

1. —Quanti negozi ci sono in Via Calzaioli!
   Che belle scarpe e che begli stivali!
   —Sì, ma sono troppo cari.

2. —Quanto costa quell'orologio?
   —Costa poco: cinquantacinque dollari.
   —Va bene, lo prendo.

3. —Scusi, signorina, quanto costa quel vestito?
   —Quale? Quello rosso o quello nero, signora?
   —Quello nero.
   —Cento dollari.
   —Niente meno?
   —No, mi dispiace, signora, prezzo fisso.

Negozi in una strada del centro storico di Firenze (© Stuart Cohen/Comstock)

4. —Qual è la strada dei pittori?
   —Via Margutta.
   —È in centro?
   —Certo, è vicino a Piazza di Spagna.

Roma: Fioritura di azalee sulla Scalinata di Trinità dei Monti in Piazza di Spagna (© Mike Mazzaschi/Stock, Boston)

COME SI DICE?

il centro downtown, city center	**quanto** how much	**Quanto costa?** How much does it cost?
il dollaro dollar	**molto** much, a lot	**Costa molto.** It costs a lot.
il pittore painter	**poco** little, not too much	**Costa poco.** It costs little. It doesn't cost too much.
il prezzo price	**niente meno** nothing less	
prezzo fisso fixed price		
	cento one hundred	**Certo!** Of course! Certainly!
la scarpa shoe	**cinquantacinque** fifty-five	**Mi dispiace.** I'm sorry.
lo stivale boot		**Va bene.** Fine. All right. OK.
il vestito dress	**vicino a** near (*preposition*)	
	Lo prendo. I'll take it.	

||| Facciamo pratica! . . . .

A. Ripetete gli scambi tra di voi.

B. Domandate e rispondete secondo gli scambi.

   1. Ci sono molti negozi in Via Calzaioli?
   2. Quanto costa quel vestito nero?
   3. Costa molto quell'orologio?
   4. È in centro Via Margutta?
   5. Come si chiama la strada dei pittori a Roma?

C. Domandate e rispondete.

   1. Come si chiama la strada principale della tua città?
   2. Ci sono molti negozi?
   3. Ci sono anche negozi di scarpe?
   4. Ci sono scarpe italiane in questi negozi?
   5. Sono belle le scarpe italiane? Sono molto care?

THE ADJECTIVES *QUELLO* AND *BELLO*

L'AGGETTIVO DIMOSTRATIVO **quello**		
	Singolare	*Plurale*
Maschile	quel ragazzo quell'albero (*tree*) quello studente	quei ragazzi quegli alberi quegli studenti
Femminile	quella ragazza quell'automobile quella studentessa	quelle ragazze quelle automobili quelle studentesse

The demonstrative adjective **quello** follows the pattern of the definite article. As is the case with the definite article, the form of **quello** is determined by the word that immediately follows.

lo stadio	**quello** stadio	**quel** grande stadio
gli esempi	**quegli** esempi	**quei** buoni esempi
l'automobile	**quell'**automobile	**quella** nuova automobile

L'AGGETTIVO **bello**		
	Singolare	*Plurale*
Maschile	il bel ragazzo il bell'albero il bello studente	i bei ragazzi i begli alberi i begli studenti
Femminile	la bella ragazza la bell'automobile la bella studentessa	le belle ragazze le belle automobili le belle studentesse

The adjective **bello** also follows the pattern of the definite article. Like the definite article and like **quello**, the form of **bello** is determined by the word that immediately follows.

l'alunna	quel bell'esempio
la bell'alunna	quei begli esempi
la bella nuova alunna	quei bei nuovi esempi

Attenzione!

- When **bello** follows the noun it modifies or stands alone, it has only the four forms **bello/a/i/e**.

gli alberi molto **belli**	Gli alberi sono **belli**.
un ragazzo tanto **bello**	Quel ragazzo è **bello**.
gli stivali **belli**	Gli stivali sono cari ma **belli**.

Quello and **questo** as demonstrative pronouns

When used alone, the demonstrative adjectives **quello** and **questo** become demonstrative pronouns.

Questo negozio è bello, ma quello è brutto.

Quel negozio è bello, ma questo è brutto.

Questi stivali costano molto, ma quelli neri costano poco.

Quegli stivali costano molto, ma questi neri costano poco.

Quello/a corresponds to the English *that one, the one*.
Quelli/e corresponds to the English *those, the ones*.
Questo/a corresponds to the English *this, this one*.
Questi/e corresponds to the English *these, these ones*.

Quanto costa **quel** vestito? —Quale? **Quello** rosso o **quello** nero?	*How much does that dress cost? —Which one? The red one or the black one?*

Attenzione!

- As a demonstrative pronoun, **quello** has only the four forms **quello/a/i/e**, and does not follow the paradigm of the definite article and of the demonstrative adjective **quello**.

Quegli stivali sono belli.
Prendo **quelli** perché sono belli.

THE INTERROGATIVE ADJECTIVE *QUALE*

Quale macchina è?	*Which car is it?*
Che macchina è?	*What car is it?*
Qual è la macchina di Marina?	*Which is Marina's car?*
Quali macchine sono?	*Which cars are they?*
Che macchine sono?	*What cars are they?*
Quali sono le macchine di Claudio?	*Which are Claudio's cars?*

Either the appropriate form of **quale** or the invariable **che** can be used immediately before a noun to express the English *which* or *what*.

Quale vestito?	**Quali** vestiti?
Che vestito?	**Che** vestiti?

If the noun does not immediately follow the interrogative adjective, only the appropriate form of **quale** can be used.

Qual è il vestito di Carla?   Quali **sono** le scarpe di Carla?

Attenzione!

- When **quale** is followed by **è**, the form **qual** is used without the apostrophe.

||| Facciamo pratica! . . . .

A. Quanto costa? Un turista vuole sapere (*wants to know*) i prezzi dei seguenti oggetti. Cosa domanda? Completate secondo gli esempi.

   ESEMPI: macchina da scrivere →
   Quanto costa quella macchina da scrivere?

   quaderni →
   Quanto costano quei quaderni?

   1. calcolatrice
   2. scarpe
   3. orologio
   4. stivali
   5. vestiti
   6. zoccoli (*clogs*)
   7. automobile
   8. specchio (*mirror*)
   9. agenda
   10. quadro

B. Cosa dici quando vedi qualcosa di bello? (*What do you say when you see something nice?*)

      ESEMPIO: scarpe → Che belle scarpe!

1. quadro   2. poltrona   3. specchi   4. automobile   5. negozi
6. strada   7. occhi   8. capelli   9. sedie   10. spettacolo
                                              (*show*)

RICAPITOLAZIONE DI ESPRESSIONI INTERROGATIVE

Here is a review and summary of the various interrogative expressions you have studied so far.

Che cos'è? (che è, cos'è)	*What is it?*
Chi è?	*Who is it?*
Di chi è?	*Whose is it?*
Com'è?	*What is he/she/it like?*
Come si chiama?	*What is his/her name?*
	What is your name (formal)?
Come sta?	*How is he/she?*
	How are you (formal)?
Dove?	*Where?*
Dov'è?	*Where is he/she/it?*
Di dov'è?	*Where is he/she/it from?*
	Where are you from? (formal)
Perché?	*Why?*
Di che colore è?	*What color is it?*
Quale?	*Which one?*
Qual è?	*Which is it?*
Quanto?	*How much?*
Quanti/e?	*How many?*

||| Facciamo pratica! . . . .

Completate gli scambi con l'espressione interrogativa e i dimostrativi giusti.

1. —____ è ____ bel ragazzo?
   —____?
   —____ biondo.
   —È il fidanzato di Patrizia.
   —____ ____ ____?
   —Si chiama Giuliano.
   —____ ____ è?
   —È di Firenze. Te lo presento (*Shall I introduce him to you*)?
   —Sì, grazie.
2. —____ ____ è ____ bella macchina?
   —È di Anna.
   —____ costa?
   —Sicuramente più di dieci milioni.
3. —____ ____ ____ ____ gli occhi del bambino di Paola?
   —Sono azzurri e bellissimi.
   —____ ____?
   —È un piccolo angelo (*angel*).

NUMBERS

20 venti	30 trenta	40 quaranta	100 cento
21 ventuno	31 trentuno	50 cinquanta	101 centouno
22 ventidue	32 trentadue	60 sessanta	200 duecento
23 ventitré	33 trentatré	70 settanta	300 trecento
24 ventiquattro		80 ottanta	400 quattrocento
25 venticinque		90 novanta	500 cinquecento
26 ventisei			1000 mille
27 ventisette			1100 mille cento
28 ventotto			
29 ventinove			

Attenzione!

- In Italian, **uno** does not appear before **cento** and **mille**.

  Costa **mille** lire.   *It costs one thousand lira.*

- Italians use a period instead of a comma with numbers containing four or more digits and a comma in place of a decimal point in units of money.

- When used as a suffix, **-tre** takes an accent: **quarantatré**, **cinquantatré**.

- When **venti**, **trenta**, **quaranta**, etc., are combined with **uno** and **otto**, they drop the final vowel: **quarantuno**, **sessantuno**.

Numbers that end with **-uno** may drop the final **-o** when followed by plural nouns, except those beginning with **s** + *consonant* and **z**, and names of the months.

ventun anni   ventun marzo
trentun giorni   trentun luglio
quarantun ragazze

Altre operazioni

moltiplicazioni

Quanto fa 5 × 5? —Fa 25.
        per

Quanto fa 30 : 6? —Fa 5.
        diviso

Indirizzi e numeri di telefono

(*Addresses and phone numbers*)

—Qual è l'indirizzo di Francesca?
—Via Boiardo 48.
—E il suo (*her*) numero di telefono?
—58 32 015.
—E qual è l'indirizzo di Giorgio?
—Piazza Beccaria 12.
—E il tuo (*yours*)... ?

RAPIDI SCAMBI

1. In una libreria-cartoleria°
   —Signorina, il conto, per favore!
   —Scusi, signore, in dollari o in
   lire?
   —Non ho lire, ma ho una carta di
   credito American Express.
   —Benissimo! Un momento, prego.
   Una grammatica italiana, una
   penna, la carta da lettere, un
   dizionario tascabile,° una
   calcolatrice, una guida di
   Firenze. Viene° $105.

bookshop and stationery store

Ricevuta		No. 14128		
Armando Duranti				
Via Andrea Doria 28				
Firenze				
Tel. 62.08.13				
1. una grammatica italiana			25	00
2. una penna			5	00
3. carta da lettere			12	00
4. un dizionario tascabile			10	00
5. una calcolatrice			30	00
6. una guida di Firenze			23	00
7.				
8.				
		TOTALE	105	00

pocket

It comes to

2. In una calzoleria-
pelletteria°
—Signora, ecco il
conto. In dollari,
vero?
—Sì, grazie.

shoe and leather goods
shop

Ricevuta		No. 3578

Alce 74 • Calzature e Pelletteria
Via Aurelia, 317-b
00058 S. Marinella
Tel. 71.06.74

1.	*gli stivali*	100	00
2.	*i sandali neri*	68	00
3.	*le scarpe per la bambina*	20	00
4.	*il portafoglio*	25	00
5.	*la borsa rossa*	77	00
6.			
7.	*totale*	290	00
8.	*10% di sconto*	-29	00
	TOTALE	261	00

PART. IVA 06680360580

Referendum

CALZATURE E PELLETTERIE

Alce 74

di Alessio e Maria Cesira Meloni

STEMMA D'ORO
Italia Regioni

00058 S. MARINELLA - Via Aurelia, 317 - b   Tel. 0766/710674

COME SI DICE?

la cartoleria stationery store
la carta paper
la carta da lettere stationery,
   writing paper
il dizionario dictionary
la grammatica grammar,
   grammar book
la guida guidebook, guide
la libreria bookstore

la borsa purse, bag
la calcolatrice calculator
la carta di credito credit card
il conto bill
la lira lira

il portafoglio wallet, pocketbook
il sandalo sandal
lo sconto discount
   uno sconto del dieci per cento
      a 10 percent discount
il totale total

il momento moment

... vero? . . . right?
prego please

l'indirizzo address
il numero di telefono phone
   number

||| Facciamo pratica! . . . .

A. Quanto fa? Leggete ad alta voce e rispondete.

> ESEMPIO: 3 × 3 →
> —Quanto fa 3 × 3?
> —Fa 9.

1. 6 × 8	6. 450 : 10	11. 35 − 12
2. 9 × 9	7. 100 × 10	12. 488 + 15
3. 10 × 10	8. 502 + 98	13. 19 − 2
4. 56 : 7	9. 1000 − 303	14. 5 × 7
5. 63 : 9	10. 7 × 3	

B. Quanto costa? Quanto costano? In una cartoleria il cliente (*the customer*) domanda, la commessa (*the saleswoman*) risponde.

> ESEMPIO: penna / 15 →
> —Quanto costa questa penna?
> —Costa quindici dollari.

1. agenda / 16	4. carta da lettere / 12
2. guida turistica / 19,50	5. dizionario tascabile / 23
3. calcolatrice / 40	6. matite / 14

C. In una calzoleria e pelletteria. Domandate il prezzo e rispondete secondo il modello precedente.

1. portafoglio nero / 33	3. borsa marrone / 78
2. sandali rossi / 66	4. stivali bianchi / 120

SCIOGLILINGUA (*tongue twister*)

C'erano trentatré trentini tutti e trentatré di Trento che entrarono trottando tutti e trentatré trottando in Trento.

LETTURA

Prima di leggere

Look over the following reading fairly quickly, and see how much you are able to understand in a general way. Pay special attention to the cognates, which are italicized. Based on what you already know about cognates of

English and Italian, can you tell what each of these words means? See if
you can identify them first on their own, then check your guess by looking at the context.

*Veduta del Ponte Vecchio sul fiume
Arno a Firenze (© Stuart Cohen/
Comstock)*

*Firenze, Piazza del Duomo:
Cattedrale con la Cupola del
Brunelleschi, Campanile di Giotto e
Battistero (© Stuart Cohen/
Comstock)*

Firenze, città rinascimentale°   *of the Renaissance*

Firenze è una città molto bella, *centro* della *civiltà* del Rinascimento.
A Firenze ci sono *splendidi* musei, chiese e *palazzi.* Il centro storico
è piuttosto° piccolo ed è facile° andare a piedi da un posto all'altro.°   *rather / è... it's easy / da... from one place to another*

5   Ecco un giro per cominciare a conoscere° la città: *osservate* la pian-   *per... to begin to get acquainted with*
tina. *Punto di partenza:* Piazza del Duomo, dove c'è la cattedrale di
Santa Maria del Fiore° con il Campanile° di Giotto* e il Battistero. Poi°   *Santa... St. Mary of the Flower / bell tower / Then*
da Piazza del Duomo a Piazza della Signoria per l'*elegante* Via
Calzaioli. In questa piazza c'è Palazzo Vecchio e fra° il palazzo e il   *between*
10 Lungarno,† la Galleria degli Uffizi, un museo molto *importante.* Da-   *Davanti... in front of / all'... open-air / si... one can*
vanti al° palazzo c'è un caffè all'aperto° dove si può° prendere un buon
cappuccino o una *cioccolata* calda con paste.°   *pastries*
    Dal Lungarno potete° attraversare° il *pittoresco* Ponte Vecchio.   *you can / cross*
Prendete° Via Guicciardini e *arrivate* al *grandioso* Palazzo Pitti e al   *Take*

---

*Giotto di Bondone (1266–1337) was a famous painter, sculptor, and architect.
†I Lungarni are the streets along the river Arno.

15 Giardino di Boboli, un grande *parco* con *statue, anfiteatro* e molte
panchine.° Stop! È ora di° mangiare un panino e bere° un'*aranciata* o   benches / È ora... *it's*
una Coca-Cola. Buon *appetito!**   *time to / to drink*

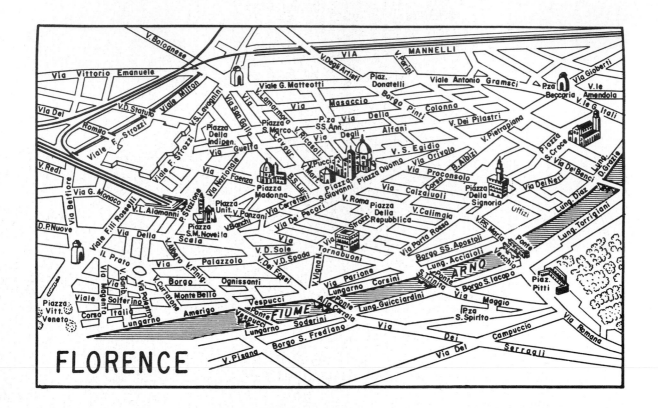

||| **Facciamo pratica!** . . . .

A. Scrivete frasi complete con i seguenti gruppi di parole. (*Write complete sentences with the following sets of words.*)

ESEMPIO: Firenze / antica città / molto famosa →
          Firenze è un'antica città molto famosa.

1. centro storico / Firenze / piccolo
2. cattedrale / Firenze / si chiama / Santa Maria del Fiore

---

*Italians say "**Buon appetito!**" just before settling down to eat. You, too, might want to start
using it with your friends.

3. Via Calzaioli / strada / elegante
4. Giardino / Boboli / vicino a / Palazzo Pitti
5. Piazza della Signoria / caffè all'aperto
6. Ponte Vecchio / molto pittoresco
7. Arno / fiume (*river*) / Firenze
8. Galleria degli Uffizi / museo / molto importante

B. Vicino o lontano? Guardate la piantina (*the little map*) e domandate e rispondete secondo l'esempio.

ESEMPIO: Ponte Vecchio / Piazza della Repubblica →
—Scusi, Ponte Vecchio è vicino a Piazza della Repubblica?
—No, signore (signora, signorina), è piuttosto lontano. (Sì, è vicino, è molto vicino.)

1. Piazza Santa Croce (S. Croce) / Via de' Benci
2. Via Tornabuoni / l'Arno
3. Piazza Santa Maria Novella (S. M. Novella) / Piazza della Signoria
4. Il Lungarno Acciaioli / Via Porta Rossa

Continuate voi! (*Go on!*)

CAPITOLO 5

IL TEMPO VOLA

Impruneta: Paese vicino a Firenze. In ogni paese la campana batte le ore (© John G. Ross/Photo Researchers)

PAROLE NEL CONTESTO

Il calendario

—Che mese è?
—È dicembre.

—Quanti giorni ha dicembre?
—Ne ha trentuno.*

—Quanti ne abbiamo oggi?
—Ne abbiamo diciotto.

—Quante settimane ci sono
in questo mese?
—Ce ne sono quattro e
mezzo.

—Qual è il primo giorno di
dicembre quest'anno?
—È un lunedì.

—E qual è l'ultimo giorno di dicembre?
—È un mercoledì.

—Quando è Natale?
—È giovedì venticinque.

DICEMBRE						
lunedì	martedì	mercoledì	giovedì	venerdì	sabato	domenica
1 S. Eligio†	2 S. Bibiana	3 S. Francesco	4 S. Barbara	5 S. Giulio	6 S. Nicola	7 S. Ambrogio
8 Immacolata C	9 S. Siro	10 N.S. di Loreto	11 S. Damaso	12 S. Amalia	13 S. Lucia V.	14 S. Giovanni
15 S. Achille	16 S. Adelaide	17 S. Lazzaro	18 S. Quinto	19 S. Dario	20 S. Liberato	21 S. Pietro C.
22 S. Demetrio	23 S. Vittoria	24 S. Adele V.	25 Natale	26 S. Stefano	27 S. Giovanni Ev.	28 Sacra Famiglia
29 S. Davide re	30 S. Eugenio	31 S. Silvestro				

---

*Ne is a pronoun used to indicate numbers and quantities. You will learn more about its use later.

†Sant' before vowels, San before consonants, Santo before s + *consonant* or z: Sant' Eligio, San Francesco, Santo Stefano.

I GIORNI DELLA SETTIMANA
lunedì   martedì   mercoledì   giovedì   venerdì   sabato   domenica

Attenzione!

- In Italian the week begins with Monday.
- Days of the week are not capitalized.
- Days of the week are masculine, with the exception of **la domenica**.
- Unlike English, prepositions are not used with the days of the week.

> Maria è a casa **mercoledì**.
> *Maria is at home on Wednesday.*

- The singular definite article indicates a recurring activity on a given day.

> La lezione d'italiano è **il lunedì**, **il mercoledì** e **il venerdì**.
> *Italian class is on Mondays, Wednesdays, and Fridays.*

___ **VECCHIO PROVERBIO ITALIANO** ___

> Né di Venere né di Marte
> non si sposa né si parte.
> *Neither marry nor depart on the day of Venus or of Mars!*

LE STAGIONI E I MESI DELL'ANNO		
la primavera (*spring*)		l'autunno (*autumn*)
l'estate (*f.*) (*summer*)		l'inverno (*winter*)
gennaio	maggio	settembre
febbraio	giugno	ottobre
marzo	luglio	novembre
aprile	agosto	dicembre

Attenzione!

- In Italian, the names of months are never capitalized.
- All months are masculine.

■ The seasons always take the definite article except when used with
  the Italian preposition **in**.

> La primavera è una bella stagione.
> In primavera ci sono molti fiori.

RAPIDI SCAMBI

1. —Marco, in quali giorni hai lezione d'italiano?
   —Ho lezione tutti i giorni, eccetto il sabato e la domenica.

2. —Quando è Pasqua quest'anno?
   —È il ventun marzo.
   —Ah, è il compleanno di papà.

3. —Quanti giorni di vacanza hai in primavera?
   —Ho una settimana e vado in montagna. E tu?
   —Beato te! Io ho solo due giorni di vacanza e sto a casa.

4. —È caldo d'estate a Firenze?
   —Sì, è molto caldo e non ci sto mai. Vado sempre
     al mare.

COME SI DICE?

l'anno year	**la vacanza** holiday, vacation	**Vado.** I am going.
la stagione season		**Ci vado.** I am going there.
il mese month	**al mare** to the shore, sea	**Non ci sto mai.** I never stay
la settimana week	**in montagna** to the mountains	there.
il giorno day		
	caldo hot, warm	**primo/a** first
il Capodanno New Year's Day	**il tempo** time, weather	**ultimo/a** last
il Natale Christmas		
il compleanno birthday	**tutti i giorni** every day	
la festa holiday, party	**sempre** always	
	eccetto except	

Attenzione!

- In Italian, adverbs always follow verbs.

    Sto **sempre** a casa.

- Italian uses double negation.

    Non sto **mai** a casa.

||| Facciamo pratica! . . . .

A. Ripetete gli scambi tra di voi.

B. Domandate e rispondete.

Asleib   *Dace* →
1. Quanti ne abbiamo oggi?
2. Quante settimane ci sono in febbraio?
3. Quanti mesi ci sono in un anno?
4. Qual è l'ultimo giorno di gennaio?
5. Quando è Natale?
6. Quanti giorni ci sono in un anno?
7. Quali feste ci sono in inverno?
8. Quando è Capodanno?
9. Qual è il primo giorno della settimana?

INFORMAZIONI

L'Epifania, celebrated on January 6, is a religious holiday that commemorates the adoration of the infant Jesus by the Three Kings. In the popular tradition, it has been assimilated to the pre-Christian legend of **La Befana**, a kindly old lady who brings presents to children. If they have been good, she fills their stockings with small toys and sweets; otherwise, they awake to find them stuffed with garlic and coal!

Italian children receive most of their holiday gifts on Christmas Eve, which they celebrate with **il presepio**, the nativity scene, and with a decorated tree.

Il Carnevale, the festive period between the Epiphany and Lent, is a tradition that goes back to the Saturnalia of ancient Rome. The carnival spirit is celebrated with costumes and masked balls. Processions with floats and festivities take place in city streets and squares. Internationally famous are the carnivals of Viareggio (in Tuscany) and Venice.

Pasqua is perhaps the most important religious holiday in Italy. The passing of winter and the hope of spring are embodied in the

Venezia: Tempo di carnevale (© Peter Menzel)

Originalità di maschere veneziane (© Peter Menzel)

passion, death, and resurrection of Christ. From Good Friday (**Venerdì Santo**) until Easter Sunday, figures of Christ are veiled and church bells remain silent. Easter Sunday is celebrated with solemn masses and public festivities centered around the city's cathedral or main square. As in the United States, Easter eggs are customary in Italy. The traditional main dish is roast baby lamb and the Easter dessert is **la colomba pasquale**, the Easter dove, a kind of coffee cake with almonds.

Il primo novembre is All Saints' Day: **Ognissanti (Tutti i santi).**

Il due novembre is All Souls' Day: **Commemorazione dei defunti.** Italians do not celebrate Halloween. All Souls' Day is a solemn occasion dedicated to the memory of the dead.

Benedizione pasquale del Papa
(© Wide World Photos)

PRESENT INDICATIVE OF *AVERE* (TO HAVE)

avere (to have)	
ho	abbiamo
hai	avete
ha	hanno

||| Facciamo pratica! . . . .

A. Completate le frasi con la forma adatta di **avere**.

1. Caterina _____ una Fiat e noi _____ una Ford. E tu, che macchina _____?
2. Quali mesi _____ trentun giorni? E quale mese _____ ventotto giorni?
3. Voi _____ una casa in montagna o al mare? E Lei, professore, _____ una casa in montagna o al mare?
4. I signori Rossi _____ un appartamento o una casa in città? —_____ un piccolo appartamento.
5. Io _____ una settimana di vacanza, e i bambini, quanti giorni di vacanza _____? —_____ un mese.

B. Domandate e rispondete.

1. Hai un appuntamento (*date*) stasera? Con chi? Dove?
2. Che lezione hai oggi? Hai un buon professore di matematica? Come si chiama?
3. Hai una macchina o una moto (*scooter*)? È americana o giapponese? Hai anche una bicicletta?
4. Hai un appartamento? È grande o piccolo? Quante stanze (*rooms*) ha?
5. Hanno vacanze in ottobre gli studenti? In quale mese hanno vacanze? In quale stagione?
6. Quanti giorni di vacanza abbiamo in primavera? Che cosa fai per le vacanze?
7. Ha trenta giorni gennaio? E quanti giorni ha di solito (*usually*) febbraio? E aprile?
8. Quando è Natale? E in quale mese è Pasqua? E Thanksgiving?

RAPIDI SCAMBI

1. —Scusa, Paola, quanti ne abbiamo oggi?
   —Diciotto. Fra una settimana è Natale. Sei contenta?
   —No, ho ancora tante cose da fare.

18	DICEMBRE VENERDI ☽ ↑ 8.2 - ↓ 16.48 ☾ ↑ 5.31 - ↓ 14.30 *luna calante*	S. Quinto e compagni, martiri in Africa — Il santo viene compreso nell'elenco che accomuna molti martiri giustiziati in Africa. Altri invece sono propensi a identificarlo con un certo Quinto che fu suppliziato sotto l'imperatore Decio	*Come fresco di neve al tempo della mietitura è un messaggero verace per chi lo manda*
	LA SPESA DI OGGI		

2. —Io vado in montagna a Natale, e tu?
   —No, io sto in città. In montagna ho troppo freddo. Ci vado solo d'estate.

3. —C'è un negozio di abbigliamento° qui vicino?
   —Sì, perché?
   —Ho bisogno di un cappotto e di un paio° di stivali per l'inverno.

clothing

pair

4. —È mezzogiorno. Hai fame?
   —Sì, ho una gran fame. Cosa c'è da mangiare?
   —C'è una bella pizza. Sei contento?
   —Benone! È già pronta?
   —No, fra dieci minuti.

5. —Che caldo! Ho una
   gran sete.
   —Anch'io. Cosa c'è
   da bere?
   —Birra e Coca-Cola.
   —Per me, una birra.
   —Anche per me.

6. —Che simpatico Francesco!
   Quanti anni ha?
   —Ventidue.
   —Ha la ragazza?
   —Sì, ed è molto gelosa.
   —Che peccato!

COME SI DICE?

la birra beer
la Coca-Cola Coke
la pizza pizza

il cappotto winter coat
il minuto minute

contento/a happy
geloso/a jealous
pronto/a ready

ancora still
  non... ancora not yet

ed and (before the vowels **e**
  and **a**)
già already

per me for me, as far as I'm
  concerned
solo only
tra/fra within, between, among

Che caldo! How hot it is!
Che peccato! What a pity!
Cosa c'è da bere? What's there to
  drink?
Cosa c'è da mangiare? What's
  there to eat?
Quanti ne abbiamo? What's
  today's date?
Quanti anni ha? How old is he/
  she? How old are you (*form.*)?

avere freddo to be cold
  Ho freddo. I am cold.
avere bisogno di to need
  Ho bisogno di... I need . . .
avere fame to be hungry
  Hai fame? Are you hungry?
avere sete to be thirsty
  Ho una gran* sete. I am really
    thirsty.

tante cose da fare so many things
  to do

Attenzione!

■ **Anche** means *also, too,* or *as well.*

■ The position of **anche** is very important and follows a precise rule
  according to the meaning it conveys.

Anche Maria ha un cane.	*Maria too (not just Mark) has a dog.*
Maria ha **anche** un cane.	*Maria has a dog as well (in addition to a cat).*

***Gran** is a shortened form of **grande**, used for phonetic reasons.

■ When **anche** modifies a subject pronoun, the pronoun can never be omitted.

> Io ho un cane. Hai un cane   *I have a dog. Do you also*
> anche tu?   *have a dog?*
> Sì, anch'io ho un cane.   *Yes, I too have a dog.*

||| **Facciamo pratica!** . . . .

A. Ripetete gli scambi tra di voi.

B. Domandate e rispondete secondo gli scambi.

1. Quando è Natale? Perché non è contenta Paola?
2. Tu stai in città a Natale? Perché non vai in montagna? Quando ci vai?
3. C'è un negozio di abbigliamento qui vicino?
4. Hai bisogno di un cappotto? Perché? Hai bisogno anche di un paio di stivali?
5. Hai fame? Cosa c'è da mangiare? È pronta la pizza?
6. Cosa c'è da bere?
7. Com'è Francesco? Quanti anni ha? È geloso Francesco? Chi è geloso?

C. Domandate e rispondete.

1. Quanti ne abbiamo oggi?
2. Dove vai a Natale? In montagna? Al mare? Vai a casa? Stai qui (*here*)?
3. Hai un cappotto? Hai un paio (*pair*) di stivali? Di che colore sono?
4. Hai fame? Hai sete?
5. Quanti anni hai?

IDIOMS WITH *AVERE*

avere freddo	*to be cold*	avere torto	*to be wrong*	avere bisogno (di)	*to need*
avere caldo	*to be hot*	avere ragione	*to be right*	avere... anni	*to be . . . old*
avere fresco	*to be cool*	avere sonno	*to be sleepy*	oggi ne abbiamo	*today is*
avere sete	*to be thirsty*	avere paura	*to be afraid*		
avere fame	*to be hungry*	avere fretta	*to be in a hurry*		

Whereas English employs the verb *to be* + *adjective*, Italian uses **avere** + *noun*.

Luigi **ha dieci anni**.	*Luigi is ten years old.*
Il professore **ha sempre ragione**.	*The professor is always right.*
Io **ho fame** e lui **ha sete**.	*I am hungry and he is thirsty.*

Attenzione!

■ Since Italian uses a *verb* + *noun* structure, any modifying adjective must agree with the noun in number and gender.

Ho mol**ta** sete e mol**to** caldo.	*I am very thirsty and very hot.*
Mio fratello ha mol**ta** paura.	*My brother is very afraid.*

— Hai ragione tu: si scrive[a] con due t...

[a]si... *it's written*

Facciamo pratica! . . . .

A. Qual è l'espressione idiomatica adatta? Leggete attentamente e completate le frasi usando (*using*) **avere**.

1. È mezzanotte (*midnight*); noi ____. E tu, ____?
2. Mamma, (io) ____; cosa c'è da mangiare?
3. Secondo (*According to*) Mario, gli studenti ____ e il professore ha sempre torto.
4. Ragazzi, ____? Ecco una Coca-Cola. ____? Ecco una pizza!
5. In questa casa non c'è il riscaldamento (*heating*) e (noi) ____.
6. Carla ____ prima di (*before*) un esame. E tu, ____?
7. Quanti ne ____ oggi? Oggi ____.

B. Situazioni

1.   2.   3.

1. È agosto; sono 90 gradi (*degrees*) Fahrenheit. Marco e Aldo s'incontrano, si salutano... Cosa si dicono? (4 battute)
2. È mezzogiorno; i bambini hanno fame. Cosa dicono alla (*to the*) mamma? Cosa risponde la mamma? (3 battute)
3. È sabato sera; Gino vuole andare (*wants to go*) in discoteca, ma non ha soldi. Cosa dice a papà? Cosa gli (*to him*) risponde papà? (4 battute)
4. La signora Zito e la signora Conte s'incontrano per (*meet in*) la strada; si salutano (*they say hello*), ma la signora Zito ha fretta perché ha un appuntamento con il dentista. Cosa si dicono (*say to each other*) le due signore? (4 battute)
5. Sofia e Veronica s'incontrano e parlano di (*speak about*) Natale. Sofia è contenta perché fra una settimana è Natale e va (*is going*) in montagna. Veronica è preoccupata (*worried*) perché ha ancora molte cose da fare. Cosa si dicono le due amiche?

PAROLE NEL CONTESTO

Che tempo fa?

1.

Nevica e fa freddo.
(*It's snowing and it's cold.*)

2.

C'è il sole e fa caldo.
(*It's sunny and it's hot.*)

3.

Fa bel tempo ma fa fresco.
(*It's nice, but it's cool.*)

4.

5.

Fa brutto tempo; piove
e tira vento.
(*It's nasty weather; it's
raining and windy.*)

C'è nebbia.
(*It's foggy.*)

C'è AFA (*moggy*)

FA mocro CAcdo

Attenzione!

■ Italian often replaces the verb **è** in the expressions **è caldo, è freddo**
with the verb **fa** (from **fare** [*to do, to make*]). You will study this verb
in the next chapter.

■ Be very careful not to confuse the personal idioms **ha freddo, ha caldo,
ha fresco** with the impersonal weather idioms **fa freddo, fa caldo, fa
fresco**.

⫴ Facciamo pratica! . . . .

A. Completate le frasi con l'espressione adatta.

1. È il 14 febbraio, il giorno di San Valentino. Fa bello, ma _____.
2. È il primo maggio: la festa del lavoro (*Labor Day*). C'è il sole
   e _____.
3. In montagna in gennaio _____ e _____.
4. L'aeroporto di Milano è chiuso (*closed*) perché _____.
5. Quando c'è il sole il cielo è _____.
6. Ho bisogno di un cappotto perché _____.
7. Quando tira vento _____.
8. A San Francisco tira spesso (*often*) _____.
9. Al mare in estate la mattina presto (*early*) _____, ma a mezzogiorno
   _____.

B. Che tempo fa? Domandate e rispondete secondo l'esempio.

   ESEMPIO: New York / estate →
            —Che tempo fa a New York in estate?
            —Fa molto caldo.

1. Chicago / inverno
2. San Francisco / estate
3. Londra (*London*) / primavera

4. Miami / estate
5. Anchorage / autunno
6. Aspen / inverno

C. Com'è il tempo nella tua città? Descrivete (*Describe*) la vostra città secondo il modello.

Ad Austin in estate fa molto caldo. Anche in autunno fa spesso caldo. In inverno non nevica quasi mai e non fa molto freddo. In marzo piove spesso e in maggio fa già molto caldo.

PAROLE NEL CONTESTO

Che ora è?

 Sono le sette.
È ora di alzarsi.
(*It's time to get up.*)

 È mezzogiorno.
Sono le dodici.

Ho fame.

 È l'una.
C'è il telegiornale.
(*The news is on.*)

 Sono le tre e mezzo.
Torno in ufficio.
(*I'm going back to the office.*)

 Sono le sei e un quarto.
Sono le sei e quindici.

Un aperitivo!
(*Time for an aperitif!*)

 Sono le sette e tre quarti.
Sono le sette e quarantacinque.
Sono le otto meno un quarto.

È l'ora di punta.
(*It's rush hour.*)

 Sono le otto e dieci.
È l'ora di cena.
(*It's dinnertime.*)

 Sono le nove meno cinque.

Cosa c'è alla TV?
(*What's on TV?*)

 È mezzanotte.
Buonanotte!

—E' mezzanotte, papà: buon giorno!

Facciamo pratica! . . . .

Che ora è? Guardate i disegni (*drawings*) e rispondete.

1. È ora di alzarsi.
2. Torno in ufficio.
3. È l'ora di cena.
4. C'è il telegiornale.

5. È l'ora di punta.
6. Un aperitivo!
7. Ho fame.
8. Buonanotte!

TELLING TIME

1. **Che ora è? Che ore sono?** may be used interchangeably in asking for the time. The response is **Sono le** + *number of hours*. The singular form è is used only with **l'una** (*one o'clock*), **mezzogiorno** (*noon*), and **mezzanotte** (*midnight*).

   The form of the verb is dependent on whether the time expression is singular or plural.

Sono le dodici.	*It's twelve o'clock.*
È mezzogiorno.	*It's noon.*

2. The article is used with all time expressions, except for **mezzogiorno** (*m.*) and **mezzanotte** (*f.*). Since the word **ora** (*-e*), a feminine noun meaning *hour*, is implied in all Italian time expressions, the article used is feminine. **L'una** is the only time expression that takes a singular article.

   Sono **le** tre.
   Sono **le** sette.
   È l'una.

3. There are several ways to tell time.
   a. Up to 30 minutes past the hour, minutes are added to the hour. The word **minuti** is not used, but implied.

   Sono le sei **e** dieci.
   Sono le sei **e** quindici.
   Sono le sei **e** trenta.

   b. After 30 minutes past the hour there are several options.*

   Sono le dieci **e** quaranta.
   Sono le undici **meno** (*less*) venti.

---

*Another way to express time is with the verb **mancare** (*to be lacking*). **Mancano** is the third person plural form; **manca** is the singular form. The form of the verb should be determined by the time expression (singular or plural).

Mancano venti minuti alle otto.	*It's twenty minutes before eight.*
Manca un quarto alle sette.	*It's a quarter to seven.*

c. The quarter hour and half hour may also be expressed with **quarto**
(*quarter*) and **mezzo** or **mezza** (*half*):

Sono le sei **e un quarto**.   Sono le sei **e tre quarti**.
Sono le sei **e mezzo (mezza)**.   Sono le sette **meno un quarto**.

4. Instead of using A.M. and P.M., Italians specify the period of the day.

di mattina	*in the morning*	Sono le otto **di mattina**.
del pomeriggio	*in the afternoon*	Sono le tre **del pomeriggio**.
di sera	*in the evening*	Sono le otto **di sera**.
di notte	*at night*	Sono le tre **di notte**.

5. Official timetables of trains, planes, and buses are based on the 24-hour system.

Il treno per Roma parte (*leaves*) alle 21,45 (9:45 P.M.).

Midnight is expressed either with 24 or with 00.

6. The expression *at + time* (at seven o'clock) is rendered this way: **alle
due, alle tre, all'una**. You will learn contractions of preposition and
articles in Chapter 8.

||| Facciamo pratica! . . . . . · · · · · · · · · ·

A. Milano: Stazione della metropolitana (*subway*). Guardate l'orario del
treno. Leggete ad alta voce le località (*places*) e l'orario delle prime
(*first*) e delle ultime partenze (*last departures*).

 INFORMAZIONI ATM: STAZIONE DUOMO (Lato U. Foscolo) tel. 87.54.95
Apertura: ore 8.00 - 20.00 escluso festivi

PRIME ED ULTIME PARTENZE DEI TRENI DELLA METROPOLITANA DAI RISPETTIVI CAPILINEA		
LOCALITA	**PRIME PARTENZE**	**ULTIME PARTENZE**
Da SESTO MARELLI per San Leonardo per Inganni	6.20 6.25	0.10 0.17
Da INGANNI	6.22	0.07
Da SAN LEONARDO	6.24	23.58
Da Q.T. 8 per MARELLI	6.18	
Da GESSATE	5.56	0.06
Da COLOGNO	6.06	0.12
Da ROMOLO per Cologno Nord per Gessate	6.06 6.00	0.10 0.20

 STAZIONI DELLA METROPOLITANA
CON INTERSCAMBIO FERROVIARIO

STAZIONE LAMBRATE	Ferrovie dello Stato
STAZIONE CENTRALE	Ferrovie dello Stato
STAZIONE GARIBALDI	Ferrovie dello Stato
STAZIONE CADORNA	Ferrovie Nord Milano
STAZIONE P.TA GENOVA	Ferrovie dello Stato

 COLLEGAMENTO AUTOMOBILISTICO
SAN BABILA - AEROPORTO DI LINATE
LINEA 73

B. La giornata (*day*) del dottor Meloni. Completate secondo l'esempio e leggete le frasi ad alta voce. (Usate **alle, all'**.)

ESEMPIO: Dov'è il dottor Meloni? (6,30 / in cucina) →
Alle 6,30 è in cucina.

1. 7,10 / all'ospedale
2. 10,30 / in ufficio
3. 1,00 / in banca
4. 2,00 / al ristorante Sabatini
5. 2,30 / in studio

6. 5,40 / al caffè
7. 9,45 / a casa
8. 10,00 / davanti al televisore
9. 11,20 / nel bagno
10. 12,00 / a letto (*in bed*)

RAPIDI SCAMBI

1. —Che ora è?
   —È mezzanotte, Margherita.
   —È tardi. Io ho sonno e vado a letto. Buonanotte.
   —Buonanotte.

2. —Scusa, Alberto, che ore sono?
   —Sono le undici e dieci.
   —Ciao, caro, ho fretta, ho un appuntamento alle undici e mezzo.
   —Ciao, Susanna, ci vediamo stasera.

3. —A che ora hanno lezione d'italiano gli studenti del corso 604?
   —Alle nove di mattina.
   —E quelli del corso 312?
   —Alle due del pomeriggio.

4. —Che ora è, Virginia?
   —Sono le otto meno un quarto.
   —Benissimo; tra quindici minuti c'è il telegiornale.

—La signora del piano di sotto[a] chiede[b] a che ora parte[c] l'ultimo treno...

[a]di... *from the floor downstairs* / [b]*asks*
[c]*departs*

||| **Facciamo pratica!** . . . .

A. Ripetete gli scambi tra di voi.

B. Domandate e rispondete secondo gli scambi.

1. Perché ha sonno Margherita?
2. Perché ha fretta Susanna?

3. A che ora hanno lezione d'italiano gli studenti del corso 312?
4. A che ora c'è il telegiornale?
5. E voi, a che ora avete la lezione d'italiano?

C. Situazioni

1. Che giorno... ? A che ora? Domandate ai compagni (*to your class-mates*) in che giorni e a che ora hanno: lezione di matematica, lezione di storia, lezione di chimica (*chemistry*), lezione d'inglese...

2. Tu hai un appuntamento con il dottore alle undici. Incontri (*You meet*) per strada un'amica alle undici meno dieci. Cosa vi dite? (*What do you say to each other?*) (3 battute)

LETTURA 1

Prima di leggere

Take a look at the Italian TV listings. Don't worry about understanding every word; just try to get a feel for the various types of programs and the organization of the schedule. Then answer the following questions.

1. How many times a day does RAIUNO* broadcast the "Telegiornale" (also abbreviated "TG")? At what times? (Note that the 24-hour clock is used for TV listings.) How long are the "Telegiornale" broadcasts? Do any seem to have a particular focus (weather, sports, etc.)?

2. What are some of the types of programs you see? ("Telefilm" . . .)

3. Do you recognize any American shows? Which ones?

4. Which RAI channel emphasizes cultural and educational programming? What various kinds of cultural shows are listed?

5. What different sports are included in this broadcast listing?

La televisione in Italia

Gli italiani guardano° molto la televisione: film, documentari e spettacoli di varietà° come il popolare «Drive in» di Canale 5. Hanno anche molto successo le serie televisive° americane come «Dallas» e
5 «Dynasty». D'altra parte° ci sono i programmi regionali dove gli attori parlano nei dialetti locali.

° *watch*
° spettacoli... *variety shows*
° le serie... *TV series*
° D'altra... *On the other hand*

*RAI means **Radiotelevisione italiana**; it is the state-owned network. The number (RAIUNO, RAIDUE, RAITRE) refers to the specific channel.

In Italia la televisione è in parte° pubblica e in parte privata. Ci   *in... in part*
sono tre canali di stato° e molte reti° private e tutti si fanno concor-   *government / networks*
renza.° Nei canali di stato la pubblicità è solo prima e dopo i programmi,   *si fanno... compete with*
10 mentre sulle altre reti la pubblicità interrompe° continuamente gli   *each other*
spettacoli.   *interrupts*

In Italia la televisione non è gratuita. Tutti pagano un canone (una
tassa) annuo° per il servizio televisivo.   *un canone... yearly fee*

I PROGRAMMI TV DI OGGI

RAIUNO

10.30 Sceneggiato: **«DUE PRIGIONIERI»** (1ª puntata).
11.30 Telefilm: **«TAXI».**
5 **12.00** **TG1 - FLASH.**
12.05 Varietà: **PRONTO... CHI GIOCA?** con E. Bonaccorti.
13.30 **TELEGIORNALE.**
13.55 Attualità: **TG1 - TRE MINUTI DI...**
14.00 Varietà: **PRONTO... CHI GIOCA?** con E. Bonaccorti.
10 **14.15** Documenti: **IL MONDO DI QUARK.**
15.00 Attualità: **SPECIALE PARLAMENTO.**
15.30 Documenti: **CONOSCI IL LEGNO.**
16.05 Documenti: **STORIE DI IERI DI OGGI DI SEMPRE.**
«La strada di Suzy».
15 **16.30** Sport: **LUNEDI' SPORT.**

17.00 TG1 - FLASH.
17.05 Varietà: **MAGIC.**
18.00 Documenti: **L'OTTAVO GIORNO.**
18.30 Attualità: **ITALIA SERA** con Piero Badaloni.
20 **19.40** **ALMANACCO DEL GIORNO DOPO - TEMPO.**
20.00 **TELEGIORNALE.**
20.30 Film giallo **«CHINATOWN»** di Roman Polanski.
22.30 Quiz: **MILLE E UNA STAR.**
22.45 **TELEGIORNALE.**
25 **22.55** Attualità: **SPECIALE TG 1.**
23.45 Rubrica: **APPUNTAMENTO AL CINEMA.**
23.55 **TG1-NOTTE - CHE TEMPO FA.**

RAIDUE

11.55 Varietà: **CORDIALMENTE.** Conduce Enza Sampò.
30 **13.00** **TG2 - ORE TREDICI.**
13.25 Attualità: **TG2 - C'E' DA VEDERE.**
13.30 Telefilm: **«CAPITOL»** con Rory Calhoun, Mary Dusay.
14.30 **TG2 - FLASH.**
14.35 Varietà: **TANDEM.**
35 **16.00** Documenti: **ADOLESCENZA E LINGUAGGIO. «Il linguaggio a scuola».**
16.30 Varietà: **PANE E MARMELLATA.**
17.30 **TG2 - FLASH.**
17.35 Attualità: **OGGI E DOMANI.**
40 **18.30** Sport: **TG2 - SPORTSERA.**
18.40 Telefilm: **«LE STRADE DI SAN FRANCISCO».**

19.45 **TG2 - TELEGIORNALE.**
20.20 Sport: **TG2 - LO SPORT.**
20.30 Attualità: **DI TASCA NOSTRA.**
45 **21.25** Telefilm: **«HILL STREET GIORNO E NOTTE».**
22.15 **TG2 - STASERA.**
22.25 Religione: **SORGENTE DI VITA.**
22.50 Telefilm: **«UN RAGAZZO COME NOI».**
23.15 Documenti: **L'ABC DELL'INFANZIA.**
50 **23.50** **TG 2 - STANOTTE.**
24.00 Film: **«UNA STORIA DEL WEST»** (**«Last of the Fast
Guns»**, 1958), di George Sherman. Con Jack Maho-
ney, Linda Cristal, Gilbert Roland.

RAITRE

55 **11.55** Sport: **SCI.** Coppa del
Mondo. Supergigante ma-
schile.
13.55 Sport: **CICLISMO.** Presentazione stagione 1986
60 **13.55** Documenti: **UNA LINGUA
PER TUTTI: Il russo.**
14.25 Documenti: **UNA LINGUA
PER TUTTI: Il francese.**
15.00 Musica: **CONCERTO
65 DELL'ORCHESTRA DI
BRATISLAVA.** Direttore
Paolo Olmi. (1ª parte).
15.45 Sport: **CALCIO.** Campio-
nati serie A e B.
70 **18.10** Musica: **L'ORECCHIOC-
CHIO.**

19.00 TG 3.
19.30 Sport: **SPORT REGIONE.**
20.05 Documenti: **LE AVVEN-
75 TURE DI JEAN JAC-
QUES ROUSSEAU.** (1ª
puntata).
20.30 Commedia musicale:
**«ERA BELLO SO-
80 GNARE».**
21.30 TG 3.
21.40 Documenti: **RIFARSI UNA
VITA.**
22.10 Sport: **PROCESSO DEL
85 LUNEDI'**
23.15 TG 3.

COME SI DICE?

---

l'attore actor	**la televisione*** television
l'attrice actress	**la TV** (*pronounced* «**tivvù**») TV
il canale channel	
il documentario documentary	**gratuito/a** free
il programma, i programmi	**privato/a** private
program, programs	**pubblico/a** public
la pubblicità advertising	**televisivo/a** television (*adj.*)
lo spettacolo show	

||| Facciamo pratica! . . . .

A. Vero o falso?

1. La televisione in Italia ha solo reti private.
2. Gli italiani pagano una tassa per il servizio televisivo.
3. La televisione italiana non ha programmi americani.
4. Ci sono solo programmi regionali.
5. C'è un canale di stato.
6. Alla televisione italiana non c'è pubblicità.
7. In Italia, il servizio televisivo è gratuito.
8. Canale 5 è una rete privata.

B. Cosa c'è oggi alla televisione? Guardate **I programmi TV di oggi** e domandate e rispondete tra di voi.

1. A che ora c'è il «Telegiornale» a RAIUNO?
2. Quale film c'è a RAIUNO alle 20,30? Chi è il regista (*director*) di questo film?
3. Su quale canale c'è un concerto alle tre del pomeriggio?
4. Cosa c'è a mezzanotte a RAIDUE?
5. A che ora c'è lo sport sui (*on the*) tre canali?
6. A che ora c'è «Che tempo fa» a RAIUNO?

***Il televisore** is another word for *television*.

LETTURA 2

Prima di leggere

Take a look at the weather chart and answer the following questions.

1. Guess what the terms under the maps mean (**sereno, poco nuvol.,** etc.).

2. According to the chart, which were the hottest cities in Italy yesterday? the coldest? Which cities were sunny today? Which Italian cities look like they will have the worst weather tomorrow?

Che tempo fa?

oggi

domani

Il tempo

	IERI	OGGI		DOMANI	
BOLZANO	15-29	mezzo nuvolo	14-31	temporale	15-29
VERONA	19-27	sereno	18-31	qualche nube	19-30
TRIESTE	19-28	sereno	20-29	qualche nube	21-29
VENEZIA	18-28	sereno	17-28	qualche nube	18-28
MILANO	18-28	sereno	17-31	rovesci	18-30
TORINO	16-27	sereno	16-29	temporale	17-27
GENOVA	21-30	qualche nube	20-27	rovesci	21-28
BOLOGNA	17-28	sereno	18-32	sereno	20-33
FIRENZE	20-28	qualche nube	18-32	qualche nube	18-31
ANCONA	19-25	sereno	16-29	qualche nube	16-31
PERUGIA	16-22	sereno	15-28	sereno	17-30
PESCARA	17-24	sereno	17-29	sereno	17-31
ROMA URBE	14-29	qualche nube	15-29	sereno	17-31
FIUMICINO	15-28	sereno	16-27	sereno	18-28
CAMPOBAS.	14-19	qualche nube	14-25	sereno	17-28
BARI	17-24	sereno	18-26	sereno	19-29
NAPOLI	20-29	qualche nube	18-28	sereno	18-29
POTENZA	14-20	qualche nube	12-22	sereno	14-26
REGGIO C.	22-28	sereno	np-28	sereno	np-30
PALERMO	21-27	sereno	21-26	sereno	22-28
CATANIA	19-30	sereno	17-30	sereno	17-32
ALGHERO	17-27	sereno	17-27	sereno	17-28
CAGLIARI	17-31	sereno	17-28	sereno	18-29

TEMPO
- ☼ sereno
- 🌤 poco nuvol.
- variabile
- ☁ nuvoloso
- 🌧 pioggia
- ⛈ temporale
- ❄ neve

VENTI
- → deboli
- → moderati
- → forti

MARI
- poco mosso
- mosso
- molto mosso

Nei giorni successivi. Maltempo con piogge e temporali sulle zone nord-orientali; cielo sereno su tutto il resto della Penisola

All'estero

AMSTERDAM	14	20	NUOVA DELHI	26	34
ATENE	21	32	NEW YORK	20	28
BANGKOK	25	30	OSLO	13	19
BEIRUT	22	26	PARIGI	17	25
BELGRADO	18	23	PECHINO	21	31
BERLINO	10	23	PERTH	11	15
BOGOTA	4	20	RIO DE JANEIRO	14	34
BRUXELLES	19	21	SAN FRANCISCO	13	26
BUENOS AIRES	5	13	SANTIAGO	4	18
IL CAIRO	22	34	SAN PAULO	14	27
CARACAS	20	28	SEUL	23	25
CHICAGO	22	30	SINGAPORE	27	32
COPENAGHEN	14	18	STOCCOLMA	18	22
DUBLINO	14	18	SYDNEY	9	15
FRANCOFORTE	10	24	TEL AVIV	23	30
GINEVRA	14	22	TOKIO	18	23
L'AVANA	24	31	TORONTO	N.P.	
HELSINKI	18	23	VANCOUVER	N.P.	
HONG KONG	26	28	VARSAVIA	15	20
HONOLULU	22	31	VIENNA	15	28
ISTANBUL	21	29			
JAKARTA	23	30			
GERUSALEMME	19	28			
JOHANNESBURG	5	22			
KIEV	14	26			
LIMA	13	17			
LISBONA	24	34			
LONDRA	15	24			
LOS ANGELES	17	31			
MADRID	12	31			
MANILA	24	31			
C. DEL MESSICO	9	24			
MIAMI	26	31			
MONTEVIDEO	10	11			
MONTREAL	N.P.				
MOSCA	16	27			

COME SI DICE?

il grado* degree	**domani** tomorrow
la neve snow	**ieri** yesterday
la pioggia rain	**all'estero** abroad
la temperatura temperature	
il temporale storm	

||| Facciamo pratica! . . . .

Quali sono le temperature in Italia e all'estero? Rispondete e leggete ad alta voce secondo la tabella **Il tempo**.

1. ieri a Perugia
2. oggi a Bologna
3. ieri a Napoli
4. domani a Catania
5. oggi a Tokio
6. domani a Venezia
7. oggi a Madrid
8. ieri a Bari
9. oggi a Buenos Aires
10. oggi a Mosca

---

*Temperatures in Italy are measured in degrees centigrade, or Celsius. Zero Celsius corresponds to 32° Fahrenheit.

CAPITOLO 6

ATTIVITÀ E PASSATEMPI

Firenze: Sosta di turisti al ristorante di Piazza della Signoria (© Hugh Rogers/Monkmeyer)

Rapidi scambi
Present Indicative of -are *Verbs*
Rapidi scambi
Irregular -are *Verbs:* fare, andare, dare, *and Review of* stare
Parole nel contesto: Come andiamo?
Prepositions with andare

Lettura: Le abitudini degli italiani

RAPIDI SCAMBI

1. —Marina, cosa studi?
   —Quest'anno non studio, lavoro in un'agenzia di viaggi, perché ho bisogno di soldi.
   —Che fai?
   —Organizzo voli° charter per gli Stati Uniti.

flights

2. —Mamma, abbiamo fame. Cosa mangiamo?
   —Oggi ho fretta e non ho tempo di cucinare. Preparo panini e un'insalata. E se avete ancora fame ci sono le banane.

3. —Viaggiano in treno o in macchina i signori Brown?
   —In macchina, perché i treni sono spesso in ritardo e l'aereo costa troppo.
   —Quando arrivano?
   —Penso stasera.

4. —Ragazzi, quando giocate a tennis?
   —Giochiamo il martedì e il giovedì alle due.
   —Io, invece, gioco solo il weekend perché gli altri* giorni non ho tempo.

---

*The adjective **altro/a** always precedes the noun.

COME SI DICE?

l'aereo plane
il binario track
il rapido express train
il treno train
il viaggio trip
  l'agenzia di viaggi travel
  agency

i soldi money
il weekend weekend

l'insalata salad
il panino sandwich

il tennis tennis
  giocare a tennis to play tennis

andare to go
  andiamo we are going, let's go
arrivare to arrive
  arrivano they are arriving
cucinare to cook
lavorare to work
  lavoro I am working
pensare to think
  penso I think
preparare to prepare
  preparo I prepare

studiare to study
  studio I am studying
tornare to return
  tornano they are returning
viaggiare to travel
  viaggiano they are traveling

in orario on time, on schedule
in ritardo late

altro/a other
invece instead, on the other
  hand

Attenzione!

▪ **È tardi** and **è in ritardo** both mean *it's late.*

È tardi is used only when the subject *time* is implied.

> Bambini, è tardi; andate a
> letto.

> *Children, it's late; go to bed.*

È in ritardo is used when the subject is an agent (a person, a train,
a plane, a bus).

> Il rapido da Milano è in
> ritardo.

> *The express train from*
> *Milan is late.*

▪ Both **tardi** and **in ritardo** may be used with other verbs, but these two
expressions have substantially different meanings.

> Andiamo a letto tardi.
> Maria arriva sempre in ritardo.

> *We go to bed late.*
> *Maria always arrives late.*

In the first example, **tardi** means late in reference to time in general.
In the second example, **in ritardo** means late in reference to a specific
schedule.

Facciamo pratica! . . . .

A. Ripetete gli scambi tra di voi.

B. Domandate e rispondete.

1. Chi lavora in un'agenzia di viaggi? Perché?
2. Chi non ha tempo di cucinare? Perché?
3. Chi viaggia in macchina? Perché non viaggiano in treno i signori Brown?
4. Chi gioca a tennis il giovedì? A che ora?

PRESENT INDICATIVE OF *-ARE* VERBS

Italian has three main categories of verbs. These categories are distinguished by the infinitive ending of the verbs. Each category has its own conjugation.

first conjugation	second conjugation	third conjugation
parl**are** (*to speak*)	prend**ere** (*to take*)	dorm**ire** (*to sleep*)

Regular verbs of the first conjugation (**-are** verbs) are conjugated like **parlare**.

parlare (*to speak*)	
parl**o**	parl**iamo**
parl**i**	parl**ate**
parl**a**	parl**ano**

Attenzione! The third person plural of the present tense is never stressed on the verb ending. It is stressed on the stem of the verb, as in the singular forms.

1. To conjugate a regular verb, remove the infinitive ending (**-are, -ere, -ire**) and attach the proper endings to the stem of the verb.

2. The Italian present indicative renders the English present, progressive present, and emphatic present.

Parlo.   *I speak. I am speaking. I do speak.*

3. The present is often used in the place of the future tense.

> Domani andiamo al cinema.   *Tomorrow we'll go to the*
> *movies.*
> La settimana prossima   *Next week we are return-*
> torniamo a Parigi.   *ing to Paris.*

When used in the first person plural in an interrogative sentence, the present can also mean *shall we . . . ?*

> Balliamo?*   *Shall we dance?*
> Parliamo italiano?*   *Shall we speak Italian?*

4. In interrogative expressions, the subject may either precede the verb or be placed at the end of the question.

> Roberto parla bene l'italiano? ⎫   *Does Roberto speak Italian*
> Parla bene l'italiano Roberto? ⎭   *well?*

5. Verbs ending in **-iare** have only one **i** in the second person singular and in the first person plural.

studiare (*to study*)	cominciare (*to begin*)	mangiare (*to eat*)
studi	cominci	mangi
studiamo	cominciamo	mangiamo

Note the importance of stress in distinguishing some verb forms.

> cominciamo   cominciano

If you were to place the stress on the same syllable in both forms, it would be extremely difficult to tell whether you were saying *we begin* or *they begin*. In speaking, the difference between the **m** and the **n** is barely perceived. Stress position can be critical in determining the subject.

6. Verbs ending in **-care** and **-gare** (hard sound) take an **h** before the **i** in the second person singular and in the first person plural, in order to retain the hard sound.

giocare (*to play*)	pagare (*to pay*)
giochi	paghi
giochiamo	paghiamo

---

*Expressions in the first person plural can be substituted with an impersonal expression: **Si balla? Si parla italiano?**

ALTRI VERBI IN -ARE					
amare	*to love*	entrare (in)	*to enter*	preparare	*to prepare*
arrivare	*to arrive*	giocare (a)	*to play*	ricordare	*to remember, to remind*
• ascoltare	*to listen to*	guardare	*to look at, to watch*	suonare	*to play (an instrument), to ring*
• aspettare	*to wait, to wait for*	guidare	*to drive*		
• cercare	*to look for, to try*	imparare	*to learn*	• telefonare	*to telephone*
		incontrare	*to meet*	tornare	*to go back*
chiamare	*to call*	insegnare	*to teach*	viaggiare	*to travel*
comprare	*to buy*	lasciare	*to leave behind*	visitare	*to visit*
costare	*to cost*	lavorare	*to work*		
cucinare	*to cook*	organizzare	*to organize*		
dimenticare	*to forget*	• pagare	*to pay, to pay for*		
• domandare	*to ask*	pensare a	*to think of*		

Attenzione!

■ Unlike their counterparts in English, **ascoltare, aspettare, cercare,** and **guardare** take the direct object and are used without a preposition.

Ascolto la musica.	*I'm listening to the music.*
Aspetto l'autobus.	*I'm waiting for the bus.*
Cerco i libri.	*I'm looking for my books.*
Guardo il quadro.	*I'm looking at the painting.*

■ **Telefonare** takes the indirect object in Italian and is always used with the preposition **a** before a noun.

Telefono a Francesco.   *I'm telephoning Francesco.*

■ **Entrare** is always used with the preposition **in**.

Entro in classe.   *I'm entering the classroom.*

■ **Lasciare** can be used only as a transitive verb (one which takes a direct object), meaning to leave someone or something behind. **Lasciare** can never be used to mean *to depart*.

Non lascio mai i bambini soli.   *I never leave the children alone.*

■ **Giocare** and **suonare** have different meanings.

Gioco a palla, a tennis; gioco   *I play ball, tennis; I also play anche a carte.   cards.*

Suono il violino, la tromba, il   *I play the violin, the trumpet,*
  piano.   *the piano.*
Suona il telefono!   *The phone's ringing!*

When **giocare** has an object, it is used with the preposition **a**.

||| Facciamo pratica! . . . .

A. Completate le risposte.

  1. Che cosa studiate?
     Io ____ª l'italiano e Marcello ____ᵇ il francese. Noi ____ᶜ lo spa-
     gnolo e voi ____ᵈ il tedesco. E tu, che cosa ____ᵉ?
  2. A che ora mangiano?
     Signora Lenzi: Noi ____ª alle otto e i bambini ____ᵇ alle sei.
     E Lei, signora Bechi, a che ora ____ᶜ? E a che ora ____ᵈ Picrino?
     Signora Bechi: Noi ____ tutti alle otto.

B. Chi dimentica?

  Chiara ____ sempre le chiavi (*keys*). I bambini di Chiara ____ i libri a
  scuola. E tu, che cosa ____?

C. Arriva il weekend. Completate con il **verbo adatto**.

  1. Il sabato io ____ a tennis e mio fratello (*my brother*) ____ a
     pallone (*football*).
  2. La sera noi ____ gli amici, Carla ____ la chitarra e tutti ____.
  3. Domenica noi ____ al mare e ____ a frisbee sulla spiaggia (*on the
     beach*).

D. E voi, che cosa fate il weekend? Descrivete il vostro (*describe your*)
   weekend usando le espressioni seguenti: giocare a tennis, a bridge, a
   pallone, a calcio, a frisbee; studiare il francese, l'italiano, la storia;
   suonare la chitarra, il violino; guardare la TV, ascoltare la musica...

E. Qual è la domanda? Formate le domande corrispondenti alle risposte.
   (Date del Lei.*)

   ESEMPIO: Abito a Venezia. —Signor Rossi, dove abita?

  1. Lavoro in un'agenzia di viaggi.   6. Gioco a bridge con gli amici.
  2. Abito in Via dei Pecori.   7. Ogni mattina compro il
  3. Ho una Ford.   giornale.
  4. Torno a casa alle otto.   8. Non guardo la televisione
  5. La sera ascolto la musica.   perché non ho tempo.

  ───────────

  Dare del Lei means *to use the formal form of address.* **Dare del tu** means *to use the
  informal (intimate) form of address.*

F. E ora fate le stesse domande a un compagno.

G. Situazioni. Le attività di Stefano durante la giornata. Completate con i verbi adatti secondo l'esempio.

ESEMPIO: 8,00 / un toast →
            Alle otto Stefano mangia un toast.

1. 9,00 / in classe
2. 10,00 / lezione di chimica
3. 12,00 / un panino
4. 2,00 / a tennis

5. 4,00 / gli amici in un caffè
6. 6,00 / a casa
7. 8,00 / il telegiornale
8. 9,00 / la musica

RAPIDI SCAMBI

1. —Dove vai stasera?
    —Vado al cinema. E voi dove andate?
    —Andiamo a ballare.
    —Vanno a ballare insieme Nino e Carla?
    —No, loro stanno a casa.

2. —Cosa fa per cena, signora Mazzi?
    —Faccio gli spaghetti e il pollo con l'insalata.
    —Fa anche il dolce?
    —No, c'è solo frutta e caffè.

3. —Che cosa fanno gli studenti in questa classe?
   —Studiano l'italiano.
   —Come vanno?
   —Non c'è male.

4. —Ragazzi, che facciamo domenica?
   —Si va al mare?
   —Sì, se fa bel tempo, andiamo al mare; se fa brutto, stiamo a casa.

5. —Chi dà una festa per carnevale?
   —I signori Brandini danno una festa giovedì e Paolo e Francesca sabato.

6. —Mi dai il numero di telefono di Beatrice?
   —Mi dispiace, ma non ce l'ho.

COME SI DICE?

al cinema (cinematografo) to the movies

la cena dinner (*evening meal*)
il dolce cake, dessert
la frutta fruit
il pollo chicken
gli spaghetti spaghetti

andare to go
  Dove vai? Where are you going?
  Vado al cinema. I'm going to the movies.
  Dove andate? Where are you (*pl.*) going?
  Andiamo a ballare. We're going dancing.

Come vanno? How are they doing (getting on)?
ballare to dance
dare to give
  Chi dà una festa? Who is giving a party?
  Danno una festa. They are giving a party.
  Mi dai il numero? Would you give me the number?
fare to do; to make
  Cosa fai? What are you doing?
  Cosa fa per cena? What are you (*formal*) making for dinner?

Faccio gli spaghetti. I am making spaghetti.
Che cosa fanno gli studenti? What are the students doing?
Che facciamo domenica? What are we doing Sunday?
fare il numero di telefono to dial a phone number

insieme together
se if

stasera tonight

Non ce l'ho. I don't have it.

Facciamo pratica! . . . .

A. Ripetete gli scambi tra di voi.

B. Domandate e rispondete.

1. Vanno a ballare Nino e Carla stasera?
2. Cosa c'è per cena in casa Mazzi? C'è anche il dolce?
3. Cosa studiano gli studenti in questa classe?
4. Dove vanno i ragazzi domenica se fa bel tempo? E se fa brutto?
5. Quando danno una festa i signori Brandini? E Paolo e Francesca?

IRREGULAR -ARE VERBS: FARE, ANDARE, DARE, AND REVIEW OF STARE

fare (to do, to make)		andare (to go)		dare (to give)		stare (to be [physically])	
faccio	facciamo	vado	andiamo	do	diamo	sto	stiamo
fai	fate	vai	andate	dai	date	stai	state
fa	fanno	va	vanno	dà	danno	sta	stanno

When used before infinitives, the verb **andare** is always followed by the preposition **a**. This construction always implies that you are going somewhere to do something.

Dove vai?   *Where are you going?*
Vado **a** ballare.   *I'm going dancing.*
Vado **a** studiare.   *I'm going to study.*
Vado **a** giocare a tennis.   *I'm going to play tennis.*

The verb **andare** may never be used to express imminent or future action.

Chiamerò (*future tense*)   *I am going to call Maria.*
Maria.   *I will call Maria.*

You will learn the future later. For now, remember that the present tense is often used to indicate action in the near future.

||| Facciamo pratica! . . . .

A. Che cosa fate oggi?

1. Io _____ (andare) in biblioteca.
2. Mario _____ (fare) i compiti (*homework*).

3. I bambini ＿＿＿ (andare) a scuola.

4. I nonni ＿＿＿ (stare) a casa.

5. Papà e mamma ＿＿＿ (andare) in ufficio.

6. Tu e Giacomo ＿＿＿ (fare) gli spaghetti per cena e noi ＿＿＿ (fare) il dolce.

7. Dopo cena noi ＿＿＿ (andare) a casa di Luisa perché lei ＿＿＿ (dare) una festa.

8. Carlo ＿＿＿ (andare) a letto perché è stanco.

B. La giornata della famiglia Cardini. Completate con i verbi adatti.

1. La mattina il signor Cardini ＿＿＿ il caffè, lo ＿＿＿ (portare [*brings it*]) alla moglie (*to his wife*) e ＿＿＿ in ufficio.

2. La moglie la mattina ＿＿＿ a casa e il pomeriggio ＿＿＿ lezioni d'italiano.

3. I bambini la mattina ＿＿＿ a scuola e ＿＿＿ a casa all'una. Mangiano e dopo ＿＿＿ i compiti.

4. La sera la famiglia ＿＿＿ alle otto e dopo cena i bambini ＿＿＿ a letto e papà e mamma ＿＿＿ la televisione.

C. E qual è la vostra giornata (*your day*)? Completate.

1. La mattina ＿＿＿.
2. A mezzogiorno ＿＿＿.

3. Il pomeriggio ＿＿＿.
4. La sera ＿＿＿.

PAROLE NEL CONTESTO

Come andiamo?

1. in macchina (*by car*)
2. in autobus (*by city bus*)
3. in bicicletta (*by bicycle*)
4. in moto (motocicletta) (*by motorcycle*)
5. in treno (*by train*)
6. in pullman (*by intercity bus*)
7. in aereo (*by plane*)
8. in barca (*by boat*)
9. a piedi (*on foot*)
10. a cavallo (*on horseback*)

PREPOSITIONS WITH *ANDARE*

EXPRESSIONS WITH **IN**		EXPRESSIONS WITH **A**
in banca	**in Italia**	**a casa**
in biblioteca (*library*)	**in Europa**	**a scuola** (*school*)
in chiesa	**in America**	**a teatro** (*theater*)
in classe		**a letto** (*bed*)
in discoteca	**in montagna**	**a tavola**
in piscina (*pool*)	**in campagna** (*country*)	
in ufficio	**in città**	**a cena**
		a colazione (*breakfast, lunch*)
in bagno (*bathroom*)		**a pranzo** (*dinner, lunch*)
in camera (*bedroom*)		
in cucina		**a Roma**
in salotto (*living room*)		**a Parigi**
		a Capri

The prepositions **in** and **a** in the above expressions can be used to indicate both *going to* and *being in.*

Vado a casa.	Sono a casa.
Vanno a letto presto stasera.	Oggi resto a letto.
Faccio un viaggio in Europa.	In Italia ci sono molti musei.
Ragazzi, si va a tavola?	Siamo a tavola.
Andiamo in campagna domenica se fa bel tempo.	Maria ha una villa in campagna.
Vieni a cena da me stasera?	I signori Marconi sono a cena da Alfredo.

Attenzione!

■ Observe the use of these Italian equivalents of *to drive* and *to fly*:

Marco **guida** una Ferrari.	*Marco drives a Ferrari.*
Non **vado** a scuola **in macchina**.	*I don't drive to school.*
Gli uccelli **volano**.	*Birds fly.*
Andiamo a Parigi **in aereo**.	*We're flying to Paris.*

||| Facciamo pratica! . . . . .

A. Come vanno? Usate la forma adatta del verbo **andare** e completate le frasi.

1. Carolina _____ a scuola _____.
2. I signori Ventura _____ a Parigi _____.
3. Noi _____ a fare la spesa (*shopping*) _____.
4. Io _____ in ufficio _____.
5. Il cowboy _____ _____.
6. Gino, Carlo e Lisa _____ a pescare (*fishing*) _____.
7. Voi _____ a Milano _____.
8. I turisti _____ a Pisa _____.
9. Laura _____ al mare _____.
10. Stefano ed io _____ all'università _____.

B. E tu, come vai? Domandate e rispondete.

DESTINAZIONI: a scuola, al cinema, in Italia, da Napoli a Capri, da Parigi a Roma, in discoteca, alla fermata dell'autobus.

C. Completate le frasi secondo l'esempio.

ESEMPIO: Ho sonno. Vado →
Ho sonno. Vado a letto (a dormire).

1. Ho bisogno di soldi. Vado _____.
2. È sabato sera. Andiamo _____.

3. Ho fame. Vado _____.
4. Sono stanco/a. Vado _____.
5. Fa bello. Andiamo _____.
6. C'è la neve. Andiamo _____.
7. Piove. Vado _____.
8. Faccio il caffè. Vado _____.

LETTURA

Prima di leggere

The following reading is about the Italian lifestyle—the work, school, business, and social lives of Italians. Before reading, make a list of specific questions you have that you think might be answered in a reading on this topic. Think about contrasts with lifestyles in the United States. After reading the passage, go back and see if all your questions were answered. If not, hold on to them for class discussion.

Le abitudini° degli italiani

habits

Le abitudini degli italiani sono cambiate° molto negli ultimi° 50 anni e la vita in Italia diventa sempre più° simile al modello USA. Un americano che va in Italia nota subito però° alcune° differenze nella
5 vita di tutti i giorni.

Come già sapete,° molti italiani vanno a mangiare a casa tra mezzogiorno e l'una e ritornano in ufficio dopo le tre. D'altra parte° molti lavorano il sabato, almeno per mezza giornata.° I bambini delle elementari e gli studenti delle medie vanno a scuola il sabato mattina.
10 Il traffico in tutte le città è molto intenso e la gente° gira° in macchina, in autobus, in motoretta, a piedi e in bicicletta.

Il centro continua ad essere il cuore° delle città con le antiche piazze, le belle chiese, le strade con i negozi più eleganti, i teatri, i cinema, i caffè. Gli italiani continuano ad incontrarsi con gli amici in
15 centro e, in genere,° amano molto parlare, ridere, scherzare e guardare la gente. Gli italiani discutono° di tutto con passione: di politica, di sport, di cinema e dei fatti° del giorno.

sono... have changed / last
la vita... life becomes more and more
however / a few

you know
D'altra... On the other hand
almeno... at least for a half day

people / go around

heart

in... in general
discuss
events

INFORMAZIONI

L'orario dei negozi

L'orario dei negozi varia° secondo le stagioni, le categorie e anche da città a città. Ma dappertutto° i negozi chiudono all'una circa° e riaprono° nel pomeriggio. La domenica, con l'eccezione dei ristoranti, dei bar e delle pasticcerie,° tutto è chiuso.

varies
everywhere / about
reopen
pastry shops

indola
cosmetics

APERTURA	CHIUSURA	APERTURA	CHIUSURA
8³⁰	12³⁰	15³⁰	19³⁰
MATTINO		POMERIGGIO	

sinonimo di qualitá

Orari dei negozi italiani (© Stuart Cohen/Comstock)

||| Facciamo pratica!

Abitudini italiane e americane. Leggete e rispondete alle domande.

1. Molti italiani tornano a casa a mangiare tra mezzogiorno e l'una. E gli americani? E tu, dove vai a mangiare?
2. I ragazzi italiani vanno a scuola anche il sabato. E i ragazzi americani?
3. Molti italiani vanno a piedi o in autobus. E gli americani? E tu?
4. In Italia molti viaggiano in treno. E negli Stati Uniti? E tu, come viaggi di solito?
5. Gli amici in Italia s'incontrano spesso in centro. E negli Stati Uniti? E tu, dove incontri di solito gli amici?
6. Gli italiani parlano molto di politica, di sport, di cinema. E gli americani? E tu, di che cosa parli con gli amici?

CAPITOLO 7

COSA FACCIAMO?

Stazione Termini di Roma.
«Buon viaggio e scrivimi!»
(© Peter Menzel)

RAPIDI SCAMBI

1. —Dove vai quest'estate in vacanza?
   —Vado al mare con amici, e tu?
   —In giugno resto in città, ma in luglio faccio un viaggio in Grecia.

2. —Cosa fa la madre di Claudia?
   —Fa l'architetto.
   —E il padre cosa fa?
   —Sta a casa perché è disoccupato.

3. —Marco, facciamo una festa per il compleanno di Virginia?
   —Buon'idea! Ma non abbiamo una lira.
   —Facciamo una telefonata a papà.
   —D'accordo, ma telefoni tu...

4. —Mara, sono già le otto, fai colazione?
   —Un momento; prima faccio la doccia e poi faccio colazione.

5. —Cosa fanno i ragazzi per le vacanze?
   —Piero e Carlo fanno un campeggio in Sicilia e Marta va a studiare in Svizzera.
   —E Francesco?
   —Poverino! Sta a casa e fa i compiti.

COME SI DICE?

la Grẹcia Greece
la Svịzzera Switzerland

l'architetto architect
la colazione breakfast
la dọccia shower

disoccupato/a unemployed
d'accordo agreed, in agreement,
    O.K.
in vacanza on vacation

dopo* after
poi* after
prima before

fare i cọmpiti to do homework
fare un campeggio to go camping
restare to stay, remain

poverino/a! poor thing!

IDIOMS WITH *FARE*

1. Maria **fa una telefonata a**
    Giorgio.
    Maria makes a call to
    Giorgio.

2. Marco **fa una domanda al**
    professore.
    Marco asks the professor
    a question.

3. I turisti **fanno** molte **foto**.
    The tourists take many
    pictures.

---

*The difference between **poi** and **dopo** is that **poi** functions exclusively as an adverb, whereas
dopo is both an adverb and a preposition.

Prima mangio e poi studio. ⎫
Prima mangio e dopo studio. ⎭   *First I eat and then I study.*

Dopo cena studio.   *After dinner I study.*

4. Maria **fa colazione** alle sette.
   Maria has breakfast at seven.

5. I ragazzi **fanno un viaggio** in treno.
   The kids are taking a trip by train.

6. I Costa **fanno una gita** in campagna.
   The Costas are taking an excursion to the country.

7. Anna e Pino **fanno una passeggiata**.
   Anna and Pino take a walk.

8. La signora Rossi **fa la spesa**.
   Mrs. Rossi goes shopping.

9. I bambini **fanno il bagno**.
   The kids take a bath.

10. Mario **fa la doccia**.
    Mario takes a shower.

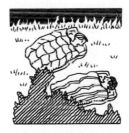

11. Paolo e Giulio **fanno un (il) campeggio**.
    Paolo and Giulio go camping.

12. Carlo **fa** il dottore.
    Carlo is a doctor.

13. Gino **fa** l'architetto.
    Gino is an architect.

14. Gli studenti **fanno una festa**.
    The students are giving a party.

15. La nonna **fa un regalo** a Carlo.
    Grandma gives a present to Carlo.

Attenzione!

■ The following **fare** idioms require the preposition **a** before a noun: **fare una telefonata** *a*, **fare una domanda** *a*, **fare una foto** *a*.

■ The expression **fare la spesa** is used for grocery shopping; the expressions **fare le spese** and **fare compere** are used for any other type of shopping.

■ Italian uses both **fare** and **essere** in defining occupations. While the question is the same in Italian as in English, the Italian response may be either with **fare** or with **essere**. With **fare**, the definite article is required; with **essere**, the article is omitted.

Che cosa fa tuo padre?   *What does your father do?*

Fa l'avvocato.⎫
È avvocato. ⎬   *He's an attorney.*

||| **Facciamo pratica!** . . . .

A. Ripetete gli scambi tra di voi.

B. Quando fate le seguenti cose? Domandate e rispondete.

    COSE DA FARE: la doccia, colazione, la spesa, le foto, un viaggio, una passeggiata, un regalo, il bagno, una telefonata a un amico/un'amica

C. Cosa fa Andy Capp? Leggete attentamente il fumetto (*comic strip*). Ecco una lista di parole utili:

cantieri navali	*shipyards*	duro	*hard*
capito?	*understood?*	giocatore (*m.*)	*player*
che ci vuole	*that it takes*	metalmeccanico	*steelworker*
dedizione	*dedication*	muratore	*bricklayer*
discreto	*pretty good*	sentirti	*to hear you*

● **ANDY CAPP**   **di SMYTHE**

D. Secondo il fumetto, chi fa le seguenti cose? Domandate e rispondete tra di voi.

1. Chi parla sempre dei mariti delle amiche?
2. Chi fa il metalmeccanico? Il muratore? Chi gioca a biliardo? Chi non lavora?

RAPIDI SCAMBI

1. —Scusa, Vittoria, ho fretta, mi dai un passaggio?
   —Volentieri, Rita, fra cinque minuti andiamo.

2. —Gino, perché stai sempre zitto? Hai paura di parlare?
   —No, Carla, ma parli sempre tu.

3. —Leo, mi dai una mano a preparare la cena?
   —Scusa, cara, ma sono stanco.
   —Come al solito...

4. —Pronto, Maria, hai un minuto?
   —Mi dispiace, ma stiamo per andare a cena. Ti telefono più tardi.

5. —Papà, giochi con noi?
   —Dopo, adesso sto leggendo il giornale.

COME SI DICE?

Mi dai un passaggio? Would you give me a ride?
Mi dai una mano? Would you give me a hand?
Perché stai zitto? Why are you keeping quiet?

Sto leggendo. I am reading.

adesso now
come al solito as usual
più tardi later

Stiamo per... We are about to . . .
volentieri gladly, with pleasure

||| **Facciamo pratica!** . . . .

A. Ripetete gli scambi tra di voi.

B. Domandate e rispondete.

1. Chi ha fretta?
2. Perché sta sempre zitto Gino?
3. Prepara la cena Leo?

4. Chi sta per andare a cena?
5. Cosa domandano i bambini a papà?

IDIOMS WITH *DARE* AND *STARE*

dare		stare	
dare la mano a	*to shake hands with*	stare bene, male	*to be well, to feel ill*
dare una mano	*to give a hand*	stare attento/a	*to pay attention; to be careful*
dare un passaggio	*to give a ride, a lift*	stare zitto/a	*to be silent*
dare un esame	*to take an exam*	stare fermo/a	*to be quiet, still*
dare una festa	*to throw a party*	stare per + *infinitive*	*to be about to*
		Sto per andare a casa.	*I am about to go home.*

THE PRESENT PROGRESSIVE

Present of **stare** +	Infinitive stem of the verb +	**-ando** (**-are** verbs)
		-endo (**-ere** verbs)
		-endo (**-ire** verbs)

Sto studiando.	*I am studying.*
Stai ripetendo.	*You are repeating.*
Stiamo partendo.	*We are leaving.*

1. The Italian progressive form is rendered only with **stare** + the **-ando** or **-endo** form of the main verb. It is never rendered with the verb **essere**.

2. The present indicative can also express progressive action in the present. However, the form **stare** + the **-ando** or **-endo** form is much more emphatic.

In questo momento parlo. ⎫
In questo momento sto   ⎬   *At this moment, I am*
parlando.   ⎭   *speaking.*

3. Unlike English, Italian uses the progressive form *only* to emphasize an action in progress at a given moment, never to describe a future action or an action which extends over a period of time.

Maria, cosa stai facendo?   *Maria, what are you doing?*
  —Sto guardando la TV.   *—I'm watching TV.*
Maria, cosa fai stasera?   *Maria, what are you doing*
  —Stasera guardo la TV.   *tonight? —Tonight I'm*
                              watching (I will watch) TV.

Maria, cosa studi questo   *Maria, what are you study-*
  semestre? —Questo   *ing this semester? —This*
  semestre non studio. Lavoro   *semester I'm not studying.*
  in biblioteca.   *I'm working in the library.*

Attenzione!

■ The form for **fare** is **facendo.**

Cosa stai **facendo**? —Sto   *What are you doing? —I'm*
facendo colazione.   *having breakfast.*

This form, like several conjugated forms of **fare**, is based on the original Latin infinitive *facere.*

— A che cosa stai pensando,[a] cara?

[a]*A... What are you thinking about*

‖ Facciamo pratica! . . . .

A. Cosa stanno facendo le seguenti persone? Domandate e rispondete.

ATTIVITÀ: fare la spesa, fare colazione, giocare, fare i compiti, aspettare l'autobus, ascoltare la musica, fare le foto, mangiare, guardare la TV

1. la mamma al mercato
2. i bambini in giardino
3. la famiglia a cena
4. gli studenti in biblioteca
5. i turisti davanti al duomo (*cathedral*)

6. i ragazzi alla fermata dell'autobus
7. la famiglia alle sette e mezzo di mattina
8. la nonna dopo cena

B. E tu, cosa stai facendo?

> ESEMPIO: in classe →
> Sto ascoltando il professore (sto leggendo, sto scrivendo).

1. al telefono
2. in biblioteca
3. in bagno
4. in un ristorante
5. a un concerto

6. in una discoteca
7. al mercato
8. in cucina
9. in macchina
10. a scuola

C. Situazioni

> ESEMPIO: Carlo non parla mai. Gina domanda: «Carlo, ...» →
> «Carlo, perché stai sempre zitto?»

1. Gabriella ha molta fretta. Il suo (*her*) amico ha la macchina. Gabriella domanda: «Marco, ...»
2. La mamma è stanca e sta preparando la cena.
   Domanda a Rino e a Piero: «Ragazzi, ...»
3. Pierino parla sempre. La maestra domanda: «Pierino, ...»
4. Il professor Bernetti è molto noioso (*boring*) e gli studenti non ascoltano. Il professore domanda: «Ragazzi, ...»
5. Barbara e Nino sono bambini molto vivaci (*lively*) e saltano (*they are jumping*) e giocano nel salotto (*living room*). Papà è stanco e domanda: «Bambini, ...»

IMPERATIVE OF *-ARE* VERBS

La maestra autoritaria

AFFERMATIVO			NEGATIVO	
Parla!	_Speak (you, sing.)!_	Non parlare!	_Don't (you, sing.) speak!_
Parlate!	_Speak (you, pl.)!_	Non parlate!	_Don't (you, pl.) speak!_
Parliamo!	_Let's speak!_	Non parliamo!	_Let's not speak!_

1. Subject pronouns are never used with the imperative.
2. The forms of the imperative are the same as those of the present indicative, except in the second person singular (**tu**).

   Parla italiano! _Speak Italian!_

3. The infinitive is always used for the negative **tu** form.

   Paolo, **non parlare** in classe! _Paolo, don't talk in class!_
   Carla, **non andare** in _Carla, don't go to the disco!_
   discoteca!

 **OF _STARE, ANDARE, DARE, AND FARE_**

stare	andare
sta' attento/a!	**va'** a scuola!
state attenti/e!	**andate** a scuola!
stiamo attenti/e!	**andiamo** a scuola!

dare	fare
da' una penna a Marco!	**fa'** pratica!
date una penna a Marco!	**fate** pratica!
diamo una penna a Marco!	**facciamo** pratica!

Sta', va', da', and **fa'** are abbreviations of **stai, vai, dai,** and **fai.** Either form may be used in the imperative.

||| **Facciamo pratica!** . . . .

A. Situazioni

Susanna e Rino danno una festa. Susanna dice a Rino di fare o non fare le seguenti cose.

> ESEMPIO: non (comprare) il vino → Non comprare il vino!
> (comprare) la pasta → Compra la pasta!

1. (telefonare) a Carlo e Caterina
2. (invitare) anche la sorella di Caterina
3. (andare) a comprare il pane
4. non (dimenticare) i soldi
5. non (guardare) le ragazze
6. (tornare) presto e (preparare) la tavola

B. Appena (*As soon as*) torna a casa, il padre di Vittoria, Fausto e Gabriele comincia a dare ordini. Fate la parte (*Play the role*) del padre. (Attenzione al **tu** e al **voi**.)

> ESEMPIO: Ragazzi, (parlare) piano →
> Ragazzi, parlate piano!

1. Gabriele, non (guardare) la televisione
2. Fausto, (dare) una mano alla mamma in cucina
3. Vittoria, (fare) i compiti
4. Ragazzi, non (parlare) tutti insieme (*all at once*)
5. Ragazzi, (stare) zitti e (ascoltare) quando parlo

C. Tu e i tuoi amici proponete (*propose*) le seguenti attività per il weekend. (Usate l'imperativo **noi**.)

> ESEMPIO: (prendere) l'auto e (andare) al mare →
> Prendiamo l'auto e andiamo al mare!

ATTIVITÀ PER SABATO: giocare a tennis, mangiare in pizzeria, fare una passeggiata, andare a ballare in discoteca, ...

ATTIVITÀ PER DOMENICA: cercare un buon ristorante, comprare i biglietti per la partita di calcio, dare una festa, fare una gita, ...

D. Situazioni

Tu abiti con un amico o con un'amica. Di' (*Say*) cosa lui/lei deve (*must*) fare e non fare. (*Use as many verbs as you can.*)

> ESEMPIO: Non fumare! Gioca a tennis!

RAPIDI SCAMBI

1. —Fabrizio, costa molto telefonare a New York?
   —Sì, in Italia tutte le telefonate interurbane sono molto care.
   —A che ora costa meno telefonare?
   —Dopo le undici di sera e la domenica.

2. —Clara, questa volta il conto del telefono è troppo alto.
   —Hai ragione, Leo. I ragazzi fanno troppe telefonate.

3. —Barbara, com'è il professor Mazzi?
   —È bravo, ma ha poca pazienza e dà molti compiti.
   —E la professoressa Carlucci?
   —Ah, quella è tanto carina e ha molta pazienza.

COME SI DICE?

questa volta this time	**meno** less
stanotte (questa notte) tonight (this night)	**tanto** very, so much
	troppo/a too much
la pazienza patience	**troppi/e** too many
telefonata interurbana long distance call	**troppo alto** too high

||| **Facciamo pratica!** . . . .

A. Ripetete gli scambi tra di voi.

B. Domandate e rispondete secondo gli scambi.

   1. Quando costa meno telefonare a New York?
   2. Sono molto care le telefonate interurbane?
   3. Perché il conto del telefono di Clara e Leo è troppo alto?

4. Chi dà molti compiti?
5. Com'è la professoressa Carlucci?
6. Chi ha poca pazienza?

ADJECTIVES AND ADVERBS EXPRESSING QUANTITY: *MOLTO, TANTO, POCO, TROPPO*

AGGETTIVI	
La professoressa Carlucci ha **poco** tempo.	*little time*
molta pazienza.	*a lot of patience*
tanti studenti.	*so many students*
troppe lezioni.	*too many classes*

AVVERBI	
La professoressa Carlucci è **tanto** carina.	*is so very nice*
insegna **molto** bene.	*teaches very well*
dorme **poco**.	*sleeps little*
lavora **troppo**.	*works too much*

1. **Molto** and **tanto**, either as adverbs or as adjectives, differ only in degree. **Tanto** is more emphatic.

2. **Molto, tanto, poco,** and **troppo,** when used as adjectives, agree in gender and in number with the nouns they modify. They always precede the noun.

Ci sono **pochi ragazzi** in questa classe.	*There are few boys in this class.*
Faccio **poche telefonate**.	*I make few telephone calls.*
Mangiamo **troppa pasta**.	*We eat too much pasta.*
Ha **tanti soldi**!	*She/He has lots of money!*

3. When **molto, tanto, poco,** and **troppo** are used as adverbs, they are invariable.

La professoressa è **molto brava**.	Francesca è **tanto simpatica**!
Maurizio parla **troppo**.	I biglietti (*tickets*) costano **poco**.
L'insegnante spiega (*explains*) **molto bene**.	

||| **Facciamo pratica!** . . . .

Anche per Madonna, «L'Italiano è bello!» (© Wide World Photos)

A. Completate la descrizione di Madonna. Usate **molto, tanto, poco**.

1. Madonna è _____ attraente (*attractive*).
2. Ha gli occhi _____ belli.
3. Canta _____ bene e ha _____ ammiratori (*admirers*).
4. Secondo voi (*In your opinion*) ha _____ o _____ amiche?

B. Completate la descrizione della vostra città. Usate **molto, tanto, poco, troppo**.

1. Nella mia città ci sono _____ università.
2. Ci sono _____ parchi.
3. C'è _____ traffico perché ci sono _____ macchine.
4. Ci sono _____ negozi _____ cari.
5. C'è anche un aeroporto, ma è _____ lontano dal centro.

C. Completate le domande e rispondete usando **molto, tanto, poco** e **troppo**.

1. Hai _____ o _____ amici?
   R:
2. Mangi _____ o _____?
   R:
3. Guardi _____ o _____ la televisione?
   R:
4. Avete _____ o _____ compiti?
   R:
5. Fai _____ o _____ passeggiate?
   R:
6. Avete _____ o _____ pazienza?
   R:

LETTURA

Prima di leggere

Prepare yourself for the reading by seeing if you can match the following Italian words with their English cognates.

1.	sistema telefonico	a.	telephone booth
2.	monopolio di Stato	b.	be patient
3.	evitare	c.	silence
4.	rifà il numero	d.	state monopoly
5.	cabina telefonica	e.	phone system
6.	astronomico	f.	the problem
7.	silenzio	g.	to avoid
8.	si prega aspettare	h.	please wait
9.	il problema	i.	dials the number
10.	abbia pazienza	j.	astronomical

© Lee Hocker

«Quando ci vediamo?» Un saluto da un telefono pubblico (© Stuart Cohen/Comstock)

Il sistema telefonico in Italia

Prima di tutto,° avere molta pazienza°! Il telefono in Italia è un monopolio di Stato e non sempre il servizio è efficiente. Per avere il telefono
in casa bisogna pagare° subito e aspettare un mese o due. Il conto° del
5 telefono varia secondo° il numero di telefonate, l'ora del giorno e la
lunghezza,° anche nella stessa° città. Perciò,° per° evitare conti astronomici, è meglio° parlare poco!

    Per telefonare da un telefono pubblico è necessario avere gettoni
o monete da cento o da duecento lire. Come negli USA, per le telefonate
10 interurbane si chiama° direttamente (in teleselezione) o con l'assistenza
del centralino telefonico. Spesso, però, le linee sono occupate e il centralino non risponde.

Prima... *First of all* / avere... *be patient!*

bisogna... *one must pay / bill*
varia... *varies according to length / same / therefore / in order to*
è... *it's better*

si... *one calls*

Una telefonata da Roma a Tallahassee

Qual è il prefisso di Tallahassee? John non ricorda. Chiama il centralino, ma la linea è occupata. Aspetta. Fa di nuovo° il numero. Finalmente   *again*
la linea è libera.

5   —Pronto, signore, desidera?
—Scusi, qual è il prefisso di Tallahassee in Florida?
—Un momento, signore. ... Ecco: è 904.
—Grazie.
—Prego. Lei abita in Florida? ... Sì? Beato Lei°!   *Lucky you!*

10   John fa il numero. Silenzio. Il tempo passa. Cinque minuti. Silenzio. Forse il telefono è guasto. John va a telefonare da una cabina telefonica.° Fa il numero. Una voce dice:° «Si prega aspettare. Tutte le   *cabina... telephone booth /*
linee sono occupate.»   *says*

John chiama il centralino: —Scusi, può aiutarmi°?   *può... can you help me?*
15   —Volentieri; qual è il problema?
John spiega.°   *explains*
—Signore, abbia pazienza!
(Questi americani! Hanno sempre fretta!)

COME SI DICE?

il centralino operator
il gettone token for telephone
     calls

la linea line
     la linea libera available line
     la linea occupata busy line
la moneta change, coin
il prefisso area code, prefix

guasto/a out of order

Signore, desidera? May I help you,
     sir? What may I do for you,
     sir?

Si prega aspettare. Please wait.

||| **Facciamo pratica!** . . . .

A. Rispondete alle domande secondo la lettura.

1. Dove telefona John?
2. Telefona direttamente?

3. Parla con il centralino?
4. Qual è il prefisso di Tallahassee? E quello di questa città?
5. Dove abita John?
6. È vero che gli americani hanno sempre fretta? E tu?

B. Qual è la differenza? Leggete e rispondete.

1. In Italia il telefono è un monopolio di Stato. E in questo paese?
2. Il servizio telefonico in Italia non è sempre efficiente. E in questo paese com'è?
3. In Italia non è possibile avere subito il telefono. In questa città è possibile?
4. Il costo delle telefonate anche nella stessa città in Italia varia secondo la lunghezza. Anche in questo paese?
5. In Italia per telefonare dai telefoni pubblici è necessario avere gettoni o monete. Anche in questo paese?
6. Per telefonare in un'altra città in Italia si chiama direttamente o con l'assistenza del centralino telefonico. Quando telefoni in un'altra città, tu chiami direttamente?
7. In Italia le linee sono spesso occupate. Anche in questo paese?

C. Preparate degli (*some*) scambi telefonici con le persone indicate e usate le espressioni date (*given*). Cercate di essere originali!

PERSONE: un amico, un dottore, il centralino

ESPRESSIONI: Pronto, chi parla?, c'è, non c'è, chiamo più tardi, è a casa, in ufficio, scusi, signorina, il prefisso, la linea per... , è occupata, è libera, il telefono è guasto, desidera

– Pronto... pronto! Come? Sto parlando con me stesso[a]?

[a]me... *myself*

CAPITOLO 8

VITA CITTADINA

Giovani in motoretta nel traffico di Firenze (© Hugh Rogers/Monkmeyer)

RAPIDI SCAMBI

1. —Anita, prendi la macchina per
   andare in centro?
   —Per carità! Prendo l'autobus, così
   non ho problemi di parcheggio e di
   traffico nelle ore di punta.

2. —A che ora chiudono i negozi la sera?
   —Tra le sette e le otto.
   —E le banche?
   —Di solito chiudono alle tre.

3. —Cosa fa Roberto Brandini?
   —Vende automobili per la Fiat.
   —Andiamo a vedere gli ultimi modelli?
   —No, grazie, non ho soldi e non ho tempo da perdere.

INFORMAZIONI

Fiat means **F**abbrica **I**taliana **A**utomobili **T**orino. It was founded
in Turin by Giovanni Agnelli in 1899. It is today the largest man-
ufacturer of automobiles and industrial and agricultural machines
in Italy.

Tutti in macchina al ritmo della Fiat (© Carol Palmer/The Picture Cube)

COME SI DICE?

il parcheggio parking
il traffico traffic

il modello model
il problema, i problemi problem,
    problems
tempo da perdere time to waste

chiudere to close
prendere to take
vedere to see
vendere to sell

ultimo/a last, latest

Per carità! Good heavens, no!

di solito usually

||| Facciamo pratica! . . . .

A. Ripetete gli scambi tra di voi.

B. Domandate e rispondete.

   1. Prende la macchina o l'autobus Anita?
   2. Quando c'è molto traffico in città?
   3. A che ora chiudono la sera i negozi?
   4. E le banche?
   5. Per chi lavora Roberto Brandini?
   6. Vende macchine italiane o americane il signor Brandini?
   7. Che cos'è la Fiat?

PRESENT INDICATIVE OF *-ERE* VERBS

prendere (*to take*)	
SINGOLARE	PLURALE
prend**o**	prend**iamo**
prend**i**	prend**ete**
prend**e**	prend**ono**

The present tense of the second conjugation differs from that of the first only in the third person singular and in the second and third persons plural.

As was the case with the present tense of the first conjugation, the verb ending of the third person plural is never stressed (**prẹndono, chiụdono, vẹndono**, etc.).

Attenzione!

■   Note the various meanings of the verb **perdere**.

Gianni perde sempre le chiavi.	*Gianni is always losing his keys.*
Se non vai subito, perdi il treno.	*If you don't leave right away, you'll miss the train.*
Michele non perde tempo: studia tutte le sere.	*Michele doesn't waste time: he studies every night.*

I PIÙ COMUNI VERBI IN **-ere**					
chiẹdere	*to ask*	prẹndere	*to take*	spẹndere	*to spend*
chiụdere	*to close*	ricẹvere	*to receive*	vedere	*to see*
lẹggere	*to read*	rispọndere (a)*	*to answer*	vẹndere	*to sell*
mẹttere	*to put, to place*	scrịvere	*to write*	vịvere	*to live*
pẹrdere	*to lose, waste*				

||| Facciamo pratica! . . . .

A. Completate con la forma adatta del verbo e leggete ad alta voce.

1. (prendere) Io _____ un caffè al bar, e tu, che cosa _____? E Lei, professore, cosa _____?
2. (mettere) Noi _____ la macchina in garage. E voi, dove la (*it*) _____? E i tuoi genitori (*your parents*) dove _____ la macchina?
3. (leggere) Molti italiani _____ la *Repubblica*. Quale giornale _____ gli americani? E tu, che cosa _____?
4. (vendere) La Olivetti _____ i computer; anche l'IBM e Texas Instruments _____ i computer?

———————

*When used with an object, the verb **rispondere** always takes the preposition **a**: **Non rispondi *all'*insegnante? Rispondo *alla* lettera di Mara.**

B. Completate le domande con uno dei seguenti verbi e rispondete.

VERBI: avere, vivere, essere, costare, studiare, fare, rispondere, leggere, scrivere, prendere, giocare

1. A chi _____ gli studenti? —_____ al professore.
2. Dove _____ la famiglia di Mario? —_____ a Roma.
3. Di chi _____ questa macchina? —_____ di papà.
4. Quanto _____ il biglietto dell'autobus? —_____ 700 lire.
5. Che cosa _____ (tu), un caffè o una birra? —_____ _____.
6. Quale giornale (voi) _____? —_____ _____.
7. Da quanto tempo gli studenti di questa classe _____ l'italiano? —_____ _____.
8. Che cosa (noi) _____ stasera? —_____.
9. A che ora (tu) _____ colazione? —_____ _____.
10. Con che cosa _____ sulla lavagna il professore? —_____ _____.
11. Tu _____ a football? —_____ _____.
12. Voi _____ bisogno di una vacanza? —_____ _____.

C. Date la forma adatta del verbo e completate ogni frase con una delle espressioni nella colonna (b).

(a)	(b)
1. io non (scrivere) mai	a molte domande
2. papà (leggere)	lettere
3. i signori Brown (vivere)	tempo?
4. gli studenti (rispondere)	un giornale
5. il turista (chiedere)	un'informazione
6. voi (spendere)	gli amici
7. la signora (prendere)	a New York
8. io (vedere)	un caffè
9. perché voi (perdere)	molti soldi

RAPIDI SCAMBI

1. —Da quanto tempo abitano a Roma i Marcus?
   —Da tre anni.
   —Cosa fanno?
   —Lui fa il pittore e lei lavora all'ambasciata americana.

2. —Dove si va a cena stasera, Susanna?
   —Andiamo al ristorante Mario in Via degli Alfani. È un
   buon ristorante e non è caro.
   —Speriamo...

3. —Papà, perché lavori sempre?
   —Figlio mio, bisogna lavorare per mangiare.
   —Ma il gatto mangia e non lavora.
   —È vero; io lavoro anche per lui.

4. —Scusi, signore, dov'è la fermata
   dell'autobus numero otto?
   —È in Via dei Fossi, vicino al ponte Santa Trinita.

5. —Qual è il programma oggi, signorina Berti?
   —Dalle nove e mezzo alle undici visita ai Musei
   Vaticani, da mezzogiorno all'una colazione da
   Alfredo, poi all'albergo.
   —E il pomeriggio?
   —Il pomeriggio facciamo un giro dei Castelli
   Romani con fermata a Marino e a Castelgandolfo.

COME SI DICE?

l'ambasciata embassy	**sperare** to hope
il ponte bridge	**Speriamo.** Let's hope so.
la visita visit	
	Quanto tempo... ? How long . . . ?
bisognare to be necessary	**Quanto tempo ci vuole per... ?**
Bisogna... It is necessary (to) . . .	How long does it take to . . . ?

Attenzione!

■ In Italian there are some masculine nouns ending in **-a**. Though
irregular in the singular, most have the typical **-i** ending in the plural.

il programma	i programmi
il dramma	i drammi
il telegramma	i telegrammi
il problema	i problemi
il tema	i temi
il poeta	i poeti

Can you guess their meanings?

||| Facciamo pratica! . . . .

A. Ripetete gli scambi tra di voi.

B. Domandate e rispondete secondo gli scambi.

1. Da quanto tempo abitano a Roma i Marcus?
2. Dove lavora la signora Marcus?
3. Quale ponte è vicino a Via dei Fossi?
4. Qual è un buon ristorante in Via degli Alfani?
5. A che ora è la visita ai Musei Vaticani?
6. Dove vanno a colazione i turisti? E cosa fanno il pomeriggio?
7. Secondo papà, perché bisogna lavorare?

I N F O R M A Z I O N I

I Castelli Romani, or simply **i Castelli**, is the name given to various towns on the hills south of Rome. The name "castelli" (*castles*) derives from the beautiful villas built in the past as summer residences by the Roman nobility. The area is now an agricultural region that produces famous white wines, including the well-known Frascati (named after the town). Even today, many Romans like to go to the Castelli for lunch in a typical **osteria** (family-run small restaurant) on a warm Sunday.

Tempo di vendemmia (© Carol Palmer/The Picture Cube)

I Musei Vaticani, the most famous museum in Rome, is part of **La Città del Vaticano** (*The Vatican State*), which is under the sovereignty of the pope. Among its art treasures: **la Cappella Sistina** with the famous frescoes by Michelangelo, **le Stanze e le Logge** decorated by Raffaello, **la Scala Regia** (the royal stairway) by Bernini, and the Vatican library.

Personaggi e scene di storia sacra sul soffitto della Cappella Sistina affrescata da Michelangelo (© Stuart Cohen/Comstock)

SIMPLE PREPOSITIONS

a	*to, at, in*	con	*with*
da	*from, by*	per	*for, in order to*
di	*of*	tra/fra }	*between, among*
in	*in, to*		*in (with time expressions)*
su	*on*		

1. Special uses of the preposition **da**
   a. **Da** + *time expression* is used to describe an action that started in the past but is still continuing in the present. Only the *present tense* of the verb can be used.

Da quanto tempo **studi** l'italiano?	*How long have you been studying Italian?*
Studio l'italiano **da** due mesi.	*I have been studying Italian for two months.*

   b. **Da** is used in place of **a** when the place where one is staying at or going to is designated by the person's name rather than by the name of the place itself.

Sono **a casa di** Mario; sono **da** Mario.	*I'm at Mario's house.*
Vado **all'ufficio del** professore; vado **dal** professore.	*I'm going to the professor's office; I'm going to the professor's.*

2. **Per** + *infinitive* indicates purpose.

Studio **per imparare**.	*I study to learn (in order to learn).*
Lavoro **per vivere**.	*I work to live (in order to live).*

3. The verbs **pensare** (*to think*) and **credere** (*to believe*) assume special meaning with the prepositions **a** and **di**.
   a. **Pensare a** means that one's thoughts are focused on someone or something.

Penso alle vacanze.	*I'm thinking about vacation.*
Penso a Maria.	*I'm thinking about Maria.*

b. **Pensare di** + *noun* means to have an opinion about someone or something.

> Cosa **pensi della** politica italiana?
>
> *What do you think of Italian politics?*

c. **Pensare di** + *infinitive* means to be thinking of, to plan to.

> **Penso di andare** in Italia in estate.
>
> *I'm thinking of going to Italy in the summer.*

d. **Credere a** means to believe someone.

> **Credo a** Giorgio, non **a** voi.
>
> *I believe Giorgio, not you.*

e. **Credere in** is equivalent to the English *to believe in.*

> **Credo in** Dio.
>
> *I believe in God.*

f. **Credere di** + *infinitive* means to think or believe, to plan to, and it is virtually interchangeable with **pensare**.

> **Crediamo di** parlare l'italiano bene.
>
> *We think we speak Italian well.*

4. **Di** expresses possession.

> **Di chi** è questa macchina? —È **di** Giovanni.

5. **Di** expresses one's place of origin.

> **Di dove** sei? —Sono **di** Roma.

||| Facciamo pratica! . . . .

A. Da quanto tempo? Domandate e rispondete secondo l'esempio.

> ESEMPIO: studiare l'italiano →
> —Da quanto tempo studi l'italiano?
> —Studio l'italiano da un anno (da una settimana, da un mese, da dieci giorni).

1. abitare (*to reside*) in questa città
2. guidare la macchina
3. studiare in questa università
4. parlare italiano
5. pagare le tasse
6. votare
7. avere un conto (*account*) in banca
8. non vedere la famiglia
9. non andare in vacanza
10. essere in questa classe

B. E ora domandate al professore «Da quanto tempo... ?» (Date del Lei!)

1. vivere in questa città
2. insegnare l'italiano
3. pagare le tasse
4. essere a questa università
5. guidare la macchina
6. non andare in Italia
7. non vedere i genitori (*parents*)
8. lavorare
9. fare il professore

C. Completate le seguenti domande e risposte con le preposizioni adatte.

1. Va _____ casa Marcello? —No, va _____ biblioteca.
2. _____ dov'è la signora Banti? —È _____ Perugia.
3. Marco viaggia (*travels*) _____ macchina _____ Roma _____ Napoli?
   —No, viaggia _____ treno.
4. Dove vanno _____ cena i turisti? —_____ Alfredo.
5. Che cos'è? —È un regalo _____ la nonna.
6. _____ quanto tempo i signori Monti abitano _____ Palermo?
   —_____ molti anni.
7. _____ chi è quella macchina? —È _____ Teresa.
8. _____ che ora mangiate? —Mangiamo _____ mezzogiorno.
9. Vai _____ Francia quest'estate? —No, vado _____ Venezia.
10. Perché facciamo pratica ogni giorno? —_____ imparare bene la lingua italiana.

D. A che cosa pensano? Rispondete secondo l'esempio. (*Match the words in the two columns.*)

ESEMPIO: A che cosa pensa il presidente? / alla politica →
Pensa alla politica.

1. gli studenti /
2. i bambini /
3. papà e mamma /
4. la professoressa /
5. il presidente /
6. il dottore /
7. i giovani /
8. gli uomini di affari (*businessmen*) /
9. il disoccupato (*unemployed*) /

a. a fare i soldi
b. all'amore
c. ai regali di Natale
d. alla politica
e. a trovare lavoro
f. a preparare gli esami
g. ai pazienti
h. agli esami
i. alla famiglia

E. Cosa pensi di fare? Domandate e rispondete secondo l'esempio.

ESEMPIO: Cosa pensi di fare stasera? →
Penso di andare al cinema (di studiare, di andare a letto presto).

1. stasera
2. domani
3. questo weekend
4. in estate
5. per Natale
6. dopo l'università
7. il prossimo (*next*) semestre

F. Parla di te stesso (*yourself*)! Cosa credi di fare... ? Domandate e rispondete secondo gli esempi.

1. Cosa credi di fare bene?

   ESEMPIO: —Credo di giocare bene a tennis.

2. Cosa credi di fare male?

   ESEMPIO: —Credo di cantare male!

3. Cosa credi di fare troppo?

   ESEMPIO: —Credo di parlare troppo in classe!

PREPOSITIONS AND ARTICLES

The prepositions **a, da, su, di,** and **in** contract when they appear before the definite articles.

PREPOSIZIONI ARTICOLATE								
	Singolare					*Plurale*		
	il	*lo*	*l'*	*la*	*l'*	*i*	*gli*	*le*
a	al	allo	all'	alla	all'	ai	agli	alle
da	dal	dallo	dall'	dalla	dall'	dai	dagli	dalle
su	sul	sullo	sull'	sulla	sull'	sui	sugli	sulle
di	del	dello	dell'	della	dell'	dei	degli	delle
in	nel	nello	nell'	nella	nell'	nei	negli	nelle

The prepositions **per** and **con** do not contract. However, **con il** and **con i** may be replaced by **col** and **coi**.

Feminine articles and articulated prepositions must be used when dealing with time expressions, since these expressions imply the word **ora** or **ore**.

> La lezione d'italiano è **alle** [ore] undici.
> Il telegiornale è **all'**una.
> Studio **dalle** due **alle** quattro.

ma: Mangio **a** mezzogiorno.
Vado a letto **a** mezzanotte.

Attenzione!

■ Some simple prepositions become articulated prepositions when modified.

> in ufficio → nell'ufficio di Maria
> in città → nella bella città
> in centro → nel centro della città

||| **Facciamo pratica!** . . . .

A. Dov'è? Dove sono? Domandate e rispondete secondo l'esempio.

   ESEMPIO: Dov'è il quaderno? —È *sul* banco *dello* studente.

   1. Dov'è l'agenda? —È _____ scrivania _____ avvocato.
   2. Dove sono i libri? —Sono _____ scaffali _____ biblioteca.
   3. Dove sono i libri? —Sono _____ banchi _____ studenti.
   4. Dov'è la macchina da scrivere? —È _____ tavolo _____ insegnante.

B. Domandate e rispondete.

   1. Dov'è la macchina? —È _____ garage _____ signori Rossi.
   2. Dove sono i quadri? —Sono _____ musei _____ città.
   3. Dov'è il televisore? —È _____ camera _____ bambine.
   4. Dov'è il computer? —È _____ studio _____ ingegnere.

C. Dove andate? Completate con la preposizione articolata o la semplice preposizione secondo il caso.

   1. Oggi io vado _____ università e Marta va _____ mercato.
   2. Lo zio Gino va _____ dottore e la zia Teresa _____ cinema.

3. Di solito mangiamo _____ casa, ma stasera andiamo _____ Alfredo.
4. Oggi pomeriggio i bambini vanno _____ giardini pubblici e domani _____ zoo.

D. La giornata dell'ingegner Rossi. Completate con le preposizioni corrette, semplici o articolate.

L'ingegnere fa colazione _____[a] otto. (1) Va _____[b] ufficio _____[c] nove. Lavora _____[d] nove e un quarto _____[e] mezzogiorno. (2) _____[f] una va a mangiare _____[g] la moglie _____[h] Mario, un buon ristorante _____[i] centro _____[j] città. (3) _____[k] due prende un caffè _____[l] bar (4) e poi torna _____[m] ufficio e lavora fino _____[n] cinque. (5) Spesso _____[o] tornare _____[p] casa prende l'autobus. (6) _____[q] sette cena _____[r] la famiglia (7) e dopo cena aiuta la moglie _____[s] cucina. (8) Poi lavora _____[t] studio o legge un libro _____[u] salotto. (9) _____[v] mezzanotte va _____[w] letto e dorme fino _____[x] sette _____[y] mattina.

E. Situazioni. Cosa si dicono? Domandate e rispondete.

1. Tu domandi ai Johnson da quanto tempo abitano a Pisa, e loro rispondono. (2 battute)
2. Nel garage dell'ufficio dove lavori c'è una bella Mercedes. Tu fai una domanda a un collega (*colleague*) e lui risponde. (2 battute)
3. Tu e gli amici avete intenzione di (*plan to*) andare a cena in un ristorante. Cosa domandate? Cosa risponde un amico? (2 battute)
4. Un turista domanda alla guida il programma per la giornata (*the day*), e la guida risponde. (2 battute)

PAROLE NEL CONTESTO

Dove sono?

Il ristorante Alfredo è **vicino al** ponte e **lontano dalla** stazione. **Sopra** il ponte passa l'autobus e **sotto** il ponte passano le barche. **Davanti al** ristorante c'è una banca e **dietro al** ristorante c'è Via del Corso. **Sopra** la banca c'è l'insegna «Banca del Lavoro».

Attenzione! The prepositions **vicino, davanti, dietro,** and **fino** (*as far as*) require **a** before nouns; **lontano** requires **da.**

Facciamo pratica!

A. Domandate e rispondete secondo il disegno.

1. È vicino alla stazione il ristorante Alfredo?
2. Cosa c'è davanti al ristorante? E dietro?
3. Dov'è l'insegna «Banca del Lavoro»?
4. La banca è vicino o lontano dal ponte?
5. Cosa passa sotto il ponte?

B. Completate con la preposizione indicata e l'articolo.

1. Il caffe è _____ (*in front of the*) banca commerciale.
2. La banca è _____ (*near the*) supermercato.
3. Il parcheggio (*parking lot*) è _____ (*behind the*) supermercato.
4. Il ponte è _____ (*over*) la ferrovia (*railroad*) e i treni passano _____ (*under*) il ponte.
5. L'aeroporto è _____ (*far from the*) città.
6. Gli aerei volano (*fly*) _____ (*over the*) città.
7. Io guido _____ (*from*) Milano _____ (*as far as*) Napoli _____ (*in the*) notte _____ (*under*) le stelle.

LETTURA

Prima di leggere

City traffic in Italy is the topic of the following reading. Before reading, do these exercises, which should facilitate your actual reading of the complete passage.

1. A variety of means of transportation are mentioned throughout the reading. First guess which vehicles might be mentioned in the passage and make a list of them, in Italian. Then scan the passage to see which ones are actually discussed and compare them to your list.

2. Traffic problems abound in all major cities and Italy's cities are no exception. Any reading on city traffic will most likely address this issue. Skim the passage and locate the paragraph where traffic problems are discussed. What are the key problems discussed in this paragraph?

3. In Italy there is a unique city with a legendary means of transportation. What city is that? Scan the passage to find where it is discussed. How do people travel in this city?

Il traffico cittadino

In Italia i mezzi di trasporto pubblici—autobus, filobus° e tram°—sono numerosi ed efficienti. Il biglietto costa poco e con la tessera° si paga ancora meno.° A Milano, a Torino e a Roma c'è anche la metropolitana.

5   Gli italiani, però, amano molto andare in macchina. Quasi tutte le famiglie hanno almeno un'automobile, e i giovani vanno in motorino° o in motocicletta.

    Il traffico, perciò,° costituisce un problema molto grave:° strade congestionate da° macchine specialmente nelle ore di punta,° difficoltà
10 di parcheggio, rumore, inquinamento e danno° ai monumenti antichi. Nei centri storici le strade sono strette e poco adatte ai mezzi di trasporto moderni.

    Un'iniziativa intelligente in alcune° città è stata° quella di chiudere al traffico motorizzato le strade e le piazze dei centri storici, e ora la
15 gente può finalmente camminare tranquilla. Per questo, la città ideale è Venezia, dove i mezzi di trasporto sono solo i vaporetti,° i motoscafi e le gondole.

glosses:
electric buses / trolleys
pass
less
moped
therefore / serious
congestionate... crowded with / ore... rush hour
damage
several / has been
steamboats

INFORMAZIONI

La patente

L'età minima per avere la patente automobilistica è 18 anni. L'esame per la patente richiede° una conoscenza non solo° dei regolamenti del traffico e dei segnali stradali,° ma anche del motore.

requires / non... not only
segnali... street signs

I mezzi pubblici

Bisogna comprare il biglietto dell'autobus o della metropolitana prima di salire.° I biglietti sono venduti° alle edicole,° nei bar e nelle tabaccherie (le tabaccherie sono negozi che vendono sigarette e francobolli).° Quando una persona usa regolarmente i mezzi pubblici è conveniente comprare la tessera, valida per un mese.

prima... before getting on /
sono... are sold /
newspaper stands
stamps

COME SI DICE?

il biglietto ticket, note
il centro storico historical center
la gente (*s.*) people
la metropolitana subway
il mezzo di trasporto means of transportation
il motoscafo motorboat

l'inquinamento pollution
la patente (di guida) driver's license
il rumore noise
camminare to walk

stretto/a narrow, tight
tranquillo/a tranquil, serene
almeno at least
quasi almost

Attenzione!

- The collective noun **la gente** is singular. Nouns, adjectives, and verbs used with **la gente** are always singular.

In Italia la gente mangia bene.	*In Italy, people eat well.*
In quel ristorante la gente è sempre allegra e soddisfatta.	*People are always happy and satisfied in that restaurant.*

‖ Facciamo pratica! . . . .

A. Completate le frasi secondo la lettura e le informazioni.

1. L'età minima per guidare la macchina è _____.
2. Nei centri storici le strade sono _____.
3. Uno dei problemi è la difficoltà del _____.
4. Molti giovani hanno il motorino o _____.
5. I mezzi di trasporto pubblici costano _____.
6. La tessera per i mezzi pubblici dura (*lasts*) _____.
7. La metropolitana è in queste città: _____, _____, _____.
8. Per passare l'esame per la patente bisogna avere anche una conoscenza del _____.
9. Prima di salire sull'autobus bisogna comprare _____.
10. Si compra il biglietto dell'autobus alle edicole, nelle tabaccherie e _____.

B. Quali sono i problemi del traffico in Italia? E nella vostra (*your*) città?

CAPITOLO 9

CHI LO SA?

Il grande balletto romantico nell'interpretazione di Carla Fracci (© AP/Wide World Photos)

PAROLE NEL CONTESTO

Sai dov'è?

1. La fontana di Trevi?

2. Il Teatro alla Scala?

3. La tomba di Giulietta e Romeo?

© Stuart Cohen/Comstock

© Stuart Cohen/Comstock

© AP/Wide World Photos

Sì, **lo so**. È a Roma.

Sì, **lo so**. È a Milano.

No, **non lo so**. (È a Verona.)

Sapete chi è?

4. Giuseppe Verdi?	5. Luciano Pavarotti?	6. Carla Fracci?

© The Bettmann Archive

© Reuters/Bettmann Newphotos

© AP/Wide World Photos

Sì, **lo sappiamo**. È un compositore del 1800.

Sì, **lo sappiamo**. È un cantante famoso.

No, **non lo sappiamo**. (È una ballerina famosa.)

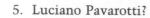

RAPIDI SCAMBI

1. —Conosci Carla Fracci?
   —So chi è; è una famosa ballerina della Scala, ma purtroppo non la conosco.

2. —Quali opere di Verdi conoscete?
   —Conosciamo *La Traviata*, *l'Aida* e *il Rigoletto*.
   —Conoscete anche le opere di Puccini?
   —No, non le conosciamo.

3. —Claudia, conosci Violetta e Alfredo?
   —No, non li conosco. Chi sono?
   —Sono una coppia di Parigi molto simpatica.

4. —Silvia è molto brava; sa ballare, sa cantare e sa suonare il pianoforte.
   —E Michele cosa sa fare?
   —Michele è un tipo sportivo: sa sciare e sa nuotare molto bene.

Frontespizio del libretto della «Traviata» edito da Ricordi (1856) per la rappresentazione al Teatro alla Canobbiana di Milano.

COME SI DICE?

la ballerina ballerina	**Le conosciamo.** We know them (*f.*).	**cantare** to sing
il/la cantante singer	**sapere** to know (a fact)	**invitare** to invite
il compositore composer	**Lo so.** I know it.	**nuotare** to swim
la coppia couple	**Lo sappiamo.** We know it.	**sciare** to ski
la fontana fountain	**sapere + *infinitive*** to know how	
l'opera opera; artistic work	**Sa ballare.** He/She knows how	**purtroppo** unfortunately
il teatro theater	to dance.	
la tomba tomb	**Sa suonare il piano.** He/She	**famoso/a** famous
	knows how to play the	
conoscere to know (a person, a	piano.	
place)		
La conosco. I know her.		

⫶⫶⫶ Facciamo pratica! . . . .

A. Ripetete gli scambi tra di voi.

B. Sapete chi sono? Domandate e rispondete tra di voi.

     ESEMPIO: Verdi →
          —Sai chi è Verdi?
          —Sì, lo so. È un compositore.   (No, non lo so.)

    1. Carla Fracci   4. Elvis Presley
    2. Giacomo Puccini   5. Picasso
    3. Luciano Pavarotti   6. Maria Callas

C. Sapete dove sono? Domandate e rispondete secondo l'esempio.

     ESEMPIO: Roma →
          —Sai dov'è Roma?
          —Sì, lo so. È in Italia.   (No, non lo so.)

    1. la fontana di Trevi   4. il Ponte Vecchio
    2. la tomba di Giulietta e Romeo   5. Parigi
    3. il Teatro alla Scala   6. i Musei Vaticani

D. Silvia sa suonare il piano e Michele sa sciare. E tu cosa sai fare?
    Rispondete.

E. Chi conoscete? Cosa conoscete? Domandate e rispondete secondo
    l'esempio.

ESEMPIO: le opere di Verdi →
          —Conosci le opere di Verdi?
          —Sì, conosco le opere di Verdi. (No, non conosco le
          opere di Verdi.)

1. il professore
2. le opere di Puccini
3. *La Traviata*

4. Carla Fracci
5. il presidente dell'università
6. Violetta e Alfredo

PRESENT INDICATIVE OF *SAPERE* AND *CONOSCERE* (TO KNOW)

sapere		conoscere	
so	sappiamo	conosco	conosciamo
sai	sapete	conosci	conoscete
sa	sanno	conosce	conoscono

1. **Sapere** means:
    a. to know a precise fact.

        So dov'è Firenze.   So chi è Michelangelo.
        So che Anna è americana.   So cos'è l'arte gotica.
        So perché Maria non è in casa. Non so quando arrivano.

    b. to know something by heart.

        Sai il numero di telefono di   Sai il nome di quella bella
        Marco?   ragazza?

    c. to know how to do something.

        Sai nuotare?   Sai andare in bicicletta?

2. **Conoscere** means:
    a. to know a person.

        Conosco il professore.   Conosciamo i Perella.

b. to be acquainted with a place.

Conoscete il ristorante   Conosco bene Firenze.
Alfredo?

c. to have a general knowledge of a certain field.

Conosco l'arte gotica.   Non conoscono i romanzi
                                 (*novels*) di Pirandello.

Attenzione!

- Observe that **sapere** is always used when the object of knowing is a subordinate clause (see 1.a. above).
- **Conoscere** is always used when the object of knowing is a person.

||| Facciamo pratica! . . . .

A. Come siamo bravi! Leggete e completate con la forma adatta di **sapere**.

La mia famiglia è straordinaria: tutti ____¹ fare tante cose. Papà è un artista e ____² disegnare (*to draw*) e dipingere (*to paint*) molto bene. Anche mamma è un'artista; lei è una musicista e ____³ suonare il violino e cantare. Mio fratello e io siamo tipi sportivi e ____⁴ giocare a tennis, a calcio, sciare e nuotare. Le mie sorelle Franca e Sonia non hanno ancora sei anni, ma ____⁵ già leggere, scrivere e contare. Perfino il cane Orfeo è molto bravo; ____⁶ ballare e giocare a palla.

B. Cosa sai fare? Domandate e rispondete. Cercate di essere originali e di usare quanti verbi possibili.

ESEMPI: Sai giocare a poker? →
         Sì, so giocare. (No, non so giocare a poker. / No, non lo so fare.)

C. Completate i seguenti scambi con la forma adatta di **conoscere**.

1. —Professor Pallotta, ____ il dottor Carter?
   —Non ancora, ma ____ la professoressa Carter.
2. —Sara, ____ Virginia Brooks?
   —Certo, ____ Virginia e Tom da molto tempo.
3. —Ragazzi, ____ i film di Roberto Rossellini?
   —No. Sappiamo che Rossellini è un grande regista italiano, ma non ____ le sue opere.

D. **Sapere** o **conoscere**? Completate gli scambi con la forma adatta di **sapere** o **conoscere**.

1. —Enrico _____ bene l'arte italiana e _____ dipingere.
   —E tu _____ dipingere?
   —No, ma _____ abbastanza bene l'arte del Rinascimento.
2. —Ragazzi, _____ scrivere una lettera in italiano?
   —Non ancora, ma _____ leggere piuttosto bene.
3. —Signorina Brown, _____ il professor Marini?
   —Non lo _____ ancora, ma _____ che è un insegnante molto bravo.
4. —_____ (tu) quanti anni ha la professoressa?
   —No, non _____ _____.
   —_____ di dov'è?
   —Sì, è di Milano.
   —_____ sua figlia (*her daughter*)?
   —Sì, la _____ da un anno. È una ragazza molto intelligente.

DIRECT OBJECT PRONOUNS: *LO, LA, LI, LE*

Conosco **Marco**. Conosco **il Museo Borghese**. }	**Lo** conosco.	Conosco **i signori Verdi**. Conosco **i Musei Vaticani**. }	**Li** conosco.
Conosco **Gina**. Conosco **la Biblioteca Nazionale**. }	**La** conosco.	Conosco **Gina e Maria**. Conosco **le biblioteche di Roma**. }	**Le** conosco.

✳ 1. The direct object pronouns **lo, la, li,** and **le** replace direct object nouns. The direct object is the noun directly acted upon by the verb. It answers the question, *What? Whom?*

2. Usually, direct object pronouns immediately precede the verb. Pronoun and verb form a unity that can never be separated.

   Studi **l'italiano**? —Sì, **lo** studio.

3. **Lo** and **la** are usually elided before verbs beginning with **h** or with a vowel.

   Ascolti **la musica**? —Sì, **l'**ascolto.

4. **Li** is used when masculine and feminine nouns appear together.

   Conosci **Marco e Lea**? —Sì, **li** conosco.

Attenzione!

■ **Lo** also substitutes for entire subordinate clauses.

> Sì, **lo** so.   (No, non **lo** so.)

The pronoun **lo** is almost never omitted in an answer involving the
verb **sapere**.

> Sai **dov'è la fermata**   Sì, **lo** so.
> **dell'autobus**?
>
> Sai **quanto costa una Jaguar**?   No, non **lo** so.
>
> Sai **chi sono Laurel e Hardy**?   Sì, **lo** so.

■ However, **lo** cannot be used to replace an infinitive.

> **Sai ballare?**   Sì, **so ballare**. (Sì, **lo so fare**.)

||| Facciamo pratica! . . . .

A. Domandate e rispondete tra di voi sostituendo le parole indicate con il
pronome.

> ESEMPI: —Ascolti *il professore*?
> —Sì, *l'*ascolto (*lo*).   (No, non *l'*ascolto.)
>
> —Leggete *i libri*?
> —Sì, *li* leggiamo. (No, non *li* leggiamo.)

lo vedo?

1. Che cosa fai la sera?
   Leggi *il giornale*?
   Guardi *la TV*?
   Fai *i compiti*
   (*homework*)?

2. Che cosa fate in classe?
   Leggete *le frasi*
   (*sentences*)?
   Scrivete *gli esercizi*?
   Ripetete *gli scambi*?

3. Che cosa mangi di solito a
   pranzo?
   Mangi *gli spaghetti*?
   Mangi anche *la carne* (*meat*)?
   Mangi *la verdura* (*vegetables*)
   e *la frutta*?

4. Che cosa fai il weekend?
   Inviti *gli amici* a casa?
   Inviti anche *la professoressa*?
   Ascolti *la musica*?

B. Situazioni. Completate le domande e rispondete usando **sapere** o
conoscere ed i pronomi dove possibile.

1. Patrizia è a una festa e fa molte domande ad un'amica.
   a. —_____ quel ragazzo biondo?
      —Sì, _____.
   b. —_____ quanti anni ha?
      —No, _____.

    c. —_____ dove abita?

      —Sì, _____.

    d. —_____ la sua (*his*) famiglia?

      —No, _____.

2. In una classe, l'insegnante domanda e lo studente risponde.

    a. I: _____ chi è Puccini?

      S:

    b. I: _____ dove sono gli Uffizi?

      S:

    c. I: _____ i Musei Vaticani?

      S:

    d. I: _____ cos'è La Scala?

      S:

    e. I: _____ *La Divina Commedia?*

      S:

RAPIDI SCAMBI

1. —Quanti corsi segui quest'anno, Francesca?
   —Quattro: geografia, italiano, economia e storia della musica.
   —Quale preferisci?
   —Storia della musica. Soprattutto l'opera.

2. —Ragazzi, state un po' zitti! Sto ascoltando *La Traviata* e non sento niente.
   —Va bene papà, adesso usciamo.

3. —Paolo, mi offri un caffè?
   —Volentieri. Lo preparo e lo prendiamo sul terrazzo.

4. —Quando partite per Milano?

—Partiamo all'una in macchina per essere alla Scala alle otto e mezzo.

—Cosa andate a vedere?

—*L'Otello*, con Plácido Domingo e Mirella Freni.

—Beati voi!

Placido Domingo nella parte di Otello canta al Metropolitan nell'immortale opera di Verdi. (© AP/Wide World Photos)

COME SI DICE?

il corso course	**preferire** to prefer	**ora** now
l'economia economy	**Quale preferisci?** Which do	**un po'** a little
la geografia geography	you prefer?	**soprattutto** above all
la musica music	**seguire** to follow; to take	
la storia history; story	(a course)	**beato/a** lucky (literally, blessed)
	sentire to hear	**Beati voi!** Lucky you! (*pl.*)
offrire to offer	**uscire** to go out	**Beato te! Beata te!** Lucky you!
partire to depart, leave		(*sing.*)
Partiamo. We are leaving.		

||| Facciamo pratica! . . . .

A. Ripetete gli scambi tra di voi.

B. Domandate e rispondete secondo gli scambi.

1. Cosa studia Francesca?
2. Cosa sta ascoltando papà?
3. Chi prepara il caffè?

4. Dov'è il Teatro alla Scala?
5. Chi canta nell'*Otello*?

C. Domandate e rispondete.

1. Segui un corso d'italiano quest'anno? Segui anche un corso di storia della musica?
2. Quale corso preferisci?
3. Conosci l'opera *Otello*? Sai chi è il compositore?
4. Ascolti mai la musica classica? Ascolti spesso la musica rock?
5. Conosci un cantante rock italiano?

PRESENT INDICATIVE OF -*IRE* VERBS (THIRD CONJUGATION)

GROUP A: **dormire** (*to sleep*)		GROUP B: **capire** (*to understand*)	
dormo	dormiamo	capisco	capiamo
dormi	dormite	capisci	capite
dorme	dormono	capisce	capiscono

1. Third conjugation (**-ire**) verbs fall into two groups, verbs that conjugate like **dormire** (group A) and verbs that conjugate like **capire** (group B). The infinitive ending is the same for both groups, but group B verbs insert **-isc-** between the stem and the ending of all forms except the first and second persons plural.

2. As in the first and second conjugations, the stress in the third person plural is never on the verb ending.

ALTRI VERBI DELLA TERZA CONIUGAZIONE			
Group A		*Group B*	
aprire	*to open*	finire (isc)	*to finish*
offrire	*to offer*	preferire (isc)	*to prefer*
partire	*to leave**	pulire (isc)	*to clean*
seguire	*to follow*	restituire (isc)	*to give back, to return†*
sentire	*to hear*		
		ubbidire (isc)	*to obey*

*****Partire** means only *to depart* and cannot be used to mean *to leave something behind*.

†**Restituire** means only *to return an object*. Only **tornare** and **ritornare** can be used to mean *to go back*.

> **Restituisco il libro** alla biblioteca.
> **Noi (ri)torniamo** a casa tardi.

||| **Facciamo pratica!** . . . .

A. Domandate e rispondete.

1. —A che ora _____ (aprire) i negozi in estate?
   —_____ alle nove.
2. —A che ora _____ (partire) il rapido per Venezia?
   —_____ alle quattordici e trenta.
3. —A che ora _____ (finire) l'opera?
   —_____ a mezzanotte.
4. —Ragazzi, quando _____ (pulire) la casa?
   —La _____ il sabato.
5. —Ragazzi, quando _____ (finire) l'esame?
   —Lo _____ subito, professore.
6. —Marco, mi _____ (offrire) un caffè?
   —Volentieri, lo _____ (preparare) subito.
7. —Laura, _____ (preferire) un cappuccino o una birra?
   —_____ una birra, grazie.
8. —Professore, per favore, mi _____ (restituire) il dizionario?
   —Mi dispiace, ma non so dov'è. Lo cerco stasera.
9. —Signora, a che ora _____ (sentire) le notizie alla radio?
   —Le _____ sempre alle otto.

B. Inventate una bella frase per ciascuna (*each*) di queste vignette. Usate i verbi studiati e la vostra fantasia.

ESEMPIO:    Giorgio offre sempre i fiori a Maria perché l'ama.

1.

2.

3.

4.

5.

PAROLE NEL CONTESTO

*La maestra
autoritaria*

IMPERATIVE OF *-ERE* AND *-IRE* VERBS

pr**e**ndere	aprire	finire
Prend**i** il gesso!	Apr**i** il libro!	Fin**isci** l'esame!
Prend**ete** il gesso!	Apr**ite** il libro!	Fin**ite** l'esame!
Prend**iamo** il gesso!	Apr**iamo** il libro!	Fin**iamo** l'esame!

1. The **tu, voi,** and **noi** forms of the imperative and those of the present
   indicative are the same in the second and third conjugations with the
   exception of **avere** and **essere.**

2. The imperative forms of **avere** and **essere** are irregular:

   Abbi corragio! **Sii** buono!   *Have (sing.) courage! Be good!*
   Abbiate pazienza! **Siate**   *Have (pl.) patience! Be*
   prudenti!   *careful!*

3. In all three conjugations, the construction **non** + *infinitive* is used for
   the negative **tu** form of the imperative.

   Non parlare troppo!   Non bere vino!   Non uscire!

||| **Facciamo pratica!** . . . .

A. Immagina di avere un compagno o una compagna di camera. Digli o dille (*Tell him or tell her*) di fare o non fare le seguenti cose.

1. (pulire) il frigo (*fridge*)
2. non (leggere) a tavola
3. (restituire) i soldi
4. (aiutare) a preparare la cena

B. Ripetete gli stessi ordini in (A) a due amici.

C. Arriva il weekend: Facciamo queste cose! Completate con la forma **noi** dell'imperativo.

1. _____ (andare) in banca e _____ (prendere) i soldi.
2. Non _____ (dimenticare) di chiudere le finestre prima di uscire.
3. _____ (comprare) panini e birra, ma non _____ (spendere) troppo.
4. _____ (portare) il giornale e _____ (leggere) molti articoli.
5. _____ (partire) presto (*early*) e non _____ (guidare) di notte.

D. La maestra autoritaria. Completate con la forma adatta dell'imperativo.

1. Mario, _____ (essere) buono e non _____ (ridere) in classe!
2. Franca, _____ (avere) coraggio e _____ (rispondere) in italiano!
3. Ragazzi, non _____ (avere) paura e _____ (parlare)!
4. Ragazzi, _____ (scrivere) le frasi e _____ (essere) originali!

PAROLE NEL CONTESTO

Occupazioni e convinzioni politiche

1. l'artista
2. il musicista
3. il pianista
4. la violinista
5. la giornalista
6. il regista
7. la dentista
8. il fascista
9. il socialista
10. la comunista
11. la ciclista
12. il tennista
13. il turista

NOUNS ENDING IN *-ISTA*

il violinista famoso	**i** violinisti famosi
la violinista famosa	**le** violiniste famose

1. Many nouns ending in **-ista** correspond to English nouns ending in *-ist* (*violinist, pianist, artist, journalist, fascist, socialist, communist,* etc.).

2. The singular form, which ends in **-a**, can be either masculine or feminine, but the plural has two endings: **-i** for the masculine, **-e** for the feminine.

3. Articles and adjectives that accompany these words must agree with them in gender and number, not with the word ending.

> Bettino Craxi è **un** socialista famoso.
>
> Nilde Iotti è **una** comunista famosa.

Attenzione!

■ **Comunista, fascista, socialista,** and other words like **ottimista, pessimista,** and **femminista** can be adjectives as well as nouns. As adjectives, they are invariable in the singular, but in the plural they agree with the noun they modify in gender and number.

> **Lo** studente comunista.   **Gli** studenti comunisti.
>
> **La** ragazza ottimista.   **Le** ragazze ottimiste.

||| Facciamo pratica! . . . .

Chi sono questi personaggi famosi?

1. Oriana Fallaci è _____ (*an Italian journalist*).
2. Franco Zeffirelli e Federico Fellini sono _____ (*famous movie directors*).
3. McEnroe e Connors sono _____ (*great tennis players*).
4. Claudio Abbado è _____ (*a very famous musician*).
5. Lina Wertmuller e Liliana Cavani sono due _____ (*movie directors*).
6. Bettino Craxi è _____ (*a socialist*).

7. Michelangelo e Leonardo sono _____ (*great artists*).
8. Itzhak Perlman è _____ (*a famous violinist*).
9. Gorbaciov è _____ (*a Russian communist*).
10. Ray Charles è _____ (*a famous pianist*) e cantante.

I NUMERI: CONTIAMO DA MILLE A...

Quanto costa	un cappuccino?	**Mille duecento** lire. (L. 1.200)
	il biglietto del cinema?	**Ottomila** lire. (L. 8.000)
	una poltrona a teatro?	**Trentamila** lire. (L. 30.000)
	una cena da Alfredo?	**Cinquantamila** lire. (L. 50.000)
	un bel paio di scarpe?	**Centomila** lire. (L. 100.000)

—Quanti abitanti ha Roma?
—Ha circa **tre milioni di** (3.000.000) abitanti.
—E tutta l'Italia?
—Circa **cinquantasette milioni** (57.000.000).

1. In Italian, four-digit numbers must be read in thousands and hundreds, not as two sets of numbers. For example, **1492** must be read in full as **mille quattrocentonovantadue** and not, as in English, as *fourteen ninety-two*.

2. **Milione, milioni, miliardo,** and **miliardi,** when followed directly by a noun, are always used with the preposition **di.**

    Roma ha tre **milioni di** abitanti.

    Il computer costa tre **milioni** cinquecentomila lire.

3. The definite article **il** is always used with years.

    Il duemila è vicino.

    Siamo **nel** mille novecento...

    Saranno (*They will be*) a Roma **dal** 1990 **al** 2003.

4. Like **cento, mille** (*one thousand*) is used without the indefinite article. **Mila** is the plural form of **mille.**

    mille studenti   due**mila** delegati   tre**mila** ciclisti

However, **milione** and **miliardo** are used with the indefinite article in the singular.

Questo computer costa **un milione di** lire, ma quello costa **due milioni**.

Ha **un miliardo di** dollari il signor Trump?

||| Facciamo pratica! . . . .

A. Domandate e rispondete secondo l'esempio.

> ESEMPIO: un cappuccino / 1.500 →
> —Quanto costa un cappuccino?
> —Costa mille cinquecento lire.

1. un appartamento / 200.000.000
2. un biglietto del cinema / 10.000
3. la rivista (*magazine*) Domus / 6.500
4. una camera all'albergo Sole / 82.000
5. un biglietto aereo da Roma a New York / 975.000
6. una cena per due da Alfredo / 100.000
7. una birra / 1.400

B. Qual è la data? Domandate e rispondete.

> ESEMPIO: la scoperta dell'America / 1492 →
> —Qual è la data della scoperta dell'America?
> —Il mille quattrocentonovantadue.

1. la nascita (*birth*) di Dante / 1265
2. la morte (*death*) di Dante / 1321
3. l'unificazione d'Italia / 1870
4. la prima guerra mondiale (*WWI*) / 1914–1918
5. la fondazione della Repubblica Italiana / 1948
6. la vittoria italiana del campionato mondiale (*World Cup*) di calcio / 1982

RICEVUTA FISCALE
FATTURA (Ricevuta Fiscale)
D.M. 13.10.1979

X RF Nº 17140 /84

HOTEL-RISTORANTE
di PEDIO & LEO

BOLOGNA

Via A. Mario, 18 (angolo P. Scalette Rubiani. 3) - Tel. 045/26830 -
VERONA - Part. IVA 0080230 023 6

Sig.

Via

FATTURA N.

1	7236 09/06/85	O6 M0000	21:48
2	GUEST LKUP	#0039	
3	COPERTO		2x
4	∂1800		*3600
5	VALPO.NE		*5000
6	MINERALE		*1500
7	PRIMO.PS		2x
8	∂5000		*10000
9	SECONDO		*8000
10	SECONDO		*7500
11	BAR		2x
12	∂1500		*3000
13	SUBTL		*38600
14	%	15.00	
15	SERVIZIO		*5790
16		CASSA RF	*44390

Giuseppe Verdi (1813–1901): grande compositore italiano. Autore di
ventisei opere.

Giacomo Puccini (1858–1924): mentre Verdi appartiene° al periodo del   *belongs*
Romanticismo, Puccini è considerato il rappresentante dell'opera
realista. Autore di circa dieci opere.

Giorgio Strehler, Franco Zeffirelli, Luca Ronconi: registi di teatro di
fama internazionale.

Riccardo Muti e Claudio Abbado: direttori d'orchestra noti° in tutto   *known*
il mondo.

Sessantottini: gli studenti
del 1968, l'anno della
contestazione giovanile.°   contestazione... *youth
                                    protest movement*

—Chi sono? —Sono un poeta! —Che cosa
faccio? —Scrivo! —E come vivo? —Vivo!
Dalla Bohème di Giacomo Puccini, regia di
Franco Zeffirelli per il Metropolitan di
New York (© Winnie Klotz/Metropolitan
Opera)

LETTURA

Il Teatro alla Scala... la capitale dell'opera in Italia e forse° in tutto il mondo,   *perhaps*
il luogo dei primi successi di Verdi e delle prime di tanti capolavori° di   *masterpieces*
Puccini. Il palcoscenico° della Scala ha visto° i successi (e gli scandali) più   *stage / has seen*
grandi di dive leggendarie come Maria Callas e Renata Tebaldi, ed i trionfi
di registi come Zeffirelli e Strehler, di direttori come Toscanini, Abbado e
Muti. Anche oggi, la Scala rimane la meta più ambita° di artisti e amatori°   la... *the most sought-after*
dell'opera di tutto il mondo.   *goal / lovers*

La lettura che segue parla delle serate più famose della Scala nel periodo
del dopoguerra. Leggete e cercate di capire le informazioni essenziali.

Dieci serate passate alla storia

DIECI SERATE PASSATE ALLA STORIA

1946-1986, quarant'anni, quaranta stagioni. Tanti spettacoli, memorabili e non: grandi direttori, primedonne leggendarie, registi, sovrintendenti. Ecco alcuni eventi che hanno fatto la storia recente
5 **della Scala.**

11 MAGGIO 1946

Inaugurazione[a]della sala
ricostruita dopo il
bombardamento
10 dell'agosto 1943.
Leggendario concerto di
Toscanini. Fra i grandi
nomi dell'epoca si
affaccia[b]la voce
15 d'angelo'' di una futura
diva: Renata Tebaldi.

26 DICEMBRE 1946

Serata[c]inaugurale della
prima stagione scaligera[d]del
20 dopoguerra con ''Nabucco''
Fra i protagonisti Gino Bechi
e Fedora Barbieri. Dirige
Tullio Serafin.

7 DICEMBRE 1951

25 Per la prima volta la serata
inaugurale della stagione è fissata nel
giorno del santo protettore di Milano,
Sant'Ambrogio, invece del
tradizionale Santo Stefano. ''I Vespri
30 Siciliani'' di Verdi è diretto da Victor
De Sabata, che trionfa alla Scala dal
'47 al '52. Protagonista dello
spettacolo è Maria Meneghini Callas.
Inizia la guerra Callas-Tebaldi.

35 5 GIUGNO 1952

''Wozzeck'' di Alban Berg (1921) è
accolto a fischi e lazzi[e]dal pubblico
tradizionalista. Il direttore, Dimitri
Mitropoulos chiede più rispetto al
40 pubblico. Oggi l'opera di Berg
riscuote grande successo.

10 DICEMBRE 1953

Mitica serata, immortalata anche da
Alberto Arbasino nelle prime pagine

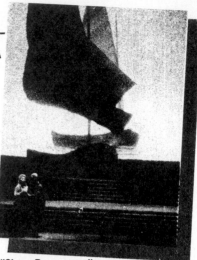

Il ''Simon Boccanegra''
per la regia di Giorgio Strehler,
nel 1971. Accanto: Maria Callas, grande
protagonista delle
stagioni scaligere degli anni '50.

45 dell' ''Anonimo Lombardo''. A tre
giorni dall'inaugurazione (''Wally''
di Catalani con Renata Tebaldi) ecco
con ''Medea'' di Cherubini regia[f]
Margherita Wallmann, scene e
50 costumi di Salvatore Fiume,
direttore Leonard Bernstein,
esplodere il mito[g]della Callas.

31 GENNAIO 1963

Va in scena, con la regia di Franco
55 Zeffirelli, ''La Bohème'' di Puccini in
un allestimento[h]continuamente
ripreso con interpreti e direttori
diversi per più di vent'anni. Primo
direttore è Herbert von Karajan, la
60 prima Mimì è Mirella Freni

7 DICEMBRE 1968

La ''prima'' alla Scala (''Don Carlo''
diretto da Abbado) è pittorescamente
contestata da gruppi di sessantottini:
65 lancio di pomodori sulle toilette da
sera, striscioni con la scritta: «Ricchi
godete, questa sarà l'ultima volta».

7 DICEMBRE 1971

Inaugurazione della stagione con uno
70 spettacolo che diventa il manifesto
della nuova Scala, ripreso varie volte
e portato in giro per il mondo:
''Simon Boccanegra'' di Verdi,
direttore Claudio Abbado, regia di
75 Giorgio Strehler.

7 DICEMBRE 1976

''Otello'' di Verdi, regia di Zeffirelli,
direttore Carlos Kleiber, protagonisti
Placido Domingo e Mirella Freni, è
80 teletrasmesso — per la prima volta
— in diretta dalla Scala. 20 milioni
di spettatori. È il trionfo del nuovo
sovrintendente[i]Paolo Grassi. Fuori
dal teatro nuova contestazione.

85 7 DICEMBRE 1982

''Ernani'' di Verdi, con Domingo, la
Freni, Bruson, Ghiaurov.
Tempestosa serata per via della regia
''oltraggiosa'' di Luca Ronconi.
90 Prima inaugurazione scaligera con
Riccardo Muti sul podio.

[a]*inauguration, launching* / [b]*si... appears* / [c]*Evening* / [d]*of the Scala* / [e]*fischi... hoots and boos* / [f]*production, direction* / [g]*myth* /
[h]*production* / [i]*director, administrator*

COME SI DICE?

il concerto concert
il costume costume; custom
il direttore d'orchestra conductor
la prima opening night, opening
    performance
il/la protagonista protagonist
la scena setting
   costumi e scene costumes and
     sets
lo spettatore spectator
il successo success
il trionfo triumph

il dopoguerra post-war period
la guerra war

tradizionalista traditionalist,
   conservative

dirigere (*p.p.* **diretto**) to conduct
   (conducted)
fissare to set, fix; to stare at
   fissare una data, un appunta-
   mento to set a date; to
   make a date

teletrasmettere to broadcast
   teletrasmesso in diretta broadcast live

⫼ Facciamo pratica! . . . .

Rispondete alle domande secondo le informazioni nella lettura.

1. Quante stagioni ci sono state (*have been*) alla Scala dal 1946 al 1986?
2. In quale anno c'è stato (*was*) il bombardamento di Milano?
3. Sai chi è Arturo Toscanini?
4. Con quale opera comincia la prima stagione del dopoguerra alla Scala?
5. Chi è la protagonista dei *Vespri Siciliani*?
6. Qual è la data dell'allestimento (*production*) di Zeffirelli della *Bohème* di Puccini?
7. Qual è l'anno della contestazione giovanile?
8. Chi è Claudio Abbado?
9. Quali sono le opere di Verdi rappresentate alla Scala in questi anni?
10. Chi canta nell'*Otello* di Verdi?
11. Sai di dov'è il direttore d'orchestra Leonard Bernstein?

CAPITOLO 10

CHE COSA TI PIACE?

Il piacere della gola: Pasticceria a Milano (© Stuart Cohen/ Comstock)

RAPIDI SCAMBI

1. —Sei stanca, Beatrice?
—No, Paolo, ma mi offri un caffè?
—Volentieri, cara, vuoi anche una pasta?
—No, preferisco un panino; ho fame.
—Cameriere, due caffè e due panini, per favore.
—Subito, signore.

2. —Paolo, stasera t'invito a cena.
—Benissimo, dove andiamo?
—Da Procacci, una piccola trattoria dove si mangia molto bene.
—Prendiamo un tassì?
—No, è vicino, andiamo a piedi.

3. —Signor Procacci, cosa ci consiglia?
—Per primo, vi consiglio i ravioli alla panna o gli spaghetti alla marinara.
—Bene, io prendo i ravioli, e tu, Paolo?
—Anch'io, e una bottiglia di Soave, per favore.

COME SI DICE?

la bottiglia bottle
il cameriere waiter
la panna cream
la pasta, le paste pastry,
    pastries; pasta (*s.*)
il primo (piatto) first course
i ravioli ravioli
il tassì taxi

la trattoria small family
    restaurant

alla marinara with a tomato-
    based sauce

andare a piedi to walk
consigliare to advise
    Cosa ci consiglia? What do you
    advise (us)?

Vi consiglio... I advise (you) . . .
(invitare)
    T'invito. I invite you
volere to want
    Cosa vuoi? What do you want?
    Voglio una pasta. I want a
    pastry.

||| Facciamo pratica! . . . .

A. Ripetete gli scambi tra di voi.

B. Domandate e rispondete secondo gli scambi.

    1. È stanca Beatrice?
    2. Cosa prendono con il caffè Beatrice e Paolo?
    3. Perché prende un panino Beatrice?
    4. Dove vanno a cena Paolo e Beatrice?
    5. Prendono un tassì per andare in trattoria?
    6. Cosa consiglia per primo il signor Procacci?
    7. Ordinano gli spaghetti o i ravioli Beatrice e Paolo?
    8. Quale vino ordina Paolo?

DIRECT AND INDIRECT OBJECT PRONOUNS:
MI, TI, CI, VI

(*direct*)	**Mi** vedi. (*You see me.*)	**Ci** vedi. (*You see us.*)
(*indirect*)	**Mi** parli. (*You speak to me.*)	**Ci** parli. (*You speak to us.*)
(*direct*)	**Ti** vedo. (*I see you.*)	**Vi** vedo. (*I see you* [*pl.*].)
(*indirect*)	**Ti** parlo. (*I speak to you.*)	**Vi** parlo. (*I speak to you* [*pl.*].)

1. **Mi, ti, ci,** and **vi** are both direct and indirect object pronouns for the first and second persons, singular and plural.

2. Note carefully the distinction between direct and indirect objects: direct objects are those people or things directly acted upon by the verb, whereas indirect objects are the people *to whom* or *for whom* the action is performed. An important point to remember is that Italian indirect object pronouns refer only to people.

3. When a pronoun is the object of an infinitive, the pronoun must be attached to it, after dropping the final **e**.

È facile imparare i pronomi? —No, non è facile **impararli**.	*Is it easy to learn pronouns?* *—No, it's not easy to learn them.*
Quando mi telefoni? —Penso di **telefonarti** stasera.	*When will you call me?* *—I think I will call you this evening.*

PRESENT INDICATIVE OF *VOLERE* (TO WANT)

volere *(to want)*	
voglio	vogliamo
vuoi	volete
vuole	vogliono

1. The verb **volere** is irregular in all but the second person plural, and must be memorized.

—**Vuole** il menu?	—Sì, lo **voglio**.
—**Vuoi** la crema?	—Sì, la **voglio**.
—**Vogliono** i ravioli?	—Sì, li **vogliamo**.
—**Volete** le paste?	—Sì, le **vogliamo**.

2. **Volere** can be followed directly by an infinitive.

Ragazzi, **volete uscire** stasera?	*Guys, do you want to go out tonight?*
Mamma, **vogliamo mangiare** ora!	*Mother, we want to eat now!*

||| Facciamo pratica! . . . .

A. Cosa si dice nelle seguenti situazioni?

> ESEMPIO: Chiedi a un amico di offrirti (*to offer you*) un caffè. →
> Paolo, mi offri un caffè?

1. Chiedi a papà di darti un passaggio.
2. Chiedi al professore di ripeterti la domanda.
3. Chiedi al cameriere di portarti un cappuccino.
4. Chiedi a un'amica di offrirti un aperitivo.
5. Chiedi a un amico di restituirti i soldi.
6. Chiedi al meccanico di lavarti la macchina.

B. Domandate e rispondete secondo l'esempio.

> ESEMPIO: Cosa vi dice l'insegnante? / buon giorno →
> Ci dice, «Buon giorno».

1. Cosa vi spiega (*explain*) l'insegnante? / grammatica
2. Cosa vi porta il cameriere? / un caffè
3. Cosa vi offrono gli amici? / vini e liquori
4. Cosa vi dà la mamma? / un bacio (*a kiss*)
5. Cosa vi compra papà per il compleanno? / una macchina fotografica (*camera*)
6. Cosa vi mandano (*send*) gli amici da Parigi? / una cartolina (*postcard*)

C. Cosa domanda un amico italiano? Domandate e rispondete secondo l'esempio.

> ESEMPIO: *capire* quando parlo italiano →
> —*Mi capisci* quando parlo italiano?
> —Sì, *ti capisco*. (No, non *ti capisco*.)

1. *aspettare* al bar stasera
2. *telefonare* domani
3. *accompagnare* a casa
4. *offrire* un aperitivo
5. *scrivere* quando torni in America
6. *invitare* negli Stati Uniti

D. Cosa vogliono al ristorante? Completate con la forma adatta di **volere** e con il pronome oggetto diretto, dove necessario.

> ESEMPIO: Io ____ l'insalata, ma Vittoria non ____ ____. →
> Io *voglio* l'insalata, ma Vittoria non *la vuole*.

1. Beatrice _____ la pizza, ma Paolo non _____ _____.
2. Noi _____ i tortellini, ma i bambini non _____ _____. Preferiscono gli spaghetti.
3. La nonna _____ il pollo (*chicken*), ma il nonno non _____ _____.
4. Ragazzi, cosa _____ per cena? —Noi _____ le lasagne.
5. Signora, _____ il risotto alla marinara? —No, grazie, non _____ _____. Sono allergica al pesce.
6. Signori, _____ una bottiglia di Soave? —Sì, grazie, _____ beviamo (*drink*) con il pesce.

E. Cosa fanno gli amici per il tuo compleanno? Rispondete secondo l'esempio.

ESEMPIO: offrire una cena →
Per il mio compleanno, gli amici mi offrono una cena.

COSE CHE FANNO: offrire una bottiglia di champagne, telefonare, invitare a cena, scrivere, fare gli auguri (*to wish happy birthday*)

F. Cosa fa il professore per voi? Rispondete secondo l'esempio.

ESEMPIO: spiegare la grammatica →
Il professore ci spiega la grammatica.

COSE CHE FA: spiegare i pronomi, parlare in italiano, ripetere gli scambi, dare i compiti, aiutare con gli esercizi, leggere la lettura ad alta voce, correggere gli sbagli (*correct mistakes*)

RAPIDI SCAMBI

1. —Invitiamo Laura a cena sabato?
   —Volentieri. Cosa le prepariamo?
   —Un risotto per cominciare, e per secondo, arrosto di vitella con patate e insalata.
   —E il dolce?
   —Lo compriamo.

2. —Franca, cosa offri agli ospiti per il compleanno di Pietro?
   —Gli offro spumante, vini, liquori, pizzette, cioccolatini e una bella torta.
   —Ciao, allora ci vediamo venerdì sera.

3. —Le porto il solito caffè macchiato, dottor Sartori?
   —No, grazie, Antonio, oggi preferisco un cappuccino e due cornetti.
   —Subito, dottore.

4. —A che ora La vedo domani, professore?
   —In ufficio a mezzogiorno, e poi andiamo a pranzo insieme.

COME SI DICE?

---

l'arrosto di vitella veal roast	**il pranzo** lunch	**(preparare)**
il caffè macchiato coffee with a few drops of milk	**il risotto** a rice dish	**Cosa le prepariamo?** What will we prepare for her?
il cioccolatino chocolate candy	**il secondo (piatto)** second course, main dish	**(offrire)**
il cornetto croissant, sweet roll	**lo spumante** sparkling wine	**Gli offro lo spumante.** I shall offer him sparkling wine.
il liquore liqueur, cordials	**la torta** torte, cake	
l'ospite guest	**il vino** wine	**allora** then; well, then
la patata potato		**solito** usual
la pizzetta small pizza	**portare** to bring	**subito** right away

---

Facciamo pratica!

A. Ripetete gli scambi tra di voi.

B. Domandate e rispondete secondo gli scambi.

1. Qual è il menu della cena per Laura?
2. Cosa offre Franca agli ospiti per il compleanno di Pietro?
3. Cosa prende di solito il dott. Sartori? E oggi?
4. A che ora è in ufficio il professore domani?

DIRECT AND INDIRECT OBJECT PRONOUNS: SUMMARY

Up to now you have learned four pronouns that can be either direct or indirect objects (**mi, ti, ci, vi**) and all the direct object pronouns. These two charts complete the overview of all direct and indirect object pronouns.

DIRECT OBJECT PRONOUNS		INDIRECT OBJECT PRONOUNS	
mi vedono	**ci** vedono	**mi** parlano	**ci** parlano
ti vedono	**vi** vedono	**ti** parlano	**vi** parlano
lo vedono	**li** vedono	**gli** parlano	
la vedono	**le** vedono	**le** parlano	parlano **loro** (gli parlano)
La vedono (*formal*)	**Li** vedono (*m., formal*)	**Le** parlano (*formal*)	parlano **Loro** (*formal*)
	Le vedono (*f., formal*)		

All direct and indirect object pronouns immediately precede the verb, with the exception of **loro**, which always directly follows the verb.

Attenzione!

■ In informal conversation **loro** is usually replaced by **gli**.

> Scrivi spesso ai nonni? —No, non **gli** scrivo mai. Preferisco telefonare.

■ Contrary to English usage, the verbs **ascoltare**, **aspettare**, **cercare**, and **guardare** take a direct object in Italian, and thus are used with direct object pronouns.

> Cerchi il libro? —Sì, **lo** cerco.   *Are you looking for (your) book? —Yes, I'm looking for it.*
>
> Aspetti i bambini? —Sì, **li** aspetto.   *Are you waiting for the children? —Yes, I'm waiting for them.*

■ **Telefonare** and **rispondere**, on the other hand, take an indirect object in Italian, and are used with the preposition **a** when their objects are nouns.

> Telefoni **a** Maria? —Sì, **le** telefono.   *Are you calling Maria? —Yes, I'm calling her.*
>
> Rispondi **al** professore? —Sì, **gli** rispondo.   *Are you answering the professor? —Yes, I'm answering him.*

■ The pronouns **lo** and **la** are generally elided before vowels and the letter **h**. **Mi**, **ti**, and **vi** in informal conversation can be elided before vowels; **ci** only before **i** and **e**. **Gli**, **le**, and **li** are never elided.

Ascolti spesso la musica?	—Sì, **l**'ascolto spesso.
Mi aspetti al bar?	—Sì, **t**'aspetto.
Vi invitano spesso a cena?	—Sì, **c**'invitano ogni domenica.
Cosa le offri?	—**Le** offro un caffè.

‖ Facciamo pratica! . . . .

A. Cosa regali (*give as a gift*) per il compleanno? Rispondete usando il pronome adatto e scegliete tra le cose seguenti.

COSE DA REGALARE: i fiori, una torta, un biglietto per l'opera, una bottiglia di profumo, lo spumante, i cioccolatini, una bottiglia di vino, una penna Parker

> ESEMPIO: al nonno →
> Gli regalo lo spumante.

1. a papà
2. alla nonna
3. a un amico
4. alla mamma

5. ai bambini
6. al professore
7. agli zii
8. a una cara amica

B. Completate con i pronomi adatti e ripetete i seguenti scambi tra di voi.

> ESEMPIO: CAMERIERE: Buon giorno, dottor Silvani, cosa *Le* porto?
> DOTT. SILVANI: Un cappuccino, per favore.

1. MARIO: Carolina, ＿＿ dai un bacio?
   CAROLINA: Sì, caro, ＿＿ do «un bacio» Perugina. Ecco!
2. SIG.RA MERLONGHI: Dottore, a che ora ＿＿ vedo venerdì?
   DOTTORE: Alle quattro e mezzo perché prima sono occupato.
3. BAMBINI: Mamma, ＿＿ compri i cioccolatini?
   MAMMA: No, i cioccolatini costano troppo; ＿＿ compro un gelato.
4. SIG. AMORINI: Cosa ＿＿ consiglia per primo piatto?
   CAMERIERE: ＿＿ consiglio i ravioli alla panna.
5. CAMERIERE: Signorina Bracci, ＿＿ preparo una pizza?
   SIG.NA BRACCI: No, preferisco un panino.
6. VALERIA: Sandro, ＿＿ scrivi una lettera da New York?
   SANDRO: Volentieri, ma tu ＿＿ rispondi?
7. STUDENTE: Professore, ＿＿ chiamo stasera alle nove, o è troppo tardi?
   PROF. MEROLA: Alle nove va benissimo.

8.   SIG.RA RICCI: Quando _____ telefono? Prima o dopo pranzo?
    SIG.RA BARCHETTI: Prima, dopo pranzo torno subito in ufficio.

RAPIDI SCAMBI

1. —Preferisci il vino bianco o quello rosso?
   —Il vino non mi piace. Bevo solo acqua minerale.

2. —Ti piacciono i tortellini alla bolognese?
   —Sì, mi piacciono molto, ma oggi non li
   prendo perché sono a dieta.
   —Allora cosa prendi?
   —Una bistecca e un'insalata.

3. —Stasera c'è la nonna a cena. Cuciniamo
   un bel pesce al forno?
   —No, il pesce non le piace. Facciamo
   un bell'arrosto di vitella. Piace tanto
   a tutti.

4. —Zia Ada, cosa ci prepari di buono? Abbiamo una gran fame.
   —Vi piace il risotto ai funghi?
   —Certo, ci piace molto. E per secondo che ci dai?
   —Petti di pollo al burro con piselli.
   —Squisiti! E al dolce e al vino pensiamo noi.

ACQUA MINERALE
NATURALE

EGERIA

LOCALITÀ ACQUA SANTA DI ROMA

EFFERVESCENTE NATURALE

Ugo Tognazzi:
«Eooo le trote
raffinatissime»

COME SI DICE?

l'acqua minerale mineral water	**alla bolognese** with Bolognese	**essere a dieta** to be on a diet
la bistecca steak	sauce (*tomato sauce with*	**piacere** to like; to be pleasing
il pesce fish	*meat*)	**Non mi piace.** I don't like (it).
il petto di pollo chicken breast	**al burro** with butter	**Ti piacciono?** Do you like
i piselli peas	**al forno** baked	(them)?
i tortellini tortellini	**ai funghi** with mushrooms	
		Squisito! Delicious!
	bere to drink	
	bevo I drink	

||| Facciamo pratica! . . . .

A. Ripetete gli scambi tra di voi.

B. Domandate e rispondete.

1. Quale vino preferisci?
2. Sai cosa sono i tortellini?
3. Mangi spesso (*often*) bistecca e insalata?
4. Sai cucinare un bell'arrosto?
5. Gli americani mangiano spesso la vitella?

6. Ti piacciono i funghi?
7. Ti piace il pesce?
8. Preferisci il pollo o il pesce?
9. Mangi il dolce ogni giorno?
10. Che cosa sai cucinare bene?

PRESENT INDICATIVE OF *BERE*

bere (*to drink*)	
bevo	beviamo
bevi	bevete
beve	bevono

THE VERB *PIACERE*

piacere (*to like; to be pleasing*)		
INDIRECT OBJECT		SUBJECT
A Claudia	piace	il vino.
Le	piace	il vino.
A Franco	piacciono	gli spaghetti.
Gli	piacciono	gli spaghetti.
Ai bambini	piace	il gelato.
	Piace **loro**	il gelato.
Gli	piace	il gelato.

1. **Piacere** translates *to like*. However, its grammatical structure corresponds to the English *to be pleasing* (*appealing*) *to*.

   A Mara **piacciono** i fiori.　　*Mara likes flowers. (Flowers are pleasing to Mara.)*

   Ai ragazzi **piace** lo sport.　　*Boys like sports. (Sports are appealing to boys.)*

   Observe that the subject of *to like* in the English sentences becomes the indirect object of **piacere** in Italian, and that the direct object of *to like* in English (the thing liked) is the subject of the verb **piacere** in Italian.

2. A sentence using **piacere** usually opens with the indirect object, and the subject comes last.

indirect object	+	*verb*	+	*subject*

A Marco	piacciono	le paste.
Gli	piacciono	le paste.

3. When the subject of **piacere** is a verb or a series of verbs, **piacere** is conjugated in the third person singular and followed by the infinitive of the verb(s).

A Paola **piace nuotare**.	*Paola likes to swim (swimming).*
A Carlo **piace ballare e cantare**.	*Carlo likes dancing and singing.*

4. The definite article generally precedes the subject of **piacere**, unless the subject is an infinitive or a proper name without a title.

> A Giorgio piacciono **i** cioccolatini.
>
> A Maria piace giocare a tennis.
>
> Ai bambini piace molto Antonio.

5. Observe the word order in negative sentences:

> A Piera **non piace** nuotare.
>
> **Non le piace** nuotare.

Piacere with pronouns

SINGULAR SUBJECT		PLURAL SUBJECT	
Mi piace il caffè.	**Ci** piace il caffè.	**Mi** piacciono i gelati.	**Ci** piacciono i gelati.
Ti piace.	**Vi** piace.	**Ti** piacciono.	**Vi** piacciono.
Gli piace.	Piace **loro/Loro**. (**Gli** piace.)	**Gli** piacciono.	Piacciono **loro/Loro**. (**Gli** piacciono.)
Le piace.		**Le** piacciono.	
Le piace.		**Le** piacciono.	

1. The third person singular and third person plural forms of **piacere** are the most frequently occurring forms of the verb.

2. With **piacere**, the pronoun **loro** is very seldom used.

3. Often, the subject of the verb **piacere** is not repeated or substituted (with a subject pronoun), but is merely implied.

Non mi piace il gelato. —Come, non ti piace?	*I don't like ice cream. —What do you mean, you don't like it?*

‖‖‖ Facciamo pratica! . . . .

A. Cosa bevono? Scegliete voi! (*You choose!*)

acqua minerale, birra, latte, vino, tè freddo, Coca-Cola, succo di arancia (*orange juice*) o di pompelmo (*grapefruit*)

1. Papà _____.
2. Tu e tuo fratello (*your brother*) _____.
3. Io e mia sorella _____.
4. I bambini _____.
5. E tu, cosa _____? —Io _____.
6. E Lei, cosa _____? —_____.

B. Cosa ti piace? Domandate e rispondete tra di voi.

> ESEMPIO: il rock and roll →
> —Ti piace il rock and roll?
> —Sì, mi piace. (No, non mi piace.)

1. l'opera
2. cucinare
3. i tortellini
4. i film western
5. il freddo
6. gli spinaci
7. il caffè
8. i gatti
9. la musica classica
10. il jazz
11. pulire la casa
12. guidare
13. le macchine italiane
14. lo spumante
15. studiare l'italiano
16. andare a sciare

C. Cosa vi piace fare? Domandate e rispondete tra di voi.

> ESEMPIO: ballare →
> —Vi piace ballare?
> —Sì, ci piace. (No, non ci piace.)

1. giocare a tennis
2. andare al cinema
3. studiare la grammatica
4. lavare i piatti
5. viaggiare
6. fare i compiti

D. Quali cose piacciono o non piacciono alle seguenti persone? Formate frasi scegliendo tra i due gruppi di nomi.

> ESEMPIO: Agli americani piace il baseball.

PERSONE: gli studenti, mamma, i bambini, Carla Fracci, papà, il professore, gli italiani, gli americani, la nonna, il cameriere, il direttore d'orchestra, i gatti, tutti, i tedeschi

COSE: il football, la pizza, gli esami, i dolci, ballare, cucinare, il calcio, la mancia (*tip*), la birra, i fiori, mangiare bene, i topi, gli studenti che non studiano, la musica

E. Leggete attentamente e poi rispondete alle domande sostituendo le parole indicate con il pronome adatto.

Franco, Maurizio, Caterina e Valeria sono fratelli (*siblings*) che amano mangiare cose diverse. Franco vuole sempre le patate, la pizza ed i dolci, e Maurizio preferisce il pesce e la carne. Le ragazze sono vegetariane e vogliono solo le verdure (*vegetables*) e la frutta. La mamma è disperata e non vuole più cucinare.

1. *A Franco* piacciono molto le verdure?
2. *A Valeria* piace la carne?
3. Cosa piace *a Maurizio*?
4. Piace cucinare *alla mamma*?
5. Cosa piace *a Caterina*?

PAROLE NEL CONTESTO

Una ricetta—Mezze penne ai funghi

Ingredienti per quattro persone:

400 grammi di mezze penne	un pizzico° di origano
3 etti di funghi freschi	2 spicchi d'aglio
4 cucchiai di olio d'oliva	sale e pepe nero a piacere

Pulite i funghi e tagliateli a fette sottili.° Metteteli in una
padella con l'olio e gli spicchi d'aglio e cucinateli a fuoco
moderato.° Dopo 5 minuti levate l'aglio e mettete un po'
di origano. Continuate la cottura° a fuoco lento,° con coperchio,° per 10 minuti. Cuocete nel frattempo° le mezze
penne in abbondante acqua salata. (Ricordate di cucinarle
al dente!) Scolatele,° conditele in una zuppiera° con i
funghi, mescolate e servite subito.

pinch

a... into thin slices

a... on low heat
cooking / a... over low heat
con... covered / meantime

drain them / serving bowl

COME SI DICE?

il cucchiaio tablespoon	**il sale** salt	**scolare** to drain
l'etto 100 grams	**lo spicchio d'aglio** clove of garlic	**servire** to serve
il grammo gram		**tagliare** to cut
l'olio d'oliva olive oil	**condire (isc)** to dress (a salad), to	**Tagliateli.** Cut them.
l'origano oregano	season	
la padella skillet	**continuare** to continue	**al dente** a little undercooked
il pepe pepper	**levare** to remove	**fresco** fresh
la ricetta recipe	**mescolare** to stir; to mix	

Attenzione!

■ **Cucinare** and **cuocere** refer to two different aspects of cooking.
Cucinare means to prepare food or fix a dish.

Oggi voglio **cucinare** le penne ai funghi.	*Today I want to fix penne (pasta) with mushrooms.*
Maria sa **cucinare** molto bene.	*Maria really knows how to cook.*

Cuocere means to cook over heat.

Le penne devono **cuocere** per dieci minuti.	*The penne must cook for ten minutes.*
Non **cuocere** troppo gli spaghetti!	*Don't overcook the spaghetti!*

IMPERATIVE WITH PRONOUNS

a. Portami le penne!

b. Non dimenticare di condirle!

c. Mescolale bene!

d. Tutti mangiano. Buon appetito!

1. With the **tu, voi,** and **noi** forms of the imperative and with the infinitive, direct and indirect object pronouns are attached to the end of the verb. The final **e** of the infinitive must be dropped before attaching the pronoun. The only exception to this rule is the indirect object pronoun **loro**, which is never attached to the verb.

Portale in tavola!

Mescoliamole bene!

Mangiatele subito!

Arrivano gli zii. **Prepariamo loro** una bella cena!

Non **condirle** ora!*

Non **mangiarlo**!

Attenzione!

■ The stress on the verb never changes with the addition of pronouns.

> Pronunciate queste parole!
> Pronunciatele!

Facciamo pratica! . . . .

A. Leggete i seguenti comandi e ripeteteli ad alta voce con i pronomi secondo l'esempio. State attenti all'accento!

> ESEMPIO: Preparate *la pizza*! →Preparate*la*!

1. Pulite bene *i funghi*!
2. Tagliate *le patate*!
3. Cucinate *la pasta* al dente!
4. Levate *l'aglio*!
5. Non dimenticate *il sale*!

6. Non cuocere troppo *le penne*!
7. Mettete *l'origano*!
8. Portate *le penne* in tavola e mangiamole subito! Buon appetito!

B. Marco domanda a Carolina cosa deve (*must*) fare prima del pranzo. Carolina risponde dando le direttive (*directions*).

> ESEMPIO: Pulisco *i funghi*? →—Sì, pulisci*li*!

1. Pulisco *la verdura*? —Sì, ____!
2. Metto *l'acqua* sul fuoco? —No, non ____!
3. Cuciniamo *gli spaghetti*? —Sì, ____!
4. Invitiamo *Giulio*? —Sì, ____!
5. Telefono anche *a Maria*? —Sì, ____!
6. Compro *il vino bianco*? —No, non ____!

---

*With negative imperatives, the pronouns may precede the verb.

> Non le condire ora!
> Non lo mangiate!

7. Facciamo anche *il dolce*? —No, non ____!
8. Preparo *la tavola*? —Sì, ____!
9. Mettiamo *i bicchieri (glasses) di cristallo*? —Sì, ____!
10. Quale aperitivo offriamo *a Giulio e a Maria*? —____ champagne.

C. Completate gli scambi con la forma adatta dell'imperativo e del pronome diretto o indiretto.

> ESEMPIO: Lidia, ti chiamo in ufficio? →
> Sì, chiamami alle quattro. (No, non chiamarmi.)

1. —Maria, ti telefono domani?
   —Sì, ____ domani alle nove.
   —Telefono anche a Paolo?
   —No, ____; non è in città.
2. —Ragazzi, vi aspetto al caffè come al solito?
   —No, non ____, stasera non abbiamo tempo.
3. —Invitiamo Carlo e Franca per domenica?
   —Sì, ____.
   —Invitiamo anche la sorella di Franca?
   —No, non ____; non è simpatica.
4. —Valeria, ti accompagno a casa dopo la lezione?
   —Sì, grazie, ____!
5. —Scriviamo alla nonna per Natale?
   —Sì, ____ una bella lettera!
   —Scriviamo anche agli zii di New York?
   —Sì, ____!
6. —Facciamo le penne per cena?
   —No, non ____! Non mi piacciono. Facciamo gli spaghetti.
   —E come cuciniamo il pesce?
   —____ con il vino bianco.
7. —Antonio, ci vediamo stasera?
   —Volentieri; ____ al solito posto e poi andiamo al cinema.

LETTURA

A tavola!

—Anna, per favore, apparecchia la tavola!
—Mamma, quale tovaglia metto?
—Quella di lino ricamato.° Stasera ci sono i signori Brown a cena.   lino... *embroidered linen*

5 —Ah, quei signori americani. Sono simpatici?

—Non lo so. Sono clienti di papà; vogliono comprare una villa in campagna.

—Bene, allora mettiamo il servizio° di piatti Ginori,° i bicchieri di cristallo e le posate d'argento.°   *set / famous china maker* / posate... *silverware*

10 —Non dimenticare di mettere due forchette, due coltelli e i cucchiai per il gelato.

—E per il caffè quali tazzine usiamo?

—Il servizio di ceramica di Montelupo.° È così bello e agli americani piace tanto.   *small town in Tuscany*

15   Ecco il menu!

     Antipasto: Prosciutto e melone
     Primo: Risotto con piselli
     Secondo: Petti di pollo al burro con asparagi
     Dolce: Fragole con panna montata
20   Vino: Orvieto (bianco e asciutto)°   *dry*
     Liquori e caffè

Ricetta di Suor Germana

IL PRIMO PIATTO **RISOTTO CON PISELLI**

Dosi per quattro persone:
400 gr di riso; 40 gr di burro; 4 cucchiai di parmigiano; 1 cucchiaio di sale grosso; 170 gr di piselli freschi sgranati; 1 litro di acqua.

5 Mettete in un tegame[a] l'acqua e salate. Quando bolle unite il riso ed i piselli, quindi riportate ad ebollizione[b] a fuoco vivace.

Quando il tutto bolle, riducete leggermente la fiamma e continuate la cottura a fuoco abbastanza vivace mescolando[c] spesso ed aggiungendo, se occorre,[d] un po' d'acqua calda per circa 15'.

10 A questo punto il risotto deve essere asciutto, ma non troppo. Togliete[e] dal fuoco, unite il burro ed il parmigiano. Mescolate fin tanto che[f] il burro è ben sciolto.[g] Usate burro naturale di montagna!

N.B.: alla fine della cottura si possono unire due cucchiai di prezzemolo tritato[h] oppure salsa di pomodoro crudo.[i]

15 🍷 Breganze Bianco[j]

ᵃ*saucepan /* ᵇ*riportate... bring back to boiling /* ᶜ*mixing /* ᵈ*se... if necessary /* ᵉ*remove /* ᶠ*fin... until /* ᵍ*melted /* ʰ*chopped /* ⁱ*raw /* ʲ*a type of Northern Italian wine*

Menu *del giorno*

🍴 **COLAZIONE:**

panino pomodoro e capperi con un bicchiere di vino o
20 spremuta di frutta

🍽 **PRANZO:**

risotto con piselli
coniglio burro e salvia (20/5)

🍷 Freisa

---

25 🍷 **CENA:**

passato di verdura (23/6)
pomodoro e mozzarella (28/9)

 Colli Orientali del Friuli Pinot Bianco

COME SI DICE?

l'argento silver
il bicchiere drinking glass
il piatto plate; dish (*preparation*)
le posate (*pl.*) flatware
  il coltello knife
  il cucchiaino teaspoon
  la forchetta fork

  la tavola dinner table
  la tazzina demitasse cup
  la tovaglia tablecloth

gli asparagi (*pl.*) asparagus
la fragola strawberry
il melone canteloupe
la panna montata whipped cream
il parmigiano Parmesan cheese
il pomodoro tomato
il prezzemolo parsley
il prosciutto ham (*Italian style*)
il riso rice

un grammo a gram (*100 grams = 3.5 ounces*)
un litro a litre (*slightly more than a quart*)

apparecchiare to set (the table)

asciutto/a dry
grosso/a big; thick

così so, thus

Coltello tavola
Place knife

Cucchiaio frutta
Soup spoon
(Place spoon)

Forchetta frutta
Dessert fork

Coltello frutta
Dessert knife

Forchetta pesce
Fish fork

Coltello pesce
Fish knife

Forchetta dolce
Pastry fork

Cucchiaio tavola
Soup spoon
(European)

Forchetta tavola
Place fork

Cucchiaio
thè/caffè
Coffee spoon

Cucchiaino
moka
Moka spoon

Cucchiaino
gelato
Ice-cream spoon

Mestolo
Ladle

Forchetta servire
Vegetable fork

Cucchiaio servire
Vegetable spoon

Forchetta servire
Pesce
Fish server-fork

Coltello servire
Pesce
Fish server-knife

Pala torta
Pie server

Facciamo pratica!

A. Imparate le parti del dialogo-lettura «A tavola!» e recitate in classe.

B. Domandate e rispondete.

1. Chi apparecchia la tavola?
2. Chi viene a casa stasera?
3. Quali oggetti sono necessari per apparecchiare la tavola?
4. Quali posate usiamo per mangiare la bistecca?
5. Mettiamo il caffè nelle tazzine o nei bicchieri?
6. A chi piace molto il servizio di ceramica?
7. Cosa c'è per antipasto?
8. Quale vino bevono?
9. Mangiano pesce o carne per secondo?
10. Con che cosa finisce la cena?

C. E voi, cosa fate quando invitate amici a cena? Domandate e rispondete.

1. Metti la tovaglia?
2. Usi piatti di carta (*paper*)?
3. Quali posate metti?
4. Di solito cucini carne o pesce? E che cosa offri da bere: vino, birra, Coca-Cola o tè?
5. Offri mai l'antipasto? Ti piace?
6. Prepari anche il dolce o offri la frutta?
7. Sai cucinare un piatto italiano? Quale?

D. «Petti di pollo al burro», una ricetta semplice e veloce. Dite a un compagno come preparare questo piatto. Completate mettendo i verbi all'imperativo (date del **tu**).

_____¹ (prendere) quattro petti di pollo. _____² (infarinare [*to dredge in flour*]) leggermente i petti. _____³ (sciogliere [*to melt*]) quattro cucchiai di burro in un tegame (*pan*). Quando il burro è molto caldo, _____⁴ (mettere) i petti nel tegame e _____⁵ (aggiungere [*to add*]) sale. _____⁶ (rosolare [*to brown*]) i petti a fuoco vivace (*on high heat*) e quando sono quasi cotti (*cooked*) _____⁷ (versare [*to pour*]) mezzo bicchiere di vino. _____⁸ (servire) i petti caldi con asparagi al burro.

CAPITOLO II

A CASA O AL RISTORANTE?

In un ristorante di Milano. Che cosa ordiniamo? (© Stuart Cohen/Comstock)

RAPIDI SCAMBI

1. —Luisa, puoi uscire stasera?
   —Mi dispiace, ma non posso, devo studiare per l'esame di storia.

2. —Possiamo vederci domani, Luisa?
   —Cosa vuoi fare, Michele?
   —Voglio portarti in un ristorante che mi piace molto.
   —Grazie mille, allora ci vediamo domani.

3. —A che ora vengo?
   —Vieni alle sette e mezzo, così prendiamo un aperitivo insieme e poi usciamo.

4. —Luisa, mi dici con chi esci?
   —Stasera, mamma, esco con Michele.
   —Mi piace; è un ragazzo simpatico e intelligente; ma non tornare più tardi delle undici.

IL MONDO A TAVOLA

CHARLY'S SAUCIERE - via San Giovanni in Laterano 268 - tel. 736666. Cucina francese. Aperto a pranzo e la sera dalle 20 in poi. Domenica chiuso.

CHEZ ALBERT - via della Vaccarella 11 - tel. 6565549. Cucina francese. Aperto anche a pranzo a pranzo dalle 19 all'una. Domenica e lunedì mattina chiuso.

MARCO POLO - via del Boschetto 91 - tel. 4745522. Aperto solo la sera fino alle 24. Cucina cinese. Giorno di riposo il martedì.

BALI via del Mattonato 29 - tel. 5896089. Associazione culturale, funziona come ristorante (cucina indonesiana) cocktails bar e tea room il sabato e la domenica pomeriggio. Lunedì chiuso.

LA GRANDE MURAGLIA - via G. Tavani Arquati 107 - tel. 5816640. Cucina cinese. Aperto a pranzo, la sera fino alle 23. Riposo il lunedì.

KABAYAN - via Statilia 35 - tel. 7574539. Ristorante filippino. Aperto dalle 12 alle 15,30 e dalle 19 alle 24. Lunedì chiuso.

LA PAELLA - via Garibaldi 60 - tei. 5809449. Cucina spagnola. Aperto la sera dalle 20 in poi. Domenica riposo.

ASINO COTTO - via dei Vascellari 48 - tel. 5898985. Specialità sudamericane e piatti tropicali. Aperto la sera dalle ore 21. Lunedì chiuso.

COME SI DICE?

dire to say
  dici you say
dovere must, to have to
  devo I must
potere to be able to
  posso I can
  puoi you can

possiamo we can
(uscire)
  esco I leave
  esci you leave
(vedere)
  vederci to see each other

venire to come
  vengo I come
  vieni you come

l'aperitivo apéritif

Facciamo pratica! . . . .

A. Ripetete gli scambi tra di voi.

B. Domandate e rispondete secondo gli scambi.

1. Quale esame ha Luisa?
2. Cosa vuole fare Michele domani?
3. Cosa prendono insieme?
4. Che cosa domanda la mamma a Luisa?
5. Alla mamma piace Michele?
6. Com'è Michele?
7. Come si dice in italiano, *Don't come back later than eleven*?

PRESENT INDICATIVE OF *POTERE* AND *DOVERE*

potere (*can, may, to be able to*)		**dovere** (*must, to have to*)	
posso	possiamo	devo	dobbiamo
puoi	potete	devi	dovete
può	possono	deve	devono

1. **Potere** and **dovere** are followed by the infinitive of the verb. **Potere** corresponds to the English *can, may, to be able to.* **Dovere** corresponds to the English *must, to have to.*

> Non posso andare.   *I cannot go.*
> Devo andare.   *I must go.*

2. When **potere** and **dovere** are used with pronouns, these can either directly precede **potere** and **dovere** or can be attached to the infinitive.

> **Ti** posso accompagnare a casa? ⎫
> Posso accompagnar**ti** a casa? ⎭   *May I accompany you home?*

This same rule applies to the verb **volere**, which you learned in the previous chapter.

> Voglio veder**ti** domani. ⎫
> **Ti** voglio vedere domani. ⎭   *I want to see you tomorrow.*

PRESENT INDICATIVE OF *USCIRE, VENIRE,* AND *DIRE*

uscire *(to exit, go out)*		**venire** *(to come)*		**dire** *(to say, tell)*	
esco	usciamo	vengo	veniamo	dico	diciamo
esci	uscite	vieni	venite	dici	dite
esce	ęscono	viene	vęngono	dice	dįcono

LEAVING: THE VERBS *LASCIARE, USCIRE, PARTIRE,* AND *ANDARE VIA*

a. Marta esce di casa.

b. Lascia il gatto a un amico.

c. Parte in treno
   alle cinque.

d. Cenerentola
   (*Cinderella*)

1. **Lasciare**

Lasciare means *to leave* (someone or something) *behind*. It always takes a direct object and can never be used to mean *to exit* or *to depart*.

Paolino **lascia** sempre i libri a casa.	*Paolino always leaves his books at home.*
Dicono che Diana vuole **lasciare** Carlo!	*They say that Diana wants to leave Carlo!*

2. **Uscire** (related noun: **l'uscita**, *the exit*)

Uscire means *to leave* in the sense of *going out* or *exiting*.

Esco ogni sera.	*I go out every evening.*
Marco **esce** ogni mattina alle otto.	*Marco leaves every morning at eight o'clock.*

When **uscire** is followed by the place you are leaving, the preposition **da** is required.

Esco dall'ufficio alle cinque.	*I leave the office at five o'clock.*

An exception is the idiomatic expression **uscire di casa**.

La mamma **esce di casa** alle sette.	*Mom leaves the house at seven o'clock.*

3. **Partire** (related noun: **la partenza**, *departure*)

Partire means *to leave* in the sense of *departing*. It is frequently used with the prepositions **da** and **per**.

Parto in treno, non in macchina.	*I'm leaving by train, not by car.*
Stasera il treno **parte** in ritardo.	*Tonight the train is leaving late.*
Parto da Roma **per** Firenze.	*I'm leaving Rome for Florence.*
Parti dall'aeroporto JFK?	*Are you leaving from JFK airport?*

4. **Andare via**

Andare via means *to leave* in the sense of *going*, as opposed to staying.

È tardi; devo **andare via**.   *It's late; I must leave.*
Andiamo via!   *Let's go!*

DIRE AND PARLARE

1. **Dire**

Dire means *to say or tell something.*

Non **dice** mai la verità alla   *He never tells his wife the*
  moglie.   * truth.*
Dice che è canadese.   *He says he's Canadian.*

2. **Parlare**

Parlare means *to speak, to talk;* **parlare di** means *to talk or tell about.*

Parlano troppo.   *They talk too much.*
Parliamo bene l'italiano?   *Do we speak Italian well?*
Parlami dei bambini!   *Tell me about the children!*

Attenzione!

■ With **dire** and **parlare** the person you talk to or tell something to is always the indirect object. Thus, the indirect object pronoun or the preposition **a** is required.

Dite a Dina che l'aspetto.   *Tell Dina I'm waiting for her.*
Ditele che l'aspetto.   *Tell her I'm waiting for her.*
A chi parli?   *To whom are you speaking?*
Parlo a Giovanni.   *I'm speaking to Giovanni.*
Gli parlo.   *I'm speaking to him.*

■ In Italian, the preposition can never be separated from its pronoun, as it can in colloquial English (*Whom are you speaking to?*).

‖‖ Facciamo pratica! . . . .

A. Parliamo delle attività della classe d'italiano! Completate le domande e rispondete secondo l'esempio usando il pronome adatto.

ESEMPIO: (potere / tu) _____ sentirmi? →
A: Puoi sentirmi?
B: Sì, posso sentir*ti*. (No, non posso sentir*ti*.)

1. A: (potere / tu) _____ capirmi?
   B:
2. A: (potere / voi) _____ capire *il professore*?
   B:
3. A: (potere / tu) _____ capire *le parole nuove*?
   B:
4. A: (dovere / tu) _____ fare *i compiti* ogni giorno?
   B:
5. A: (dovere / voi) _____ rispondere *al professore*?
   B:
6. A: (potere / voi) _____ spiegare *la regola*?
   B:
7. A: (dovere / Lei) _____ preparare *l'esame*?
   B:
8. A: (dovere / Lei) _____ ascoltare *il professore*?
   B:

B. Situazioni. Cosa si dicono? Formate scambi secondo l'esempio.

ESEMPIO: Mario vuole sapere: a. cosa deve cucinare per cena;
b. a che ora Roberta vuole mangiare stasera. (4 battute)

—Roberta, cosa devo cucinare per cena?
—Spaghetti e bistecca, per favore.
—A che ora vuoi mangiare?
—Alle sette, perché alle otto c'è un bel film alla TV.

1. La mamma vuole sapere: a. con chi esce stasera sua figlia (*her daughter*) Marina; b. dove va; c. a che ora torna. La figlia risponde a ogni domanda. (6 battute)
2. Claudio domanda ad Anna se può uscire con lui sabato sera. Anna risponde di no e gli spiega perché. (2 battute)
3. Carlo domanda a Giulia: a. quando può vederla; b. dove vuole andare; c. a che ora può venire. Giulia gli risponde. (6 battute)
4. Tu parti per un viaggio. Un amico ti domanda: a. dove vai; b. a che ora parti; c. a chi lasci il cane; d. quando torni. Tu rispondi. (8 battute)
5. Papà chiede: a. come vanno gli studi; b. se mangi abbastanza bene alla mensa universitaria (*university cafeteria*); c. se hai bisogno di soldi. Lo studente risponde. (6 battute)

C. Dove preferite andare? Leggete e formate degli scambi originali, secondo le illustrazioni.

ESEMPIO: —Giulia, preferisci andare in pizzeria o a un fast food?
—Il fast food non mi piace, voglio andare in birreria.
—Quale?
—Alla birreria Peroni.
—Dov'è?
—È in Via Brescia.
—A che ora chiude la sera?
—Alle undici.
—Bene, andiamo!

D. Leggete attentamente e completate usando verbi dalla lista seguente.

andare via	dire	perdere
aspettare	guardare	sapere
ballare	lasciare	tornare
dare	partire	uscire

Cenerentola ____[1] di casa alle otto. Una carrozza (*carriage*) l'____[2].
Cenerentola ____[3] per il castello (*castle*) dove un giovane principe
(*prince*) ____[4] una festa. Cenerentola ____[5] tutta la sera con il bel
principe. Ad un tratto (*Suddenly*) ____[6] l'orologio e ____[7]: «È mezzanotte! Devo ____[8].» ____[9] in fretta dal castello e ____[10] una scarpetta
(*little shoe*). ____[11] a casa e sogna (*dreams*) d'incontrare di nuovo il
bel principe.
    Voi ____[12] come finisce la storia?

RAPIDI SCAMBI

Notate bene: In questi scambi ci sono molti verbi coniugati al passato
prossimo.° Cercate di riconoscere e di capire queste forme.

coniugati... conjugated in the past tense

1. —Cosa avete mangiato di buono ieri sera?
   —Daniela ha preparato spaghetti all'aglio, olio e peperoncino e Marco
   ha cucinato un bel pesce lesso con maionese. Una delizia!
   —E per dolce?
   —Una macedonia di frutta.

2. —Vincenzo, hai ricevuto il salamino e il formaggio che ti ho mandato?
   —No, nonna. Non li ho ancora ricevuti. Quando li hai mandati?
   —Una settimana fa.
   —Grazie. Ti telefono appena arrivano.

3. —Massimo, hai prenotato un tavolo da Sabatini?

   —Mi dispiace, Anna, ma non ho avuto tempo.

   —Telefoniamo subito, se no non troviamo posto. Il sabato sera c'è sempre tanta gente.

4. —Carla, sei pronta?

   —Un momento, non ho ancora finito di vestirmi.

   —Fa' presto. Gianfranco e Luisa ci aspettano all'Harris bar.

   —Vengo subito.

COME SI DICE?

il formaggio cheese
il lesso boiled meat
  il pesce lesso poached fish
la macedonia di frutta fruit salad
la maionese mayonnaise
il peperoncino chili pepper
il salamino small salami

Una delizia! Delicious!

(avere)
  ho avuto I had
fare presto to hurry
(mangiare)
  Che avete mangiato di buono? Did you eat anything special?
prenotare to make reservations

trovare to find
  trovare posto to get a place
vestirsi to get dressed
  vestirmi to dress myself

appena as soon as
fa ago
se no otherwise

||| Facciamo pratica! . . . .

A. Ripetete gli scambi tra di voi.

B. Domandate e rispondete.

   1. Cosa ha preparato di buono Daniela ieri sera?
   2. E cosa ha cucinato Marco?
   3. Che cosa hanno mangiato per dolce Daniela e Marco?
   4. Ha ricevuto il salamino Vincenzo?

5. Quando ha mandato il salamino e il formaggio la nonna di Vincenzo?
6. Ha prenotato il tavolo da Sabatini Massimo?
7. C'è molta gente da Sabatini il sabato sera?
8. È pronta Carla?
9. Dove aspettano Gianfranco e Luisa?

PAST PARTICIPLES OF THE THREE CONJUGATIONS

	infinito	*participio passato*
I (**-are**)	mangi**are**	mangi**ato**
II (**-ere**)	ricev**ere**	ricev**uto**
III (**-ire**)	fin**ire**	fin**ito**

The past participle is used in the formation of compound tenses.

PASSATO PROSSIMO (PRESENT PERFECT) WITH *AVERE*

I	**ho** **hai** **ha**	**mangiato** il pesce	**abbiamo** **avete** **hanno**	**mangiato** il pesce
II	**ho** **hai** **ha**	**ricevuto** una lettera	**abbiamo** **avete** **hanno**	**ricevuto** una lettera
III	**ho** **hai** **ha**	**finito** i compiti	**abbiamo** **avete** **hanno**	**finito** i compiti

1. The **passato prossimo** expresses actions or events completed in the past. It corresponds to the English present perfect, simple past, and emphatic past tenses.

      Ho mangiato.
$$\begin{cases} \textit{I have eaten.} \\ \textit{I ate.} \\ \textit{I did eat.} \end{cases}$$

2. The **passato prossimo** is formed with the present tense of the auxiliary verbs **avere** or **essere** + the *past participle* of the verb.*

3. The auxiliary **avere** is used with all transitive verbs (verbs that can take a direct object) and with *some* intransitive verbs, which must be memorized. The majority of Italian verbs are conjugated with **avere**.

transitive verbs	*intransitive verbs*
(verbs that can take a direct object)	(verbs that cannot take a direct object)
Ho mangiato una pizza.	**Ho dormito** bene.
Ha ricevuto una lettera.	**Ha camminato** molto.
Ha finito i compiti.	**Hai sciato.**
Abbiamo prenotato il posto.	**Abbiamo viaggiato.**
Avete cucinato il pesce.	**Hanno nuotato.**

4. The negative form **non** always precedes the auxiliary verb.

    Non ho finito i compiti.

5. The past participle must agree in gender and number with the direct object pronouns **lo, la, li,** and **le**. Agreement with **mi, ti, ci,** and **vi** is optional.

    Hai mangiato **le lasagne**?   Sì, **le** ho mangiate.
    Hai comprato **i fiori**?   No, non **li** ho comprati.

Attenzione!

■ Past participles never agree with indirect object pronouns.

    Hai telefonato **a Maria**?   Sì, **le** ho telefonato.

Here **le** is an indirect object pronoun.

---

*The **passato prossimo** with **essere** will be presented in the next chapter.

ESPRESSIONI USATE CON IL PASSATO PROSSIMO	
stamattina, stamani	*this morning*
ieri	*yesterday*
ieri l'altro, l'altro ieri	*the day before yesterday*
una settimana <u>fa</u>	*a week ago*
la settimana scorsa	*last week*
domenica scorsa	*last Sunday*
venerdì scorso	*last Friday*
un mese fa	*a month ago*
il mese scorso	*last month*
un anno fa	*a year ago*
l'anno scorso	*last year*
molto tempo fa	*a long time ago*

Adverbs of time are usually placed between the auxiliary verb and the past participle.

AVVERBI USATI CON IL PASSATO PROSSIMO	
Non ho **ancora** cenato.	*I have not had dinner yet.*
Ho **già** cenato.	*I have already had dinner.*
Non ha **mai** lavorato.	*He has never worked.*
Hai **mai** sciato?	*Have you ever skied?*
Non l'ho **più** veduto.	*I did not see him again.*

Attenzione!

■ Observe the difference:

Abito a Padova **da** quattro anni.	*I've lived (I have been living) in Padova for four years (and I still live there).*
Ho abitato a Padova (per) dieci anni.	*I lived in Padova for ten years (but I no longer live there).*

In the first sentence, the action that started in the past continues in the present, so the present tense is used. In the second sentence, the action terminated in the past, so the **passato prossimo** is used.

In expressing duration in the past, the use of the preposition **per** is optional.

||| Facciamo pratica! . . . .

A. Domandate e rispondete tra di voi.

1. Hai dormito bene stanotte?
2. Hai mangiato a casa o al ristorante ieri sera?
3. Hai avuto molte lezioni la settimana scorsa?
4. Hai studiato molto il semestre scorso?
5. Avete ripetuto gli scambi stamattina?
6. Avete conosciuto la nuova professoressa Rossi?
7. Avete finito di fare gli esercizi?
8. Avete imparato il passato prossimo?

Il prestigio di un Classico.

BIANCO LOCOROTONDO D.O.C.
Secco, di bouquet sottile e delicata
vinosità. Un vino giovane erede di
tradizioni ⸙⸙⸙ antiche.

**CANTINA SOCIALE
LOCOROTONDO**

B. Situazioni. Il club italiano ha dato una festa. Tutti hanno collaborato ai preparativi (*preparations*) e hanno passato una bella serata. Completate la descrizione della festa con la forma adatta del verbo al passato prossimo.

Il professor Martini ＿＿＿[1] (portare) due bottiglie di vino, ma la signora Martini non ＿＿＿[2] (avere) tempo di cucinare e ＿＿＿[3] (comprare) una bella torta. Joan e Chris ＿＿＿[4] (apparecchiare) la tavola. Prima di mangiare noi ＿＿＿[5] (vedere) un bel film sull'arte italiana, poi ＿＿＿[6] (mangiare) e ＿＿＿[7] (ballare) fino a mezzanotte. Alla fine della festa, Frank ＿＿＿[8] (lavare) i piatti e io ＿＿＿[9] (pulire) la stanza. Noi ＿＿＿[10] (finire) alle due di notte.

C. Oggi/Ieri. Mettete al passato.

Oggi Caterina *gioca* a tennis, ma io non *posso*, perché *devo* studiare. Stasera Caterina ed io *mangiamo* al ristorante perché non *vogliamo* cucinare. Dopo cena *telefoniamo* a Guido e a Lapo per andare al cinema insieme. Ma loro *preferiscono* stare a casa a vedere la partita (*ballgame*) alla TV.

D. Il tuo compagno di camera è molto efficiente. Quando torni a casa gli domandi cosa ha fatto, e lui risponde. Domandate e rispondete secondo l'esempio.

ESEMPIO: —Puliamo la camera?
—L'ho già pulita.

1. Puliamo il frigorifero?
2. Prepariamo le lasagne per cena?
3. Condiamo anche l'insalata?

4. Apparecchiamo la tavola?
5. Compriamo il vino?

6. Perché non invitiamo a cena Giorgio?
7. Telefoniamo anche a Claudia?

Ma, allora, hai fatto proprio tutto! (*Well, then, you really did everything!*)

RAPIDI SCAMBI

1. —Cosa hai fatto di bello questo weekend?
   —Niente di speciale. Ho fatto la spesa, ho letto un libro e ho scritto molte lettere. E tu?
   —Ho visto gli amici e abbiamo fatto una gita al mare, ma abbiamo bevuto un po' troppo.

2. —Hai detto a Rosa di venire alle otto?
   —No, non le ho ancora telefonato, ma lo faccio subito.
   —A quale ristorante andiamo?
   —Da Peppone a Trastevere. Si mangia bene e si spende poco.

3. —Hai chiesto il conto al cameriere?
   —Non ancora. Voglio prendere un caffè e il dolce. E tu, prendi qualcosa?
   —No, grazie, non prendo nulla. Non ho più fame.

4. —Signorina, ha risposto ai signori Manfredi?
   —Sì, dottoressa Lombardi, ho già risposto. L'aspettano venerdì alle sei per un cocktail.

—Avete chiesto voi il conto, signore?

COME SI DICE?

(aprire)
   ho aperto I opened
 (chiedere)
   hai chiesto you asked
 correre to run
 (dire)
   hai detto you said
 (fare)
	Che cosa hai fatto di bello? Did you do anything exciting?
	 Niente di speciale. Nothing special.
	 (leggere)
	   ho letto I read
	 (rispondere)
	   ha risposto he/you (*form.*) answered
		(trovare)
		   ho trovato I found
		 (vedere)
		   ho visto I saw
		
		 qualcosa something
		
		 Trastevere a picturesque section of Rome (lit., across the Tiber River)

Attenzione!

■ Summary and review of the use of **mai** and **più**

Hai **mai** mangiato la macedonia di frutta? —No, **non** l'ho **mai** mangiata.	*Have you ever eaten fruit salad? —No, I've never eaten it.*
Hai ancora fame? —No, **non** ho **più** fame.	*Are you still hungry? —No, I'm no longer hungry (not anymore).*
Dopo quella sera, **non** l'ho **più** vista.	*After that evening, I never saw her again.*

Facciamo pratica! . . . .

A. Ripetete gli scambi tra di voi.

B. Domandate e rispondete.

1. Che cosa hai fatto questo weekend?
2. Chi hai visto?
3. Hai fatto una gita?
4. Hai mai bevuto troppo?
5. Hai telefonato a un'amica/un amico?
6. Conosci un buon ristorante in questa città?
7. Prendi il dolce quando vai al ristorante?
8. A chi chiedi il conto al ristorante?
9. Cosa ti piace mangiare quando hai fame?

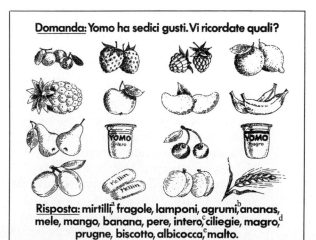

Domanda: Yomo ha sedici gusti. Vi ricordate quali?

Risposta: mirtilli,[a] fragole, lamponi, agrumi,[b] ananas, mele, mango, banana, pere, intero,[c] ciliegie, magro,[d] prugne, biscotto, albicocca,[e] malto.

[a]*blueberries* / [b]*citrus fruits* / [c]*whole milk* / [d]*skim milk* / [e]*apricot*

SOME IRREGULAR PAST PARTICIPLES OF VERBS CONJUGATED WITH *AVERE*

	INFINITO	PARTICIPIO PASSATO
I	fare	fatto
II	bere	bevuto
	chiedere	chiesto
	chiudere	chiuso
	leggere	letto
	mettere	messo
	perdere	perduto/perso
	prendere	preso
	rispondere	risposto
	scrivere	scritto
	spendere	speso
	vedere	veduto/visto
III	aprire	aperto
	dire	detto
	offrire	offerto

||| Facciamo pratica! . . . .

A. Come domandate alle seguenti persone se hanno fatto le seguenti cose? Come rispondono loro?

ESEMPIO: a un'amica / vedere l'ultimo film di Spielberg →
—Hai visto l'ultimo film di Spielberg?
—Sì, l'ho visto.   (No, non l'ho visto.)

1. al professore / preparare l'esame
2. a un amico / leggere il giornale
3. a due amici / fare una gita
4. a un compagno / perdere tempo
5. a papà / chiedere il conto al cameriere
6. ai bambini / rispondere alla nonna
7. a una signora / prendere l'aspirina
8. al fidanzato (*fiancé[e]*) / dire la verità (*truth*)

9. agli amici / bere troppo alla festa
10. a un amico / mettere i soldi in banca
11. alla cameriera / chiudere le finestre

B. **Situazioni.** Tu torni a casa e domandi al tuo compagno/alla tua compagna di camera se ha fatto le seguenti cose. Lui/Lei risponde affermativamente o negativamente. Usate i pronomi.

1. aprire la finestra
2. apparecchiare la tavola
3. fare il letto
4. pulire la cucina
5. chiudere il garage
6. mettere il vino in frigo

C. **Hai mai... ?** Domandate e rispondete secondo l'esempio. Usate pronomi dove possibile.

ESEMPIO: mangiare / la macedonia di frutta →
—Hai mai mangiato la macedonia di frutta?
—Sì, l'ho mangiata. (No, non l'ho mai mangiata.)

1. mangiare / i cannelloni
2. bere / lo spumante
3. scrivere / una lettera d'amore
4. vedere / un film di Pasolini
5. leggere / *La Divina Commedia*
6. dire / parolacce (*bad words*)
7. prendere / una F
8. chiedere / soldi

D. E ora fate le stesse (*same*) domande al professore/alla professoressa. Ha mai... ?

LETTURA

Cosa mangiano gli italiani?

La domenica di solito la famiglia italiana si ritrova al completo° per il pranzo tra mezzogiorno e le due. Quando il tempo è bello però molti italiani preferiscono fare una gita in macchina in campagna, in montagna o al mare e fermarsi° in una buona trattoria per mangiare le specialità locali e di stagione. — si... *gathers together* / *to stop*

Ad esempio, se andate a sciare sulle Alpi, vi consigliamo° un bel piatto di polenta al sugo. Se invece° andate sulla costa dell'Adriatico, provate un risotto alla marinara e per secondo calamaretti fritti.° — *advise* / *instead* / calamaretti... *fried baby squid*

10   Se fate una gita tra Bologna e Modena, Parma e Mantova, co-
minciate con un antipasto di prosciutto e salame e continuate con
tortellini o agnolotti alla zucca.° In Toscana le trattorie offrono maiale
in porchetta,° polli e bistecche alla griglia e, in autunno, i funghi
porcini.°

15   Nel Lazio in primavera non dimenticate di assaggiare i famosi
carciofi alla giudia° e l'agnello al forno. Dovunque° nel Sud la pasta
regna° in tutte le forme e in tutte le salse, una più squisita° dell'altra!

E per finire in bellezza,° dolci e gelati!

alla... *with pumpkin*

maiale... *roast pig (on a
    spit)*
funghi... *a kind of wild
    mushroom*
alla... *Jewish style /
    Everywhere*
reigns / una... *one more
    exquisite*
per... *to finish up royally*

INFORMAZIONI

Nei ristoranti italiani il servizio non è incluso nel prezzo dei piatti.
È aggiunto (*added*) nel conto. Nel conto c'è anche un prezzo per *il
coperto* (pane, grissini [*breadsticks*]). Di solito si lascia il dieci per
cento di mancia al cameriere.

COME SI DICE?

---

l'agnello lamb
gli agnolotti (*pl.*) a type of small
    dumpling with a filling
il carciofo artichoke
il gelato ice cream
la polenta a dish made with
    cornmeal

la salsa sauce

alla griglia grilled
al sugo with sauce

assaggiare to taste, to sample
provare to try

||| **Facciamo pratica!** . . . .

A. Rispondete alle domande.

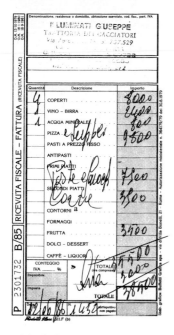

^aside dishes

1. A che ora si ritrova di solito la famiglia italiana per il pranzo della domenica?
2. E tu, mangi con la famiglia la domenica? A che ora mangiate?
3. Che cosa preferiscono fare gli italiani se il tempo è bello?
4. Quando vuoi fare una gita, preferisci andare al mare o in montagna?
5. Sai in quale regione sono Bologna e Modena?
6. Che cosa puoi ordinare a Mantova o Parma?
7. Qual è una specialità della Toscana?
8. Se andiamo a sciare sulle Alpi, cosa possiamo ordinare di buono?
9. Ti piacciono i polli e le bistecche alla griglia?
10. Cosa mangiano i romani in primavera?
11. In quale parte d'Italia si mangia molta pasta? Mangi molta pasta anche tu?
12. Quali sono le specialità della cucina americana?

B. Situazioni. Immaginate di essere al ristorante Asso di fiori. Cosa ordinate? Antipasto, primo piatto, secondo... Quale pane preferite? Quanto spendete?

Antipasti

LE CREME DEL M.º FORMAGGIAIO	£ 6.000
INSALATA ALLA QUINTINO SELLA	" 6.000
INSALATA DI FORMAGGIO ALLA TROPICALE	" 6.000
VERDURE CRUDE ALLA CREMA DI FORMAGGIO	" 6.000
BRESAOLA DELLA VALTELLINA	" 6.000
PROSCIUTTO CRUDO TAGLIATO A MANO	" 6.000
TARTUFINO DI ACQUI ALLA MARINARA	" 6.000

Primi Piatti^a

SEMININI ALLE ERBE E GORGONZOLA	£ 6.000
PAPARDELLE VERDI AI QUATTRO FORMAGGI	" 6.000
SPAGHETTI AL PECORINO E PEPE NERO	" 6.000
RISOTTINO AL FUMO DI SCAMORZA	" 6.000
RISOTTINO ALLA FONDUTA VALDOSTANA	" 6.000
RAVIOLINI RIPIENI DI FONDUTA	" 6.000
CASCHI IN BOCCA ALLA RICOTTA	" 6.000
ZUPPA DI CIPOLLE ALLA CONTADINA	" 6.000
CRÊPES RIPIENE DELLA NONNA	" 6.000

Secondi Piatti^b

COSTOLETTA ALLA BOLOGNESE	£ 13.000
PICCATINA ALLA FORMAGGIAIA	" 13.000
PETTO DI POLLO ALLA PARMIGIANA	" 13.000
FILETTO ALLA CREMA GORGONZOLA	" 15.000
VALDOSTANA VECCHIA MANIERA PER DUE	" 24.000
DEGUSTAZIONE FORMAGGI ITALIANI	" 15.000
FONDUTA PIEMONTESE ALLA GRAPPA AL TARTUFO	" 14.000
FONDUTA VALDOSTANA AL NATURALE	" 14.000
STRACCIO DI MAGATELLO AL FORMAGGIO	" 13.000
CARPACCIO AL GRANA PADANO	" 13.000
POLENTA ALLA FONDUTA "GIALLA - NERA - VENETA"	" 12.000
POLENTA AL GORGONZOLA	" 12.000
FILETTI DI SOGLIOLA AL MASCARPONE	" 14.000
½ ARAGOSTA AI MARIE MONTI	" 30.000
FILETTO DI MANZO ALLA GRIGLIA	" 15.000
NODINO DI VITELLO ALLA SALVIA	" 13.000

Piatti Unici^c

FONDUTA DELLA CASA AL NATURALE	£ 12.000
PANE E FORMAGGIO ALL'ITALIANA	" 8.000
FORMAGGIO CON LE PERE	" 7.000
DEGUSTAZIONE CREME DI FORMAGGIO	" 6.000

Contorni

PINZIMUNIO DELL'ORTO	£ 4.500
CONTORNI VARI DI STAGIONE	" 4.500
VERDURE COTTE ALLA FONDUTA	" 6.000

Frutta

INSALATA DI FRUTTA DI STAGIONE	£ 4.000
FRUTTA FRESCA DI STAGIONE	" 4.000

Dolci e Gelati

TORTA DELLA CASA ALLA RICOTTA	£ 4.000
TORTA DI FORMAGGIO E LIMONE	" 4.000
FORMAGGIO ARROSTO AL MIELE AMARO	" 5.000
GELATO AL PARMIGIANO - YOGURT - RICOTTA	" 4.000
COPPA "ASSO DI FIORI"	" 5.000

Il Pane

NERO - GIALLO - SICILIANO - PUGLIESE - FRANCESINO - TOSCANO - CARTA DA MUSICA - PIADINA - FERRARESE -

Olio

TOSCANO - RIVIERA - PUGLIESE - UMBRO - SARDO -

Aceto^d

BIANCO - ROSSO - BALSAMICO - CHAMPAGNE

CI SCUSIAMO SE QUALCHE VOLTA ALCUNI PIATTI NON SONO DISPONIBILI DIPENDE DALLA STAGIONE O DAL MERCATO -

VASTO ASSORTIMENTO DI FORMAGGI DA TUTTA ITALIA

GIORNO DI CHIUSURA SABATO A PRANZO E DOMENICA -

^asingle dishes (for light lunches)
^bfirst courses
^centrées
^dvinegar

CAPITOLO 12

UNA GIORNATA QUALUNQUE O UNA GIORNATA PARTICOLARE?

Brindiamo agli sposi! (© J.K./Magnum)

RAPIDI SCAMBI

1. —Signora Frova, sono tornati* gli sposi dal viaggio di nozze?
   —Sì, sono tornati proprio ieri sera.
   —Dove sono stati?
   —In Sardegna, sulla Costa Smeralda.
   —Che bello, io non ci sono mai stata.

2. —È partito in orario l'aereo?
   —Macché, ha avuto un'ora di ritardo.
   —A che ora sono arrivati a Milano?
   —Quasi a mezzanotte, ma purtroppo le valige non sono arrivate.

3. —Signora Bocca, ha provato poi quel ristorante che le ho consigliato?
   —Sì, ci siamo andati sabato sera.
   —Le è piaciuto?
   —Sì, abbiamo mangiato molto bene.

4. —A che ora è venuta alla festa Gioia?
   —È venuta tardi ed è restata solo mezz'ora, perché è sempre molto occupata.
   —Cosa sta facendo ora?
   —Sta scrivendo un libro giallo.

---

*Most verbs of motion and a few other verbs use **essere** as the auxiliary in the **passato prossimo**. More on this later in the chapter.

COME SI DICE?

la Costa Smeralda Emerald Coast (*in Sardinia*)	**gli sposi** newlyweds	**ci** there
	la valigia, le valige suitcase, suitcases	**macché!** not at all!
le nozze (*pl.*) wedding	**il viaggio di nozze** honeymoon	**proprio ieri sera** just last night
la sposa bride		**il libro giallo,*** **il giallo** mystery book
lo sposo groom		

||| Facciamo pratica! . . . .

A. Ripetete gli scambi tra di voi.

B. E ora fate domande sugli scambi. Cercate di usare le parole interrogative: **quando, dove, a che ora, chi, perché.**

> ESEMPI: —Chi è andato al ristorante?
> —I signori Bocca.
>
> —Perché sono arrivati in ritardo gli sposi?
> —Perché l'aereo è partito in ritardo.

PASSATO PROSSIMO WITH ESSERE

andare	
sono andato/a	siamo andati/e
sei andato/a	siete andati/e
è andato/a	sono andati/e

1. Some Italian verbs use **essere** as their auxiliary in the **passato prossimo**. All verbs conjugated with **essere** are intransitive verbs: they cannot take a direct object.

---

*These books traditionally had a yellow cover.

Ieri la mamma **è restata** a casa.	*Yesterday Mom stayed home.*
Gli sposi **sono tornati** dal viaggio di nozze.	*The newlyweds came back from their honeymoon.*
Il treno **è partito** in ritardo.	*The train left late.*
Siamo entrati in classe alle nove.	*We entered the classroom at nine o'clock.*

2. The past participle of verbs conjugated with **essere** agrees in gender and number with the subject.

      La signora è arriva**ta** tardi.   **I** bambini sono usci**ti**.

VERBI D'USO COMUNE CONIUGATI CON **essere**		
I	II	III
andare	essere	uscire
arrivare	piacere	venire
entrare (in)		partire
restare		
stare		
tornare		

Attenzione!

▪ The verbs **essere** and **venire** have irregular past participles.

      essere → stato

      venire → venuto

Essere and **stare** have the same past participle: **stato**.

▪ The past participle of **piacere** is **piaciuto**. Note the insertion of **i** for phonetic reasons. Remember that **piacere** is almost always used in the third person singular or plural.

È piaciuta la Sardegna agli sposi? —Sì, gli **è piaciuta** molto.	*Did the newlyweds like Sardinia? —Yes, they liked it a lot.*

▪ The **verbi servili** (modal verbs) **dovere, potere,** and **volere** can be conjugated with either **essere** or **avere**.

    a. If they are used without an accompanying infinitive, they must be conjugated with **avere**.

        —Sei andato al cinema ieri sera?
        —No, non **ho potuto**.

    b. If the following infinitive is normally conjugated with **avere**, then these verbs are conjugated with **avere**.

Non devi pulire la casa?

Non **hai dovuto pulire** la casa?

Non vuole accompagnarmi al cinema.

Non **ha voluto accompagnarmi** al cinema.

c. If the following infinitive is conjugated with **essere**, these verbs should be conjugated with **essere**.*

Ieri Maria non **è venuta**.

Ieri Maria non **è potuta venire**.

Ada non **è andata** sola.

Ada non **è voluta andare** sola.

||| Facciamo pratica! . . . .

A. A che ora sono arrivati? Completate secondo l'esempio.

ESEMPIO: Nicoletta / 8,30 →
Nicoletta è arrivata alle otto e mezzo.

1. Leonardo / 9,15
2. Vanna / 6,50
3. Armando e Teresa / 1,45
4. Francesca ed io / mezzanotte
5. Voi / 11,30

B. Con chi sono venuti alla festa?

1. Patrizia _____ con il fidanzato.
2. Giorgio _____ con la sorella.
3. I signori Valli _____ con i figli.
4. Marcella e Vittoria _____ da sole (*alone*).
5. E tu, con chi _____?

C. Dove sono stati l'estate scorsa? Domandate e rispondete.

ESEMPIO: la professoressa →
—Dov'è stata la professoressa l'estate scorsa?
—La professoressa è stata in Italia (a Roma, al mare, a casa).

1. il professore
2. papà e mamma
3. io e il mio amico (la mia amica)
4. la nonna
5. e tu
6. e voi, ragazzi

D. Che cosa hanno fatto ieri?

1. Mario _____ (andare) allo stadio.
2. Angela _____ (restare) a casa.
3. Le ragazze _____ (uscire) con gli amici.
4. Tu non _____ (venire) a scuola.
5. Io _____ (andare) a una festa con Cinzia.
6. Tu e Gina _____ (partire) in viaggio di nozze.

---

*In colloquial Italian, you will also hear the verb conjugated with **avere** in this case.

E. Ti è piaciuto... ? Laura è tornata dal viaggio di nozze in Italia. Tu domandi e Laura risponde.

ESEMPIO: Roma →
—Laura, ti è piaciuta Roma?
—Sì, mi è piaciuta.   (No, non mi è piaciuta.)

1. Venezia
2. le Alpi
3. i treni italiani
4. la cucina toscana

5. il Vaticano
6. le autostrade
7. il traffico di Napoli
8. gli italiani

E ora continuate voi!

F. E ora fate le stesse domande a Laura e a suo marito.

ESEMPIO: —Vi sono piaciuti i treni italiani?
—No, non ci sono piaciuti.

THE ADVERB *CI*

WITH VERBS OF MOTION		WITH VERBS OF STAYING	
Vai **a** New York? **in** biblioteca? **in** montagna?	Sì **ci vado.** (No, **non ci vado.**)	Sei **in** ufficio? **a** casa? **dal** dottore?	Sì, **ci sono.** (No, **non ci sono.**)
Vieni **alla** festa? **a** scuola? **da** noi?	Sì, **ci vengo.** (No, **non ci vengo.**)	Sei stato **in** Europa? **al** mare? **sulla** luna (*moon*)?	Sì, **ci sono stato.** (No, **non ci sono stato.**)
Andate **a** ballare? **a** fare la spesa? **a** giocare a tennis?	Sì, **ci andiamo.** (No, **non ci andiamo.**)	Quanto tempo stai **in** Italia?	**Ci sto** un mese.

1. **Ci** is used to replace a location previously mentioned, where one is staying, going, arriving, or coming.

—Vai **a** Roma?   —Quanto tempo **ci** stai?
—Sì, **ci** vado.   —**Ci** sto due mesi.

Unlike English *there*, **ci** is almost never omitted.

2. **Ci** often replaces a place implied by an infinitive preceded by the preposition **a** or **in**.

—Andate **a sciare**
(**in montagna**)?
—Sì, **ci** andiamo.

—Andate **a fare la spesa**
(**al mercato**)?
—No, non **ci** andiamo oggi.

3. The position of **ci** follows the rules of the object pronouns.

—Andate **al cinema** stasera?
—Sì, **ci** andiamo.

—Andiamo **in discoteca**?
—Sì, andiamo**ci**!

—Vuoi andare **al mare**?
—No, non **ci** voglio andare.
(No, non voglio andar**ci**.)

WITH **pensare a** AND **credere a** (**in**)*
Pensi **alla famiglia**? Pensi solo **a studiare**?   Sì, **ci** penso.   (No, non **ci** penso.)
Credi **ai vampiri**?   Sì, **ci** credo.   (No, non **ci** credo.)

With the expressions **pensare a** and **credere a** (**in**), **ci** is used to replace the object.

—Pensi **al tuo fidanzato**?
—Sì, **ci** penso sempre.

—Credi **alle streghe** (*witches*)?
—No, non **ci** credo.

Attenzione!

■ A quick reminder: **C'è, ci sono.**

C'è la signora Carli? —No, non **c'è**.

Ci sono le valige? —Sì, **ci sono**.

Is Mrs. Carli in? —No, she's not.

Are the suitcases there? —Yes, they are.

||| **Facciamo pratica!** . . . .

A. Come domandate e che cosa rispondete in queste situazioni?

ESEMPIO: a un amico / se va a scuola il sabato→→
—Vai a scuola il sabato?
—No, non ci vado.

---

*Today there is a trend to substitute the expression **credere in** with **credere a**, except to express strong faith or trust in someone or something.

Credo in Dio, nell'amicizia, nel progresso...

1. a un amico / se va in montagna a sciare durante le vacanze di Natale
2. a due amici / se sono andati al mare in agosto
3. al professore / quante volte è stato in Italia
4. a due signore / quando vanno a fare compere
5. a un compagno di scuola / se va spesso a cena al ristorante
6. a un avvocato / fino a che ora sta in ufficio
7. agli zii / se vanno mai allo zoo
8. a una signorina / se può venire al cinema stasera
9. a un amico italiano / se pensa alle ragazze
10. a un bambino / se crede a Babbo Natale (*Santa Claus*)

B. E ora tocca a voi! Domandate e rispondete tra di voi usando il **ci**.

1. Sei mai stato in Cina?
2. Vuoi andare sulla luna?
3. Vuoi venire a Disneyland?
4. Credi all'astrologia?
5. Vai spesso ai concerti rock?

Continuate voi... !

PAROLE NEL CONTESTO

Una giornata qualunque

Che cosa fa Giulia ogni mattina?

1. Si sveglia alle sette.

2. Si alza subito.

3. Si lava.

4. Si veste con cura.

5. Si guarda allo specchio, si trucca, si pettina.

6. Poi esce per andare in ufficio.

Facciamo pratica! . . . .

Domandate e rispondete tra di voi.

1. A che ora si sveglia Giulia? Quando si alza?
2. E poi cosa fa?
3. Quando si guarda allo specchio, cosa fa?
4. Quando è pronta, dove va?

REFLEXIVE VERBS

alzarsi *(to get up)*	
mi alzo	**ci** alziamo
ti alzi	**vi** alzate
si alza	**si** alzano

1. A reflexive verb expresses an action that refers back to the subject (*I wash myself. They amuse themselves.*). Almost all transitive verbs can become reflexive.

2. The infinitive of a reflexive verb consists of the regular *infinitive* + **si**, the third person reflexive pronoun, after the final **-e** of the infinitive has been dropped.

3. A reflexive verb is conjugated like other verbs of the same conjugation, but with the addition of the reflexive pronouns. In the first and second persons, reflexive pronouns are the same as the direct and indirect object pronouns; in the third person, there is the single form **si**.

4. Like all other pronouns, reflexive pronouns are attached to the end of the infinitive and to the **tu, voi,** and **noi** imperative forms.

Dobbiamo alzar**ci** presto.
  (**Ci** dobbiamo alzare presto.)

Alza**ti** subito e vesti**ti**!

Laviamo**ci** e vestiamo**ci**!

We must get up early.

Get up immediately and get dressed!

Let's wash up and get dressed!

— Svegliati, svegliati, pigrone[a]! Oggi è la tua prima giornata di vacanza...

[a]*lazybones*

5. Italian uses reflexive constructions more frequently than English. The English expressions *to get* and *to become* are often rendered in Italian with a reflexive construction.

> annoiar**si**   *to get (become) bored*
> spos**ar**si   *to get married*

6. In the **passato prossimo** and in all compound tenses, reflexive verbs take **essere** as their auxiliary. The past participle always agrees with its subject in gender and number.

> Ci siamo alza**ti** alle sette.   *We got up at seven o'clock.*
> Mara si è truccat**a**.   *Mara put on her makeup.*

Attenzione!

■ Many transitive verbs can be made reflexive. Remember, though, that when a verb is used transitively (with a direct object), its auxiliary is always **avere**.

Lavo il cane.
Stamani **ho lavato** il cane.

Mi lavo.
Stamani **mi sono lavata.**

Il papà **sveglia** la bambina alle sette.
Il papà **ha svegliato** la bambina alle sette.

Il papà **si sveglia** alle sette.
Il papà **si è svegliato** alle sette.

■ If an infinitive following a modal verb is a reflexive verb, it can appear in two ways.

> Carla **si** è dovuta **alzare** alle cinque.
> Carla **ha** dovuto **alzarsi** alle cinque.

■ The reflexive construction is used in place of the possessive adjective when the action refers to parts of the body or clothing belonging to the subject. In this case, the Italian reflexive pronoun replaces the English possessive adjective.

Mi lavo le mani prima di mangiare.   **Mi metto l'impermeabile** quando piove.   **Mi taglio le unghie** quando sono troppo lunghe.   **Mi faccio la barba.**

■ The same construction is used to emphasize an action performed by the subject for himself/herself. This particular use of the reflexive is directly equivalent to English.

> **Mi preparo un panino** quando ho fame.

ALCUNI VERBI RIFLESSIVI			
alzarsi	*to get up*	pettinarsi	*to comb one's hair*
farsi la barba	*to shave one's beard*	svegliarsi	*to wake up*
		tagliarsi	*to cut oneself; to cut one's . . .*
guardarsi	*to look at oneself*		
		truccarsi	*to put on makeup*
lavarsi	*to wash up*	vestirsi	*to get dressed*
mettersi	*to put on*		

—Quale abito devo mettermi, Lia? Quello con la macchia[a] d'olio o quello con la macchia di marmellata?

[a]*spot*

COME SI DICE?

i capelli (*pl.*) hair
la mano, le mani hand, hands
lo specchio mirror
l'unghia fingernail

la giornata day (*used to indicate quality and duration*)
  una bella giornata a beautiful day
l'impermeabile (*m.*) raincoat
piovere* to rain

lungo/a (*pl.* **lunghi, lunghe**) long
particolare special, particular
qualunque any, whichever

con cura carefully

---

*Can be conjugated with either **essere** or **avere**.

PAROLE NEL CONTESTO

Per lavarci usiamo...

1. l'acqua
2. il sapone
3. lo spazzolino da denti
4. il dentifricio
5. l'asciugamano (*m.*)

Per vestirci ci mettiamo...

1. lo slip
2. la camicia
3. la camicetta
4. la gonna
5. i pantaloni
6. il vestito

7. le calze (il collant)
8. i calzini
9. la giacca

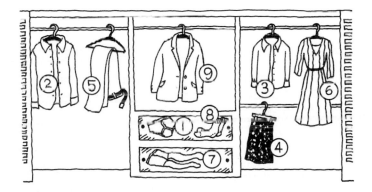

||| **Facciamo pratica!** . . . .

A. Cosa fai ogni mattina?

La mattina io (svegliarsi) e (alzarsi) alle sette. Poi (lavarsi) e (vestirsi).
(Guardarsi) allo specchio nel bagno e (pettinarsi). (Continuate voi!)

B. Domandate e rispondete.

ESEMPIO: alzarsi / alle otto →
—Ti alzi alle otto?
—Sì, mi alzo alle otto. (No, non mi alzo alle otto.)

1. alzarsi / presto o tardi il sabato mattina
2. farsi / la barba ogni mattina
3. lavarsi / le mani prima di mangiare
4. vestirsi / in fretta (*in a hurry*)
5. guardarsi / spesso allo specchio
6. pettinarsi / prima di uscire
7. mettersi / spesso i jeans

C. Ripetete le domande in (B) a un signore. (Dategli del Lei.)

D. E ora ripetete le stesse domande a due compagni.

E. Dite alla vostra sorella più piccola di fare o non fare le seguenti cose. Usate l'imperativo.

    ESEMPIO: svegliarsi → Svegliati!

1. alzarsi subito
2. lavarsi bene
3. vestirsi in fretta
4. non guardarsi troppo allo specchio
5. pettinarsi prima di andare a scuola
6. mettersi il cappotto
7. non truccarsi troppo

F. Che cosa ti metti quando ti vesti la mattina?

    ESEMPIO: un vestito →
        —Io mi metto un vestito, e tu?
        —Anch'io mi metto un vestito.   (No, io mi metto pantaloni e camicia.)

INDUMENTI (*garments*): lo slip, camicetta e jeans, calze e scarpe, calzini e scarpe, gonna e camicetta, vestito e giacca, una giacca, un cappotto (*overcoat*)

G. Leggete attentamente e mettete la seguente storia al passato.

Alfredo ed io non *ci alziamo*[1] alla stessa ora. Lui *si sveglia*[2] presto e *va*[3] a caccia (*hunting*) mentre io *resto*[4] a letto fino alle undici. Poi *mi vesto*[5] con cura, *mi trucco*[6] e *mi preparo*[7] una bella colazione. Alfredo *torna*[8] all'una stanco e affamato (*starving*). *Fa*[9] la doccia, *si fa*[10] la barba, e poi *mangiamo*[11] insieme.

MORE REFLEXIVE VERBS

addormentarsi	*to fall asleep*	innamorarsi	*to fall in love*
annoiarsi	*to get bored*	riposarsi	*to rest*
arrabbiarsi	*to become angry*	sentirsi	*to feel (good, bad, happy)*
divertirsi	*to have a good time, have fun*	sposarsi	*to get married*

‖ **Facciamo pratica!** . . . .

A. In quali situazioni: 1. vi divertite 2. vi annoiate 3. vi arrabbiate 4. vi riposate 5. vi sentite felici o tristi 6. vi addormentate?

ESPRESSIONI DA USARE: sono stanco/a, fa brutto tempo, sono innamorato/a (*I am in love*), il professore spiega la grammatica, sono con gli amici, ho sonno, non ho soldi, prendo un brutto voto, vado alla partita, faccio un viaggio

B. Marta e Lea hanno fatto un viaggio negli USA. Quando tornano gli amici fanno molte domande. Completate le domande e rispondete secondo l'esempio.

ESEMPIO: —Quando siete tornate?
—Siamo tornate ieri.

1. A: (divertirsi) _____?
   B:
2. A: Dove (fermarsi) _____?
   B:
3. A: (vedere) _____ molti musei?
   B:
4. A: (mangiare) _____ bene?
   B:

5. A: (conoscere) _____ ragazzi simpatici?
   B:
6. A: (fare) _____ molte foto?
   B:
7. A: (andare) _____ a Disneyland?
   B:
8. A: (annoiarsi) _____ mai _____?
   B:

THE RECIPROCAL CONSTRUCTION

1. Orfeo e Euridice s'incontrano in un giardino.

2. Si guardano negli occhi e si innamorano (s'innamorano).

3. Si abbracciano e si baciano.

4. E poi, si sposano o si lasciano? ...

Many verbs express reciprocal action when used with the three plural reflexive pronouns **ci, vi,** and **si.** These constructions follow the rules of reflexive verbs.

Dove v'incontrate?	*Where do you meet?*
C'incontriamo al bar.	*We meet at the bar.*
Quando si vedono si salutano.	*When they meet, they say hello.*
Si sono conosciuti e si sono innamorati.	*They met and fell in love.*

ALCUNI RIFLESSIVI RECIPROCI	
aiutarsi	salutarsi
amarsi	scriversi
conoscersi	sposarsi
innamorarsi	telefonarsi
odiarsi *(to hate one another)*	vedersi
parlarsi	

||| Facciamo pratica! . . . .

A. Mettete la storia di Orfeo e Euridice al passato.

B. Completate mettendo i verbi al presente.

Maria e Luisa _____¹ (incontrarsi) ogni giorno in ufficio, ma non _____² (salutarsi) perché _____³ (odiarsi). Invece Luisa ed io siamo molto amiche (*are really good friends*) e quando non possiamo _____⁴ (vedersi) _____⁵ (telefonarsi).

C. Situazioni. Valeria e Francesco sono fidanzati, ma lei abita a Roma e lui a Napoli. Completate le seguenti domande mettendo i verbi nel tempo adatto.

1. Dove _____ (conoscersi)?
2. Quando _____ (vedersi)?
3. _____ (telefonarsi) spesso?
4. _____ (scriversi)?
5. Quando _____ (sposarsi)?

D. Valeria e Francesco rispondono: Ci siamo conosciuti a... Continuate voi!

INFORMAZIONI

Matrimonio in Italia (per la comprensione della lettura che segue)

Certificato di residenza: Certificate of residence stating an individual's legal address.

Certificato di stato libero: Certificate of marital status, stating whether one is single, married, or divorced.

Pubblicazioni di matrimonio: A registered list of couples who have officially declared their intention to marry. Names are posted in public view at city hall for two weeks.

Testimone: Witness. Generally two, usually chosen from among relatives or friends, are required at the wedding ceremony.

Confetti: White sugar-coated almonds distributed by the couple to their guests at the wedding reception.

Bomboniere: Small containers (of porcelain, crystal, or silver) with the **confetti**, sent by the bride's parents to relatives and friends as a memento of the wedding.

LETTURA

Matrimonio all'italiana

Quando gli italiani si sposano di solito fanno le cose in grande.° In generale, il matrimonio non riguarda° soltanto i due fidanzati, ma anche le loro famiglie. Le nozze diventano l'occasione per festeggiare
5 un'alleanza° e fare bella figura.°

    Non esiste l'equivalente di Las Vegas in Italia e nessuno può sposarsi da un giorno all'altro.° Per cominciare, bisogna richiedere° tre documenti ufficiali: il certificato di nascita, di residenza e di stato libero. E per questo ci vuole tempo! Poi bisogna andare in Municipio°
10 per «la promessa di matrimonio»: cioè bisogna dichiarare° ufficialmente la propria° intenzione di sposarsi. A questo punto i promessi sposi° possono fissare la data della cerimonia, civile o religiosa, che non può essere celebrata prima di due settimane, il cosiddetto° periodo delle «pubblicazioni». Durante questo periodo, i nomi delle coppie°
15 sono esposti° al pubblico in Municipio.

in... do things in a big way
concerns

alliance / fare... to make an impression

da... overnight (lit., from one day to another) / request
City Hall
declare
one's own
i... the betrothed
so-called
couples
posted

Nel frattempo, i fidanzati e le loro famiglie sono occupati nei preparativi° per le nozze. La famiglia manda le partecipazioni° di nozze e gli inviti al ricevimento, e compra le bomboniere per i confetti da dare ai parenti e agli amici. Poi fa la lista dei regali per gli sposi e indica° 20 il negozio dove comprarli. Le scelte personali più importanti sono la chiesa, il luogo del ricevimento (raramente in casa, di solito in un albergo o addirittura° in una villa o in un palazzo affittati° per l'occasione), la località° per il viaggio di nozze e, naturalmente, l'abito da sposa! Diversamente° dall'uso americano, non ci sono damigelle d'o-25 nore° ma solo due testimoni, i parenti e gli amici degli sposi.

Ed ecco finalmente il gran giorno: fiori, sorrisi, lacrime,° champagne, tante foto e tanti auguri!

*preparations /
announcements*

indicate

even / rented
place
Contrary (to)
damigelle... bridesmaids

tears

COME SI DICE?

l'abito da sposa wedding dress
gli auguri best wishes, greetings
  fare gli auguri to greet, offer
    good wishes
  Tanti auguri! Best wishes!
l'invito invitation
il matrimonio marriage
il ricevimento reception
la scelta choice

il sorriso smile

festeggiare to celebrate

civile civil, secular
religioso religious

nel frattempo meanwhile

Attenzione!

Attenti alla differenza!

Ci **vuole** tempo.	*It takes time.*
Ci **vuole** un'ora.	*It takes one hour.*
Ci **vuole** una settimana.	*It takes a week.*
Ci **vogliono** anni.	*It takes years.*
Ci **vogliono** tre documenti.	*Three documents are needed.*

||| **Facciamo pratica!** . . . .

A. Vero o falso?

1. Il matrimonio non è importante per gli italiani.
2. Tutti si sposano da un giorno all'altro.
3. È necessario avere il certificato di nascita.
4. Gli italiani si sposano sempre in chiesa.
5. I fidanzati devono andare in Municipio per la promessa di matrimonio.
6. Gli sposi fanno una lista di regali e la lasciano in un negozio.
7. Gli italiani di solito fanno il ricevimento di nozze a casa.
8. Le damigelle d'onore sono molto importanti.
9. È un'usanza (*custom*) italiana offrire confetti ai matrimoni.
10. Quando gli sposi partono per il viaggio di nozze si dice «Buon viaggio!» e «Tanti auguri!».

B. Un amico vi domanda informazioni sulle usanze e le formalità del matrimonio in Italia. Cosa gli dite? Scrivete 6 frasi.

VOCABOLARIO DA USARE: ci vuole (ci vogliono), certificato, bomboniera, in municipio o in chiesa, ricevimento, testimone

C. Spiegate ai compagni.

1. Che tipo di matrimonio volete.
2. Come lo volete festeggiare e con chi.
3. Quali regali desiderate.

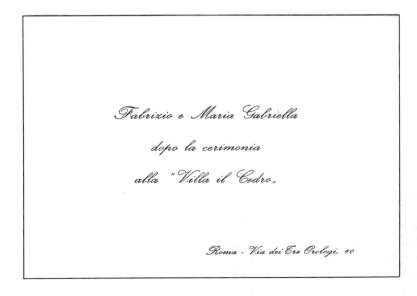

Fabrizio e Maria Gabriella

dopo la cerimonia

alla "Villa il Cedro"

Roma - Via dei Tre Orologi, 10

LEONE LIMENTANI

Cristalli
Porcellane
Posate
Liste di nozze

PORTICO D'OTTAVIA
ROMA

CAPITOLO 13

LA FAMIGLIA ITALIANA: IERI E OGGI

Una domenica d'estate di una giovane famiglia (© Bayer/Monkmeyer)

RAPIDI SCAMBI

1. —Papà, fammi un favore. Prestami la
   macchina.
   —Mi dispiace, ma oggi non ce l'ho.
   È dal meccanico.

2. —Ada, oggi vedo mamma; devo dirle
   qualcosa?
   —Dille che mercoledì vado a
   trovarla.

3. —Carolina, che bel vestito! Sei
   elegantissima! Dicci dove vai.
   —Si sposa Roberta. Vado al suo
   matrimonio.

4. —Mamma, posso andare al cinema?
   —Vacci pure, ma non tornare tardi.
   —Allora dammi diecimila lire, per favore.
   —Eccole!

COME SI DICE?

(andare)	**Fammi un favore!** Do me a
Vacci! Go there!	favor!
Vacci pure! Go right ahead!	**prestare** to lend
andare a trovare to go visit	
(dire)	**Eccole!** Here they are!
Dicci! Tell us!	
Dille! Tell her!	**dal meccanico** at the repair shop
fare un favore to do a favor	
	elegantissimo/a very elegant

Attenzione!

■ **Pure** is a little word implying permission, often used with imperative forms. It is similar to the English expression *go right ahead*.

> Posso mangiare un cioccola-   *May I eat a chocolate? —Go*
> tino? —**Mangialo pure!**   *right ahead, eat it!*

■ Observe the idiomatic use of **trovare** when accompanied by **andare a** and **venire a**.

> **Sono andata a trovare**   *I went to see Giovanna.*
> Giovanna.
> **Vieni a trovarmi** stasera?   *Are you coming to see me*
>   *tonight?*

||| Facciamo pratica! . . . .

A. Ripetete gli scambi tra di voi.

B. Domandate e rispondete.

1. Hai una macchina? La presti volentieri?
2. Vai spesso a trovare la famiglia? Abita in questa città? Hai fratelli o sorelle?
3. Come ti vesti per andare a un matrimonio? E per andare a scuola? Di solito preferisci vestirti in modo semplice?
4. Ti piace andare al cinema? Ci vai spesso? Preferisci i film sentimentali o i film gialli? Quanto costa il cinema in questa città?

IMPERATIVE OF *DARE, FARE, DIRE, ANDARE,* AND *STARE* + OBJECT PRONOUNS

Dammi una mano!	*Give me a hand!*
Fallo subito!	*Do it at once!*
Fammi un favore!	*Do me a favor!*
Dille dove vai!	*Tell her where you're going!*
Vacci subito!	*Go there right away!*
Stacci!	*Stay there!*
Dagli una mano!	*Give him a hand!*
Ditelo in italiano!	*Say it in Italian!*
Fatemi un favore!	*Do me a favor!*
Andiamoci subito!	*Let's go right away!*

When combined with the monosyllabic imperative forms **da'**, **fa'**, **di'**, **va'**, and **sta'**, object pronouns and the adverb **ci** double their initial consonant. The only exception to this rule is **gli**.

ECCO + OBJECT PRONOUNS

Object pronouns attach to the expression **ecco**.

Ecco Mario!	*Here's Mario!*
Eccolo!	*Here he is!*
Ecco la professoressa!	*Here's the professor!*
Eccola!	*Here she is!*
Ecco i ragazzi!	*Here are the guys!*
Eccoli!	*Here they are!*

||| **Facciamo pratica!** . . . .

A. Domandate e rispondete secondo l'esempio. Usate un pronome e **pure** nella risposta.

ESEMPIO: —Mamma, posso andare al cinema?
           —Certo, vacci pure!

1. Papà, posso andare a ballare in discoteca?
2. Zia, posso fare una telefonata negli Stati Uniti?
3. Professore, posso fare una domanda?
4. Nonna, posso dare un cioccolatino a Matteo?
5. Mamma, posso dare una festa?
6. Posso dire a Maria di venire a cena?
7. Posso fare un bagno?

B. Situazioni. Cosa dicono? Usate **ecco** e un pronome.

1. Maria sta aspettando l'autobus da venti minuti. Cosa dice quando l'autobus arriva?
2. Marta cerca le chiavi. Finalmente le trova. Cosa dice?
3. Gli amici e i parenti aspettano davanti alla chiesa. Finalmente gli sposi arrivano. Cosa dicono tutti?
4. La mamma chiama Lauretta. Cosa risponde la bambina?
5. In casa tutti cercano il gatto. Carletto lo vede dietro il frigo. Cosa dice?
6. John e Mary vanno a Palermo a trovare i cugini italiani che non conoscono. Quando arrivano John e Mary cosa dicono i cugini italiani?

C. Fammi un favore! Quali sono 10 favori che vorreste (*you would like*) chiedere a un amico/a?

ESEMPIO: (Franca), fammi un favore; non ho soldi. Pagami il conto.

RAPIDI SCAMBI

1. —Valeria, posso vedere il tuo abito da sposa?
   —Mi dispiace, ma è ancora dalla sarta. Lo porta domani.
   —Ti metti gioielli per la cerimonia?
   —La nonna mi ha regalato le sue perle che vanno bene con i miei orecchini.

2. —Sapete che Giuliana ha avuto un bambino?
   —Sì, domenica andiamo al suo battesimo.
   —Ci andiamo anche noi. Si va insieme?
   —Volentieri, ma la nostra macchina è dal meccanico.
   —Allora andiamo con la nostra.

19 aprile - 4 maggio 1986
mostra mercato

Gioielli e Orologi

d'ogni epoca

Orario Mostra:
FERIALI, ore 15 / 20,30
FESTIVI e PREFESTIVI, ore 9,30 / 21

Per informazioni:
SEGRETERIA MOSTRA tel. (0761) 729007
ASSOCIAZIONE PRO SORIANO (0761) 729001
ENTE PROV. TURISMO VITERBO (0761) 226161

3. —Signorina Lanzi, qual è il Suo numero di telefono?
   —47.72.86; e il Suo?
   —Ho appena cambiato casa e nel mio nuovo appartamento non c'è
   ancora il telefono.

COME SI DICE?

---

i gioielli jewels, jewelry	**andar bene** to go well
la sarta seamstress	**cambiare*** to change; to exchange
	cambiare casa to move (change
i miei orecchini my earrings	residence)
le sue perle her pearls	**regalare** to give (as a gift)
il suo battesimo his baptism	

⦀ Facciamo pratica! . . . .

A. Ripetete gli scambi tra di voi.

B. Domandate e rispondete.

   1. Di che colore è di solito il vestito da sposa?
   2. Ti piacciono i gioielli? Ti metti mai gli orecchini?
   3. Vuoi sposarti? Vuoi avere figli? Quanti?
   4. In Italia il battesimo è una cerimonia importante. È importante
      anche qui? Andate in chiesa per il battesimo? Cosa fate per la
      nascita (*the birth*) di un bambino? Fate una festa? Fate regali?
   5. Fai spesso telefonate agli amici? Qual è il tuo numero di telefono?

---

*Note that **cambiare** can be conjugated with either **essere** or **avere**, depending on whether it
is used as a transitive verb (with a direct object) or as an intransitive verb.

Abbiamo cambiato i soldi in banca.	*We exchanged our money at the bank.*
Quella ragazza è molto **cambiata**.	*That girl has really changed.*

When used with the auxiliary **essere**, **cambiare** means *to become different.*

POSSESSIVE ADJECTIVES AND PRONOUNS

MASCHILE		FEMMINILE	
singolare	*plurale*	*singolare*	*plurale*
il mio cane	**i miei** cani	**la mia** amica	**le mie** amiche
il tuo libro	**i tuoi** libri	**la tua** moto	**le tue** moto
il suo giornale	**i suoi** giornali	**la sua** chiave	**le sue** chiavi
il Suo giornale	**i Suoi** giornali	**la Sua** chiave	**le Sue** chiavi
il nostro amico	**i nostri** amici	**la nostra** macchina	**le nostre** macchine
il vostro disco	**i vostri** dischi	**la vostra** lettera	**le vostre** lettere
il loro gatto	**i loro** gatti	**la loro** bicicletta	**le loro** biciclette
il Loro gatto	**i Loro** gatti	**la Loro** bicicletta	**le Loro** biciclette

—Ammetto che quando bevi, Luigi, guidi effettivamente meglio. Purtroppo sei salito su[a] una macchina che non è la nostra!

[a]sei... *you've gotten into*

Possessive adjectives are adjectives that indicate possession: ***my*** *book*, ***his*** *lunch*, ***their*** *records*. Possession is also indicated by possessive pronouns which substitute for nouns: *my book and* ***his***; *his lunch and* ***hers***; *their records and* ***ours***.

1. Possessive adjectives and pronouns have the same form and are generally used with the definite article.

    La mia macchina è una Ford, e **la tua?** —**La mia** è una Fiat.

2. Possessive adjectives and pronouns agree in gender and number with the object possessed, and not with the possessor, as they do in English.

la macchina di Carlo	*Carlo's car*
la sua macchina	***his*** *car*
l'orologio di Giulia	*Giulia's watch*
il suo orologio	***her*** *watch*

In Italian, only the context indicates whether the possessor is male or female.

3. When the possessive pronoun directly follows **essere**, the definite article can be omitted. However, the definite article must always be used with the third person plural (**loro**).

> Di chi è questa penna? —È **mia.**
>
> *Whose pen is this? —It's mine.*
>
> Non è mia; è **la loro.**
>
> *It's not mine; it's theirs.*

Attenzione!

- In Italian, when the possessive is preceded by the indefinite article or by a number, the sequence of the elements in the possessive expression remains the same.

> il mio amico   un mio amico
>
> la sua amica   due sue amiche

In English, a reversal of word order occurs.

> Esco con **un mio amico.**
>
> *I'm going out with a friend **of mine**.*
>
> Sono arrivate **due sue amiche.**
>
> *Two friends **of his/hers** arrived.*

—E' occupato nel suo studio. Richiamate più tardi.

- When the possessive is preceded by a preposition, you need to use the articulated preposition (the contracted form of the preposition and the definite article).

> Sono venuti **al** nostro matrimonio.
>
> *They came to our wedding.*
>
> Ci sono pochi errori **nei** vostri compiti.
>
> *There are few errors in your assignments.*

- When the words **casa** and **camera** are used with a possessive adjective, they are used without the article and with the possessive adjective following the noun.

> Vieni a **casa mia** stasera?
>
> *Will you come to my house tonight?*
>
> La festa è a **casa tua** o a **casa sua?**
>
> *Is the party at your house or at his/her house?*
>
> Le chiavi sono in **camera mia.**
>
> *The keys are in my room.*

- When addressing someone directly with the possessive *my* + an adjective of endearment, the article is omitted.

> **Mia cara Giovanna,** ti scrivo da Roma...
>
> *My dear Giovanna, I write you from Rome . . .*
>
> **Miei cari amici,** come state?
>
> *My dear friends, how are you?*

||| Facciamo pratica! . . . .

A. Completate secondo l'esempio.

1. Federico mostra a un amico le sue cose e dice...

   ESEMPIO: televisore →→
              Ecco il mio televisore!

   a. dischi   e. registratore (*cassette player*)
   b. computer   f. carta geografica
   c. poltrona   g. vestiti
   d. libri   h. foto

2. Federico e Matteo dicono...

   ESEMPIO: libri →
              Ecco i nostri libri!

   a. classe   d. quaderni
   b. belle compagne   e. carta geografica
   c. lavagna   f. esami

B. Domandate e rispondete tra di voi secondo l'esempio.

   ESEMPIO: Chi è _____ professore? →
              —Chi è il tuo professore?
              —Il mio professore è...

   1. Chi è _____ dentista?
   2. Qual è _____ numero di telefono?
   3. Chi sono _____ migliori (*best*) amici?
   4. Chi è _____ ragazzo/a?
   5. Quali sono _____ macchine preferite?
   6. Qual è _____ cantante preferito?
   7. Qual è _____ canzone preferita?

C. Caterina domanda e la signora Centaro risponde. Fate le parti (*Play the roles*) di Caterina e della signora Centaro. (Date del Lei!)

   ESEMPIO: —Signora Centaro, dove sono i Suoi guanti
              (*gloves*)?
              —I miei guanti sono nella borsa...

   1. Signora Centaro, chi è _____ dottore?
   2. Quali sono _____ film preferiti?
   3. Dov'è _____ macchina?
   4. Quali sono _____ riviste (*magazines*) preferite?
   5. Dove sono _____ bambini?

D. Marcella si sposa e la mamma è molto occupata. La sorellina (*little sister*) Lauretta fa molte domande perché vuole l'attenzione della mamma. Domandate e rispondete secondo l'esempio.

> ESEMPIO: orologio di Marcella →
> —È l'orologio di Marcella, mamma?
> —Sì, è il suo orologio. (No, non è il suo orologio.)

1. l'abito da sposa di Marcella
2. i regali degli sposi
3. gli orecchini di Marcella
4. l'orologio dello sposo
5. la macchina dello sposo
6. le bomboniere degli sposi
7. gli anelli degli sposi
8. le perle della nonna

E. Completate con l'aggettivo possessivo e le preposizioni necessarie.

Cari nonni,
    Grazie per _____¹ (*your*) lettera e _____² (*your*) bel regalo. _____³ (*My*) compleanno è stato molto bello. Ho invitato tutti _____⁴ (*my*) amici _____⁵ (*to my house*). È venuto anche Roberto con _____⁶ (*his*) fidanzata. Che ragazza simpatica! Finalmente ho presentato Laura _____⁷ (*to my*) genitori e insieme abbiamo parlato _____⁸ (*of our*) progetti di matrimonio. Mamma ha preparato _____⁹ (*my*) piatti preferiti e tutti hanno detto che _____¹⁰ (*at our*) feste si divertono sempre molto.
    Un abbraccio affettuoso (*An affectionate embrace*) _____¹¹ (*from your*) Carlo.

RAPIDI SCAMBI

1. —Quanti anni hanno i tuoi fratelli?
   —Giorgio ha quindici anni e Stefano ne ha dodici.
   —E tua sorella quanti anni ha?
   —Daniela è piccola; ha solo tre anni.

2. —Non vedo da molto tempo i signori Belisario. Sono partiti?
   —Sì, sono andati a trovare il loro figlio che studia in un'università degli Stati Uniti.
   —Si trovano bene?
   —No, perché non parlano una parola d'inglese e il figlio è molto occupato.

3. —Signora Lattanzi, Suo marito ha un accento straniero. Non è italiano, vero?
   —Sì, sì, è italiano, ma è cresciuto a New York con sua madre, dopo il divorzio dei suoi genitori.

4. —Hanno ancora parenti in Italia Rosa e Rino?
   —Eccome! Ne hanno molti; una ventina tra nonni,
      zii e cugini.
   —Dove abitano?
   —Tutti in Puglia, a Barletta.

COME SI DICE?

---

l'accento accent

il cugino, la cugina cousin
il divorzio divorce
il figlio, la figlia son, daughter
i genitori parents
la madre mother
mamma Mom
la nonna, il nonno grandmother,
   grandfather
   i nonni grandparents
il padre father
il parente, la parente relative
la sorella sister

abitare (a) to live, reside (in)
crescere to grow
trovarsi bene/male to get along
   well/badly

straniero/a foreign

Eccome! Sure! And how!
   (*colloquial*)

ne* of them
una ventina about twenty

||| Facciamo pratica!

A. Ripetete gli scambi tra di voi.

B. Domandate e rispondete.

   1. Quanti anni hanno Giorgio e Stefano? Tu, hai fratelli? Come si
      chiamano? Quanti anni hanno?
   2. Perché sono andati negli Stati Uniti i signori Belisario? Si trovano
      bene negli Stati Uniti? Perché?
   3. È italiano il marito della signora Lattanzi? E allora perché ha un
      accento straniero? Il tuo professore che accento ha?
   4. Hanno molti parenti in Italia Rosa e Rino? In quale regione abi-
      tano? Nell'Italia del nord o del sud?

---

*Ne will be discussed later in the chapter.

POSSESSIVE ADJECTIVES WITH FAMILY MEMBERS

Giulio, ti presento **mia madre**.
E questo è **mio padre**.
Ecco **le mie sorelle**.
E **il mio fratellino**.

When the possessive adjective accompanies a singular, unmodified noun referring to a member of the family, the article is omitted. The article must be used, though, when the noun is plural, or when it is directly modified by an adjective or altered by a suffix.

—Insomma, Tonino, tira fuori immediatamente dalla lavatrice la tua sorellina!

Ti presento **mia cugina**.   Ti presento **le mie cugine**.
Mio zio è americano.   Ecco **il mio zio americano**!

Attenzione!

■ The article is always used with the possessive adjective **loro**.

Il loro fratello vive a Boston e   *Their brother lives in Boston*
le loro sorelle a Parigi.   *and their sisters in Paris.*

■ Possessive pronouns referring to relatives always retain the article.

Mia moglie lavora all'IBM, e   *My wife works at IBM, and*
la Sua?   *yours?*
Mio zio ha ottant'anni, e **il**   *My uncle is eighty, and*
tuo?   *yours?*

■ With **mamma, papà,** and **babbo** (*Tuscan for Dad*), which are considered affectionate terms, the article is sometimes used.

La tua mamma è tanto gentile!

Il nostro babbo non può venire.

Tuo papà è molto simpatico.

||| Facciamo pratica! . . . .

A. Ritratto (*Portrait*) di famiglia. Domandate e rispondete tra di voi secondo l'esempio. Fate le domande adatte per sapere nome, età (*age*) e occupazione delle varie persone.

ESEMPIO: padre →
—Come si chiama tuo padre?
—Si chiama...
—Quanti anni ha?
—Ha...
—Che cosa fa?
—Lavora...

1. madre
2. fratello
3. sorella
4. nonni
5. zio
6. zia

B. Chi è? Chi sono? Lauretta fa le seguenti domande al ricevimento di matrimonio di Marcella.

ESEMPIO: madre di Marco →
—È la madre di Marco?
—Sì, è sua madre.   (No, non è sua madre.)

1. zio di Luigi
2. cugino di Violetta e Alfredo
3. marito della signora Biagiotti
4. nipoti dei signori Bernardini
5. nonni di Caterina
6. moglie del dottor Pizzi
7. sorella di Adriana e Matteo
8. genitori della signora Biagiotti

C. Quanti anni hanno? Completate con aggettivo e pronome possessivo.

1. _____ (*My*) padre ha cinquant'anni, e _____ (*yours*)?
2. _____ (*His*) fratello ha diciotto anni, e _____ (*theirs*)?
3. _____ (*Our*) nonna ha sessant'anni, e _____ (*yours*)?
4. _____ (*Our*) cugini hanno tredici, sedici e vent'anni, e _____ (*yours*)?
5. _____ (*My*) figli hanno cinque e tre anni, e _____ (*yours [formal]*)?
6. _____ (*My*) zia ha trentacinque anni, e _____ (*his*)?

D. Presentazioni. Completate con l'aggettivo possessivo adatto.

Ecco Lucio! Lucio è alto, bruno e ha diciotto anni. _____¹ padre è avvocato e _____² fratelli frequentano ancora la scuola media. _____³ ragazza si chiama Anna e ha la stessa età. Anna ama molto gli sport. _____⁴ sport preferiti sono il nuoto (*swimming*) e il tennis. A Lucio invece piace stare a casa a leggere e ad ascoltare la musica. _____⁵ libri preferiti sono i romanzi e _____⁶ camera è piena (*full*) di libri e di dischi. Lucio e Anna amano molto i cani. Lucio ha un Dobermann e Anna un Collie. Ma questo purtroppo è un problema perché _____⁷ cani non sono affatto (*at all*) amici.

THE PARTICLE *NE*

1. For responding to a question about quantity, Italian requires the use of **ne** in the answer to replace the direct object.

Quanti figli hanno i Brown? —**Ne** hanno tre. (Hanno tre **figli**.)

How many children do the Browns have? —They have three (of them). (They have three children.)

E i Rossi quanti figli hanno? —Non **ne** hanno. (Non hanno **figli**.)

And how many children do the Rossis have? —They don't have any. (They don't have children.)

Hai molte sorelle? —**Ne** ho una. (Ho una **sorella**.)

Do you have many sisters? —I have one. (I have one sister.)

Mangi molta carne? —No, **ne** mangio poca. (No, mangio poca **carne**.)

Do you eat much meat? —No, I eat little (of it). (No, I eat little meat.)

2. Note that in English certain expressions are understood, but not stated: *They have three (of them), I eat little (of it),* etc. In similar Italian sentences, though, **ne** can never be omitted.

3. The position of **ne** follows the rules of the object pronouns.

4. **Non ne** used without designation of quantity means *not any.*

Mangi carne? —No, **non ne** mangio.
Hai gioielli? —No, **non ne** ho.

Do you eat meat? —No, I don't eat any.
Do you have (any) jewels? —No, I don't have any.

Attenzione!

▪ **Ne** is a direct object pronoun. The past participle must agree with the expression that **ne** replaces. **Ne** can also be attached to the infinitive and imperative forms.

Avete mangiato **la pizza**? —Sì, l'abbiamo mangiata.
Avete bevuto **molta birra**? —Sì, **ne** abbiamo bevuta molta. (No, non **ne** abbiamo bevuta.)

Did you eat the pizza? —Yes, we ate it.
Did you drink a lot of beer? —Yes, we drank a lot. (No, we didn't drink any.)

Quanti **libri** hai letto in questo corso? —**Ne** abbiamo letti **due**.

How many books did you read in this course? —We read two.

Devi fare **molti compiti**? —No, devo farne pochi.*

Do you have to do lots of assignments? —No, I have few to do.

---

*Or: No, ne devo fare pochi.

| Quanti **cioccolatini** posso prendere? —Prend**ine** due! | *How many chocolates can I take?* —*Take two!* |

■ When **ne** is attached to the imperative forms **da'** and **fa'**, it doubles the **n**.

| Quanti esercizi devo fare? **Fanne** quattro! | *How many exercises shall I do?* *Do four!* |

||| Facciamo pratica! . . . .

A. Quanti siete in famiglia? Domandate e rispondete quanti fratelli, sorelle, cugini, zii, cani, gatti avete. Rispondete usando il **ne**.

B. Poco o molto? Domandate e rispondete tra di voi usando il **ne**.

1. Mangi molta pasta? Mangi anche molta verdura?
2. Ti piacciono le banane? Ne mangi molte? Quante ne hai mangiate ieri?
3. Bevi molto o poco vino? E birra? Bevi anche Pepsi-Cola? Quante Pepsi hai bevuto ieri?
4. Mangi molti dolci? Ti piace il gelato? Ne mangi molto? L'hai mangiato ieri?
5. La mattina a colazione bevi caffè? Quante tazze ne hai bevute stamattina?

LETTURA

La famiglia italiana ieri e oggi

La signora Materi racconta.

Ho sessantadue anni, ho avuto quattro figli, ma ho solo due nipotini, Claudia e Paolo. Sono i bambini di Giacomo e Franco, i miei due
5 maggiori.° Il terzo è sposato anche lui da quattro anni, ma non ha figli.   *eldest*
Mirella, la mia unica° figlia, ha ventotto anni e vive ormai da tre anni   *only*
per conto suo a Siena, dove insegna in una scuola media.

Com'è cambiata l'Italia in quarant'anni! Io sono andata alle Magistrali ma non ho preso il diploma. Mi sono sposata a diciannove anni
10 e ho fatto sempre la casalinga. Mia madre è andata solo alle elementari,
ha avuto sette figli (due sono morti) e a cinquant'anni aveva quindici
nipotini! Altri tempi!

Ora c'è il divorzio. Molte donne vanno all'università, molte sono
impiegate° e quando si sposano non portano la dote.° La dote sono loro,   *sono... are employed /*
15 con i soldi che guadagnano.   *dowry*

Ma i bambini? Ho sentito alla televisione che ormai in Italia più

del 39 per cento delle coppie ne ha solo uno. Insomma° va di moda il   *In short*
monofiglio.

20 E noi nonne che facciamo? È vero però che in Italia ci sono 57
milioni di abitanti. Siamo ancora troppi. Prima molti morivano° da   *used to die*
piccoli.° Su dieci ne sopravvivevano° in media due o tre. Ora invece   da... *when they were*
crescono come principini,° mangiano carne tutti i giorni, vanno in   *young / used to survive*
vacanza al mare e in montagna, e purtroppo hanno la moto a quattordici   *little princes*
anni.

25 E allora? L'importante è continuare a volersi bene. E i miei figli
non mi dimenticano. A dire il vero° passo più tempo a casa loro che°   A... *To tell the truth / than*
a casa mia.

IL MONOFIGLIO

Secondo le più recenti
statistiche, il 39,1 per
cento delle famiglie
italiane ha un solo figlio.
La società del domani,
dunque, sarà dominata
dal figlio unico? Molti
ne sono convinti, e già
ne tracciano un
dettagliato identikit

COME SI DICE?

l'abitante (*m.*) inhabitant
la casalinga housewife
il/la nipote nephew, niece,
  grandchild
nipotini young grand-
  children

guadagnare to earn
morire (*p.p.* **morto**) to die (died,
  dead)
raccontare to recount, tell,
  narrate

volere bene a to love (*used more
frequently than* **amare** *but
only with people or animals,
not things*)

per cento percent
per conto suo, mio, loro on his/
  her own, on my own, on
  their own

INFORMAZIONI

In Italy the working woman has the right to remain home from work during the last three months of her pregnancy and for two more after the delivery, with full pay. She has the further option of staying home for six more months at 30 percent of her salary.

||| Facciamo pratica! . . . .

A. Esercizio di comprensione sulla lettura. Domandate e rispondete.

1. Quante figlie ha la signora Materi?
2. È sposata Mirella? Che cosa fa?
3. Quanti nipotini ha la signora Materi?
4. Che studi ha fatto?
5. Quanti anni aveva quando si è sposata?
6. Quanti figli ha avuto la nonna di Mirella?
7. Da quanto tempo c'è il divorzio in Italia?
8. Hanno molti figli le giovani coppie di oggi?
9. Cosa fanno oggi molte donne?
10. Quanti abitanti ha l'Italia?
11. Quale grande cambiamento c'è stato negli ultimi quaranta anni?
12. Secondo te, la signora Materi è una donna felice?
13. Secondo la signora Materi, qual è la cosa più importante in una famiglia?
14. E secondo te?

B. Immaginate di essere vostra nonna (!). Raccontate la sua storia in prima persona. Scrivete una pagina circa.

CAPITOLO 14

CHI ERANO?

Dante e il suo poema *nel Duomo di Firenze* (© *Art Resource*)

RAPIDI SCAMBI

1. —Quanti anni aveva Dante quando ha scritto *La Vita Nova*?
   —Ne aveva circa ventiquattro.
   —Com'era giovane!

2. —Come si chiamava la donna amata da Dante?
   —Beatrice Portinari.
   —In quale città vivevano Dante e Beatrice?
   —A Firenze.
   —In quale secolo?
   —Tra il tredicesimo e il quattordicesimo.

Firenze - da una stampa antica

3. —Chi era la donna amata dal Petrarca?
   —Era Laura. Ti ricordi il sonetto «Erano i capei° d'oro a l'aura sparsi°»?
   —Già, a quei tempi avevano tutte i capelli biondi...
   —E a me invece piacciono le brune!

capelli

a l'... *spread in the breeze*

4. —Nonna, chi è quel grande poeta lirico del periodo romantico?
   —Vuoi dire Giacomo Leopardi?
   —Sì, proprio lui. Non è quello che ha scritto «A Silvia» e «Il sabato del villaggio»?
   —Certo. Ai nostri tempi le imparavamo a memoria!

Fronte spaziosa, sguardo penetrante, naso pronunciato: Giacomo Leopardi, grande poeta, prosatore e filosofo del XIX secolo (© The Granger Collection)

COME SI DICE?

lirico/a lyric
quattordicesimo/a fourteenth
tredicesimo/a thirteenth

le brune brunettes
il periodo romantico the
　Romantic period
il poeta, i poeti poet, poets
il secolo century
il sonetto sonnet
La Vita Nova The New Life
　(*a work in prose and poetry
　by Dante*)

(avere)
　aveva, avevano he/she had,
　　they had
(essere)
　era, erano he/she was, they
　　were

(imparare)
　imparavamo we used to learn
(vivere)
　vivevano they used to live
voler dire to mean
　Vuoi dire...? Do you mean . . . ?

Com'era giovane! How young
　he/she was!

a me to me (*emphatic*)
a memoria by heart
ai nostri (miei, tuoi) tempi in our
　(my, your) day
circa about, approximately
già sure, of course (*as an
　interjection*)
quello che the one who

||| Facciamo pratica! . . . .

A. Ripetete gli scambi tra di voi.

B. Piccolo quiz. Domandate e rispondete.

1. Era giovane Dante quando ha scritto *La Vita Nova*? Quanti anni
   aveva?
2. Come si chiamava la donna amata da Dante? E la donna amata dal
   Petrarca?
3. In quale città vivevano Dante e Beatrice? Ricordi in quale secolo?
4. Chi ha scritto la poesia «A Silvia»?
5. Giacomo Leopardi è un poeta del secolo tredicesimo? Di quale
   periodo è?
6. Qual è il tuo poeta preferito?

L'IMPERFETTO

I parlare		II leggere		III finire	
parlavo	parlavamo	leggevo	leggevamo	finivo	finivamo
parlavi	parlavate	leggevi	leggevate	finivi	finivate
parlava	parlavano	leggeva	leggevano	finiva	finivano

Attenzione!

■ As was the case in the present indicative, the stress in the third person plural of the **imperfetto** falls not on the verb ending but on the verb stem, as it does in the three singular persons. Practice distinguishing orally the forms that follow.

Lavoravamo ogni giorno.　　　Lavoravano ogni giorno.

Ripetevamo i verbi.　　　　　Ripetevano i verbi.

Dormivamo troppo.　　　　　Dormivano troppo.

The **imperfetto** (imperfect) is a past tense. It is used

✳1. to describe the outside world and people, including physical and emotional states.

Era una brutta giornata.	*It was an awful day.*
La casa **era** grande ma vecchia.	*The house was big but old.*
Laura **aveva** i capelli biondi e **era** alta e snella.	*Laura had blond hair and was tall and slender.*
I bambini **avevano** fame e sonno.	*The children were hungry and sleepy.*
Quel giorno **mi sentivo** triste e depresso.	*That day I felt sad and depressed.*

2. to indicate time, age, and name in the past.

Erano le otto.	*It was eight o'clock.*
Era il 1880.	*It was 1880.*
Avevo vent'anni.	*I was twenty years old.*
Si chiamava Beatrice.	*Her name was Beatrice.*

3. to describe repeated or recurrent actions in the past. The **imperfetto** is the tense of habit and routine.

Andavamo sempre a scuola a piedi.

We always used to walk to school.

Giocavano a tennis il sabato.

They used to play tennis on Saturdays.

Da bambini andavamo a letto presto.

When we were children, we went to bed early.

Note how the Italian use of the **imperfetto** to indicate routine is often rendered in English by *used to + infinitive*.

4. to describe action in progress in the past, often expressed in English with the past progressive (*was laughing, were running*).

Mentre **leggevo** i bambini **giocavano**.

While I was reading, the children were playing.

L'insegnante **parlava** e gli studenti **ascoltavano**.

The teacher was speaking and the students were listening.

Ti ricordi, Marta, quando ballavamo guancia a guancia[a]?

[a]guancia... *cheek to cheek*

Attenzione!

- **Sempre, spesso, ogni, di solito,** and **qualche volta** (*sometimes*) indicate repetition of action and frequently signal the use of the **imperfetto**.

Irregular Verbs in the Imperfetto

essere		bere		dire		fare	
ero	eravamo	bevevo	bevevamo	dicevo	dicevamo	facevo	facevamo
eri	eravate	bevevi	bevevate	dicevi	dicevate	facevi	facevate
era	erano	beveva	bevevano	diceva	dicevano	faceva	facevano

It may be helpful to think of **dire** and **fare** as regular in the **imperfetto** with respect to their Latin infinitives, *dicere* and *facere*.

⬤CHARLIE BROWN   di **SCHULZ**

[a]*troublemaker*

||| **Facciamo pratica!** . . . .

A. Attenzione all'accento! Leggete e ripetete le frasi ad alta voce.

1. Quando eravamo all'università, studiavamo poco e uscivamo ogni sera.
2. Mentre loro suonavano, noi ballavamo.
3. Loro bevevano birra e noi bevevamo vino.
4. Lavoravate molto quando eravate a Roma?
5. Mentre il professore spiegava alcuni studenti chiacchieravano e altri sognavano.
6. Erano felici quando non avevano lezione.
7. Volevamo andare in vacanza ma i nostri genitori non volevano.

B. Potete dare un equivalente in inglese delle frasi che avete letto? Provate! (*Try!*)

C. Conversazione sulla vostra infanzia (*on your childhood*). Domandate e rispondete.

1. Quanti anni avevi quando hai cominciato la scuola elementare?
2. Dove abitavi allora?
3. Andavi a scuola a piedi o prendevi l'autobus?
4. Avevi una bicicletta?
5. Quante ore dormivi?
6. A che ora ti alzavi la mattina?
7. Eri un bravo bambino?
8. Dicevi mai le bugie?
9. Preferivi leggere o guardare la televisione?
10. Facevi molto sport? Quali sport ti piacevano?
11. Ti piaceva giocare o preferivi studiare?
12. Bevevi latte o birra?
13. Ti divertivi durante le vacanze? Cosa facevi?
14. Quale lingua parlavate in famiglia?

Avete altre domande? Fatele!

D. Le abitudini della famiglia Centaro. Leggete attentamente e mettete i verbi nella forma adatta dell'imperfetto.

Dieci anni fa la mia famiglia _____¹ (vivere) a Firenze. Mio padre _____² (lavorare) in una banca, mia madre _____³ (insegnare) in una scuola. I nonni _____⁴ (abitare) con noi e _____⁵ (fare) molte cose. Il nonno _____⁶ (lavorare) in giardino e la nonna _____⁷ (cucinare) molto bene.

La mattina mio fratello ed io _____⁸ (andare) a scuola e il pomeriggio _____⁹ (studiare) e _____¹⁰ (giocare) insieme. Il sabato i nostri genitori ci _____¹¹ (portare) al cinema e la domenica _____¹² (venire) gli zii a pranzo. Nel pomeriggio, quando il tempo _____¹³ (essere) bello, noi _____¹⁴ (uscire) e _____¹⁵ (fare) una passeggiata.

E. E ora parlate delle abitudini della vostra famiglia quando voi eravate bambini, prendendo a modello l'esercizio precedente. (Usate almeno sette verbi.)

COMPARISON OF *IL PASSATO PROSSIMO* AND *L'IMPERFETTO*

The **passato prossimo** and the **imperfetto** cannot be used interchangeably. Read the following explanations carefully and study the examples.

1. The **passato prossimo** expresses a completed action in the past. It is used when the emphasis is on a specific event, related in a factual manner. The **imperfetto** provides description or background information.

Domenica **ha piovuto**.	*Sunday it rained.*
Il giorno del nostro arrivo **pioveva** e **faceva** freddo.	*On the day of our arrival it was raining and cold.*
Che **hai fatto** ieri?	*What did you do yesterday?*
Cosa **facevi** ieri mentre io **lavoravo**?	*What were you doing yesterday while I was working?*
Sono stati in Italia l'estate scorsa, e **hanno parlato** italiano.	*They were in Italy last summer, and they spoke Italian.*
Quando **erano** in Italia, **parlavano** italiano.	*When they were in Italy, they spoke Italian.*

2. Now observe the use of the **passato prossimo** and the **imperfetto** in the same sentence.

Che cosa **facevi** ieri quando ti **ho telefonato**?	*What were you doing yesterday when I called you?*
Leggevo il giornale quando è **arrivato** tuo fratello.	*I was reading the paper when your brother arrived.*
Lo zio Paolo **è nato** quando la nonna **era** molto giovane.	*Uncle Paolo was born when grandma was very young.*

In these sentences, the **passato prossimo** is used to convey an event that occurred at a specific point (a phone call, an arrival, a birth), whereas the **imperfetto** conveys an ongoing event, a state already in progress (doing something, reading, being young), or a description of a state.

3. To express an action begun in the past and still continuing at some point in the past, use the **imperfetto + da**.

Erano in Italia **da cinque anni** quando si sono sposati.

They had been in Italy for five years when they got married.

Lavoravo solo da tre mesi in quella banca quando ho ricevuto l'aumento.

I'd been working in that bank for only three months when I got a raise.

Attenzione! To express an action begun in the past and continuing into the present, use the *present indicative* + **da**.

Ho la patente **da dieci anni**.

I've had my license for ten years.

||| Facciamo pratica! . . . .

A. Domandate e rispondete.

1. Cosa facevi quando il professore è entrato in classe? E ora che cosa fai?
2. Hai capito l'imperfetto? Capisci sempre tutto? Ti piace studiare l'italiano? Lo studiavi anche l'anno scorso?
3. Ieri ha piovuto o ha fatto bel tempo? Che tempo faceva stamani quando ti sei alzato?
4. Ieri sera sei stato a casa o sei uscito? Ti sei divertito? Eri contento o eri triste?
5. Da quanto tempo frequenti questa scuola? Da quanto tempo la frequentavi quando hai cominciato a studiare l'italiano?
6. Vai spesso a vedere la partita di baseball? Ci sei andato sabato? Ci andavi spesso l'anno scorso?

B. Leggete attentamente e completate la lettura con i tempi adatti del passato.

15 maggio

Cara Susan,

Lorenzo ed io _____¹ (sposarsi) il 18 aprile e _____² (andare) in viaggio di nozze a Venezia. Il tempo _____³ (essere) molto bello ma _____⁴ (fare) un po' fresco.

Ogni mattina noi _____⁵ (bere) un cappuccino all'albergo e poi _____⁶ (prendere) il vaporetto per visitare la città. Un giorno noi _____⁷ (fare) una gita all'isola di Murano, famosa per la lavorazione del vetro (*glass work*), e io _____⁸ (comprare) un bel servizio di bicchieri. Noi _____⁹ (prendere) la gondola solo una volta perché _____¹⁰ (costare) molto.

(Noi) _____¹¹ (passare) una settimana indimenticabile (*unforgettable*).

COMVNE DI VENEZIA

Il visitatore è tenuto a conservare il biglietto fino all'uscita. Il biglietto è valido per una sola volta e per il giorno in cui è stato acquistato. Presso il bigliettaio è ostensibile il registro dei reclami. Nessuna mancia.

BIGLIETTO D'INGRESSO
PALAZZO DUCALE
L. 4.000
(esente IVA)

Serie **B**   N° 307152

Biglietto Intero

C. E ora scrivete una lettera a un amico e parlate di un vostro viaggio. Prendete a modello l'esercizio precedente, ma esprimetevi (*express yourselves*) in modo personale.

ESPRESSIONI: caro/a, durante le vacanze di, il tempo, tutti i giorni, il pomeriggio, la sera, una volta, un giorno, una mattina, è stata una vacanza...

RAPIDI SCAMBI

1. —Hai saputo che Roberto si è iscritto a legge?
   —Ma come? Non voleva studiare lettere?
   —Sì, ma i suoi genitori non hanno voluto, perché suo padre è un famoso avvocato e lo vuole nel suo studio.

2. —Sapevate che Dante aveva nove anni quando ha conosciuto Beatrice?
   —No, non lo sapevamo. E quando l'ha rivista?
   —A diciotto anni, ma non l'ha potuta sposare, perché ormai era la signora Portinari.

3. —Dovevi imparare le poesie a memoria quando andavi alla scuola media?
   —Sì, avevo un professore all'antica. Figurati che una volta ho dovuto recitare un intero canto della *Divina Commedia* davanti a tutta la classe!
   —Quale?
   —Il quinto, il canto di Paolo e Francesca.

«*Tanto gentile e tanto onesta pare la donna mia...*» Dante e Beatrice nell'immaginazione di Henry Holiday (© Walker Art Gallery, National Museums and Galleries on Merryside, Liverpool)

COME SI DICE?

all'antica (*invariable*) old-fashioned	**la poesia** poem, poetry	**recitare** to recite, to act out
intero/a whole	**iscriversi** (*p.p.* **iscritto**) **a** to enroll in	**rivedere** (*p.p.* **rivisto**) to see again
quinto/a fifth	**iscriversi a legge/a lettere** to enroll in law school/in the humanities	**ormai** by now, by then
il canto canto		**Figurati!** Just imagine!
la legge law		
le lettere humanities		

||| **Facciamo pratica!** . . . .

A. Ripetete gli scambi tra di voi.

B. Domandate e rispondete.

1. Che cosa voleva studiare Roberto? A quale facoltà si è iscritto? Perché non si è iscritto a lettere? Cosa fa il padre di Roberto?

2. Quanti anni aveva Dante quando ha conosciuto Beatrice? Si sono sposati? Chi ha sposato Beatrice?

3. Hai mai imparato una poesia a memoria quando andavi alla scuola media? Avevi un professore moderno o all'antica? Dovevi studiare molto? Sai chi ha scritto *La Divina Commedia*? Che cosa devi imparare a memoria in questa classe?

L'IMPERFETTO AND IL PASSATO PROSSIMO OF SAPERE, CONOSCERE, DOVERE, POTERE, AND VOLERE

Sapere

1. When used in the **imperfetto, sapere** means *to know.*

Sapevi chi era Dante?	*Did you know who Dante was?*
Sapevo dove abitava Marta.	*I knew where Marta was living.*

2. When used in the **passato prossimo, sapere** means *to find out, to learn, to hear about.*

Ho appena **saputo** che Franca è tornata da Roma.	*I just heard (found out) that Franca has returned from Rome.*
Ieri **hanno saputo** che il figlio ha finalmente trovato un lavoro.	*Yesterday they heard (learned) that their son finally found a job.*

Conoscere

1. When used in the **imperfetto, conoscere** means *to know, to be acquainted with.*

In Italia **conoscevamo** molte persone simpatiche.	*In Italy we knew many nice people.*
Non **conoscevamo** la poesia italiana.	*We weren't familiar with Italian poetry.*

2. When used in the **passato prossimo**, it means *to meet someone for the first time, to make the acquaintance of.*

Ero all'università quando **ho conosciuto** mia moglie.	*I was at college when I met my wife.*
Ieri sera **abbiamo conosciuto** la professoressa di Roberto.	*Last night we met Roberto's professor.*

Dovere, potere, and volere

In the **imperfetto**, these verbs simply describe a situation. Without further explanation, they leave the listener in doubt about the outcome. As the name **imperfetto** implies, the action is not completed. In the **passato prossimo**, however, they express finality and certainty.

I ragazzi **dovevano** studiare per l'esame di matematica.	*The kids had to study for their math exam. (Did they?)*
In questo corso **abbiamo dovuto** studiare molto.	*In this course we had to study a lot (so we did).*
Stanotte non **potevo** dormire.	*Last night I couldn't sleep. (So . . . ?)*
Ieri non **ho potuto** telefonare.	*Yesterday I couldn't call (and I didn't).*
Pierino non **voleva** mangiare.	*Pierino didn't want to eat. (Did he eventually?)*
Marco non **è voluto** andare all'università.	*Marco didn't want (refused) to go to college.*

Sentences using the **imperfetto** of **dovere**, **potere**, and **volere** often conclude with another action that eliminates the uncertainty.

Stanotte non potevo dormire, e ho preso un latte caldo.

Pierino non voleva mangiare, ma la mamma l'ha obbligato *(forced him to).*

I ragazzi dovevano studiare per l'esame di matematica, ma sono usciti con gli amici.

Attenzione!

Remember that the **imperfetto** describes a physical or emotional state, and that the **passato prossimo** expresses an act of volition.

> Ieri sera Pierino non **voleva** mangiare ed è andato a letto senza cena.

> Ieri sera Pierino non **ha voluto** mangiare ed è andato a letto senza cena.

In the first example the emphasis is on Pierino's state (his not feeling like eating); in the second example, on his action (his refusal to eat).

When **dovere, potere,** and **volere** describe habits or routines in the past, they follow the general rules of the **imperfetto**.

> Da ragazzi **dovevamo** studiare molto e non **potevamo** guardare la televisione ogni giorno.

||| Facciamo pratica! . . . .

A. Situazioni. Maria e Giovanni s'incontrano al caffè e fanno quattro chiacchiere (*have a chat*). Completate la conversazione con l'imperfetto o il passato prossimo.

1. —Maria, sei andata alla festa per il compleanno di Flora?
   —No, non _____ (potere) andare, perché _____ (dovere) studiare.
2. —_____ (sapere) che Grazia ha avuto un bambino?
   —Sì, l'_____ (sapere) da Paolo.
3. —Tuo fratello è poi partito per la Germania?
   —_____ (volere) partire, ma non _____ (potere) perché il passaporto non era pronto.
4. —Quando _____ (conoscere) il tuo fidanzato?
   —L'_____ (conoscere) sei mesi fa quando lavoravo alla Fiat.
5. —Come sei stata in Italia?
   —Benone. Stavo con una famiglia e _____ (conoscere) molte persone simpatiche e così _____ (potere) imparare bene l'italiano.

B. Leggete attentamente e completate con il tempo corretto del passato. (*Observe how the first two sentences are essentially a description, while the last one points to action.*)

1. Quando noi _____^a (essere) al liceo classico, _____^b (dovere) leggere molte opere letterarie (*literary works*). Alcuni poeti non mi _____^c (piacere) ed io non _____^d (volere) imparare a memoria le loro poesie. Ma quando io _____^e (leggere) la poesia di Giacomo Leopardi, _____^f (cominciare) ad amare la letteratura e _____^g (volere) leggere tutti gli scrittori più famosi.

2. Nei tempi antichi le ragazze e i ragazzi _____ª (incontrarsi) solo raramente per strada, in chiesa o a una festa. I giovani non _____ᵇ (potere) sposare chi _____ᶜ (volere), ma _____ᵈ (dovere) accettare l'uomo o la donna scelti (*chosen*) dai genitori. Per esempio Dante _____ᵉ (essere) innamorato di una giovane donna che _____ᶠ (chiamarsi) Beatrice, ma invece _____ᵍ (sposare) Gemma Donati.

RAPIDI SCAMBI

1. —Luca, dov'è andata la vostra classe la settimana scorsa?
   —A Ravenna a visitare la tomba di Dante. Ci siete andati anche voi?
   —No, la nostra classe c'era stata l'anno scorso, perciò quest'anno siamo andati a Vicenza c dintorni a visitare le ville del Palladio.*

2. —Papà, quando Leopardi viveva a Napoli, aveva già scritto «La ginestra»†?
   —Ma che dici! L'ha scritta proprio a Napoli poco prima di morire.

COME SI DICE?

chiụdere (*p.p.* **chiuso**) to close (closed)	**la villa** villa
visitare‡ to visit	**poco prima di morire** shortly before dying
i dintorni surroundings	

---

*Famous Venetian architect of the sixteenth century.

†One of the last poems written by Leopardi.

‡**Visitare** is used for physical sites, not for people. However, this verb can be used with reference to medical visits. Social visits to people are expressed with the verbs **andare/venire a trovare** or **fare visita a**.

Abbiamo visitato la tomba di Dante.

È un dottore che visita i malati a casa.

Voglio andare a trovare la nonna.

Facciamo visita ai Bargellini!

Facciamo pratica! . . . .

A. Ripetete gli scambi tra di voi.

B. Domandate e rispondete.

    1. Con chi è andato Luca la settimana scorsa a Ravenna? Perché sono andati a Ravenna?

    2. Perché la classe dell'amico di Luca non c'è andata? In quale città sono stati? Che cosa hanno visitato nei dintorni?

    3. Sai chi è Palladio? Sai dov'è morto Leopardi?

IL TRAPASSATO PROSSIMO

andare		scrivere	
ero andato/a	eravamo andati/e	avevo scritto	avevamo scritto
eri andato/a	eravate andati/e	avevi scritto	avevate scritto
era andato/a	ẹrano andati/e	aveva scritto	avẹvano scritto

divertirsi	
mi ero divertito/a	ci eravamo divertiti/e
ti eri divertito/a	vi eravate divertiti/e
si era divertito/a	si erano divertiti/e

 Stanotte non ho dormito perché ieri sera **avevo bevuto** troppo caffè.

 Quando sono arrivato all'aeroporto l'aereo **era** già **partito**.

1. The **trapassato prossimo** is the equivalent of the English past perfect: *I had seen.* It is used to express a completed action in the past that

occurred before another past event. The other past event can be in the
passato prossimo, in the **imperfetto**, or simply implied.

Non sono andato a scuola perché non **avevo fatto** i compiti.	*I didn't go to school because I hadn't done my homework.*
Quando siamo arrivati, Michele **era** già **partito**. **Aveva preso** l'autobus.	*When we arrived, Michele had already left. He had taken the bus.*

2. The **trapassato prossimo** is formed with the auxiliary **avere** or **essere** in the **imperfetto** + *past participle*: **avevo mangiato, ero partito**.

3. As was the case in the **passato prossimo**, when a verb in the **trapassato prossimo** is conjugated with **essere**, the past participle always agrees with the subject in gender and number.

Cinzia era andat**a** a ballare.

Quando abbiamo telefonato, **i ragazzi** erano già uscit**i**.

The **trapassato prossimo** also follows the same rules for agreement when used with direct object pronouns.

—Hai visitato le ville del Palladio quando sei stato a Vicenza?
—No, non **le** ho **visitate** perché **le** avevo già **viste** l'anno scorso.

||| Facciamo pratica! . . . .

A. Dite perché non avete fatto le seguenti cose usando il trapassato prossimo. Usate pronomi dove possibile.

> ESEMPIO: —Perché non hai scritto alla nonna?
> —Perché le avevo già scritto.

1. Perché non hai fatto i compiti?
2. Perché non hai letto il giornale?
3. Perché non siete andati in biblioteca?
4. Perché non avete telefonato allo zio?
5. Perché non hai lavato la macchina?
6. Perché non siete stati a Ravenna?
7. Perché non hai mangiato con noi?

B. Perché non l'hai fatto? Dite perché usando il trapassato.

> ESEMPIO: andare al ristorante →
> —Perché non sei andato al ristorante?
> —Perché avevo già mangiato a casa.

1. prendere un caffè al bar
2. vedere il film *Via col Vento* alla TV
3. mangiare a casa
4. venire in biblioteca
5. studiare i verbi
6. alzarsi presto

LETTURA 1

——— Tre grandi poeti ———

Dante Alighieri, nato a Firenze nel 1265 e morto a Ravenna nel 1321, è considerato il padre della lingua italiana. Fino ai° suoi tempi infatti la lingua letteraria era il latino. Dante ha scritto alcuni trattati° in
5 latino, ma *La Divina Commedia*, la sua opera più importante, è in italiano. Scritta in italiano è anche *La Vita Nova*, opera giovanile° in cui° il poeta racconta in prosa e in poesia il suo spirituale amore per Beatrice.

Francesco Petrarca, nato ad Arezzo nel 1304 e morto ad Arquà nel
10 1374, fu° un grande poeta lirico e un appassionato studioso della letteratura latina. Con lui inizia° il movimento umanista, caratterizzato da un grande entusiasmo per l'antichità classica. *Il Canzoniere* del Petrarca, una raccolta° di poesie scritte in onore e lode° di Laura, è uno dei più grandi capolavori della lirica europea.

15 Giacomo Leopardi, nato a Recanati nel 1798 e morto a Napoli nel 1837, è invece il maggiore poeta lirico del periodo romantico. Nei suoi *Canti*, una raccolta di 41 poesie, un tema ricorrente è il contrasto tra realtà e illusione. Le illusioni, secondo il Leopardi, rappresentano la sola felicità possibile sotto forma di ricordi del passato o di speranze
20 per il futuro.

Fino... until

treatises

youthful
in... in which

was (past absolute)
begins

collection / praise

LETTURA 2

E ora leggete più volte (*several times*) ad alta voce le prime due strofe della poesia «A Silvia» e osservate come la descrizione di Silvia nel tempo imperfetto dà l'illusione che il passato continua a vivere nel presente.

«A Silvia»

Silvia, rimembri° ancora	ricordi
Quel tempo della tua	
vita mortale,	
5 Quando beltà° splendea°	bellezza / splendeva
Negli occhi tuoi ridenti°	*smiling*
e fuggitivi,°	*fleeting*
E tu, lieta e pensosa,° il	lieta... *happy and pensive*
limitare°	*threshold*
10 Di gioventù° salivi°?	youth / *were climbing*
Suonavan° le quiete	*Used to resound*
Stanze, e le vie dintorno,°	*around*
Al tuo perpetuo canto,	
Allor che all'opre°	*work*
15 femminili intenta°	*absorbed*
Sedevi,° assai° contenta	*You used to sit / quite*
Di quel vago avvenir° che	vago... *uncertain future*
in mente avevi.	
Era il maggio odoroso:°	*fragrant*
20 e tu solevi°	*used to*
Così menare° il giorno.	passare

. . .

(G. Leopardi, «A Silvia», versi 1–14)

COME SI DICE?

il capolavoro masterpiece
la felicità happiness
il futuro future
l'illusione (*f.*) illusion
la prosa prose
la realtà reality
il ricordo memory, recollection
la speranza hope
lo studioso scholar
il tema theme, subject

morire (*p.p.* **morto**) to die (died)
È morto nel 1321. He died in
 1321.
nascere (*p.p.* **nato**) to be born
 (born)
È nato nel 1265. He was born
 in 1265.

invece instead

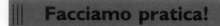

Facciamo pratica!

A. Domandate e rispondete.

1. Qual è l'opera più importante di Dante? È in prosa o in poesia *La Vita Nova*?
2. Dov'è nato il Petrarca?
3. Qual è il capolavoro del Petrarca?
4. Qual è un tema ricorrente nella poesia di Leopardi?
5. Secondo il Leopardi, quali cose rappresentano la sola felicità possibile?
6. Secondo voi, era ottimista o pessimista il Leopardi?

B. Qual è la domanda? Fate le domande adatte sostituendo le parole in italico con le espressioni interrogative.

1. Dante è nato *a Firenze* ed è morto *a Ravenna*.
2. *Il latino* era la lingua letteraria fino ai tempi di Dante.
3. Nella *Vita Nova* Dante racconta il suo amore per Beatrice.
4. Il movimento umanista comincia con il *Petrarca*.
5. La donna amata dal Petrarca si chiamava *Laura*.
6. «A Silvia» è una poesia *del Leopardi*.
7. Giacomo Leopardi è un poeta del periodo *romantico*.
8. Arezzo è *una città della Toscana*.
9. *La Divina Commedia* è l'opera più importante di Dante.
10. Recanati è *nelle Marche*.

CAPITOLO 15

CHE COSA FARETE?

Due architetti discutono un progetto nel loro studio (© Renata Hiller/Monkmeyer)

PAROLE NEL CONTESTO

Che cosa farete?

Ragazzi, cosa farete da grandi?

1. Io **farò** il medico come papà.

2. **Studierò** e **mi laureerò** in legge perché voglio fare l'avvocato.

3. Io **andrò** in America e **farò** tanti soldi.

4. **Farò** l'astronauta e **andrò** su Marte.

5. Io **scriverò** romanzi e **diventerò** famosa.

6. **Ci sposeremo** e **apriremo** un ristorante.

7. **Lavorerò** nell'officina di papà.

8. **Viaggerò** per il mondo e **farò** l'esploratore.

9. Non lo so. **Ci penserò** quando **sarò** grande.

COME SI DICE?

l'officina mechanic's shop
il romanzo novel

da grande, da grandi as an adult, as adults (when grown-up)
(**da piccolo/a, da piccoli/e**) (when little)

(**andare**)
  andrò I will go
(**aprire**)
  apriremo we will open
diventare to become
  diventerò I will become

(**fare**)
  farò il medico (**l'avvocato**) I will be a doctor (a lawyer)
laurearsi to get a university degree
  mi laureerò I will obtain a degree
(**lavorare**)
  lavorerò I will work
(**pensare**)
  ci penserò I'll think about it

(**essere**)
  sarò I will be
(**scrivere**)
  scriverò I will write
(**sposarsi**)
  ci sposeremo we will get married
(**studiare**)
  studierò I will study
(**viaggiare**)
  viaggerò I will travel

GIOVANOTTO, HAI FORSE INTENZIONE DI MONOPOLIZZARLA PER TUTTA LA SERA, QUELLA CAMERIERA?

POVERETTO: HA UN PROBLEMA!

SAREBBE?

VORREI FARE LO SCRITTORE, MA NON SO COME INIZIARE A SCRIVERE...

DA SINISTRA VERSO DESTRA... ED ORA SPARISCI[a]

[a]*disappear*

PAROLE NEL CONTESTO

Altre professioni

Le arti

1. l'attore
2. l'attrice
3. la pittrice
4. il pittore
5. lo scultore
6. la scultrice

I mestieri

1. la commessa
2. il commesso
3. l'elettricista (*m.* e *f.*)
4. l'idrạulico
5. l'operạio
6. la parrucchiera
7. il parrucchiere
8. il postino

Le professioni

1. l'avvocatessa/l'avvocato
2. il/la farmacista
3. il giụdice
4. l'impiegato*
5. l'ingegnere
6. l'oculista (*m.* e *f.*)
7. l'uomo d'affari
8. la donna d'affari

---

*__Impiegato__ is a generic term for a clerk or white-collar worker.

||| Facciamo pratica! . . . . .

A. Alla domanda «Cosa farete da grandi?», cosa rispondono Cesare, Franco, Monica, Katia, Paola, Dina e Gianni, Marco, Pierino, Carla?

B. Situazioni. Rispondete usando i nuovi vocaboli delle professioni.

1. Ti piace dipingere (*to paint*). Che cosa farai?
2. Vuoi fare la doccia, ma l'acqua non viene. Chi chiami?
3. Hai bisogno della permanente. Da chi vai?
4. Non ti senti bene. Il dottore prescrive (*prescribes*) una medicina. Chi la prepara?
5. Tu vendi profumi in un negozio. Che mestiere fai?
6. La tua ragazza è partita per l'Italia. Ti scrive ogni settimana. Chi ti porta le sue lettere?
7. La signora Conti ha una professione importante all'IBM. Che lavoro fa?
8. La tua macchina non funziona. Chi la ripara?
9. Una tua compagna recita (*acts*) molto bene. Secondo te (*In your opinion*), che lavoro può fare?
10. Giovanni e Mario lavorano alla Fiat. Che mestiere fanno?

THE FUTURE

I **parl<u>a</u>re**		II **ripetere**		III **capire**	
parlerò	parleremo	ripeterò	ripeteremo	capirò	capiremo
parlerai	parlerete	ripeterai	ripeterete	capirai	capirete
parlerà	parleranno	ripeterà	ripeteranno	capirà	capiranno

1. The future tense (**futuro semplice**) is formed by dropping the final **-e** of the infinitive and adding the future endings. However, first conjugation verbs undergo a spelling change: the vowel after the infinitive stem changes from **a** to **e**.

FUTURO SIMPLICE
I and II: *infinitive stem* + **er** + *future endings*
Cant**erò** alla Scala.
Ricev**erò** una lettera.
III: *infinitive stem* + **ir** + *future endings*
Part**irò** per l'Italia.

The future endings are the same for all conjugations.

2. The future is used to express future actions, and corresponds to the English forms *will/shall* + *verb* and *to be going to* + *verb*.

> Lo **leggerete** domani.   *You will read it tomorrow.*
> La **conosceremo** domenica.   *We will meet her on Sunday.*

3. Unlike English, Italian uses the future in subordinate clauses introduced by **quando**, **appena**, or **se** when the action refers to the future and the verb of the independent clause is in the future tense.

> Se **mi laureerò** l'anno pros-   *If I graduate next year, I'll*
>   simo, **farò** un bel viaggio.   *take a nice trip.*
> Appena Gabriella **arriverà** a   *As soon as Gabriella arrives*
>   Parigi, mi **telefonerà**.   *in Paris, she'll call me.*
> Quando **leggerai** questa let-   *By the time you read this*
>   tera, **sarò** ormai lontano.   *letter, I'll be far away.*

— Conoscerete un uomo bruno, bello e alto e... lavorerete come una schiava[a] per tutta la vostra vita!

[a]*slave*

Attenzione!

- Verbs ending in **-ciare** and **-giare** lose the **i** in the future, since it is not needed to keep the soft sound.

> Il film comin**cerà** alle otto.
>
> Domani mang**eremo** da Sabatini.

- Verbs ending in **-care** and **-gare** insert an **h** before the **-er** to keep the hard sound.

> Chi pa**gherà** il conto?
>
> Domenica gio**cheremo** a calcio.

VERBS WITH IRREGULAR FUTURE STEMS			
essere	**sarò**	dare	**darò**
avere	**avrò**	fare	**farò**
		stare	**starò**
andare	**andrò**		
dovere	**dovrò**	bere	**berrò**
potere	**potrò**	venire	**verrò**
sapere	**saprò**	volere	**vorrò**
vedere	**vedrò**		
vivere	**vivrò**		

—Sarò breve...

For the rest of the conjugation of these verbs, simply add the future endings to the stems: sa**rò**, sa**rai**, sa**rà**, sa**remo**, sa**rete**, sa**ranno**. ✷

||| Facciamo pratica! . . . .

A. Cosa faranno dopo l'università? Domandate e rispondete.

ESEMPIO: Mario / andare in America →
—Cosa farà Mario dopo l'università?
—Andrà in America.

1. Francesca / fare il medico
2. Raffaele / lavorare in banca
3. voi / cercare lavoro
4. Carlo e Susanna / sposarsi
5. Grazia e Federica / divertirsi
6. tu e Mara / viaggiare in Europa
7. noi / non dovere più studiare

B. Che cosa farà sabato sera la famiglia Filippini?

1. i signori Filippini / giocare a bridge
2. la figlia Marisa / andare a ballare
3. il figlio Giuliano / uscire con gli amici
4. il nonno / mangiare un bel piatto di ravioli
5. la nonna / guardare la TV
6. il gatto / dormire sulla poltrona di papà

C. Che cosa faranno questi laureati (*graduates*)?

1. i medici / curare i malati
2. i professori / insegnare
3. gli uomini d'affari / fare soldi
4. i giornalisti / scrivere articoli
5. gli attori / recitare
6. e altri / fare i disoccupati (*unemployed*)

D. Passato e futuro. Domandate e rispondete secondo l'esempio, usando la forma adatta del verbo.

ESEMPIO: —Io ho già finito l'università. E tu, quando la finirai?
—La finirò l'anno prossimo.

1. —Io mi sono già laureato. E tu, quando _____ (laurearsi)?
—_____ fra due anni.
2. —Io ho già visto l'ultimo film di Coppola. E voi, quando lo _____ (vedere)?
—Lo _____ domani sera.
3. —Noi ci siamo già sposati. E voi, quando _____ (sposarsi)?
—_____ in primavera.
4. —Io ho già dovuto dare l'esame di matematica. E Lei, signorina, quando _____ (dovere) darlo?
—(Io) _____ darlo in giugno.
5. —Io ho già saputo il mio voto in italiano. E voi, quando lo _____ (sapere)?
—Lo _____ venerdì prossimo.
6. —Io ho già risposto alla nonna. E tu, quando le _____ (rispondere)?
—Le _____ quando _____ (avere) tempo.
7. —Io ho già imparato l'italiano. E tu, quando lo _____ (imparare)?
—Io non lo _____ mai.

E. Completate il dialogo con il futuro dei verbi tra parentesi.

—Professore, dove _____[1] (andare) quando _____[2] (essere) in Italia?
—_____[3] (stare) due mesi a Venezia e poi _____[4] (andare) a Roma. E voi, ragazzi, quando _____[5] (venire) a trovarmi?
—Quest'estate noi non _____[6] (potere), perché _____[7] (dovere) lavorare, ma in autunno forse _____[8] (avere) abbastanza soldi per il viaggio.

F. Quando avrai quarant'anni, cosa farai?

ESEMPIO: Quando avrò quarant'anni, sarò sposato e avrò tre figli (farò l'avvocato, abiterò a New York...). E tu? (Usa dieci verbi.)

SUGGERIMENTI (*Suggestions*): guadagnare, lavorare, viaggiare, essere, vivere, divertirsi

ᵃdue giornalisti famosi
ᵇ*would like*

RAPIDI SCAMBI

1. —Simonetta, suonano alla porta. Chi sarà?
—Deve essere l'elettricista che ho chiamato ieri per riparare la lavatrice.
—Che fortuna! Di solito si deve aspettare una settimana.

2. —Bella quella macchina! Quanto potrà costare?
   —Costerà almeno venti milioni. Troppo cara per noi.

3. —Sempre affascinante l'architetto Perini. Quanti anni avrà?
   —Ormai ne avrà quasi cinquanta. Ha due figli che sono all'università.

4. —A che ora arriva Gabriella a Parigi?
   —A quest'ora sarà già arrivata. È partita ieri sera alle undici.

5. —Anna, quanti anni avevano i tuoi nonni quando sono venuti negli
   Stati Uniti?
   —Erano molto giovani. Avranno avuto vent'anni.

COME SI DICE?

(dovere)
  si deve one must
riparare to repair, fix
suonare to ring; to play (an
  instrument)
Suonano alla porta. The door
  bell is ringing. (*lit.* They
  are ringing at the door.)
	la lavatrice washing machine
	
	affascinante charming, fascinating
	
	a quest'ora by this time
	Che fortuna! What luck!

||| Facciamo pratica! . . . .

A. Ripetete gli scambi tra di voi.

B. Domandate e rispondete.

   1. Chi ha chiamato Simonetta ieri?
   2. Quanto tempo si deve aspettare di solito per avere un elettricista?
   3. Com'è l'architetto Perini?
   4. Quanti anni avrà?
   5. Cosa fanno i figli dell'architetto Perini?
   6. Dov'è andata Gabriella?
   7. A che ora è partita?
   8. Dove sono andati i nonni di Anna quando erano giovani?

THE FUTURE PERFECT

	CON **avere**			CON **essere**	
avrò ⎫		avremo ⎫	sarò ⎫		saremo ⎫
avrai ⎬ imparato		avrete ⎬ imparato	sarai ⎬ uscito/a		sarete ⎬ usciti/e
avrà ⎭		avranno ⎭	sarà ⎭		saranno ⎭

1. The future perfect (**futuro anteriore**) is formed with the future of **avere** or **essere** + *the past participle* of the verb.

> Lo **avrò fatto** per domani.   *I will have done it by tomorrow.*
>
> **Saremo** già **arrivati** per le sei.   *We will already have arrived by six o'clock.*

2. The future perfect is used primarily to express probability in the past, that is, a guess or hypothesis about the past.

> Quanti anni **avrà avuto** Mara quando si è sposata? —**Avrà avuto** vent'anni.   *How old do you think Mara was when she got married? —She must have been twenty.*
>
> Che ora **sarà stata** quando siamo andati a letto? —**Saranno state** le due.   *What time do you think it was when we went to bed? —It must have been two o'clock.*

3. Compare the use of the **futuro anteriore** with the use of the **futuro semplice**. In Italian, the **futuro semplice** is frequently used to express a guess or hypothesis about the present.

> Quanti anni **avrà** Mara? —**Avrà** trent'anni.   *How old do you think Mara is? —She's probably thirty.*
>
> Che ora **sarà**? —**Saranno** le otto.   *What time do you think it is? —It must be eight o'clock.*

||| **Facciamo pratica!** . . . .

A. Situazioni. Cosa si chiedono (*What are they asking*) in queste situazioni? Usate il futuro di probabilità (presente o passato, come necessario).

1. Sabina e Valerio devono andare a teatro alle nove. Sono le otto e mezzo e Valerio non è ancora tornato. Sabina è preoccupata. Cosa si chiede Sabina?

   Dove _____ª (essere)? Cosa _____ᵇ (fare) quel mascalzone (*rascal*)? Dio mio! _____ᶜ (avere) un incidente (*accident*)? _____ᵈ (fermarsi) al bar con gli amici? Quel distratto (*absent-minded person*) _____ᵉ (dimenticare) che dobbiamo andare a teatro?

2. Gli amici non vedono da molto tempo Giulietta e Tommaso. Cosa si chiedono?

   Dove _____ª (essere)? _____ᵇ (vivere) ancora qui a Mantova? _____ᶜ (cambiare) casa? _____ᵈ (partire)? Non _____ᵉ (stare) più insieme?

3. Gli studenti parlano del nuovo insegnante di storia che non conoscono ancora. Cosa si chiedono? Completate le domande.

   A: _____ (essere) simpatico?
   B:
   A: Quanti anni _____ (avere)?
   B:
   A: Dove _____ (laurearsi)?
   B:
   A: _____ (sapere) spiegare bene?
   B:
   A: _____ (dare) molti compiti?
   B:

RAPIDI SCAMBI

1. —Dina, esci con Giorgio stasera?
   —No, con lui non esco più. Abbiamo litigato.
   —Allora vieni a cena da noi.
   —Volentieri, grazie.

2. —Per chi è questo bel pacchetto, Alfredo?
   —È per te, cara. Aprilo e dimmi se ti piace.
   —Che pensiero carino! Sei proprio un tesoro.

3. —Violetta, non lasciarmi! Non posso vivere senza di te.

   —Non esagerare, Rodolfo, vivrai benissimo senza di me. Troverai subito un'altra ragazza.

4. —Claudia, conosci i Duranti?

   —Conosco lui ma non lei. Saranno da voi sabato sera?

   —Sì, è una coppia simpatica e abitano vicino a noi.

5. —Che tipo è l'avvocato Solmi?

   —Secondo me è un ottimo professionista, ma un pessimo marito. È
   molto intelligente, ma è un egoista che pensa solo a sé.

Proverbio

Chi fa da sé, fa per tre.	*He who manages by himself accomplishes as much as three people.*

COME SI DICE?

---

esagerare to exaggerate
litigare to quarrel

l'egoista selfish person
il pacchetto little package
il pensiero thought
il/la professionista professional
   person

ọttimo/a very good, excellent
pẹssimo/a very bad, terrible

da noi (voi) to, at our (your) place
secondo me in my opinion (*lit.*,
   according to me)
senza di te, di me without you,
   me

Che tipo è? What is he/she like?
Pensa solo a sé. He/She thinks
   only about himself/herself.
Sei proprio un tesoro! What a darling! (*lit.* You are really a
   treasure!)

||| Facciamo pratica! . . . .

A. Ripetete gli scambi tra di voi.

B. Domandate e rispondete.

   1. Perché Dina non esce con Giorgio?
   2. Che ci sarà nel pacchetto di Alfredo?

3. Chi non può vivere senza Violetta?
4. Claudia conosce la signora Duranti?
5. È un buon marito l'avvocato Solmi?

DISJUNCTIVE PRONOUNS

me	*me, myself*	noi	*us, ourselves*
te	*you, yourself*	voi	*you, yourselves*
lui	*him*	loro	*them*
lei	*her*	Loro	*you*
Lei	*you*		
sé	*himself, herself, yourself*	sé	*themselves, yourselves*

—Addio, ti lascio. Sei un egoista,
non pensi che[a] a te stesso.

[a]non... *you think only*

1. Disjunctive pronouns are used primarily after prepositions.

Lavorano **per lei**.　　　　　*They work for her.*
È uscito **con te**?　　　　　　*Did he go out with you?*
Preferiscono farlo **da sé**.　　*They prefer to do it by*
　　　　　　　　　　　　　　　themselves.

After **dopo, prima, senza, sopra, sotto,** and **su,** the preposition **di** is required before the pronoun.

Non posso vivere **senza di te**!　*I can't live without you!*
Prego, **dopo di Lei**, signora.　*Please, after you, Madam.*

2. Disjunctive pronouns are also used after verbs to replace direct or indirect object pronouns for special emphasis. Note the difference in the following examples.

Giorgio **ti** guarda.　　　　*Giorgio is looking at you.*
Giorgio guarda **te**!　　　　*Giorgio is looking at **you**!*

Gli telefonerò.　　　　　　*I will call him.*
Telefonerò a **lui**!　　　　　*I will call **him**!*

Ci ha scritto.　　　　　　　*She wrote to us.*
Ha scritto proprio a **noi**!　*She really wrote to **us**!*

3. They are also used when the verb has two or more direct or indirect objects.

Hanno invitato Paolo,　　　*They invited Paolo, Fran-*
　Francesca, **te** e **me**.　　　*cesca, you, and me.*
Abbiamo parlato a **lui** e a **lei**.　*We spoke to him and to her.*

Attenzione!

■ Two of the most common idiomatic uses of the disjunctive pronouns occur with the prepositions **secondo** (*according to*) and **da**.

Secondo te, sono belli i quadri di Modigliani?

I bambini vogliono sempre fare tutto **da sé**.

Andiamo **da lui** stasera?

In your opinion, are Modigliani's paintings beautiful?

Children always want to do everything by themselves.

Shall we go to his place tonight?

||| **Facciamo pratica!** . . . .

A. Domandate e rispondete, sostituendo alle parole indicate il pronome tonico (*disjunctive*) adatto.

ESEMPIO: —Pensi sempre a Giorgio?
—Sì, penso sempre a lui.   (No, non penso sempre a lui.)

1. Gianna ama Lorenzo?
2. Stasera uscite con i Barsanti?
3. Professore, parla a me?
4. I bambini staranno da voi?
5. Franco, ami me o Laura?
6. Hai invitato Renzo e Lucia?
7. Hai bisogno di me?
8. Esce sempre con la moglie?

B. Situazioni. Completate gli scambi con pronomi adatti e preposizioni dove necessario.

1. —Carla, vieni al cinema _____ stasera?
   —Mi dispiace, ma stasera non posso uscire _____. Devo studiare.
2. —Per chi sono questi bei fiori?
   —Cara, sono _____.
3. —Zia, sono _____ questi cioccolatini?
   —Sì, bambini, sono _____.
4. —Professore, parla _____?
   —Sì, ragazzi, parlo proprio _____!
5. —Gino, partiamo insieme o parti prima _____?
   —No, partirò dopo _____.
6. —Renata e Tito, dove abita l'ingegner Costa, sopra _____?
   —No, abita sotto _____.
7. —Margherita, in casa fai tutto da _____?
   —Sì, purtroppo, faccio tutto _____. Mio marito non mi aiuta mai.

Dynasties That Drive Commerce

WHEN Eleonora Gardini and Giuseppe Cipriani announced their engagement in Venice recently, Italian newspapers hardly knew whether to print the news on the social or the financial page.

Eleonora is the offspring of Raul Gardini, the financial wizard who runs the giant Ferruzzi agribusiness group. Giuseppe's father is Arrigo Cipriani, who operates a number of food companies and restaurants, including Harry's Bar, in Venice and New York.

In the end, the news was treated as a romance rather than a merger. All the same, it focused attention on the central position that families — from the Medicis of Florence to the Agnellis of Fiat — have always occupied in Italian economic affairs.

Indeed, Italian economists attribute much of the country's recent economic vigor to a fresh generation of entrepreneurs whose fathers were masters of a particular trade: The Danielis of Udine lead in mini-steelmills, the Pininfarinas produce expensive sports cars, the Bollas of Verona make quality wines.

"There is a strong family tradition in Italy," said Giovanni Palmerio, director of the Institute of Economic Studies at the Luiss University in Rome. "It is similar perhaps to that among recent ethnic groups — like the Chinese or Indians — in the United States."

Indeed, in Italy, the company was born as a family enterprise, said Giuseppe De Rita, secretary general of the Censis economic research group. "In the Middle Ages, if a small entrepreneur, a farmer or artisan borrowed money, it was on a family basis, against family goods, even against his own wife."

Some of today's family ventures go back almost that far. The Beretta clan has manufactured arms near Brescia since the 16th century; the Counts of Zecca managed farms in Apulia since the 17th century.

Others are relative newcomers. The success of the Jacorossi family in Rome was part of the energy explosion that, in turn, was sparked by Italy's postwar economic resurgence. The Fendi sisters, also of Rome, took the business of tailoring and built it into a modern fashion empire.

Source: *The New York Times*

LETTURA

Il nuovo volto° dell'Italia   *aspect*

Il signor Tanganelli, ex-contadino diventato operaio nel dopoguerra, dice con fierezza° alla signora Albergotti, ex-proprietaria terriera: «Signora mia, io ho fatto solo la terza elementare e ho lavorato sempre
5 con le mani, ma mio figlio fa il ragioniere e mia figlia la maestra.»

    Nello stesso paese dove abita il Tanganelli c'è anche un certo Marino Bruschi, geometra, soprannominato° scherzosamente° «il barone». Lui fa l'imprenditore edile,° si è comprato villa e terre, gioca a tennis e gira° in un'Alfa Romeo sport. I suoi genitori ora vivono da
10 signori con il figlio, ma da giovane il padre di Marino faceva il muratore.

pride

nicknamed / jokingly
building contractor
goes around

Le storie dei signori Tanganelli e Bruschi sono tipiche di molte famiglie italiane e dimostrano° in modo concreto i cambiamenti avvenuti° nella struttura sociale in seguito° alla rapida industrializzazione del paese dopo la seconda guerra mondiale.

15   L'Italia è oggi al quinto o sesto° posto tra i paesi a economia avanzata e «il paesano» che un tempo doveva emigrare in cerca di lavoro negli Stati Uniti, in Argentina o in Venezuela, ormai è una figura del passato.

show
i... the changes which happened / in... following

quinto... fifth or sixth

COME SI DICE?

il contadino peasant
il geometra land surveyor
l'industrializzazione industrialization
il maestro, la maestra elementary teacher
il muratore bricklayer
il paesano peasant; fellow countryman
il paese village, small town; country
il proprietario terriero landowner
il ragioniere accountant
la terra land

emigrare to emigrate
vivere da signori to live in grand style (*lit.* to live as lords)

a economia avanzata with an advanced economy, industrialized
da giovane as a young man/woman
in cerca di lavoro looking for work

||| Facciamo pratica! . . . .

Riassunto (*Summary*): La famiglia Tanganelli e la famiglia Bruschi. Scrivete cinque o sei righe (*lines*).

CAPITOLO 16

IL GRANDE ESODO

Bagnara Calabra: Un'oasi di pace sul mare della Calabria (© Albert Squillace)

RAPIDI SCAMBI

1. —Giulia, prenotiamo il solito alberghetto a Rimini?
   Altrimenti non troveremo posto.
   —Senti, Enrico, quest'anno preferirei cambiare. Che ne
   diresti di andare in Sardegna?
   —Siamo già a maggio. Ho paura che sarà un problema per
   il traghetto.
   —Telefono subito all'agenzia di viaggi.

2. —Silvana, mi faresti un favore? Potresti prestarmi la tenda
   per due settimane in luglio?
   —Mi dispiace, ma non posso. In luglio faccio un
   campeggio anch'io con un gruppetto di amici.
   —Dove andrete?
   —All'isola d'Elba.

3. —Pronto, chi parla?
   —Pensione Smeralda. Desidera?
   —Vorrei prenotare una camera matrimoniale con bagno, dal
   15 al 30 luglio.
   —Mi dispiace, signora. Luglio e agosto, tutto esaurito.
   —Che peccato! Proverò a un altro albergo.

4. —Ragazzi, dove vi piacerebbe andare in vacanza?
   —Ci piacerebbe tanto andare a New York, ma il
   viaggio costa troppo.
   —Be', potreste trovare un lavoro a New York.
   —Bella vacanza!

COME SI DICE?

l'alberghetto small hotel
la camera matrimoniale double
 room with king- or queen-
 sized bed
la camera singola single room
il gruppetto small group
la pensione small hotel, boarding
 house
la tenda tent
il traghetto ferryboat

(fare)
 faresti would you do
(potere)
 potresti, potreste could you
 (*s.* and *pl.*)

(preferire)
 preferirei I would prefer
(volere)
 vorrei I would like (*lit.* I would
 want)

altrimenti otherwise
Che ne diresti? What do you say?
 (*lit.* What would you say
 about it?)
Desidera? May I help you?
 (*lit.* Do you wish . . . ?)
**Dove vi piacerebbe andare in
 vacanza?** Where would you
 like to go on vacation?
Tutto esaurito. No vacancy.

INFORMAZIONI

La Sardegna è la seconda isola italiana per grandezza dopo la Sicilia, caratterizzata da montagne all'interno e da splendide coste. Abitata fin da epoche preistoriche, oggi è famosa per gli eleganti villaggi turistici sul mare. ▶

© Morin/Mankmeyer

© Barone/Monkmeyer

◀ **L'Isola d'Elba** è una piccola isola sul mare Tirreno, di fronte alla Toscana.

||| Facciamo pratica! . . . .

A. Ripetete gli scambi tra di voi.

B. Domandate e rispondete.

1. Dov'è la Sardegna?
2. Dove preferisce andare in vacanza quest'anno Giulia?
3. Che cos'è la Sardegna?
4. Come possiamo andarci?
5. Perché Silvana non può prestare la tenda alla sua amica?
6. Dove farà il campeggio Silvana?
7. In quali mesi non ci sono camere disponibili (*available*) alla Pensione Smeralda?
8. In quale città americana piacerebbe andare a molti ragazzi italiani?

THE PRESENT CONDITIONAL

—Parleresti volentieri
in pubblico?
—No, non parlerei mai.

—Signorina, preferirebbe
il treno o l'aereo?
—Preferirei il treno,
perché ho paura di
volare.

I **parlare**		II **ripetere**		III **preferire**	
parl**erei**	parl**eremmo**	ripet**erei**	ripet**eremmo**	prefer**irei**	prefer**iremmo**
parl**eresti**	parl**ereste**	ripet**eresti**	ripet**ereste**	prefer**iresti**	prefer**ireste**
parl**erebbe**	parl**erebbero**	ripet**erebbe**	ripet**erebbero**	prefer**irebbe**	prefer**irebbero**

1. The Italian present conditional corresponds to the English forms
   would + infinitive.

   Io ti **presterei** la mia macchina
   ma non posso.

   *I would lend you my car but
   I can't.*

> Non **partirebbe** mai senza la   *He would never leave with-*
> moglie.   *out his wife.*

2. The conditional is formed by adding the conditional endings to the stem of the future. The verb endings of the conditional are the same across the three conjugations.

3. Since the stem of the conditional is the same as that of the future, all verbs which have an irregular stem in the future will have the same irregular stem in the conditional.

VERBS WITH IRREGULAR CONDITIONAL STEMS					
	Future	*Conditional*		*Future*	*Conditional*
essere	**sarò**	**sar**ei	dare	**darò**	**dar**ei
avere	**avrò**	**avr**ei	fare	**farò**	**far**ei
			stare	**starò**	**star**ei
andare	**andrò**	**andr**ei			
dovere	**dovrò**	**dovr**ei			
potere	**potrò**	**potr**ei	bere	**berrò**	**berr**ei
sapere	**saprò**	**sapr**ei	venire	**verrò**	**verr**ei
vedere	**vedrò**	**vedr**ei	volere	**vorrò**	**vorr**ei
vivere	**vivrò**	**vivr**ei			

4. The same spelling changes that apply to the future also apply to the conditional.

cominciare	comin**cerò**	comin**cer**ei
mangiare	man**gerò**	man**ger**ei
dimenticare	dimenti**cherò**	dimenti**cher**ei
pagare	pa**gherò**	pa**gher**ei

5. As in English, the conditional is frequently used to emphasize politeness in a wish or request.

Attenzione!

▪ Be sure to keep clear in speaking and in writing the distinction between these forms:

parler**emo**	*we will speak*
parler**emmo**	*we would speak*
compr**eresti**	*you (s.) would buy*
compr**ereste**	*you (pl.) would buy*

||| Facciamo pratica! . . . .

A. Cosa farebbero durante la vacanze le seguenti persone?

> ESEMPIO: Lo zio Augusto andrebbe volentieri a caccia (*hunting*).

1. Papà _____ (restare) volentieri a casa.
2. Mamma _____ (volere) riposarsi in un bell'albergo.
3. I miei fratelli _____ (fare) volentieri un campeggio in Sicilia.
4. Mia sorella ed io _____ (preferire) fare un viaggio all'estero.
5. Il mio ragazzo _____ (andare) volentieri a New York.
6. Ai miei amici _____ (piacere) passare venti giorni sulla costa Smeralda.
7. E voi, cosa _____ (volere) fare?

B. Leggete attentamente e poi completate i seguenti scambi con il condizionale. Ripetete gli scambi tra di voi.

1. In un ristorante a Rimini.

   —Maria, io _____ᵃ (mangiare) volentieri un risotto alla marinara. E tu che vuoi?
   —Io _____ᵇ (prendere) gli spaghetti alle vongole (*clams*). E tu cosa _____ᶜ (bere)?
   —Un vino bianco e secco, naturalmente!

2. In un albergo sulla costa Smeralda.

   —Signori, come vogliono pagare il conto?
   —Noi _____ᵃ (pagare) con la carta di credito, va bene?
   —_____ᵇ (potere, Loro) lasciarmi un documento?
   —Ecco il passaporto.

3. In un campeggio all'Isola d'Elba.

   —Matteo, mi _____ᵃ (prestare) ventimila lire? Devo pagare la benzina.
   —Te le _____ᵇ (dare) volentieri, ma ho solo un biglietto da L. 100.000.

4. Su un aereo per New York.

   —Signorina, mi sento male, _____ᵃ (potere) avere un Alka Seltzer per favore?
   —Sì, signore. Ma _____ᵇ (potere) aspettare un momento? Ora sono molto occupata.

C. E ora, prendendo a modello l'esercizio B, organizzate scambi per le seguenti situazioni.

1. Due amici in un ristorante.
2. Cliente e cameriere in un caffè.
3. Una coppia discute (*discusses*) dove andrà in vacanza.
4. Dovete pagare un conto e non avete abbastanza soldi. Li chiedete a un amico.

CONDITIONAL OF *DOVERE, POTERE,* AND *VOLERE*

Vorremmo una camera doppia, per favore.

Dovreste studiare di più!

Scusa, potresti darmi un passaggio?

Dovere

The conditional of **dovere** corresponds to *should* and *ought to*.

Professore, cosa posso fare per avere un bel voto? —**Dovresti** studiare di più.	*Professor, what could I do to get a good grade? —You should study more.*
Dovremmo telefonare alla nonna. Oggi è il suo compleanno.	*We should call grandma. Today is her birthday.*

Potere

The conditional of **potere** corresponds to *could* or *would be able to*.

Potresti telefonarmi stasera?	*Could you call me tonight?*
Non **potrebbe** mai farlo da sé.	*He could never do it by himself.*

Volere

Although the conditional of **volere** translates literally as *would want*, it is generally used with the meaning *would like*.*

---

*The conditional of **piacere** can also be used to mean *would like*: **Mi piacerebbe comprarmi una Jaguar.** Although the difference is slight, **volere** is generally used to express requests and intentions, whereas **piacere** indicates a more general desire.

Vorrei una birra.   *I would like a beer.*
Vorremmo una camera   *We would like a double room.*
doppia.

The conditional rather than the present indicative of **volere** is almost always used to express a request in a business or social situation, to avoid the appearance of an abrupt or imperious tone.

Attenzione!

■ Observe the difference in these examples.

Ieri non **sei potuto** uscire.   *Yesterday you couldn't go out.*

Potresti darci un passaggio?   *Could you give us a ride?*

In the first example *could* expresses a situation in the past (*I wasn't able to*). In the second example it expresses a possibility in the present.

||| Facciamo pratica! . . . .

A. Completate gli scambi con il condizionale.

1. —Franco, _____ (potere) darmi il numero di telefono dell'albergo Miramare?
   —Eccolo! Ma _____ (dovere) telefonare subito se vuoi trovare posto.
2. —Pronto, albergo Miramare? _____ (volere) una camera doppia con bagno per la prima settimana di agosto, per favore.
   —Mi dispiace, signore, ma non c'è posto. Però _____ (noi potere) trovarle una camera al Cristallo, qui vicino.
   —Scusi, _____ (potere) dirmi quanto costa?
   —250.000 lire al giorno.
   —No, grazie; troppo caro.
3. —Ragazzi, _____ (venire) con noi al mare quest'estate?
   —E dove andate?
   —_____ (noi volere) passare quindici giorni all'isola d'Elba.
   —Benissimo! I Brandini _____ (potere) prestarci la barca. Loro vanno in Cina e non ne hanno bisogno.

B. Cosa diresti in queste situazioni? Usate il condizionale di **potere**, **dovere** o **volere**.

1. Vuoi fare un viaggio ma non hai tempo.
2. Chiedi a due amici se vogliono fare un campeggio con te.
3. Chiedi a un vigile (*policeman*) se può dirti dov'è l'ufficio postale.
4. Dovete fare questo esercizio ma non volete farlo.
5. Chiedi a un amico se può accompagnarti a casa.
6. Devi pagare il conto, ma non hai soldi.

RAPIDI SCAMBI

1. —Gina, dimmi, dove vai questo weekend?
   —No, cara, non te lo dico. È un segreto.

2. —Papà, ci presti la macchina domenica? Maurizio ci ha invitati a una festa
   nella sua casa di campagna.
   —Mi dispiace, ragazzi, ma non posso darvela. Questo weekend la usiamo noi.

3. —Silvia, chi ti ha regalato questi begli orecchini?
   —Me li ha regalati Giacomo per il mio compleanno.

4. —Fabrizio, hai mandato una cartolina da Rimini alla nonna?
   —Santo Cielo! Non gliel'ho mandata!
   —Telefonale subito e dille che sei tornato.

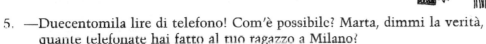

5. —Duecentomila lire di telefono! Com'è possibile? Marta, dimmi la verità,
   quante telefonate hai fatto al tuo ragazzo a Milano?
   —Gliene ho fatte solo due, papà.
   —Allora vuol dire che hai parlato troppo!

COME SI DICE?

la cartolina postcard	**Non posso darvela.** I can't give it
il segreto secret	to you (*pl.*).
la verità truth	**Non gliel'ho mandata.** I haven't
	sent it to him/her.
Non te lo dico. I won't tell	
you (*s.*).	**Santo Cielo!** Good heavens!

||| **Facciamo pratica!** . . . .

A. Ripetete gli scambi tra di voi.

B. Domandate e rispondete.

1. Perché Gina non dice dove andrà in vacanza?
2. Perché i ragazzi hanno bisogno della macchina?
3. Cosa ha regalato Giacomo a Silvia per il suo compleanno?
4. A chi doveva mandare una cartolina Fabrizio?
5. Quant'è il conto del telefono?

DOUBLE OBJECT PRONOUNS

Before beginning this section, review the discussion of direct and indirect object pronouns in Chapter 10.

A quick reminder:

Scrivi **l'esercizio**?	Sì, **lo** scrivo.
Scrivi **le lettere**?	Sì **le** scrivo.
Scrivi **a Mario**?	Sì, **gli** scrivo.
Scrivi **a Carolina**?	No, non **le** scrivo.

Remember that the direct object answers the question *What?* or *Whom?*
The indirect object answers the question *To whom?* or *For whom?*

INDIRECT OBJECT PRONOUNS	DIRECT OBJECT PRONOUNS				
	lo	la	li	le	ne
mi	me lo	me la	me li	me le	me ne
ti	te lo	te la	te li	te le	te ne
gli, le, Le	glielo	gliela	glieli	gliele	gliene
ci	ce lo	ce la	ce li	ce le	ce ne
vi	ve lo	ve la	ve li	ve le	ve ne
... loro (Loro)	lo ... loro	la ... loro	li ... loro	le ... loro	ne ... loro

1. When combined, indirect object pronouns always precede direct object pronouns, with the exception of **loro**, which always directly follows the verb.*

2. For phonetic reasons, the **i** of **mi, ti, ci,** and **vi** becomes an **e** before direct object pronouns and **ne**.

3. **Gli, le,** and **Le** become **glie**, and form one word with direct object pronouns and **ne**.

4. For position, double object pronouns follow the same rules as simple object pronouns. The double pronouns precede a conjugated verb; they are attached to the infinitive, and to the **tu, noi,** and **voi** imperative forms.

—Carlo, mi fai una foto?
—Sì, cara, **te la** faccio subito.

Me lo dai, per favore.	*Would you give it to me, please?*
Posso dar**glielo.** **Glielo** posso dare.	*I can give it to him.*
Da**gliene** uno!	*Give her/him one!*
Da**mmeli**!	*Give them to me!*

As always, the **loro** forms constitute an exception.

Posso dar**la loro.** **La** posso dare **loro.**	*I can give it to them.*

5. The stress of the verb remains the same whether one or two pronouns are attached.

—Un biglietto per Torino, per favore.
—**Glielo** do subito, signora.

Ripetete il verbo.	Ripetetelo.	Ripetetemelo.

||| **Facciamo pratica!** . . . .

A. Ditelo bene! Ascoltate l'insegnante e ripetete facendo attenzione all'accento.

1. Ripetete lo scambio con me!	Ripetetelo con me!
2. Studiate bene i verbi!	Studiateli bene!
3. Diciamo buongiorno a Giorgio!	Diciamoglielo!
4. Porta due bottiglie a Carlo!	Portagliene due!

---

*In colloquial Italian, the **glielo**, **gliela** forms (third person singular) frequently substitute for the **lo... loro**, etc., forms.

5. Telefonate <u>a Gilda</u> alle otto.   Telefon*ate*le alle otto.
6. Compra <u>i garofani rossi</u> <u>per la</u>   Compra*glieli* rossi.
   <u>mamma</u>.
7. Fam<u>mi</u> <u>questo piacere</u>!   Fam*melo*!
8. Non dire <u>ai ragazzi</u> <u>che sto male</u>!   Non dir*glielo* per piacere!
9. Non dimenticate <u>le chiavi</u> a casa.   Non dimentica*te*le a casa.
10. Prenota<u>mi</u> <u>la camera</u> per domani.   Prenota*mela* per domani.

B. Attenzione all'inflessione! Ascoltate attentamente l'insegnante e
   ripetete.

1. Posso dire <u>alla nonna</u> <u>che ti sposi</u>?

   Posso dirglielo?   Diglielo pure!

2. Devo mandarti <u>il regalo</u>?

   Devo mandartelo?   Mandamelo pure!

3. Dobbiamo telefonare <u>a papà</u>?

   Dobbiamo telefonargli?   Telefonategli pure!

4. Devo chiedere <u>i soldi</u> <u>a papà</u>?

   Devo chiederglieli?   Chiediglieli pure!

5. Devo ripeterti <u>la domanda</u>?

   Devo ripetertela?   Ripetimela pure!

C. E ora, date l'equivalente delle frasi in B in inglese.

D. Situazioni. Al ristorante. Domandate secondo l'esempio.

> ESEMPIO: risotto alla marinara →
>   Cameriere, vorrei il risotto alla marinara. Me lo porta
>   per favore?

1. spaghetti alle vongole   5. insalata di riso
2. fettuccine ai funghi   6. pollo arrosto
3. pesce alla griglia   7. frutta di stagione
4. fragole con panna   8. gelato di crema

Questa volta, il cameriere risponde. Ripetete l'esercizio secondo
l'esempio usando il vocabolario precedente.

> ESEMPIO: —C'è il risotto alla marinara?
>   —Sì, signore, glielo porto subito!

E. Potresti prestarmi... ? Chiedi a un amico di prestarti le seguenti cose, e
   digli perché ne hai bisogno.

> ESEMPIO: la macchina →
>   —Potresti prestarmi la macchina? Devo uscire stasera.
>   —Sì, te la presto volentieri. (Mi dispiace, non posso
>   prestartela, perché la uso io stasera.)

1. 50 dollari
2. gli sci
3. la barca

4. il sacco a pelo (*sleeping bag*)
5. la tenda
6. le valige

Potresti prestarci... ? Ripetete l'esercizio secondo l'esempio.

> ESEMPIO: la macchina →
> —Potresti prestarci la macchina?
> —Sì, ve la presto volentieri. (No, non posso prestarvela.)

F. Al ritorno da una gita con la scuola, la mamma domanda... Domandate e rispondete secondo l'esempio.

> ESEMPIO: Hai mandato <u>una cartolina</u> <u>alla nonna</u>? →
> Sì, gliel'ho mandat*a*. (No, non gliel'ho mandat*a*.)

1. Hai comprato <u>un regalino</u> <u>per la tua sorellina</u>?
2. Hai mandato <u>una cartolina</u> <u>agli zii</u>?
3. Hai dato <u>la mancia</u> <u>alla guida</u>?
4. Hai potuto fare <u>una telefonata</u> <u>ai signori Giacomini</u>?
5. Hai fatto <u>fotografie</u> <u>ai tuoi compagni</u>?
6. Ne hai fatta <u>una anche</u> <u>al professore</u>?
7. Tu e i tuoi compagni avete offerto <u>una cena</u> <u>al professore</u>?

G. Situazioni. La famiglia è al mare. Domandate e rispondete secondo l'esempio.

> ESEMPIO: Compriamo <u>il gelato</u> <u>a Carletto</u>?
> Sì, compriamoglielo!

1. Compriamo <u>la pizza</u> <u>ai bambini</u>?
2. Facciamo <u>una foto</u> <u>a Maria</u>?
3. Chiediamo quanto <u>costa il biglietto</u> <u>all'impiegato dell'agenzia di viaggi</u>?
4. Scriviamo <u>una cartolina</u> <u>alle tue sorelle</u>?
5. Prenotiamo <u>una camera</u> <u>per tuo padre</u>?

ANOTHER USE OF *NE*

The pronoun **ne** is also used to replace an object introduced by the preposition **di**.

Hai bisogno **di aiuto**?	*Do you need any help?*
—Grazie, non ne ho bisogno.	*—Thanks, I don't need any.*

Avete parlato **delle vacanze**? —Sì, ne abbiamo parlato.

Did you talk about (your) vacation? —Yes, we did talk about it.

Hai paura **di volare**? —No, non ne ho paura.

Are you afraid of flying? —No, I am not afraid of it

Avete deciso **dove andare durante le vacanze**? —No, dobbiamo ancora parlarne.

Have you decided where to go on your vacation? —No, we must still talk about it.

Attenzione!

■ The past participle of verbs conjugated with **avere** agrees with **ne** only when **ne** is used as a direct object pronoun.

Hai bevuto molta birra? —Sì, ne ho bevuta molta.

Did you drink a lot of beer? —Yes, I drank a lot of it.

Hai parlato di politica? —Sì, ne ho parlato.

Did you talk about politics? —Yes, I talked about it.

||| Facciamo pratica! . . . .

A. Create degli scambi che richiedono (*require*) l'uso del pronome **ne** nelle risposte.

ESEMPI: —Avete mangiato molti spaghetti?
—Sì, ne abbiamo mangiati molti.

—Avete parlato delle vacanze?
—Sì, ne abbiamo parlato.

B. Che cosa avete fatto? Al ritorno da un viaggio in Italia gli amici fanno molte domande.

1. Avete visitato molti musei quando eravate a Firenze?
2. Avete avuto bisogno di una guida?
3. Quante cartoline avete mandato?
4. Avete comprato molte belle cose in Italia?
5. Quante città avete potuto vedere?
6. Quando eravate a Roma avete avuto il tempo di fare una gita a Tivoli?
7. Avete parlato della situazione politica con gli italiani?
8. Avete fatto molte foto?
9. Avete avuto paura di viaggiare in aereo?
10. Siete stati contenti del viaggio?

LETTURA 1

——— Vacanze in Italia ———

Le vacanze costituiscono° un aspetto molto importante della società ita-   *constitute*
liana. I lavoratori italiani hanno infatti diritto per legge° a 20 giorni di   diritto... *legal right*
ferie durante l'estate, e a un'altra settimana di vacanza pagata fra
5 dicembre e marzo. Durante questi periodi di riposo, ben pochi° restano   ben... *very few*
a casa. Una buona parte va al mare d'estate e in montagna d'inverno,
altri fanno viaggi in Italia o all'estero e molti giovani scelgono il
campeggio.
   Si è sviluppata così° «l'industria del tempo libero», uno dei settori   Si... *Thus developed*
10 più redditizi° dell'economia italiana. Pensate: agenzie di viaggi, alber-   *profitable*
ghi, abbigliamento, bar, ristoranti, mezzi di trasporto, cartoline, *sou-*
venirs... E oltre° agli italiani ogni anno ci sono milioni di turisti stranieri   *Besides*
che passano le loro vacanze in Italia! Ma la loro scelta è ben giustifi-
cata:° L'Italia è un paese che ha tanto da offrire°!   *justified* / tanto... *so much*
15   Ecco un itinerario particolarmente interessante, nel sud del paese.   *to offer*
   Osservate attentamente la cartina e leggete le informazioni sulla
regione.

LETTURA 2

——— Un itinerario interessante ———

Itinerario: Km. 255

Nella regione del Vesuvio un viaggio tra mare, monti e secoli di storia.
   Tutte le località indicate sulla cartina meritano° una visita a inco-   *deserve*
minciare da Nola, un'antica città che era molto fiorente° al tempo dei   *flourishing*
romani. Ma il tratto° più straordinario è quello da Salerno a Ercolano.   *stretch*
5 La strada con curve mozzafiato° costeggia° prima il mare tra ripide°   curve... *breathtaking curves*
rocce, poi sale tra ulivi, boschi e vigne fino al Valico° di Chiunzi.   / *runs along* / *steep*
                                                                             Pass

La regione del Vesuvio

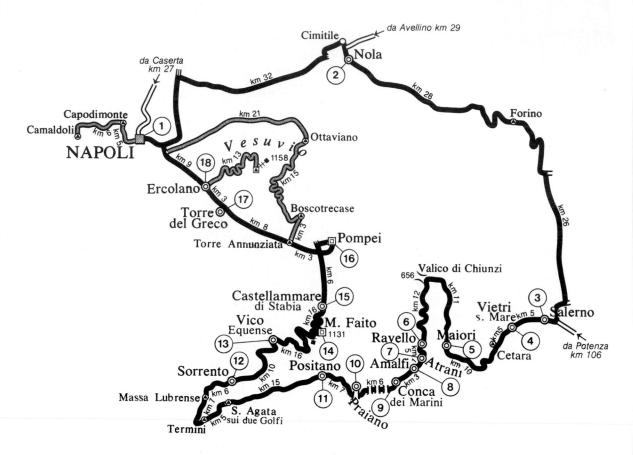

Fermate obbligatorie:° l'incantevole cittadina° di Ravello (il Duo-   required / small town
mo, palazzo Rufolo, il panorama!); Amalfi, città ricca di storia col suo
splendido duomo di stile° arabo-normanno (1203); il pittoresco paesino   style
10 di Positano e la romantica Sorrento coi suoi giardini di aranci e di
limoni. Infine il commovente incontro° con le rovine di Pompei ed   encounter
Ercolano, le due città romane sepolte° dal torrente di lava in seguito   buried
all'eruzione del Vesuvio nel 79 d.C.° Non parliamo di Napoli: Troppo   dopo Cristo
15 ci sarebbe da dire!°   *troppo... there would be too much to say!*

COME SI DICE?

---

le ferie paid vacation
l'industria del tempo libero
    tourist trade
il lavoratore worker
il riposo rest

la cartina small map
l'itinerario itinerary
l'olivo/ulivo olive tree
le rovine ruins
il Vesuvio Mount Vesuvius
la vigna vineyard

commovente moving
noto/a known, famous

salire† to climb; to rise
scegliere* (*p.p.* **scelto**) to choose

▌ Facciamo pratica! . . . .

A. Parliamo delle vacanze! Domandate e rispondete tra di voi.

1. Quanti giorni di vacanze pagate hanno i lavoratori italiani? E quelli americani?
2. Dove va buona parte degli italiani durante le vacanze? E dove vanno in vacanza gli americani?
3. Cosa scelgono di fare molti giovani? E i giovani in America, cosa preferiscono fare durante le vacanze?
4. Chi guadagna con «l'industria del tempo libero»?
5. Perché molti turisti stranieri scelgono di fare un viaggio in Italia?
6. Qual è il nome della regione dove si trova (*is found*) Napoli? (Consultate la carta geografica dell'Italia!)

B. Hai deciso di andare in vacanza in Italia. Scrivi quale città vorresti visitare, in quale stagione vorresti andarci e perché. Preferiresti passare una settimana al mare o in montagna? Dove? Preferiresti viaggiare in macchina, in treno, da solo o con amici, andare in albergo o fare un campeggio?

C. Completate le seguenti frasi usando i nuovi vocaboli.

1. Il Vesuvio è un vulcano vicino a _____.
2. Prima di arrivare al Valico di Chiunzi, la strada sale _____.

---

*Note the following irregular forms in the present: **scelgo, scegli... scelgono**.
†Note the following irregular forms in the present: **salgo... salgono**.

CAPITOLO 17

COME TI VESTI STASERA?

Alta moda: Una creazione di Valentino (© Donato Sardella/W)

RAPIDI SCAMBI

1. —Vanna, ti metti i sandali d'argento stasera per andare al night?
   —No, non me li metto perché mi fanno male e per ballare non sono comodi.

2. —Maurizio si mette giacca e cravatta stasera?
   —Non credo, non se le mette mai.

3. —Rino, è ora di andare a tavola: Lavati le mani e asciugatele bene.
   —Papà, me le sono già lavate!

4. —Mamma, che bella pettinatura! Finalmente ti sei tagliata i capelli!
   —Sì, me li sono tagliati proprio ieri da Remo.
   —Ecco, ora sei proprio una signora alla moda!

COME SI DICE?

la cravatta tie
la moda fashion
  alla moda fashionable, in fashion
la pettinatura hairdo

finalmente at last
proprio just; really

asciugarsi to dry oneself
fare male to hurt

È ora di andare a tavola. It's time to eat (to go to the table).

||| Facciamo pratica! . . . .

A. Ripetete gli scambi tra di voi.

B. Domandate e rispondete.

1. Dove va Vanna stasera? Perché non si mette i sandali d'argento?
2. Maurizio si mette spesso giacca e cravatta?
3. Come si dice in italiano: «*Wash your hands and dry them well.*»?
4. Perché è andata da Remo la mamma? Chi è Remo?
5. Tu vai mai dal parrucchiere? Ti piace pettinarti all'ultima moda? Preferisci i capelli lunghi o corti?

REFLEXIVE AND OBJECT PRONOUNS

Ti tagli spesso **i capelli**? —Sì, **me li** taglio spesso.
Si metterà **i sandali** d'argento stasera? —Sì, **se li** metterà.

Do you cut your hair often? —Yes, I cut it often.
Will she wear her silver sandals tonight? —Yes, she will (wear them).

1. In Italian, a reflexive construction is frequently used to speak about a garment or a part of the body belonging to the speaker, where in English a possessive adjective would most often be used.

2. When reflexive pronouns are used together with direct object pronouns or with **ne**, they undergo the same changes as the indirect object pronouns.

mi → **me**	ci → **ce**
ti → **te**	vi → **ve**
si → **se**	

Ti compri **la cravatta**? —Sì,
me la compro.
Vi lavate **le mani**? —Sì, **ce le**
laviamo.

*Are you buying the tie (for
yourself)? —Yes, I am.
Are you washing your hands?
—Yes, we are.*

3. In compound tenses, the past participle no longer agrees with the subject but with the direct object when the direct object pronoun precedes the verb.

Ti sei fatt**o** la barba, Giorgio?
—No, non me **la** sono fatt**a**.
Maria **si** è mess**a** i nuovi sandali? —Sì, se **li** è mess**i**.
Quante camicie **ti** sei comprat**o**? —Me **ne** sono comprat**e** tre.

*Did you shave, Giorgio?
—No, I haven't.
Did Mary put on her new
sandals? —Yes, she did.
How many shirts did you buy
(yourself)? —I bought three.*

⦀ Facciamo pratica! . . . .

A. Quando ti metti... ? Domandate e rispondete.

> ESEMPIO: i sandali d'argento →
> —Quando ti metti i sandali d'argento?
> —Me li metto per andare a una festa. (Non me li metto mai.)

1. i jeans
2. la camicetta di seta
3. giacca e cravatta
4. il cappotto
5. il costume da bagno (*bathing suit*)

6. gli stivali
7. il cappello (*hat*)
8. l'impermeabile

B. Che cosa si sono messi? Domandate e rispondete secondo l'esempio.

> ESEMPIO: —Vanna, ti sei messa i sandali d'argento ieri sera?
> —Sì, me li sono messi. (No, non me li sono messi.)

1. Valeria, ti sei messa l'impermeabile stamattina?
2. Bambini, vi siete messi i blue jeans?
3. Barbara, ti sei messa la camicetta di seta?
4. Si è messa le perle la mamma per andare a teatro?
5. Si è messo gli stivali papà per andare a caccia?

C. Ripetete gli ordini e rispondete secondo l'esempio.

ESEMPIO: —Lavati le mani!
            —Papà, me le sono già lavate!

1. A: Luisa, asciugati i capelli!
   B:

2. A: Luca, fatti la barba!
   B:

3. A: Ragazzi, mettetevi le scarpe!
   B:

4. A: Costanza, mettiti il cappotto!
   B:

RAPIDI SCAMBI

1. —Ieri pomeriggio sono andata alla Rinascente. C'erano dei bei vestiti e non costavano troppo.
   —Ti sei comprata qualcosa di bello, Clelia?
   —Niente di straordinario: delle camicette e delle gonne per andare in ufficio.

2. —Ornella, cosa devo comprare al supermercato?
   —Sai che sono a dieta. Prendi delle uova, del pesce e degli asparagi, del pane integrale e un po' di frutta.
   —Ho capito, vuoi fare bella figura in bikini quest'estate.

3. —Mina, ci sono dei bei saldi dalla Spagnoli. Vorrei comprarmi qualche golfetto. Ci andiamo insieme?
   —Volentieri. Se il prezzo è buono ne compro un paio anch'io.

COME SI DICE?

il bikini bikini
il golf sweater
  un golfetto a nice little sweater
il paio (*pl.* **le paia**) pair
il pane bread

il pane integrale whole wheat bread
i saldi (*pl.*) discount sale(s)
l'uovo (*pl.* **le uova**) egg

fare bella figura to impress; to make a good impression

niente di straordinario nothing special

INFORMAZIONI

Grandi magazzini, simili al *department store* americano. In Italia, i più noti sono La Rinascente, Upim e Standa che si trovano nelle città più importanti.

Negozio, lo stesso come lo *shop* anglo-americano.

Boutique, parola francese usata per indicare un piccolo negozio elegante d'abbigliamento e accessori femminili. La Spagnoli è una boutique elegante di maglieria (*knitwear*) che si trova in molte città italiane.

Un tempio della moda a buon mercato: I grandi magazzini La Rinascente a Roma (© Peter Menzel)

Facciamo pratica!

A. Ripetete gli scambi tra di voi.

B. Domandate e rispondete tra di voi.
   1. Che cos'è la Rinascente? E la Spagnoli?
   2. Cosa si è comprata Clelia alla Rinascente? Cosa vogliono comprare Mina e la sua amica dalla Spagnoli?
   3. Cosa vuole mangiare Ornella? Perché è a dieta?
   4. Tu aspetti i saldi per fare le spese nei grandi magazzini? C'è un grande magazzino in questa città? Quale? Ci vai spesso? Segui la moda o no?

THE PARTITIVE

Singolare	del, dello, della, dell'
Plurale	dei, degli, delle

Ieri al mercato ho comprato **del** vino, **dello** zucchero, **dell'**aglio, **dei** pomodori, **degli** asparagi, **della** frutta e **delle** bistecche.

1. The construction **di** + *definite article* (first presented in Chapter 8) is frequently used as a partitive, with the meaning of *some* or *any*.

2. Contrary to English, these partitive forms always accompany nouns. They can never be used as pronouns, that is, by themselves. If the noun does not appear, the construction **di** + *definite article* + *noun* is replaced by **ne** to express *some* or *any*.

> Hai comprato **del** burro? —Sì, *Did you buy some butter?*
> **ne** ho comprato. (No, non *—Yes, I bought some.*
> **ne** ho comprato.) *(No, I didn't buy any.)*

3. The partitive (**di** + *article*) is generally omitted in negative expressions and can also be omitted in interrogative sentences.

> Ho comprato del caffè, ma non ho comprato pane.
>
> Non desidero birra, preferirei del vino.
>
> Hai amici in Italia?

||| Facciamo pratica! . . . .

A. Situazioni. Cena al Club Italiano. Cosa porteranno gli studenti?

> ESEMPIO: Marco / pane italiano →
> Marco porterà del pane italiano.

1. Carolina / insalata di riso
2. Joan e Peter / bottiglie di vino
3. Alberto / formaggi italiani
4. Gina / prosciutto
5. noi / spaghetti
6. e il professore / spumante

B. Anna è andata a fare delle spese alla Rinascente. Quando torna a casa la sua amica Patrizia le domanda che cosa ha comprato e Anna risponde.

ESEMPIO: camicette →
—Hai comprato delle camicette?
—Sì, ne ho comprate due (tre,...).

1. gonne
2. golfetti
3. stivali

4. calze
5. pantaloni
6. orecchini

C. Nella mia città ci sono... Completate con la forma adatta del partitivo.

Nella mia città ci sono _____[1] bei giardini pubblici, _____[2] chiese antiche, _____[3] negozi eleganti, _____[4] ospedali moderni, _____[5] splendide piazze, _____[6] ottimi ristoranti, _____[7] mercati e _____[8] caffè all'aperto, ma non ci sono aeroporti.

D. E nella tua, cosa c'è? Rispondete secondo il modello dell'esercizio precedente.

RAPIDI SCAMBI

1. —Com'è il tuo nuovo appartamento, Mirella?
   —È più piccolo del vostro, ma è molto carino.
   —Quante stanze ha?
   —Due camere da letto, soggiorno, bagno e cucina. Mi piace soprattutto la cucina, perché è piena di luce.
   —Quant'è grande?
   —Sarà grande quanto la vostra.

2. —Stefania, ho visto un bel divano di pelle in una vetrina di Via della Vite. Mi piacerebbe molto per il nostro salotto.
   —Sai quanto costa?
   —Non ho visto il prezzo ma costerà più di due milioni.
   —Troppo caro, vorrei spendere di meno.

3. —Ieri sono stata alla mostra dell'antiquariato a Palazzo Pitti.
   —Com'è quest'anno? Ancora non l'ho vista.
   —Splendida! Questa volta ci sono più quadri che mobili.

COME SI DICE?

la camera da letto* bedroom
il divano di pelle leather couch
la luce light
il mobile piece of furniture
la mostra exhibition, show
  la mostra dell'antiquariato antique show
il soggiorno, il salotto living room

la stanza room
la vetrina shop window

di meno less
pieno di full of

Quant'è grande? How large is it?
Quanto la vostra. As much as yours.

Facciamo pratica! . . . .

A. Ripetete gli scambi tra di voi.

B. Domandate e rispondete.

1. È piccolo o grande l'appartamento di Mirella? Quante camere da letto ha? Perché le piace molto la cucina?
2. Perché Stefania non vuole comprare il divano di pelle? Quanto costa?
3. Cosa c'è ogni anno a Palazzo Pitti? Ricordi in quale città si trova questo palazzo?

THE COMPARATIVE OF EQUALITY

così ... **come** **tanto** ... **quanto**	*as . . . as*

***Camera** means *room*; however, when used alone, it is often used to mean *bedroom*.

1. **Così ... come** or **tanto ... quanto** may be used before both adjectives and adverbs. **Così** and **tanto** are usually omitted.

> La mia casa è (**così**) grande
> **come** la tua.
> La mia casa è (**tanto**) grande
> **quanto** la tua.   *My house is as large as yours.*

> Marco parla (**così**) bene **come**
> te.
> Marco parla (**tanto**) bene
> **quanto** te.   *Marco speaks as well as you.*

2. Before nouns, only **tanto ... quanto** can be used, and they must agree in gender and number with the nouns they modify. In this case, they act as adjectives.

> Francesca ha **tanti** vestiti   *Francesca has as many*
> **quante** scarpe.   *dresses as shoes.*

3. When an action is being compared, the form **tanto ... quanto** is used. In this case it functions as an adverb (*as much ... as*).

> Marta ha speso (**tanto**) **quanto**   *Marta spent as much as*
> Grazia.   *Grazia.*

4. If **come** or **quanto** precede a pronoun, a disjunctive pronoun (**pronome di forma tonica**) must be used.

> Paolo ha mangiato quanto **te**.

Attenzione!

▪ For use in constructions of this kind, it may be helpful to review the use of **quello/a/i/e** as demonstrative pronouns (Chapter 4).

> La mia casa è (**così**) grande   *My house is as large as*
> come **quella** di Gabriella.   *Gabriella's (as the one of*
>   *Gabriella).*

||| Facciamo pratica! · · · · · · · · · · · · · · ·

A. Maria e Gabriella sono gemelle (*twins*), pensano sempre alla moda e spendono molto per vestirsi. Completate con (**tanto**) **... quanto** o (**così**) **... come**.

ESEMPI: Gabriella è elegante come Maria.
         Maria mangia quanto Gabriella.
         Gabriella compra tante scarpe quanti pantaloni.

1. Maria spende per vestirsi _____ Gabriella.
2. Gabriella e Maria hanno _____ gonne _____ pantaloni.
3. I vestiti di Maria sono alla moda _____ quelli di Gabriella.
4. Maria veste elegantemente _____ Gabriella.
5. Il vestito da sposa di Gabriella è costato _____ quello di Maria.
6. Gabriella e Maria hanno _____ camicette _____ golfetti.
7. I gioielli di Maria sono originali _____ quelli di Gabriella.
8. Maria è _____ sciocca (*silly*) _____ Gabriella.

B. Domandate e rispondete.

1. Il tuo libro costa quanto il mio?
2. Tu devi studiare quanto me?
3. Parli l'italiano bene come il professore/la professoressa?
4. La moda italiana ti piace quanto quella americana?
5. Secondo te, la cucina italiana è buona come quella francese?
6. I film italiani ti piacciono quanto quelli americani?
7. Tu sei bravo/a come me?

THE COMPARATIVE OF INEQUALITY

Irene è **più** alta **di** me.   *Irene is taller than I.*
Io sono **meno** alta **di** Irene.   *I am less tall than Irene.*

Irene mangia **più** pesce **che** carne.   *Irene eats more fish than meat.*
Irene mangia **meno** carne **che** pesce.   *Irene eats less meat than fish.*

The comparative of inequality is formed by using the adverbs **più** or **meno** followed by either **di** or **che**.

di

1. **Di** is used before nouns.

Piero è meno carino **di** Mauro.   *Piero is less attractive than Mauro.*

Lucca è più piccola **di** Pisa.   *Lucca is smaller than Pisa.*
L'aereo è più veloce **del** treno.   *Airplanes are faster than trains.*

Don't forget to contract **di** + *article.*

2. **Di** is also used before pronouns. Remember that after **di** and other prepositions, you must use the disjunctive pronouns.

La mia casa è meno grande **della** tua.	*My house is smaller (less large) than yours.*
Questa macchina è più veloce **di** quella.	*This car is faster than that one.*
Tu sei più stanco **di** me.	*You are more tired than I.*

3. When **più** or **meno** directly follow the verb and the second term of comparison is omitted, **di** is required before **più** or **meno**.

Oggi ho mangiato poco; ieri sera ho mangiato **di più**.	*Today I ate little; last night I ate more.*

4. **Di** is also used before a numeral.

Ho speso più **di** duecento dollari.	*I spent more than two hundred dollars.*

che

1. **Che** is used before a preposition.

Ci sono più fontane a Roma **che** a Firenze.	*There are more fountains in Rome than in Florence.*

2. **Che** is also used when the comparison is between two infinitives.

È più difficile scrivere **che** parlare.	*It is more difficult to write than to speak.*

3. **Che** is used when two nouns or adjectives referring to the same subject (or possessor) are compared.

A Roma ci sono più chiese **che** scuole.	*In Rome there are more churches than (there are) schools.*
Io mangio più carne **che** pesce.	*I eat more meat than (I eat) fish.*
Franco è più diligente **che** intelligente.	*Franco is more diligent than (he is) intelligent.*

||| Facciamo pratica! . . . .

A. Alla famiglia Porcello piace molto mangiare. Ecco una loro conversazione dopo una cena da Beppone. Recitate le parti dei membri della famiglia Porcello.

ESEMPIO: —Secondo te, erano più buoni gli spaghetti o le
lasagne?
—Le lasagne erano meno buone degli spaghetti.

1. Secondo te, erano più buoni i tortellini o i ravioli?
2. Chi ha mangiato di più? Papà o mamma?
3. Secondo te, quale vino era più forte, quello bianco o quello rosso?
4. Ti sono piaciuti di più i piselli o gli asparagi?
5. Ha mangiato di più lo zio Gianni o sua moglie?
6. Ha mangiato più fragole Carletto o Luisella?

B. Carlo descrive parenti e conoscenti (*acquaintances*) usando i comparativi di uguaglianza (**tanto** ... **quanto**, **così** ... **come**) e di maggioranza (**più** ... **di**) e minoranza (**meno** ... **di**). Completate secondo le indicazioni. = (uguaglianza), + (maggioranza), − (minoranza).

1. il professor Testi / noioso / il professor Parri (=)
2. mio zio Augusto / vecchio / mio padre (+)
3. la zia Gelli / elegante / la signora Gallo (−)
4. la tua fidanzata / simpatica / la mia (=)
5. mio fratello / piccolo / me (+)
6. i genitori di Marcello / giovani / i miei (−)
7. Laura / alta / suo marito (=)
8. il dottor Chelli / bravo / la dottoressa Franchetti (=)

Soggiorno confortevole ed elegante in un appartamento di città (© Stuart Cohen/ Comstock)

C. Com'è la casa della tua famiglia?

Completate con la forma adatta del comparativo.

1. La cucina è _____ grande _____ soggiorno, ma ha _____ luce.
2. La mia camera è _____ piccola _____ camera dei miei genitori.
3. Il bagno è _____ grande _____ cucina.
4. La camera di mia sorella è grande _____ la mia.
5. La stanza da pranzo è _____ grande _____ soggiorno.

D. Conversazione tra studenti. Domandate e rispondete secondo l'esempio.

ESEMPIO: —La tua macchina è comoda ed elegante?
—La mia macchina è più comoda che elegante.

1. Ti piace leggere e ascoltare la musica?
2. Giochi a tennis o a calcio?
3. Mangi pasta e carne?
4. Bevi Coca-Cola e birra?
5. Vai in autobus o a piedi?
6. Viaggi in macchina e in aereo?
7. Hai amici e amiche?
8. La tua ragazza è simpatica e bella?
9. Nella tua classe d'italiano ci sono ragazze e ragazzi?
10. Secondo te, è importante essere felici e avere molti soldi?

PAROLE NEL CONTESTO

Arrediamo la casa!

Cosa c'è in salotto? In camera da letto? In bagno? E in cucina? Guardate
il disegno e rispondete.

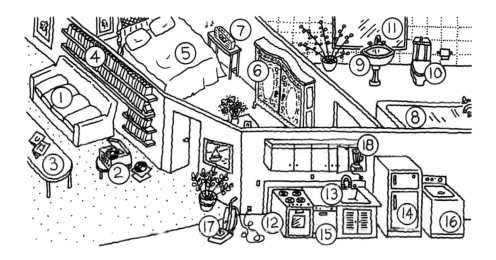

il salotto

1. il divano
2. il giradischi
3. il tavolino
4. la libreria

la camera da letto

5. il letto
6. l'armadio
7. il registratore

il bagno

8. la vasca (da bagno)
9. il lavandino
10. la tazza
11. lo specchio

la cucina

12. la cucina a gas (o elettrica)
13. il lavandino
14. il frigorifero (il frigo)
15. la lavastoviglie
16. la lavatrice
17. l'aspirapolvere (*m.*)
18. il frullatore

||| Facciamo pratica! . . . .

A. Descrivete la casa di famiglia. Dite quante stanze avete, quali sono e
cosa c'è in ogni stanza.

B. Domandate e rispondete.

1. Ti piace di più la cucina a gas, elettrica, o a microonde (*microwave*)? Cucini mai a casa?
2. Hai un televisore a colori?
3. Potresti vivere senza il televisore? E senza la lavastoviglie?
4. C'è la vasca nel tuo bagno? Preferisci fare il bagno o la doccia (*shower*)?
5. Ascolti di più i dischi (*records*) o le cassette? Quale musica preferisci?
6. Usi mai l'aspirapolvere?
7. Secondo te, qual è il mobile più importante della casa?
8. Dove vorresti avere la tua casa ideale? In campagna, al mare, in montagna o in città? E in quale città?

LETTURA

Due famiglie «alla moda»

Quattro fratelli: Luciano, Giuliana, Gilberto e Carlo Benetton, tra i 45 e i 50 anni, una famiglia di industriali e creatori di moda. Comincia Luciano come commesso e presto decide di aprire con la sorella Giu-
5 liana un laboratorio di maglieria.° Nel 1964 aprono la prima fabbrica   *knitwear*
a Ponzano Veneto ed è subito il grande successo dell'abbigliamento «casual». Oggi milioni di giovani vestono seguendo il loro stile: colori vivacissimi, lunghi maglioni di tipo unisex, quattromila negozi in 57 paesi. Solo negli Stati Uniti, 600.

10   Cinque sorelle: Paola, Anna, Franca, Carla e Alda Fendi. La madre diceva sempre loro: per lavorare bene dovete lavorare insieme. Seguendo questo consiglio le sorelle Fendi sono riuscite a creare una delle più originali e apprezzate case di moda per le loro pellicce e lavori in pelle. Oggi le sorelle Fendi hanno tra i 45 e i 50 anni, e da 20 anni
15 lavorano insieme, collaborando passo per passo.° Hanno dato una nuova   *step by step*
vitalità al commercio della pelliccia, presentando modelli colorati° e   *in color*
creando° originali combinazioni con materiali diversi.   *creating*
    Per prime hanno lanciato il modello di borsa morbida, spaziosa,°   *spacious*
elegante e pratica. E ora la soddisfazione di essere famose nel mondo
20 con 100 boutiques e con le loro collezioni in 500 grandi magazzini. Le

loro vendite nel 1986 sono state di 170 milioni di dollari. Il credito del loro successo va ancora alla mamma, dicono le sorelle. Da lei hanno imparato l'importanza della collaborazione familiare per ottenere felicità e successo.

(Adattato dal *New York Times*, domenica 7 luglio 1987)

Designers: Clockwise from left, Franca, Carla, Alda, Paola, and Anna Fendi, who built a high-fashion fur, leather, and clothing empire (© NY Times News Service)

COME SI DICE?

l'abbigliamento apparel, clothing	**il consiglio** advice
la fabbrica factory	**l'età** age
il maglione sweater, pullover	
la pelle leather	**costruire (isc)*** to build
la pelliccia fur	**presentare** to introduce
lo stile style	
	morbido/a soft

||| Facciamo pratica! . . . .

A. Domande sulle letture.

1. Quanti sono i fratelli Benetton?
2. Come ha cominciato Luciano?
3. Per quale tipo di abbigliamento sono diventati famosi?
4. Quanti negozi Benetton ci sono negli Stati Uniti?

---

*This indicates that the verb belongs to the second class of third conjugation verbs that add **-sc-** in the formation of the first, second, and third person singular and plural forms.

5. Hai mai comprato un maglione Benetton?
6. Quale consiglio dava alle figlie la signora Fendi?
7. In quale campo (*field*) della moda sono famose?
8. Che tipo de borsa hanno lanciato sul mercato?
9. Secondo le sorelle Fendi, qual è la ragione del loro successo?

B. Completate le frasi scegliendo la parola appropriata. Mettete l'articolo quando necessario.

PAROLE: borsa, maglione, successo, dettaglio, consiglio, stile, pelliccia, cravatta, abbigliamento

1. _____ italiano è famoso in tutto il mondo.
2. I giovani amano vestirsi in blue jeans e _____.
3. I Benetton sono famosi per _____ «casual».
4. Le sorelle Fendi hanno costruito l'impero della _____.
5. Nelle loro decisioni hanno sempre seguito _____ della madre.
6. Le sorelle Fendi hanno lanciato sul mercato _____ morbida.
7. La ragione del loro _____ è la collaborazione.

GIORGIO ARMANI

CAPITOLO 18

COSA C'È DI NUOVO?

Che novità ci sono? Una prima occhiata al giornale in una strada di Pisa (© Rogers/Monkmeyer)

RAPIDI SCAMBI

Brevi interviste

1. —Scusi, signorina, qual è il programma più popolare della televisione?
   —Secondo me, «Domenica In».
   —E quello meno popolare?
   —Non saprei.

2. —Scusate, ragazzi, secondo voi, quali sono gli attori più divertenti del cinema e della televisione?
   —Roberto Benigni e Massimo Troìsi.

La super-star della TV è contesa dalle reti pubbliche e private. Raffaella Carrà risponde alle telefonate dei telespettatori durante il popolare spettacolo «Pronto Raffaella». (© Claudio Luffoli/AP Wirephoto)

3. —Scusi, signore, qual è la presentatrice più simpatica della TV?
   —Raffaella Carrà. È anche la più carina.

4. —Scusi, signora, secondo Lei, com'è la qualità dei programmi televisivi di quest'anno?
   —Molto scadente! Preferisco i telefilm americani.

Il tempo passa ma Sophia Loren, la bell'attrice italiana degli anni cinquanta, continua a imporre la sua immagine di stella internazionale del cinema e della televisione. (© Doug Pizac/AP Wide World Photos)

5. —Scusi, signore, cosa ne pensa delle attrici di oggi?
   —Preferisco quelle di ieri. Ieri sera ho visto Sophia Loren alla TV. È sempre bravissima ed è ancora la più bella.

COME SI DICE?

bravissimo/a very good (*used for people or animals only*)
divertente amusing, fun
popolare popular
scadente low-grade

il presentatore/la presentatrice show host

la qualità quality
il telefilm TV movie

Cosa ne pensa? What is your opinion?

||| Facciamo pratica! . . . .

A. Ripetete le interviste tra di voi.

B. Domandate e rispondete.

   1. Qual è un programma televisivo molto popolare?
   2. Chi sono Roberto Benigni e Massimo Troìsi?
   3. Com'è Raffaella Carrà?
   4. È possibile vedere film americani alla TV italiana?
   5. Chi è Sophia Loren?

C. Intervistate i compagni sulla televisione americana usando il modello degli scambi.

THE RELATIVE SUPERLATIVE

	SINGOLARE	PLURALE
Maschile	il ... più ... di	i ... più ... di
Femminile	la ... più ... di	le ... più ... di

La Repubblica è **il** giornale
  più interessante **d'**Italia.

La Repubblica e *La Stampa*
  sono **i** giornali **più** interes-
  santi **d'**Italia.

La Repubblica *is the most
  interesting newspaper in
  Italy.*

La Repubblica *and* La Stampa
  *are the most interesting
  newspapers in Italy.*

	SINGOLARE	PLURALE
Maschile	il ... meno ... di	i ... meno ... di
Femminile	la ... meno ... di	le ... meno ... di

È **la** foto **meno** bella **del**
  giornale.
Sono **le** foto **meno** belle **del**
  giornale.

*It's the least attractive photo
  in the newspaper.*
*They are the least attractive
  photos in the newspaper.*

1. The relative superlative is formed using the definite article plus the
   adverb **più** or **meno** followed by the adjective.

2. When an adjective modified by **meno** is used with a noun, **meno**
   always follows the noun.

   Carla è **la** persona **meno inte-**
     ressante della classe.
   Questo è **il** programma **meno**
     adatto per i bambini.

   *Carla is the least interesting
     person in the class.*
   *This is the least suitable pro-
     gram for children.*

3. When an adjective modified by **più** is used with a noun, it is always
   correct to place it after the noun. However, **più** + *adjective* may be
   placed before the noun if the adjective is one of those that generally
   precede the noun (see Chapter 3).

   È **il** libro **più bello.**
   È **il più bel** libro.

   It is the most beautiful book.

   Guido è **il** ragazzo **più giovane**
     della classe.
   Guido è **il più giovane** ragazzo
     della classe.

   *Guido is the youngest boy in
     the class.*

4. When the noun does not appear, sequencing does not change.

   Giuliana è **la** figlia **meno for-**
     tunata della famiglia
     Bonelli.
   Giuliana è **la meno fortunata**
     della famiglia Bonelli.

   *Giuliana is the least fortu-
     nate child in the Bonelli
     family.*
   *Giuliana is the least fortu-
     nate in the Bonelli family.*

5. In Italian the second element of the comparison is preceded by **di** or
   di + *article*, and not by **in**, as is often the case in English.

<table>
<tr><td>Roma è la città più grande
  d'Italia.</td><td>*Rome is the largest city in*
  Italy.</td></tr>
<tr><td>È il museo più interessante
  della città.</td><td>*It is the most interesting*
  museum in the city.</td></tr>
</table>

‖‖‖ Facciamo pratica! . . . .

A. Opinioni personali. Secondo te... ? Domandate e rispondete secondo
   l'esempio.

> ESEMPIO: la macchina / bella / mondo →
> —Secondo te, qual è la macchina più bella del mondo?
> —Secondo me, la macchina più bella del mondo è la
> Jaguar.

1. lo sport / popolare / Stati Uniti
2. l'attrice / brava / cinema
3. il programma / divertente / televisione
4. il giornale / interessante / città
5. i vini / famosi / mondo
6. l'industria / importante / Italia
7. il corso / noioso / università
8. i piatti / buoni / cucina italiana
9. il giorno / bello / settimana
10. la stagione / piacevole (*pleasant*) / anno

B. Situazioni. Tu devi andare a Roma e chiedi le seguenti informazioni a
   un amico romano.

> ESEMPIO: chiesa / + / grande (San Pietro) →
> —Qual è la chiesa più grande di Roma?
> —È San Pietro.

1. albergo   / − / caro (l'ostello della gioventù)
2. museo   / + / interessante (il Museo Borghese)
3. ristorante   / − / costoso (*expensive*) (McDonald's)
4. negozi   / + / eleganti (i negozi di Via Condotti)
5. discoteca   / + / popolare (il Piper)
6. night   / + / divertente (*amusing, fun*) (il Pipistrello [*the bat*])
7. strade   / − / affollate (quelle di Monte Mario)
8. mercato   / + / caratteristico (Campo dei Fiori)

THE ABSOLUTE SUPERLATIVE

—Com'è brava!
—È bravissima!

Monica Vitti, un'attrice molto brava (© Russo/Sygma, Paris)

È un'attrice **molto brava**.
È un'attrice **bravissima**.

Sono **molto brave**.
Sono **bravissime**.

È una domanda **molto facile**.
È una domanda **facilissima**.

---

1. Both forms of the Italian absolute superlative correspond to the English *very + adjective*.

2. The suffix **-issimo** is attached to the stem of the adjective after the final vowel of the adjective has been dropped. Regardless of their original form, all adjectives with the suffix **-issimo** have four endings: **-issimo, -issima, -issimi, -issime**.

   Quel bambino è molto intelligen**te**.

   Quel bambino è intelligen**tissimo**.

   Quei vestiti sono molto elegan**ti**.

   Quei vestiti sono elegan**tissimi**.

   Questa macchina è molto velo**ce**.

   Questa macchina è velo**cissima**.

   Quelle domande erano molto facili.

   Quelle domande erano facil**issime**.

3. Adjectives ending in **-co** and **-go** attach the suffix **-ssimo** to their masculine plural form.

È una frase lunga. È un ragazzo simpatico.

È una frase lung**hissima**. È un ragazzo simpat**ic**i**ssimo**.

4. **Buono** and **cattivo** have two forms in the superlative: the regular -**issimo** forms and the irregular forms **ottimo** and **pessimo**.

Questo vino è **buonissimo**. Questo vino è **cattivissimo**.

Questo vino è **ottimo**. Questo vino è **pessimo**.

5. The absolute superlative of adverbs is formed by using **molto**.

Legge **molto rapidamente**. Si veste **molto elegantemente**.

Parla **molto piano**. Dorme **molto male**.

Adverbs not ending in -**mente** have an alternate superlative form in -**issimo**, which, of course, is invariable.

Parla **pianissimo**. Dorme **malissimo**.

||| Facciamo pratica! . . . .

A. Federico torna dall'Italia. Gli amici domandano e Federico risponde.

ESEMPIO: Com'è Venezia? (bello) →
È bellissima. (È molto bella.)

1. Come sono le ragazze italiane? (bello)
2. Com'era l'albergo a Roma? (comodo)
3. Come sono i negozi di Via Veneto? (caro)
4. Come sono i treni? (affollato)
5. Com'è stato il viaggio in treno da Roma a Palermo? (lungo)
6. Come sono gli uomini italiani? (elegante)
7. Come sono le strade italiane? (rumoroso)
8. Che tempo faceva? (caldo)

B. Qual è... ? Domandate e rispondete secondo l'esempio.

ESEMPIO: un'attrice brava →
—Qual è una brava attrice?
—Meryl Streep. È bravissima.

1. un regista famoso
2. un cantante popolare
3. un giornale interessante
4. un buon piatto
5. un vino dolce
6. una festa importante
7. una bella città
8. un programma divertente (alla TV)
9. un attore simpatico
10. uno sport pericoloso (*dangerous*)

RAPIDI SCAMBI

1. —Ce l'ha il *Corriere dello Sport*?
   —Eccolo!
   —Grazie. È il migliore dei giornali sportivi.

2. —Mi dà *Amica*, per favore? In questa rivista ci sono sempre bellissimi
   servizi sulla moda.
   —Ed io vorrei *Grazia*, per piacere.
   —Ecco signorine!

3. —Per favore, *L'Osservatore Romano*.
   —Mi dispiace, non ce l'ho.
   —Non ce l'ha? È il giornale migliore!
   —Vorrebbe invece l'*Unità*?
   —Grazie, no.

4. —Vorrei *la Repubblica*, per piacere.
   —Eccola, professor Berti.
   —Grazie. Secondo me, i giornalisti di *la Repubblica* scrivono meglio
   degli altri, e quelli invece dei giornali sportivi scrivono peggio di
   tutti.
   —Tutti i gusti son gusti!

5. —È uscito *L'Espresso?*
   —Sì, ma è già esaurito.
   —Allora prenderemo *Panorama.* Anche quella rivista ha ottimi
      articoli.
   —Ecco signori!

COME SI DICE?

meglio better, best	**il servizio** coverage, report, feature
il migliore the best	
peggio worse, worst	**il gusto** taste, preference
il peggiore the worst	
	Ce l'ha...? Have you got . . . ?
l'articolo article	(*colloquial*)
il giornale newspaper	
il quotidiano daily	**esaurito** sold out
la rivista magazine	
il settimanale weekly	

INFORMAZIONI

Amica e *Grazia*	settimanali femminili
Corriere dello Sport	quotidiano di notizie sportive
L'Espresso e *Panorama*	settimanali di politica, cultura e spettacolo
L'Osservatore Romano	quotidiano del Vaticano
La Repubblica	quotidiano indipendente di Roma e di Milano
Unità	quotidiano del Partito Comunista

L'OSSERVATORE ROMANO
GIORNALE QUOTIDIANO POLITICO RELIGIOSO
UNICUIQUE SUUM NON PRAEVALEBUNT

Facciamo pratica! · · · · · · · · · · · · · · ·

Domandate e rispondete.

1. Qual è l'opinione del professor Berti sui giornalisti di *la Repubblica*?
2. In quali giornali si trovano dei bellissimi servizi di moda?
3. Quale opinione ha il sacerdote (*priest*) dell'*Osservatore Romano*?
4. Secondo voi, perché il sacerdote non compra *L'Unità*?
5. Come sono gli articoli dell'*Espresso* e di *Panorama*?
6. Che cos'è un «quotidiano»?
7. Il *Corriere dello Sport* è un settimanale o un quotidiano? E *Panorama*?
8. E tu, quale giornale o rivista sceglieresti?
9. Secondo te, quali giornali e riviste americane sono simili a questi? Quali giornali e riviste compri di solito?

REGULAR VERSUS IRREGULAR COMPARATIVES AND RELATIVE SUPERLATIVES

PROVERBIO	
Non c'è peggior(e) sordo di chi non vuol sentire.	*There's no one as deaf as he who will not listen.*

Buono e cattivo

COMPARATIVI		SUPERLATIVI RELATIVI	
più buono/a migliore	*better*	il/la più buono/a il/la migliore	*the best*
più cattivo/a peggiore	*worse*	il/la più cattivo/a il/la peggiore	*the worst*

In addition to their regular forms, the adjectives **buono** and **cattivo** also have irregular forms in both the comparative and the relative superlative. While the forms are sometimes interchangeable, context and style determine which is the more appropriate form to use.

1. When *better* and *worse* refer to people, **più buono** and **più cattivo** are used to describe character traits while **migliore** and **peggiore** are used to qualify skills and competence.

Laura è **più buona** di sua sorella.	*Laura is nicer (a better person) than her sister.*
Enrico è **il ragazzo più cattivo** della classe.	*Enrico is the worst (meanest) kid in the class.*
La professoressa d'inglese è **peggiore** di quella di matematica.	*The English professor is worse (less capable) than the math professor.*
Franchetti è l'architetto **migliore** della città.	*Franchetti is the best (most gifted) architect in the city.*

2. When better and worse refer to abstract or concrete items, the irregular forms **migliore** and **peggiore** are most frequently used.

La primavera è la stagione **migliore** dell'anno.	*Spring is the best season of the year.*
Il mio orologio è **peggiore** del tuo.	*My watch is worse than yours.*
La Fiat è una buona macchina ma la Ferrari è **migliore**.	*The Fiat is a good car, but the Ferrari is better.*
La conferenza del professor Togni è stata **migliore** di quella del professor Ferri.	*The lecture by Professor Togni was better than Professor Ferri's.*
L'ultimo esame è stato il **peggiore** di tutti.	*The last exam was the worst of all.*

3. When *better* and *worse* refer to food or beverages, the regular and irregular forms are interchangeable.

Secondo me, il Chianti è **migliore** del Lambrusco. Secondo me, il Chianti è **più buono** del Lambrusco.	*In my opinion, Chianti is better than Lambrusco.*
Secondo me, l'olio di girasole è **peggiore** di quello di oliva. Secondo me l'olio di girasole è **più cattivo** di quello di oliva.	*In my opinion, sunflower oil is worse than olive oil.*
A Firenze si mangiano le **migliori** bistecche d'Italia. A Firenze si mangiano le **più buone** bistecche d'Italia.	*The best steak in Italy is eaten in Florence.*
Oggi la minestra era **peggiore** di ieri. Oggi la minestra era **più cattiva** di ieri.	*The soup today was worse than yesterday.*

Grande e piccolo

COMPARATIVI		SUPERLATIVI RELATIVI	
più grande	*bigger, greater*	il/la più grande	*the biggest, the greatest*
maggiore	*greater, older*	il/la maggiore	*the greatest, the oldest*
più piccolo/a	*smaller*	il/la più piccolo/a	*the smallest*
minore	*lesser, younger*	il/la minore	*the least, the youngest*

The irregular forms of the comparative and relative superlative for **grande**
and **piccolo** are **maggiore/il maggiore** and **minore/il minore**. The regular
forms are the most frequently used.

1. When **grande** and **piccolo** refer to physical size, *only* the regular forms
   can be used.

Milano è più **grande** di Bologna.	*Milano is larger than Bologna.*
La mia casa è più **piccola** della tua.	*My house is smaller than yours.*

2. The irregular forms **maggiore** and **minore** may be used to express
   greatness, importance, or degree.

Dante è **il maggiore** poeta italiano.	*Dante is the greatest Italian poet.*
Secondo me, questa è una cosa di **minore** importanza.	*In my opinion, this is a matter of less importance.*

3. **Maggiore** and **minore** may also be used to mean *older* (*oldest*) or
   younger (*youngest*) in reference to siblings, sons, and daughters.

Stefano è **il maggiore** dei miei fratelli.	*Stefano is my oldest brother.*
Giorgio è **il minore** dei miei figli.	*Giorgio is my youngest son.*
Tua sorella è **maggiore** o **minore** di te?	*Is your sister older or younger than you?*

Bene e male

bene	*well*
meglio	*better*
male	*badly*
peggio	*worse*

These two adverbs have only irregular forms for the comparative.

ALCUNI PROVERBI ITALIANI

Meglio (essere) uccel di
bosco che uccel di gabbia.

*Better a forest bird than
a caged bird.*

Meglio solo che mal
accompagnato.

*Better alone than in bad
company.*

Meglio (vivere) un giorno
da leone che cento da
pecora.

*Better to live one day as a
lion than one hundred as
a sheep.*

Meglio un uovo oggi che
una gallina domani.

*Better an egg today than a
chicken (hen) tomorrow.*

Attenzione!

■ Although in English *better* and *worse* serve as both adjectives and
adverbs, in Italian **migliore** and **peggiore** are only adjectives, and
meglio and **peggio** are only adverbs.

> Il professore parla **meglio** l'italiano, ma gli studenti parlano
> **meglio** l'inglese. (*adverbs*)

> L'italiano del professore è **migliore** di quello degli studenti, ma
> il suo inglese è **peggiore**. (*adjectives*)

■ The expressions *it's better* and *it's worse* are always rendered with **è
meglio** and **è peggio**.

> **È meglio** stare a casa oggi
> perché fa tanto freddo.

> *It's better to stay home
> today since it's so cold.*

||| **Facciamo pratica!** . . . .

A. Situazioni. Augusto e Giulia parlano degli alberghi dove sono stati in vacanza. Leggete attentamente e completate il dialogo.

AUGUSTO: Secondo te, siamo stati ____¹ (*better*) all'albergo Miramare o al Miramonti?

GIULIA: Il servizio del Miramonti era senza dubbio ____² (*better*).

AUGUSTO: Sì, hai ragione. Però le camere del Miramare sono ____³ (*bigger*) e più luminose (*lighter*).

B. Conversazione tra uno studente straniero e uno italiano. Leggete attentamente e completate il dialogo.

JIM: Mi puoi dire quali sono ____¹ (*the best*) giornali italiani?

FRANCO: Dipende. Tra i quotidiani il *Corriere della Sera*, *La Stampa* e *la Repubblica* sono ____² (*very good*).

JIM: E qual è ____³ (*the worst*), secondo te?

FRANCO: Non saprei, non li conosco tutti. Tra le riviste *L'Espresso* e *Panorama* sono ____⁴ (*very good*). I giornalisti di *Panorama* scrivono ____⁵ (*very well*). Secondo me, scrivono ____⁶ (*better*) di tutti.

JIM: E per lo sport, cosa c'è?

FRANCO: ____⁷ (*The best*) è il *Corriere dello Sport*.

C. Completate gli scambi con la forma adatta del comparativo o superlativo.

—Quanti fratelli e sorelle hai?
—Un fratello ____ (*older*) e due sorelle ____ (*younger*).
—Chi è ____ (*the best*) di loro?
—La mia sorella ____ (*youngest*). Marina è gentilissima con tutti.
—E chi è il tuo ____ (*best*) amico?
—Il mio cane Fulmine.

D. Qual è la tua opinione? Secondo te...

1. È meglio vivere un giorno da leone che cento da pecora?
2. Chi vive peggio, un ragazzo che non ha amici o uno che ha cattivi compagni?
3. È migliore una vita libera ma piena di rischi (*risks*), o una vita tranquilla ma un po' noiosa?
4. È meglio avere una piccola Fiat oggi o una Ferrari nel futuro?
5. Qual è il sordo peggiore? Una persona che non sente o quella che non vuole sentire?
6. Qual è il migliore dei proverbi che hai letto? Ci sono proverbi simili in inglese?

PAROLE NEL CONTESTO

Notizie di cronaca

1. La principessa Di ha avuto un bel maschietto.

2. La sposina portava un abito di seta rosa e la cerimonia è stata celebrata in una chiesetta di campagna.

3. La notte scorsa la polizia ha fermato quattro ragazzi che scrivevano parolacce sui muri della chiesa di Sant'Agnese.

4. Un'arzilla vecchietta mette in fuga uno scippatore a colpi di borsetta.

5. Due turisti salvano un ubriacone che stava affogando nella fontana di Trevi.

COME SI DICE?

arzillo/a sprightly
la borsetta small purse
la chiesetta small church
il maschietto darling baby boy
il muro wall
la parolaccia, le parolacce bad words, foul language

la polizia (s.) police
la principessa princess
lo scippatore purse snatcher
la sposina young bride
l'ubriacone big drunkard
la vecchietta little old lady

affogare to drown
fermare to stop (someone or something); to give a warning
mettere in fuga to chase away
salvare to save

Facciamo pratica!

1. Chi ha avuto un bel maschietto?
2. Di che colore era l'abito della sposina? La cerimonia era in chiesa o in municipio? In città o in campagna?
3. Perché la polizia ha fermato quattro ragazzi vicino alla chiesa di Sant'Agnese? Sai in quale città si trova questa piazza?
4. Cosa ruba (*steals*) di solito uno scippatore?
5. Dove stava affogando l'ubriacone? Chi lo salva?

SUFFIXES

-ino	-etto	-one	-accio

These are the most common suffixes that can be attached to nouns and adjectives to give a particular connotation to their meaning. The suffix is attached after the final vowel is dropped.

1. **-ino** and **-etto** denote smallness and affection.

   un gatto→ un gatt**ino**   *a kitten*
   un bacio→ un bac**etto**   *a little kiss*

2. **-one** denotes largeness in both a literal and a figurative sense.

   un ragazzo→ un ragazz**one**   *a big boy*
   un professore→ un   *an important professor*
   professor**one**

   Some feminine nouns become grammatically masculine when this suffix is attached.

   una donna→ **un** donn**one**   *a big (husky) woman*
   una macchina→ **un**   *a huge car*
   macchin**one**

3. **-accio** denotes ugliness or nastiness.

   un ragazzo→ un ragazz**accio**   *a bad boy*
   una parola→ una parol**accia**   *a bad word, a swear word*

Attenzione!

■ Not all nouns and adjectives can be modified with suffixes. While the general meanings of suffixes can be learned through rules, their use

can be learned only through practice and careful attention to context.
You should use only those modified forms cited in the text or
introduced by your instructor.

||| Facciamo pratica! . . . .

A. Trovate un equivalente inglese per le parole modificate da suffissi
nelle precedenti **Notizie di cronaca**.

ESEMPIO: un maschietto→ *a darling baby boy*

B. E ora provate a trovare l'equivalente inglese di queste espressioni.

1. Si sono incontrati in un *alberghetto* di montagna.
2. I vecchi dicono che i giovani d'oggi sono dei *ragazzacci*.
3. Non fare quegli *occhiacci*! Mi fai paura.
4. Abbiamo cenato in un *ristorantino* all'aperto.
5. Che bel *nasetto* ha quella ragazza!
6. Non leggere quel *libraccio*!
7. Giovanni ha sposato un *donnone*.
8. Hai visto la ragazza di Piero? È una *biondona*!
9. Com'è la fidanzata di Mario? È una *brunetta* simpaticissima.
10. Mi sono comprata un *vestitino* rosso e un *giaccone* di pelle.
11. Vanna, mi daresti un *bacetto*?
12. Sono arrivati davanti alla chiesa in un *macchinone* rosso.

LETTURA

Cosa c'è nei giornali italiani?

Quotidiani

il Giornale
Quotidiano del mattino

Quotidiano del Partito Socialista Italiano

la Repubblica

ORGANO DEL PARTITO COMUNISTA ITALIANO

Il Messaggero
di Roma

I quotidiani escono ogni giorno e hanno articoli di politica e di cultura. Scrittori, studiosi, critici d'arte e di cinema contribuiscono alla cosid-
5 detta° «terza pagina», cioè° la pagina culturale. Molto spazio è dedicato ai fatti di cronaca,° e il lunedì allo sport, specialmente alla partita di calcio della domenica. Nelle ultime pagine si trovano gli annunci eco-nomici: offerte e domande d'impiego,° compra-vendita di case, terreni,° automobili, ecc. In questa sezione ci sono anche gli annunci di persone
10 che cercano un compagno o una compagna a «scopo matrimonio»,° e quelli di chiromanti° e maghi.

so-called / that is
fatti... *daily news*

employment / land

a... *in order to get married*
fortune-tellers

Settimanali

L'Espresso, Panorama, L'Europeo, Epoca sono settimanali noti per i loro ottimi servizi sulla politica interna ed estera° e sui più importanti
15 avvenimenti° del mondo scientifico e artistico.

Attraenti° caratteristiche dei settimanali femminili, come ad esempio *Grazia* ed *Amica*, sono i loro splendidi servizi sulla moda e le ottime ricette di cucina illustrate con belle fotografie.

interna... *domestic and foreign events*
attractive

||| Facciamo pratica! . . . .

A. A che pagina? Guardate l'indice di *Grazia* e domandate e rispondete secondo l'esempio.

ESEMPIO: Le donne parlano →
—A che pagina è l'articolo «Le donne parlano»?
—È a pagina 41.

1. Droga: parliamone insieme
2. Programmi TV
3. Musica: dal rock al jazz

4. Invito a cena a casa del dietologo (*dietician*)
5. Il fatto della settimana
6. Sani & belli
7. Giacche d'oggi
8. Pollo con fantasia
9. Cani, gatti & c.

GRAZIA

N. 2452
21 FEBBRAIO 1988
ANNO 61°

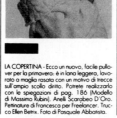

LA COPERTINA - Ecco un nuovo, facile pullo-ver per la primavera: è in lana leggera, lavo-rato a maglia rasata con un motivo di trecce sull'ampio scollo diritto. Potrete realizzarlo con le spiegazioni di pag. 186 (Modello di Massimo Rubini). Anelli Scarabeo D'Oro. Pettinature di Francesca per Freelancer. Truc-co Ellen Betrix. Foto di Pasquale Abbatista.

Certificato n. 1001 del 18-12-1986

E ora continuate voi!

Piccola Pubblicità

2	RICERCHE DI COLLABORATORI

IMPIEGATI 2.1

IMPRESA costruzioni cerca per propri cantieri in Milano geometra pratico anche ristrutturazioni. Corriere 486-D - 20100 Milano.

TRADUTTRICI perfetto tedesco e dattilografia cercansi da società in Milano. Corriere 475-D - 20100 Milano.

4	ABITAZIONI RESIDENZIALI

ACQUISTI 4.1

GRIMALDI Carducci 18, tel. 02-80.59.997 augura buone vacanze alla clientela comunicando riapertura il 24-8-1987.

VENDITE 4.2

A via Padova 95, vendonsi liberi affittati abitazioni negozi uffici magazzini. Milano 28.96.268.

ADIACENZE Morgagni luminoso piano alto 200 mq salone studio due camere servizi. 02-79.14.92.

ANTICA villa Settecento, saloni, servizi moderni, parco, 15 km da Modena, inintermediari. 010-32.13.50.

BUENOS AIRES 56 vendonsi due tre quattro locali, uffici, sottotetto. Milano 20.42.196 - 86.92.753.

GRANDE affare Affori vendonsi bilocale libero mq. 85, laboratori mq. 40 - 100 - 320. Milano 20.42.196 - 86.92.753.

24	CHIROMANZIA

A astrocartomante Atena rivolgersi anche festivi 11.30-23.30. Cenisio 55/C, Milano, 34.53.129.

A astrocartomante Luna rivolgersi tutti i giorni viale Murillo 44 Milano. Tel. 46.68.49.

A astrocartomante Patrizia rivolgersi qualsiasi problema 11-22.30 viale Montenero 22 Milano.

A astrocartomante Viola rivolgersi tutti giorni ore 12.30-19.30. Soperga 25 Milano.

A astrocartomante Eliet riceve tutti giorni 15-23.30, qualsiasi problema. Milano 42.28.615.

25	MATRIMONIALI

LIBERO professionista divorziato, sportivo, estroverso, 44enne amante natura che ancora crede e ricerca il vero amore contatterebbe massimo 37enne elegante, fine, amante natura. Indispensabile ottima presenza, patente auto, per riservata amicizia, eventuale matrimonio. Preferenze a residenti province Como, Milano, Bergamo, Sondrio. Corriere 167-XZ - 20100 Milano.

NUBILE 68enne meridionale nobilissima distintissima giovanile onesta simpatica presenza sposerebbe 58-68enne distintissimo benestante alto onesto escluso divorziato separato. Corriere 213-TS - 20100 Milano.

30ENNE Svizzera, poliglotta, curata, carina, di buona famiglia, desidera incontrare signore adeguato, scopo matrimonio. Rankwiler, 6648, Minusio (Svizzera), CP 175.

31ENNE insegnante ruolo, presenza, alto livello, possibilità trasferimento ovunque, corrisponderebbe max 30enne ottima, anche straniera, scopo matrimonio. - Corriere 212 TS - 20100 Milano.

Signora 48enne, triestina, ex impiegata corrispondente, perfetto serbo-croato, patente, cerca lavoro possibilmente part-time. Offre e richiede massima serietà e referenze. Telefonate al numero 040/825344.

Eseguo lavori di cucito, riparazioni e modifiche di abiti da donna a prezzi modici. Telefonate a Mariuccia al numero 02/4078285.

Una signora 50enne pratica di contabilità e lavoro d'ufficio si offre part-time, anche in sostituzione maternità. Telefonatele al numero 02/4151916.

Ragazza 18enne cerca lavoro presso un istituto di bellezza o un centro estetico medico. Telefonate al numero 081/7266262 e chiedete di Mariella.

Studentessa di conservatorio impartisce lezioni di solfeggio e di flauto. Telefonatele al numero 06/4515822.

Massaggiatore diplomato, specializzato in estetica, esegue a domicilio (Milano e Lugano) nuovi trattamenti di massaggi anticellulite, rassodanti, tonificanti. Telefonate al numero 004191/571224. ■

B. Annunci pubblicitari. Leggete gli annunci e cercate di capire i punti essenziali. Notate bene le seguenti espressioni: **vendesi, si vende, vendonsi, si vendono** (*for sale*); **affittasi, si affitta, affittansi, si affittano** (*for rent*); **cercansi, si cercano** (*we seek*).

Ora domandate e rispondete.

1. Quale lingua bisogna sapere per l'impiego di traduttrice (*female translator*) a Milano?
2. In quale città lavora il massaggiatore diplomato?*
3. Che cosa si vende vicino a Modena?
4. Che tipo è il professionista di 44 anni che cerca moglie?
5. Quanti anni ha la «meridionale (*southern woman*) nobilissima» che cerca marito? E quanti anni dovrebbe avere lo sposo?
6. Quando riceve l'astrocartomante (*astrologer-card reader*) Eliet e che cosa risolve (*solves*)? Tu sei mai andato da un chiromante? Ci andresti?

C. E ora scrivete un piccolo annuncio pubblicitario «a scopo matrimonio». Siate originali!

SUGGERIMENTI: giovane americano/a, desidera conoscere... , si prega telefonare.../scrivere...

---

*Diplomato/a significa *con un diploma.*

CAPITOLO 19

GIOCHI PERICOLOSI

Forza Alberto! Il campione olimpionico Alberto Tomba in uno slalom alle Olimpiadi '88 (© Reuters/Bettmann Newsphotos)

RAPIDI SCAMBI

1. —È già partita Lucia per Cortina?
   —Sì. È partita ieri in macchina con tre amici. Ci sarei andata anch'io, ma non ho potuto prendere le ferie questo mese.

2. —Hai saputo la notizia? Lucia è all'ospedale di Cortina.
   —Davvero? Che cosa le è successo?
   —Si è rotta una gamba sciando in un campetto.
   —Avrebbe dovuto restare a casa. Non è un tipo sportivo.

3. —Ti ha fatto bene l'aspirina, Leda?
   —Il mal di testa mi è passato, ma ora ho un po' di mal di stomaco e la febbre continua.
   —Non avresti dovuto prendere l'aspirina a stomaco vuoto. E il dottore, che ha detto?
   —Ha detto che mi avrebbe comunicato il risultato delle analisi al più presto.

COME SI DICE?

l'analisi (*f.*) test (*medical*)	**fare bene (a)** to do some good	**a stomaco vuoto** on an empty
l'aspirina aspirin	**rompere** (*p.p.* **rotto**) to break	stomach
la febbre fever	**rompersi ... una gamba, un braccio**	
il mal di stomaco stomach ache	to break one's leg, arm	**Davvero?** Really?
	succedere (*p.p.* **successo**) to	**Mi è passato il mal di testa.** My
il campetto beginner's ski slope	happen	headache is gone.
comunicare il risultato to convey	**al più presto** as soon as possible	
the results		

—*Attento, tesoro, altrimenti*[a] *cadi e ti fai male!*

[a]*otherwise*

Facciamo pratica! . . . .

A. Ripetete gli scambi tra di voi.

B. Raccontate (*Tell*) la piccola storia di Lucia: dov'è andata, con chi e con quale mezzo, che cosa le è successo.

C. Domandate e rispondete.

1. Che cosa ha preso Leda per la febbre? Le è passata?
2. Perché ha il mal di stomaco?
3. E tu, hai mai il mal di testa?
4. Prendi anche tu l'aspirina o preferisci il Tylenol?

THE CONDITIONAL PERFECT

lavorare				partire			
avrei		**avremmo**		**sarei**		**saremmo**	
avresti } lavorato		**avreste** } lavorato		**saresti** } partito/a		**sareste** } partiti/e	
avrebbe		**avrebbero**		**sarebbe**		**sarebbero**	

1. The conditional perfect (il **condizionale passato**) corresponds to the English *would have + past participle*.

> **Avrei mangiato** di più!   *I would have eaten more!*

2. The **condizionale passato** is formed with the *present conditional* of **avere** or **essere** + the *past participle* of the verb. As with all other compound tenses, the past participle of verbs conjugated with **essere** agrees with the subject in gender and number.

> I ragazzi **sarebbero** andati al mare.   *The boys would have gone to the sea.*

Attenzione!

■ Observe the difference between Italian and English in the following examples.

> Prima di andare al ristorante, ha detto che **avrebbe pagato**.
>
> Li conoscevo bene ed ero sicura che **si sarebbero divertiti** a Parigi.

> *Before going to the restaurant, he said he would pay.*
>
> *I knew them well and I was sure that they would have a good time in Paris.*

Whereas English uses the present conditional to indicate future action with respect to a past time, Italian employs the conditional perfect.

■ In Italian, the conditional perfect of **potere** and **dovere** is formed as any other verb: the *present conditional* of **avere** or **essere** + the *past participle* of **potere** or **dovere**. The infinitive that follows never changes.

> **Saremmo dovuti uscire** prima.
> Non **avrebbero potuto telefonare** a Donatella?

> *We should have left earlier.*
> *Couldn't they have called Donatella?*

—*Non avresti dovuto chiamarlo «caro genero[a]»... Dopotutto[b] lo conoscevo solo da due ore...*

[a]*son-in-law*
[b]*after all*

||| Facciamo pratica! . . . .

A. Quale sport avrebbero voluto fare?

> ESEMPIO: io / giocare a badminton →
> Io avrei voluto giocare a badminton.

1. Mario / giocare a tennis
2. Caterina e Sofia / pattinare (*to ice-skate*)
3. tu e tuo fratello / sciare
4. noi / nuotare
5. E tu?

B. Cosa avrebbero dovuto fare in queste situazioni per sentirsi (*feel*) meglio?

> ESEMPIO: Maria aveva il mal di testa.   (prendere un'aspirina) →
> Avrebbe dovuto prendere un'aspirina.

1. Il signor Marchi aveva mal di stomaco.   (mangiare di meno)
2. I tuoi amici avevano il mal di testa.   (bere di meno)
3. Io avevo l'influenza.   (restare a casa)
4. Io avevo mal di denti (*toothache*).   (andare dal dentista)
5. Carolina e sua sorella erano molto stanche.   (dormire di più)
6. Mio marito ed io abbiamo lavorato troppo.   (riposarsi di più)

C. Che cosa avrebbero potuto fare in queste situazioni? Completate con il condizionale passato di **potere**.

> ESEMPIO: Renzo non è partito perché la sua macchina era dal meccanico.   (prendere il treno) →
> Avrebbe potuto prendere il treno.

1. Angela non è andata in montagna con gli amici perché non sa sciare.   (prendere lezioni di sci)
2. I signori Alberoni non hanno trovato posto all'albergo Miramonti.   (prenotare prima)
3. Non sono andati in vacanza perché non avevano soldi.   (chiederli a papà)
4. Giorgio ha preso il raffreddore perché faceva molto freddo. (mettersi il cappotto)

D. Che cosa avrebbero fatto in queste situazioni?

> ESEMPIO: a Venezia / io / andare in gondola →
> Io sarei andato/a in gondola a Venezia.

1. in montagna / io / sciare tutto il giorno
2. al mare / tu / nuotare
3. sulla spiaggia / i bambini / giocare a palla
4. in barca / noi / pescare (*fishing*)
5. al club / papà e mamma / giocare a golf
6. in un parco / tu e Fiorella / andare in bicicletta
7. in campagna / noi / fare lunghe passeggiate
8. in albergo / io / riposarsi

E. Cosa avresti fatto? Domandate e rispondete liberamente.

> ESEMPIO: al mare →
> —Cosa avresti fatto al mare?
> —Avrei nuotato (avrei preso il sole, avrei pescato, sarei andato/a in barca, ecc.).

1. prima dell'esame
2. dopo un grosso (*big*) esame
3. dopo un grande pranzo
4. il giorno del tuo compleanno

5. durante una vacanza
6. alla festa di Thanksgiving
7. con 50 milioni

8. per i 100 anni della nonna
9. in un incidente d'auto
10. durante una notte d'insonnia

PAROLE NEL CONTESTO

Il corpo umano

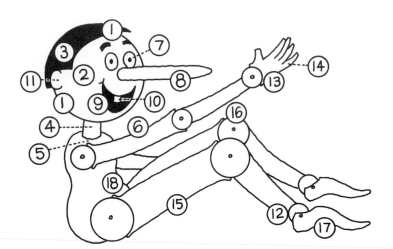

1. la testa
2. la faccia
3. i capelli
4. il collo
5. la spalla
6. il braccio
7. l'occhio
8. il naso
9. la bocca

10. il dente
11. l'orecchio
12. la caviglia
13. la mano
14. il dito
15. la gamba
16. il ginocchio
17. il piede
18. la pancia

NOMI CON PLURALI IRREGOLARI	
SINGOLARE	PLURALE
il braccio	**le** braccia
il dito	**le** dita
il ginocchio	**le** ginocchia
la mano	**le** mani
l'orecchio	**le** orecchie
l'osso (*bone*)	**le** ossa

Attenzione!

■ **Capelli** is always plural.

||| Facciamo pratica! . . . .

Con quali parti del corpo associate i seguenti verbi?

1. bere
2. masticare (*to chew*)
3. ascoltare
4. camminare
5. suonare il piano
6. dirigere l'orchestra
7. guardare

8. odorare (*to smell*)
9. pettinarsi
10. correre (*to run*)
11. pensare
12. giocare a tennis
13. nuotare
14. digerire (*to digest*)

PROVERBIO ITALIANO

Mal comune mezzo gaudio.	*A shared illness is half happiness. (Misery loves company.)*

PAROLE NEL CONTESTO

Mali comuni

1. Pierino ha mal di stomaco.

2. Lo zio Carlo ha mal di denti.

3. La professoressa ha mal di testa.

4. Claudio ha mal di gola.

5. Il nonno ha un po' di mal di cuore.

COME SI DICE?

l'ambulanza (l'autoambulanza) ambulance
l'influenza flu
la malattia illness, sickness
la medicina medicine
la pillola pill

il pronto soccorso emergency first aid
il raffreddore cold
la salute* health

avere la febbre, il raffreddore, l'influenza to have a fever, a cold, the flu

curare to cure, heal
sentirsi male, meglio, bene to feel ill, better, well

FARE MALE

1. Note the use of the indirect object construction in Italian.

    A Maria **fa male** la testa.
    Le fa male la testa.
    Maria has a headache.
    She has a headache.

    A Maria **fanno male** i denti.
    Le fanno male i denti.
    Maria has a toothache.
    Her teeth hurt.

    Quella medicina **ha fatto male a** Carletto.
    Quella medicina **gli ha fatto male**.
    That medicine was bad for Carletto.
    That medicine was bad for him.

2. Observe that the verb **fare** is used reflexively to indicate hurting oneself or a part of one's body: **farsi male (a)**.

When someone sneezes, Italians say: **Salute! (Bless you!)*

Mi sono fatto/a male.   *I hurt myself.*
Si è fatta male alla gamba.   *She hurt her leg.*

IL CORPO UMANO NEI PROVERBI E MODI DI DIRE

Essere sano come un pesce.	*To be as fit as a fiddle. (lit. healthy as a fish)*
Avere la testa sulle spalle.	*To have a good head on one's shoulders.*
Avere la testa tra le nuvole.	*To have one's head in the clouds.*
Essere in gamba.	*To be on the ball.*
Avere la lingua lunga.	*To have a sharp tongue.*
Non avere peli sulla lingua.	*Not to mince words.*
Farsi mettere i piedi sul collo.	*To let someone walk all over you.*
Mettersi le mani nci capelli.	*To throw up one's hands.*
Avere le mani bucate.	*To be a spendthrift.*
Lontano dagli occhi, lontano dal cuore.	*Out of sight, out of mind.*
Entrare da un orecchio e uscire dall'altro.	*To go in one ear and out the other.*

||| Facciamo pratica! . . . .

A. Il dottor Zoppi è un bravo medico di famiglia e ha molti pazienti di tutte le età. Ad ogni paziente per prima cosa domanda che cosa gli fa male. Domandate e rispondete tra di voi secondo l'esempio, usando il vocabolario dato.

ESEMPI: Carletto →
     —Carletto, cosa ti fa male?
     —Mi fa male la gola (lo stomaco, la testa).

     signora Bianchi →
     —Signora Bianchi, che cosa le fa male?
     —Mi fanno male i denti (le gambe, gli occhi).

VOCABOLARIO: gola, pancia, stomaco, testa, denti, mani, braccio sinistro, ginocchia, orecchie, piede destro

1. Pierino
2. signora Frola
3. avvocato Conti
4. Lauretta
5. signor Bernardini

6. ingegner Mattei
7. professoressa Berti
8. Fabio
9. signora Barchetti
10. professor Eco

B. Situazioni. Completate con l'espressione adatta.

1. C'è stato un incidente (*accident*) sull'autostrada. La polizia chiama l'_____ per portare i feriti (*the injured*) all'_____.
2. È domenica. Carletto s'è tagliato un dito. La mamma lo porta subito al _____.
3. Tu hai preso due aspirine, perché avevi _____ molto alta.
4. Sono andato/a dal medico perché _____ molto male.
5. Mentre giocavo a calcio _____ a un piede.

C. Poverini, si sono fatti male! Completate secondo l'esempio.

ESEMPIO: Caterina stava correndo. →
Caterina stava correndo quando si è fatta male a un piede (a un ginocchio, a una gamba).

1. Giovanni stava sciando.
2. Pierino stava giocando a calcio.
3. Stavo giocando a tennis.
4. Stavi tagliando la carne.
5. La vecchia signora Rossi stava camminando.
6. Franco stava guidando.
7. Il nonno stava mangiando le noci (*nuts*).

PAROLE NEL CONTESTO

Spot pubblicitari

Prima   Dopo

Dimagrire senza soffrire: WONDER, la pillola che fa miracoli!

DOTTORESSA MANTOVANI

Problemi col vostro partner? Bambini iperattivi? Anziani depressi? Dottoressa Mantovani, la psicologa che restituisce il sorriso nelle famiglie!

Saturnia, un'oasi di pace
Acque termali contro lo stress

dal nostro inviato DANIELA PASTI
● A PAGINA 33

Artrite,° cellulite, reumatismi? La risposta è Saturnia. Le terme in cui gli arti irrigiditi riacquistano il vigore della giovinezza!

arthritis

la scienza e la natura per il recupero ottimale
VILLA PINI D'ABRUZZO
casa di cura privata

Fisiopat.Respiratoria	CENTRO DIAGNOSTICO
Neurologia-Neuropatologia	VILLA VERDE
Psicoterapia-Geriatria	radiologia-Neurologia
E.E.G. E.E.G.	Oculistica-Nefrologia
computerizzato e da sonno	Gastroenterologia
Tutte le forme di patologia	Endoscopia
evolutive attinenti	Cardiologia-Ecotomografia
Unità di terapia intensiva	LABORATORIO ANALISI
	CHIMICHE
	CLINICHE
	MICROBIOLOGICHE

CHIETI via dei frentani, 13
tel (0871)680358-680361-680527-680528-680422-680423

Per combattere lo stress del mondo moderno, due settimane di riposo a Villa Pini d'Abruzzo, la casa di cura di cui tutti parlano.

COME SI DICE?

l'arto limb	**soffrire (di)** to suffer (from)
la casa di cura health clinic	
la giovinezza youth	**anziano/a** elderly
lo/la psicologo/a (*pl.* **gli/le psico-logi/ghe**) psychologist	**depresso/a** depressed
le terme (*f. pl.*) spa	**pubblicitario** (*adj.*) advertising
il vigore strength	
	la risposta answer
combattere to fight	
dimagrire (isc) to lose weight	**di cui** about which, about whom
	in cui in which

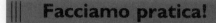

||| Facciamo pratica! . . . .

Domandate e rispondete.

1. Come si chiama la pillola che fa miracoli?
2. Chi prende questa pillola?
3. Qual è la professione della dottoressa Mantovani?
4. Che cosa c'è a Saturnia?
5. Che cos'è la Villa Pini d'Abruzzo?
6. Tu avresti bisogno di due settimane di riposo?

RELATIVE PRONOUNS

PROVERBIO ITALIANO

A nemico che fugge ponti d'oro.	*Bridges of gold to the enemy who is fleeing.*

	che	*that, which, who, whom*
(in, da, di, per, a, con +)	**cui**	*(in, from, of, for, to, with +) which/whom*

1. A relative pronoun refers back to an antecedent (a noun) and introduces a clause qualifying the antecedent.

   *the book **that** I bought*   *the woman for **whom** we
                                        work*

2. The Italian relative pronoun **che** is used for things as well as for people, as a subject as well as a direct object. It is invariable. Contrary to
   English, **che** can never be omitted in Italian sentences.

Il medico **che** ha curato mio figlio è il dottor Gentilucci.	*The doctor **who** cured my son is Doctor Gentilucci.*
La persona **che** ti ho appena presentato è la dottoressa Mantovani.	*The person (**whom**) I just introduced to you is Doctor Mantovani.*
I libri **che** mi hai portato mi sono piaciuti molto.	*I really liked the books (**that**) you brought me.*

3. The relative pronoun **cui** is used only with prepositions. It is invariable. In conversation, **dove** frequently replaces **in cui** and **a cui** when referring to a place.

Il nome della rosa è il libro **di cui** tutti parlano.

The Name of the Rose *is the book **about which** everyone is talking.*

Chi è l'insegnante **con cui** studi l'italiano?

*Who is the teacher **with whom** you study Italian?*

Il Miramare è l'albergo **in cui** (**dove**) andiamo ogni anno.

*The Miramare is the hotel **to which** (**where**) we go every year.*

Attenzione!

■ One tricky relative pronoun is **quello che** and its equivalent forms **quel che** and **ciò che**. It means *that which* or *what* and refers only to things. Related forms are **tutto quello che, tutto quel che,** and **tutto ciò che**, which mean *all that* and *everything that*.

Ciò che dici non m'interessa.

***What** you are saying does not interest me.*

Non mi piace **quel che** hai detto.

*I don't like **what** you said.*

Ha mangiato **tutto quello che** aveva sul piatto.

*She ate **all** (**that**) she had on her plate.*

||| Facciamo pratica! . . . .

A. **Un po' di conversazione.** Rileggete gli spot pubblicitari a pp. 328–329 e domandate e rispondete tra di voi.

1. Secondo te, ci sono pillole che fanno miracoli?
2. Chi sono i medici che curano le persone depresse?
3. Qual è una malattia di cui soffrono molti anziani?
4. Conosci una casa di cura in cui la gente va per dimagrire?
5. Chi è la persona a cui chiedi consiglio (*advice*) quando hai problemi?
6. Quali sono i problemi del mondo in cui viviamo?
7. Quali sono gli spot pubblicitari che ti piacciono di più?

B. Completate con il pronome relativo adatto i seguenti annunci pubblicitari.

1. Prendete la pastiglia (*lozenge*) del Re Sole _____ cura il mal di gola.
2. Qual è la pillola per dimagrire _____ tutti parlano?
3. La Serenissima, la clinica privata _____ tutto funziona.
4. Speed, la bicicletta _____ tutti i medici raccomandano.
5. *Mantenersi Giovani*, il libro _____ vi dice tutto _____ volete sapere sull'alimentazione.
6. Dottoressa Chiara Bernardi, la psicologa _____ vi aiuta a ritrovare la memoria.
7. Leggete su *Grazia* i consigli del dottor Vivarini, il pediatra (*pediatrician*) _____ tutte le mamme amano.
8. Siete stanchi, nervosi? Prendete il Cebion, la vitamina C _____ tutti hanno bisogno.

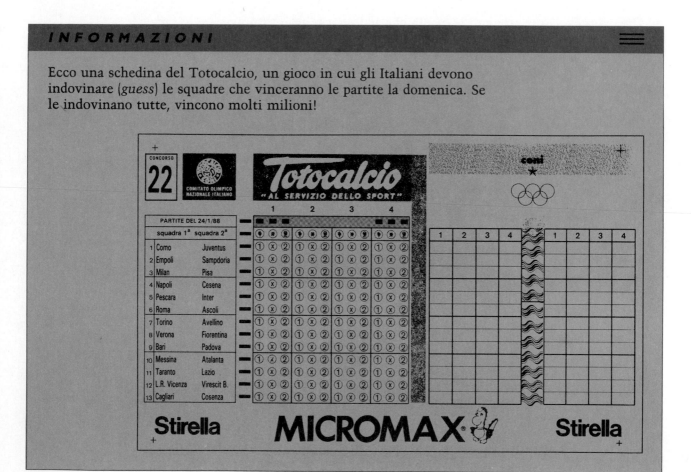

INFORMAZIONI

Ecco una schedina del Totocalcio, un gioco in cui gli Italiani devono indovinare (*guess*) le squadre che vinceranno le partite la domenica. Se le indovinano tutte, vincono molti milioni!

LETTURA

Diego Maradona è un calciatore (*soccer player*) argentino, comprato dalla squadra italiana del Napoli. L'articolo seguente parla dei vari incidenti accaduti alle famose gambe di Diego Maradona.

Diego, che gambe!

inocchio destro, caviglia sinistra. Sulle disavventure capitate alle gambe di Maradona si potrebbe realizzare una telenovela. La
5 storia comincia il 24 settembre 1983, durante una partita tra il Barcellona e il Bilbao, quando il difensore basco Goicoechea, invece di mirare[a] la palla, punta[b] volontariamente la gamba del «pibe de oro». Il referto[c] parla di frattura del malleolo
10 della caviglia sinistra e di uno strappo[d] del legamento laterale interno. Qualcuno parla di «goicoecidio[e]». Maradona rischia di finire la carriera. Lo rimette in piedi un medico italo-argentino, Dario Ruben Oliva. L'11 dicembre rientra in
15 campo, ma il dolore si fa sentire di nuovo.

La storia del ginocchio risale[f] invece al 24 maggio del 1985. All'aeroporto di San
20 Cristobal un tifoso venezuelano affibbia[g] un terribile calcione[h] al ginocchio destro di Diego. Il 9 giugno, duran-
25 te la partita di ritorno con il Venezuela, viene[i] colpito di nuovo allo stesso ginocchio: lacerazione della capsula
30 posteriore. Rischia un intervento chirurgico.[j] Ruben Oliva e i medici del Napoli riescono[k] però a evitarlo. Si tranquillizzano anche i dirigenti delle 34 compagnie di assicurazione che, riunite in pool,
35 hanno stipulato una polizza infortuni con il campione. Se Maradona fosse stato operato avrebbero dovuto sborsare miliardi.

«Clinicamente è guarito» dicono i dirigenti[l] del Napoli. Ma è proprio Maradona a tenere[m] viva l'attenzio-
40 ne dei tifosi sulle sue gambe. Ogni volta che un avversario lo tocca, in un contrasto di gioco, ecco le lacrime, le urla,[n] le capriole.[o] Un atteggiamento che rinfocola[p] critiche, malumori, sospetti. Molti cominciano a chiamarlo «Diego il furbo». Un esempio: nella parti-
45 ta casalinga[q] contro il Brescia, del 18 gennaio scorso, Maradona è uscito dal campo a braccio lamentando un altro colpo alla caviglia «malata». «Diego è un grande attore» dice l'allenatore[r] Giovanni Trapattoni che ha rivisto cento volte la scena al rallentatore[s] in Tv. «L'avversario gli ha uncinato[t] il piede destro e lui è ruzzolato[u] tenendosi[v] la caviglia sinistra».

Napoli-Brescia. Maradona esce dal San Paolo portato a braccia dopo un incidente. Le urla e il dolore non gli impediranno di partire subito per Tokyo. A sinistra, la caviglia di Maradona dopo la frattura di tre anni fa, in basso nel disegno, a confronto con una caviglia integra

[a] *aiming*
[b] *aims*
[c] *x-ray report*
[d] *tear*
[e] *to kill Goicoechea*
[f] *goes back*
[g] *gives*
[h] *big kick*
[i] *is*
[j] *intervento... surgery*
[k] *succeed*
[l] *managers*
[m] *to keep*
[n] *howls* / [o] *somersault*
[p] *Un... a behavior that rekindles*
[q] *at home*
[r] *coach*
[s] *slow motion*
[t] *hooked* / [u] *tumbled* / [v] *holding on to*

COME SI DICE?

---

la squadra team
il tifoso fan

il dolore pain
la frattura fracture
la lacrima tear

colpire (isc) to hit
comportarsi to behave

guarire (isc)* to heal, to cure; to recover
raggiungere (*p.p.* **raggiunto**) to reach; to attain
rischiare to risk
toccare to touch
vincere (*p.p.* **vinto**) to win

furbo/a cunning, crafty, sly

||| Facciamo pratica! . . . .

A. Domande sulla lettura.

1. In quale squadra gioca D. Maradona? È italiano questo calciatore?
2. Il calciatore Goicoechea lo colpisce alla gamba intenzionalmente o no? Dov'è la frattura? Quale rischio corre Maradona?
3. Chi colpisce Maradona al ginocchio all'aeroporto di San Cristobal? Perché?
4. Che cosa fa Maradona ogni volta che un avversario lo tocca?
5. Perché molti lo chiamano «Diego il furbo»?
6. Secondo voi nella partita contro il Brescia s'è fatto male Maradona? Cosa pensa di Diego l'allenatore Trapattoni? Perché?
7. Si gioca molto il calcio nella tua città? Qual è lo sport più popolare?
8. Qual è la squadra della tua scuola? Tu sei tifoso?

---

*When **guarire** is used with a direct object, it is conjugated with **avere**, but when it means *to be cured* or *to recover*, it is conjugated with **essere**.

La dottoressa mi **ha guarito** dal mal di testa.

Dopo un mese alle terme, la nonna è completamente **guarita**.

B. Completate le frasi con le parole imparate.

1. Ogni italiano ha la sua _____ di calcio preferita.
2. Tutti gli italiani sono _____ di calcio.
3. Diego Maradona ha avuto la _____ del malleolo della caviglia sinistra.
4. Durante le partite, appena un avversario _____ Maradona, ecco subito le lacrime e le urla.
5. Molti cominciano a chiamare Maradona Diego il _____.

CAPITOLO 20

CITTÀ O CAMPAGNA?

Un posticino tranquillo tra il verde, lontano dal rumore e dall'inquinamento delle città (© Bruno Barbey/Magnum)

Rapidi scambi
Fare + *Infinitive*
Farsi + *Infinitive*
Rapidi scambi
The Passive Voice
The **si** *Construction*

Lettura: I problemi ecologici

RAPIDI SCAMBI

1. —Sai che Gabriella e Alberto non abitano più a Milano?
   —E dove sono andati?
   —Hanno fatto restaurare una vecchia casa di campagna in Brianza e ormai ci vivono da due mesi.

2. —Alberto, hai piantato i pomodori nell'orto?
   —No, li farò piantare a Egidio che è più bravo di me.

3. —Gabriella, ti sei ricordata di dar da mangiare ai polli?
   —Santo Cielo! L'ho dimenticato. Ora chiamo Cesira e lo faccio fare a lei.

4. —Cosa c'è da fare oggi, Gabriella?
   —Bisogna tagliare l'erba nel campo.
   —Falla tagliare ai ragazzi. Devono imparare anche loro.

COME SI DICE?

Brianza hilly region around Milan

l'albero tree
il campo field
la casa di campagna country house
l'erba grass
dar(e)* da mangiare a to feed
piantare to plant
raccogliere† **(raccolto)** to harvest
restaurare to restore
ricordarsi di to remember
tagliare to cut

(fare)
   Hanno fatto restaurare una vec-chia casa. They had an old house restored.
   Li farò piantare a Egidio. I will have them planted by Egidio.
   Lo faccio fare a lei. I have her do it.
   Falla tagliare ai ragazzi. Have the kids cut it.
da fare to do

ROMITELLI

vivaio

piante, fiori, sementi, vasi, addobbi

00135 Roma - Via Eugenio Tanzi n. 27   telef. 33.69.34

---

*Sometimes the final **e** of the infinitive is dropped for phonetic reasons. This is often done when the infinitive in question precedes another infinitive: **voler dire** (*to mean*); **far fare** (*to have* [*something*] *done*); **saper fare** (*to know how to do*).

†Present indicative: **raccolgo, raccogli... raccolgono.**

. . . . • • • • • • • • • •

A. Ripetete gli scambi tra di voi.

B. Domandate e rispondete.

1. Da quanto tempo vivono in Brianza Alberto e Gabriella? Dove abitavano prima?
2. Lavora molto nell'orto Alberto? Pianterà lui i pomodori?
3. Chi darà da mangiare ai polli, Gabriella o Cesira? E chi dovrà tagliare l'erba?
4. Tu tagli mai l'erba?

FARE + INFINITIVE

Faccio recitare il dialogo all'inizio di ogni lezione.	*I have the dialogue recited at the beginning of each class.*
Faccio recitare gli studenti.	*I have (make) the students recite.*
Faccio recitare il dialogo **agli** studenti.	*I have the students recite the dialogue.*

1. The construction **fare** + *infinitive* is used to render the two English forms *to have something done* and *to have (make) someone do something.*

2. If the object or objects are nouns, they always follow the construction **fare** + *infinitive.* If they are pronouns, they precede the verb phrase, unless **fare** is in the infinitive form or in the first or second person of the imperative.

Faccio pulire **la casa** il sabato.	*I have the house cleaned on Saturdays.*
La faccio pulire il sabato.	*I have it cleaned on Saturdays.*
Facciamo**la** pulire!	*Let's have it cleaned!*
Voglio far**la** pulire.	*I want to have it cleaned.*

3. If there is only one object, it is always a direct object.

Fanno lavorare troppo i **bambini**. — *They make the children work too much.*

Li fanno lavorare troppo. — *They make them work too much.*

Hai fatto lavare **la macchina**? — *Did you have the car washed?*

L'hai fatta lavare? — *Did you have it washed?*

4. If there are two objects, the agent is always the indirect object.*

Ha fatto ripetere le frasi **allo studente**. — *She made the student repeat the sentences.*

Gli ha fatto ripetere le frasi. — *She made him repeat the sentences.*

Gliele ha fatte ripetere. — *She made him repeat them.*

Ho fatto visitare i bambini **al medico**. — *I had the doctor visit the children.*

Glieli ho fatti visitare. — *I had him visit them.*

5. **Lasciare** + *infinitive* means to allow or let someone do something. It follows the same construction as **fare** + *infinitive*.

Papà non **lascia guardare** la TV a Carletto. — *Papa doesn't let Carletto watch TV.*

Perché non mi **lasci parlare**? — *Why don't you let me speak?*

Sometimes Italians colloquially use **fare** instead of **lasciare**.

Quando avevo sedici anni, i miei genitori non mi **facevano** uscire la sera. — *When I was 16, my parents wouldn't let me go out at night.*

Per favore, **fammi** parlare. — *Please, let me speak.*

||| Facciamo pratica! . . . .

A. Che cosa fa fare in classe l'insegnante?

ESEMPIO: leggere il dialogo →
L'insegnante fa leggere il dialogo.

1. scrivere gli esercizi sulla lavagna
2. imparare a memoria gli scambi

---

*To distinguish between actions *done for* someone and those *imposed on* someone, the preposition **a** is sometimes replaced by the preposition **da**.

Ho fatto spedire i fiori **dalla** fioraia. — *I had the florist send the flowers.*

3. leggere ad alta voce
4. studiare la grammatica
5. fare molti esami
6. parlare solo in italiano
7. addormentare (*to go to sleep*) gli studenti

B. Che cosa non lascia fare in classe l'insegnante?

> ESEMPIO: mangiare gli studenti →
> L'insegnante non lascia mangiare gli studenti.

1. parlare in inglese
2. dormire gli studenti
3. leggere il giornale
4. consultare la grammatica durante un esame
5. fumare gli studenti

C. Fare o far fare? Attività casalinghe (*domestic*). Trasformate le frasi secondo l'esempio.

> ESEMPIO: Ho lavato i piatti. →
> Ho fatto lavare i piatti.

1. Abbiamo pulito il garage.
2. Laverò la macchina.
3. La mamma annaffia (*water*) i fiori e papà dipinge la casa.
4. I nonni hanno cucinato un grosso tacchino (*turkey*).
5. Preparerete una bella cena.
6. E tu cosa fai?

D. Situazioni. Gabriella e Alberto vivono da poco tempo in campagna e chiedono continuamente aiuto a Cesira e a Egidio. Ecco cosa gli fanno fare!

> ESEMPIO: Gabriella / annaffiare / piante / Egidio →
> Gabriella fa annaffiare le piante a Egidio.

1. Alberto / piantare / patate / Egidio
2. Gabriella / tagliare / erba / ragazzi
3. Gabriella / raccogliere (*harvest*) / olive (*olives*) / Cesira e Egidio
4. Alberto / piantare / viti (*vines*) / Egidio e i ragazzi
5. Gabriella / fare / pasta / Cesira
6. Alberto e Gabriella / fare / tutto / altri

E. Ripetete l'esercizio precedente al passato prossimo.

> ESEMPIO: Gabriella ha fatto annaffiare le piante a Egidio.

F. E tu, che cosa faresti fare al tuo compagno/alla tua compagna di camera?

> ESEMPIO: lavare i piatti →
> Gli/Le farei lavare i piatti.

SUGGERIMENTI: fare il letto, preparare la cena, pulire il bagno, lavare i piatti, passare l'aspirapolvere, fare la spesa

G. Nella famiglia Pallotta il padre dice sempre alla moglie di far fare le cose ai figli. Date gli ordini usando i pronomi secondo gli esempi.

ESEMPI: Fa' lavorare Carlo! →
Fallo lavorare!

Fa' studiare la matematica a Carlo! →
Fagliela studiare!

1. Fa' studiare i ragazzi!
2. Fa' pulire le camere a Francesco!
3. Fa' apparecchiare la tavola!
4. Fa' preparare la cena!
5. Non far guardare la TV a Carletto!
6. Non far uscire Paola!
7. Fa' lavare i piatti a Francesco!
8. Fa' uscire il cane!

FARSI + INFINITIVE

LA SIGNORA SNOB

Io mi faccio tagliare i capelli solo da Diego.

Mi faccio fare i vestiti da Valentino.

Mi faccio disegnare i gioielli da Bulgari.

1. **Farsi** + *infinitive* is used to indicate that the subject is having something done for himself or herself by someone else. In this case, the agent, the person rendering the service, is always preceded by the preposition **da**.

2. In compound tenses, as with all reflexive verbs, the auxiliary verb is **essere**.

La signora Snob si **è fatta** fare un abito da sera da Valentino.

Signora Snob had an evening dress made (for herself) by Valentino.

||| Facciamo pratica! . . . .

A. Da chi si fanno fare... ? Completate secondo l'esempio.

ESEMPIO: Marcella / fare la permanente / parrucchiere →
Marcella si fa fare la permanente dal parrucchiere.

1. Francesca / fare l'abito da sposa / Armani
2. i signori Marchi / disegnare la casa / architetto Bonfanti
3. Carletto / comprare la bicicletta / nonni
4. Lauretta / aiutare / sorella maggiore
5. Giulio / fare i compiti / zio Augusto
6. tu / spiegare la grammatica / professore

B. E ora mettete l'esercizio precedente nel passato.

ESEMPIO: Marcella si è fatta fare la permanente dal parrucchiere.

C. Un po' di conversazione. Domandate e rispondete.

1. Ti fanno ridere le barzelette (*jokes*)?
2. Chi o che cosa ti fa arrabbiare?
3. A chi fai leggere le tue lettere?
4. Che cosa ti faresti regalare per il tuo compleanno? Quale dolce ti faresti preparare?
5. I tuoi genitori ti lasciavano guidare a 15 anni? Ti facevano studiare molto?
6. Ti faresti mantenere (*support*) da tua moglie/tuo marito?

RAPIDI SCAMBI

1. —Papà, quante trote hai preso?
   —Neanche una, Nino. Sono state tutte avvelenate dai detersivi.

2. —Alberto, non si sente più il canto degli uccelli!
   —Lo dico anch'io. Sono stati tutti ammazzati dai cacciatori.

3. —Come mai siete andati a stare in campagna?
   —In città non si poteva più vivere. Eravamo bombardati dai rumori e soffocati dallo smog.

4. —Hai sentito Alberto? Ci sarà una grande manifestazione contro
   l'inquinamento domani a Bologna in Piazza Maggiore.
   —Da chi è organizzata?
   —Dal Partito dei Verdi. Arriveranno da tutta l'Europa.
   —Andiamo anche noi!

—Noi non facciamo la guerra,
non inquiniamo l'aria e hanno il
coraggio di dire che siamo esseri[a]
inferiori!

[a]*beings*

INFORMAZIONI

Il Partito dei Verdi è un gruppo interessato alla protezione
dell'ambiente che ha recentemente mandato rappresentanti al
Parlamento. È popolare soprattutto tra i giovani.

COME SI DICE?

---

l'ambiente (*m.*) environment	**ammazzare** to kill, murder
il cacciatore hunter	**avvelenare** to poison
il detersivo detergent	**bombardare** to bombard, bomb
la manifestazione demonstration	**inquinare** to pollute
la trota trout	**soffocare** to suffocate
l'uccello bird	
	neanche* not even

la nuova
ecologia
IL MENSILE DEI VERDI
E DEI CONSUMATORI
È IN EDICOLA IL NUMERO DI LUGLIO/AGOSTO
CHI SONO E CHE COSA
STANNO PREPARANDO
**UN MILIONE
DI VERDI**
PARTITO O MOVIMENTO?
AL GOVERNO
O ALL'OPPOSIZIONE?
CARTA RICICLATA 100%

||| **Facciamo pratica!** . . . .

A. Ripetete gli scambi tra di voi.

B. Domandate e rispondete.

1. Quante trote ha preso il papà di Nino?
2. Che cosa ha avvelenato le trote?
3. Perché non si sente più il canto degli uccelli?
4. Perché non si può più vivere in città?
5. Quale manifestazione ci sarà, e dove? Da quale partito è
   organizzata?

---

*Neanche, like **anche**, always precedes the word it modifies.

THE PASSIVE VOICE

PRESENTE	
I ragazzi **tagliano** l'erba.	*The kids are cutting the grass.*
L'erba **è** tagliata dai ragazzi.	*The grass is being cut by the kids.*
Egidio **pianta** le patate.	*Egidio is planting the potatoes.*
Le patate **sono** piantate da Egidio.	*The potatoes are being planted by Egidio.*

PASSATO PROSSIMO	
I ragazzi **hanno tagliato** l'erba.	*The kids cut the grass.*
L'erba **è stata** tagliata dai ragazzi.	*The grass was cut by the kids.*
Egidio **ha piantato** le patate.	*Egidio planted the potatoes.*
Le patate **sono state** piantate da Egidio.	*The potatoes were planted by Egidio.*

FUTURO	
I ragazzi **taglieranno** l'erba.	*The kids will cut the grass.*
L'erba **sarà** tagliata dai ragazzi.	*The grass will be cut by the kids.*
Egidio **pianterà** le patate.	*Egidio will plant the potatoes.*
Le patate **saranno** piantate da Egidio.	*The potatoes will be planted by Egidio.*

1. When an active sentence is put into the passive voice, the direct object of the original sentence becomes the subject of the new sentence, and the subject of the original sentence is preceded by the preposition **da** (in English by the preposition *by*).

2. The passive voice is formed by conjugating in the necessary tense **essere** + *past participle of the verb*. The past participle must agree in gender and number with the subject.

Attenzione!

■ When forming the **passato prossimo** and other compound tenses in the passive voice, you will have *two* past participles: that of **essere** and that of the main verb. Both must agree with the subject.

> **Le olive** sono state raccolte da Alberto.
>
> *The olives were picked by Alberto.*

||| Facciamo pratica! . . . .

A. Nella famiglia Rossi ognuno ha i suoi compiti. Mettete le frasi al passivo secondo l'esempio.

> ESEMPIO: La nonna fa il pane. →
> Il pane è fatto dalla nonna.

1. Alberto taglia l'erba.
2. La moglie di Alberto annaffia le piante.
3. La figlia Angela pulisce la casa.
4. Il figlio Federico prepara i pranzi.
5. Egidio pianta carote e patate.
6. Tutta la famiglia raccoglie l'uva.

B. Situazioni. Completate con il verbo al passivo.

1. —Com'è bella questa casa!* Da chi _____ (restaurare)?
   —_____ dall'architetto Pucci.
2. —Com'è grande questo albero! Quando _____ (piantare)?
   —_____ nel 1900.
3. —Come sono buoni questi tortellini! Da chi _____ (fare)?
   —_____ dalla nonna.
4. —Com'è interessante questo libro! Quando _____ (scrivere)?
   —_____ dieci anni fa.
5. —Com'è antica l'Università di Bologna! Quando _____ (fondare [to found])?
   —_____ nel tredicesimo secolo (thirteenth century).
6. —Come sono buone queste trote! Dove _____ (pescare)?
   —_____ nel Lago di Garda.

C. Piccolo quiz. Sapete da chi... ? Rispondete usando la forma passiva.

1. Da chi è stata scoperta l'America?
2. Da chi è stata inventata la bomba atomica?

---

*Note the Italian word order here compared to English: *How beautiful this house is!*

3. Da chi è stata inventata la radio?
4. Da chi è stata formulata la teoria della gravità? E quella della relatività?
5. Da chi è stato scritto *Huckleberry Finn*? E *Alice in Wonderland*?
6. Da quale film è stato vinto l'ultimo Oscar?
7. Da chi è stato diretto «Annie Hall»? E «L'Ultimo Imperatore»?
8. Da chi è stata vinta l'ultima Coppa Davis? E l'ultimo campionato mondiale di calcio?

THE *SI* CONSTRUCTION

The **si** construction has several uses. You have already studied one idiomatic use: In questions, **si** + *verb in the third person singular* is equivalent to *Shall we . . . ?*

Si va a ballare stasera?	*Shall we go dancing tonight?*
Si fa una gita al mare?	*Shall we make an excursion to the sea?*

SI IN THE IMPERSONAL CONSTRUCTION	
In Italia **si mangia** bene.	*In Italy one eats well.*
In questo paese non **si legge** abbastanza.	*In this country people (we) don't read enough.*

1. The **si** construction renders impersonal English expressions introduced by *one, we, people, they.*

2. In compound tenses, the **si** construction always takes the auxiliary verb **essere**.

   Da Sabatini **si è** sempre **man-giato** molto bene. *We (people) have always eaten well at Sabatini's.*

3. The impersonal construction of a reflexive verb is made by using the pronoun sequence **ci si**.

   In Italia **ci si veste** bene. *In Italy people dress well.*
   Per una buona pesca, **ci si deve** alzare presto. *For good fishing, one must get up early.*

SI IN THE PASSIVE CONSTRUCTION	
Non **si serve** il vino rosso con il pesce.	*Red wine is not served with fish.*
Questo non **si fa.**	*This is not done.*
Non **si è fatto** abbastanza per proteggere l'ambiente.	*Enough hasn't been done to protect the environment.*
Non **si studia** molto la grammatica.	*Grammar isn't studied much.*
ma: La grammatica non **è studiata** molto **dagli studenti.**	*Grammar isn't studied much by students.*

In spoken Italian, the regular passive voice is used much less frequently than in English. The **si** construction often replaces passive structures where an agent is not expressed.

Attenzione!

▪ In a passive sentence without an agent, when the subject is plural, the verb must be conjugated in the third person plural.

> Ogni anno **si vendono** molte **macchine.**
>
> *Every year many cars are sold.*

||| Facciamo pratica! . . . .

A. Un turista domanda. Domandate secondo l'esempio e rispondete liberamente.

> ESEMPIO: Dove _____ (comprare) le cartoline? →
> —Dove si comprano le cartoline?
> —Si comprano in una cartoleria.

1. Dove _____ (vendere) i francobolli (*stamps*)?
2. Dove _____ (potere) telefonare?
3. Dove _____ (prendere) l'autobus?
4. Dove _____ (comprare) i giornali?
5. Dove _____ (potere) cambiare dollari?
6. Dove _____ (mangiare) bene?
7. Dove _____ (comprare) i gettoni?
8. Dove _____ (pagare) il conto?

B. Ragazzi, cosa si fa questo weekend? Domandate secondo l'esempio e rispondete liberamente.

> ESEMPIO: Dove _____ (andare) domenica? →
> —Dove si va domenica?
> —Si va al mare (al cinema, a fare una gita...).

1. Cosa _____ (fare) sabato?
2. A chi _____ (telefonare)?
3. _____ (invitare) gli amici?
4. _____ (chiedere) la macchina a papà?
5. _____ (prenotare) le camere all'albergo o _____ (fare) un campeggio?
6. _____ (prendere) i soldi in banca o _____ (chiedere) alla mamma?
7. _____ (fare) i panini per il viaggio o _____ (mangiare) al ristorante?
8. A che ora _____ (alzarsi)?
9. Come _____ (vestirsi) per il viaggio?
10. A che ora _____ (tornare)?

LETTURA

Prima di leggere

Cercate di capire i punti essenziali di questi brevi articoli.

1. Nell'articolo «Verdi», secondo Rosalba Sbalchiero, che cosa dovrebbero fare tutti gli italiani per cominciare a risolvere i problemi ecologici?

2. In «Guerra in comune contro la plastica», qual è la conseguenza (*outcome*) dell'uso eccessivo delle buste (*bags*) di plastica?

3. Secondo l'articolo «Nei centri storici con bombole di ossigeno», qual è la causa principale dell'inquinamento atmosferico nelle città, e quali sono i provvedimenti (*measures*) necessari per diminuirlo?

I problemi ecologici

VERDI

Chi parla, per una volta, appare come 5 l'incarnazione vivente[a] delle proprie teorie biologiche e fondamentaliste. Non dimostra[b] neppure[c] trent'anni, in- 10 fatti, Rosalba Sbalchiero che alla fine confesserà sorridendo[d] di averne 44. Sarà per la sua dieta vegetariana 15 rigida (vietati anche latte, uova e formaggi), sarà per l'uso esclusivo di ortaggi[e] e legumi coltivati biologicamente, 20 cioè senza concimi[f] chi-

mici e pesticidi, fatto sta[g] che Rosalba Sbalchiero, dai lineamenti[h] e dal fisico perfetti, in- 25 sieme ai suoi più giovani colleghi redattori e compagni di vita in campagna, Pino De Sario e Maria Grazia Fri- 30 son, non si limita a predicare la cultura dei "popoli nativi", cioè «il rapporto con la terra che è la nostra 35 madre, che ci nutre[i] e alla quale[j] torniamo per ritrovare la nostra essenza».

Rosalba Sbalchiero (seduta) con Maria Grazia Frison e Pino De Sario.

[a]*living*
[b]*show*
[c]*even*
[d]*smiling*
[e]*vegetables*
[f]*fertilizers*
[g]*fatto... the fact is*
[h]*features*
[i]*nourishes*
[j]*alla... to which*

PAGINE VERDI

NATURA NOSTRA
di Fulco Pratesi

GUERRA IN COMUNE CONTRO LA PLASTICA

5

Secondo una recente ricerca le buste di plastica [10] in giro[a] per l'Italia sono circa cento miliardi. E se ne continuano a produrre[b] al ritmo di sette miliardi l'anno. Con il risultato di avere mari, [15] laghi e fiumi ingombri[c] di questi cenci,[d] di creare immensi problemi per il loro smaltimento,[e] di uccidere delfini e tartarughe[f] marine. Do-[20] po il Comune di Cadoneghe (Padova) che per primo ha vietato sul suo territorio l'uso dei contenitori di plastica non biodegradabili (antici-[25] pando il divieto previsto da un decreto dell'84 che entrerà in vigore il 1. gennaio 1991), altre odinanze sono state emesse[g] dai Comuni[h] di [30] Genova, Firenze, Chieti, Pescara, Sacile (Pordenone), Cerea (Varese), Turano di Lodi (Milano), Cervia Alfonsine e Coriano (Forlì), Signa [35] e Scandicci (Firenze), Montecarlo (Lucca), S. Gimignano (Siena) e Cortona (Arezzo).

Sacchetti di plastica a Venezia.

[a]*in... around*
[b]*produce*
[c]*filled*
[d]*litter*
[e]*disposal*
[f]*turtles*
[g]*issued*
[h]*City Halls*

TERRA BRUCIATA
di Antonio Cederna

NEI CENTRI STORICI CON BOMBOLE DI OSSIGENO

5

Quasi un quinto[a] del consumo energetico in Italia è dovuto ai carbu-[10] ranti[b] usati per i trasporti, e la metà è consumata dalle auto private che sono 22 milioni e bruciano 15 miliardi di litri di benzina all'anno. [15] La situazione delle grandi città è ormai insostenibile, ed è stata ancora una volta messa in evidenza dalle recenti manifestazioni degli [20] ambientalisti[c] a Roma, Bologna, Milano.

Il traffico è il principale responsabile dell'inquinamento atmosferico: per il [25] **20-50** per cento degli ossidi di azoto, per il **60-90** per cento del monossido di carbonio, per il **40** per cento degli idrocarburi incombu-[30] sti; e disperde nell'atmosfera tremila tonnellate di piombo all'anno. Da una recente inchiesta della Doxa risulta che il **73** per cento degli italiani [35] è favorevole alla riduzione del traffico privato nelle città, e chiede soluzioni decisive: che le città siano dotate di una rete efficace di rileva-[40] mento perché siano rispettati i limiti prescritti dalla legge; che le auto private siano bandite dai centri storici e sia potenziato il mezzo pubblico [45] (che dovrà funzionare a metano o trasformarsi in filobus: ma i filobus di Roma sono stati venduti anni fa ad Atene); che venga eliminato [50] il piombo dalla benzina, come prescrive una direttiva Cee, e vengano rese obbligatorie le marmitte catalitiche.

Poco tuttavia si otterrà se [55] i pubblici amministratori non si convinceranno di una cosa elementare, che cioè traffico privato e trasporto pubblico sono incompatibili, [60] e che il secondo può diventare competitivo solo se viene drasticamente ridotto il primo. E sarà anche venuto il momento di fare i conti, e [65] calcolare gli enormi costi sociali che questo velenoso spreco energetico scarica sulla collettività in termini di congestione, disagio psico-fi-[70] sico, perdita di ore di lavoro, erosione di monumenti e soprattutto di danni alla salute pubblica. Se non si pone un limite alla motorizzazione [75] privata, osserva la Lega per l'Ambiente, tra poco dovremo andare in giro muniti di bombole di ossigeno: se un uomo sopravvive a un digiu-[80] no di un mese, senza respirare muore dopo due minuti.

[a]*one fifth* / [b]*fuels* / [c]*environmentalists*

COME SI DICE?

la benzina gasoline
la busta di plastica plastic bag
il danno damage
il delfino dolphin
il digiuno fasting
l'ecologia ecology
l'inquinamento *pollution*
il monumento monument
la salute pubblica *public health*
lo spreco *waste*
la vita life

bruciare *to burn*
respirare to breathe
sopravvivere (*p.p.* **sopravvissuto**) *to survive*
spengere (*p.p.* **spento**) to turn off; to put out, blow out
uccidere (*p.p.* **ucciso**) to kill
vietare to forbid

vegetariano/a vegetarian

tra poco in a short while

||| Facciamo pratica! . . . .

A. Piccolo quiz. In quali articoli sono trattati (*treated*) i seguenti argomenti?

1. Per combattere (*fight*) l'inquinamento nelle città, bisognerebbe eliminare il traffico delle macchine.
2. Se non si riduce drasticamente il numero delle macchine, presto usciremo di casa con la bombola d'ossigeno.
3. Per mantenersi (*to keep*) giovani è meglio mangiare verdure senza concimi (*fertilizers*) chimici.
4. Nei centri storici le auto private non devono più circolare.
5. La fauna marina è distrutta (*destroyed*) dalle buste di plastica.

B. Completate le frasi con le parole studiate.

1. I Verdi sono entrati al Parlamento perché alle _____ del 1987 hanno ottenuto un numero sufficiente di _____.
2. Purtroppo i mari italiani sono pieni di buste di plastica che _____ i pesci.
3. Rosalba Sbalchiero è _____; non solo non mangia carne, ma neanche uova e formaggio.
4. Nelle città italiane il principale responsabile dell'inquinamento è _____.

5. In Italia 22 milioni di macchine consumano 15 miliardi di litri di _____ all'anno.
6. Il traffico causa danni alla _____ e ai _____.
7. Tra poco gli italiani per _____ dovranno andare in giro con bombole di ossigeno.

Una manifestazione contro le centrali nucleari

C. Domandate e rispondete.

1. Vive in città o in campagna Rosalba Sbalchiero? Qual è la sua dieta? E la tua? Mangi più carne o verdura?
2. Quante automobili ci sono in Italia? Quale danno provoca il traffico ai centri storici? Cosa chiede il 73 per cento degli italiani?
3. Che cosa c'è scritto sulla maglietta del bambino nella foto? A quale manifestazione partecipa la mamma?
4. In quale città è stata fatta la foto con tanti sacchetti di plastica?
5. Secondo l'autore dell'articolo, quanti anni avrà Rosalba Sbalchiero? Sembra più o meno vecchia?

D. Domandate e rispondete usando la forma passiva. Scegliete l'espressione appropriata dalla colonna B.

ESEMPIO: Che cosa ha inquinato l'aria? →
L'aria è stata inquinata dalla benzina delle macchine.

A	B
1. Che cosa ha inquinato l'aria?	il Partito dei Verdi
2. Che cosa ha avvelenato i pesci?	i maggiori giornalisti
3. Chi ha ammazzato gli uccelli?	l'ecologo Fulco Pratesi
4. Che cosa soffoca la gente in città?	il rumore
5. Chi ha scritto importanti articoli sull'inquinamento?	le automobili
	i cacciatori
6. Chi organizzerà la manifestazione di Bologna?	le sigarette
	lo smog
7. Chi intervisterà il leader dei Verdi?	i detersivi
8. Che cosa ha inquinato verdure e frutta?	le radiazioni della
9. Che cosa causa irritabilità e insonnia?	centrale nucleare
10. Che cosa provoca malattie respiratorie?	

CAPITOLO 21

DI DESTRA O DI SINISTRA?

Le donne protestano in difesa dei loro diritti e contro la violenza. Grande manifestazione a Roma di gruppi provenienti da tutta l'Italia (© Stuart Cohen/Comstock)

RAPIDI SCAMBI

1. —Lei, signorina, voterà domani?
   —Sì, per la prima volta. Ho appena compiuto diciotto anni.
   —Cosa pensa della DC?
   —Mi pare che non faccia abbastanza per migliorare il sistema scolastico.

2. —Scusi, signore, per chi ha intenzione di votare Lei?
   —Per nessuno. Non mi piace il sistema politico italiano.
   —Cosa non Le piace?
   —Credo che ci siano troppi partiti e che confondano le idee alla gente.

3. —Signore, che ne pensa del Partito dei Verdi?
   —Non me ne parli! Vado a caccia da trent'anni
   e spero solo che neanche uno metta piede
   in Parlamento.

4. —Signora, cosa si aspetta dalle elezioni?
   —Mi aspetto che si paghino meno tasse.
   —E quale partito crede che sia più sensibile
   a questo problema?
   —Ho paura che non ce ne sia nessuno.

5. —Professore, Lei pensa che questa
   volta il PCI riesca a superare
   la DC?
   —Ne dubito. E forse è meglio
   che i comunisti restino
   all'opposizione.

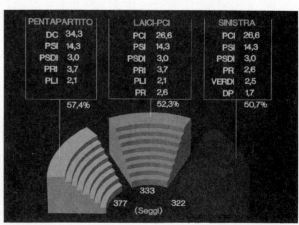

LE ALLEANZE POSSIBILI

Nel grafico:
le possibili
maggioranze nella
nuova Camera dei
deputati.

PENTAPARTITO		LAICI-PCI		SINISTRA	
DC	34,3	PCI	26,6	PCI	26,6
PSI	14,3	PSI	14,3	PSI	14,3
PSDI	3,0	PSDI	3,0	PSDI	3,0
PRI	3,7	PRI	3,7	PR	2,6
PLI	2,1	PLI	2,1	VERDI	2,5
		PR	2,6	DP	1,7
	57,4%		**52,3%**		**50,7%**

377   333   322
(Seggi)

COME SI DICE?

le elezioni elections (usually pl.)
l'idea idea
l'opposizione opposition
il Parlamento Parliament
il partito party (political)
il sistema, i sistemi system
la tassa tax

la DC* la Democrazia Cristiana
il PCI* il Partito Comunista
   Italiano

politico, politici political
scolastico, scolastici scholastic,
   school (*adj.*)
sensibile sensitive

aspettarsi to expect

avere intenzione di to plan to
confondere (*p.p.* **confuso**) to
   confuse
dubitare (di) to doubt
mettere piede to set foot
migliorare to improve
superare to overcome, surpass
riuscire† a to succeed in
   riuscire a superare to succeed
     in surpassing
votare to vote

mi pare (ti pare, gli pare, ecc.) it
   seems to me (to you, to him,
   etc.)

compiere... anni to turn . . . years
   old

Facciamo pratica!

A. Ripetete gli scambi tra di voi.

B. Domandate e rispondete.

1. A quanti anni si può votare?
2. Secondo la signorina, quale partito non fa abbastanza per la scuola?
3. Perché al signore della seconda intervista non piace il sistema politico italiano?
4. Perché il cacciatore è contro il Partito dei Verdi?
5. Per la signora della quarta intervista, qual è un problema molto importante?
6. Secondo il professore, il PCI supererà la DC alle prossime elezioni?

---

*The abbreviations of these political parties are pronounced **piccì** and **diccì**.
†Conjugated like **uscire**: riesco, riesci, etc.

SUBJUNCTIVE VERSUS INDICATIVE

The subjunctive is not frequently used in English, but you are familiar with its use in certain expressions.

> It is important that you *be* prompt.
>
> If I *were* a rich man . . .
>
> The registrar requires that everyone *submit* a recent photo.

Whereas the indicative mood indicates objective facts and events (how things actually are, have been or will be), the subjunctive expresses how someone *thinks*, *hopes*, *believes* or *wishes* things to be or to have been. It is the mood of subjective opinions and feelings.

In Italian, the use of the subjunctive is required much more frequently than in English. It occurs in subordinate clauses introduced by the conjunction **che**, which can never be omitted. Verbs that express opinions, wishes, doubts, or beliefs are particularly associated with the subjunctive: **credere, dubitare, parere, pensare, sembrare, sperare,** and **volere**. The subjunctive is contrasted with the indicative in the following sentences.

Il Partito dei Verdi **è** di sinistra.	*The Green Party is leftist.*
Credo che il Partito dei Verdi **sia** di sinistra.	*I think that the Green Party is (may be) leftist.*
Anna dice che la DC non **fa** abbastanza per le scuole.	*Anna says that the DC doesn't do enough for the schools.*
Anna **spera che** il PSI **faccia** di più per le scuole.	*Anna hopes that the PSI will do more for the schools.*
So che l'Italia **è** una repubblica.	*I know that Italy is a republic.*
Mi pare che l'Italia **sia** una repubblica.	*It seems to me that Italy is a republic.*
Il PCI è sempre **stato** all'opposizione.	*The PCI has always been in the opposition.*
Penso che il PCI **sia** sempre **stato** all'opposizione.	*I think that the PCI has always been in the opposition.*

||| Facciamo pratica! . . . .

Dove e perché? In quali frasi è usato il congiuntivo? E perché?

1. So che l'Italia è[a] una repubblica parlamentare dal 1947 e credo che la Democrazia Cristiana sia[b] il partito più importante.
2. Il professore ci ha detto che gli italiani votano[a] in massa ad ogni elezione, ma pare che non abbiano[b] fiducia (*faith*) negli uomini politici.
3. Ho visto che i giornali italiani pubblicano[a] molte vignette che prendono[b] in giro (*make fun of*) personaggi politici importanti. È un peccato (*pity*) che io non sempre le capisca.[c] Anche quando me le spiegano,[d] spesso non mi fanno[e] ridere. Credo che sia[f] necessario conoscere la lingua e il paese molto bene per apprezzarne (*appreciate*) l'umorismo. Speriamo che un giorno possa[g] apprezzarlo anch'io.

THE PRESENT SUBJUNCTIVE

MAIN CLAUSE + **che** + SUBORDINATE CLAUSE (INDICATIVE) (SUBJUNCTIVE)		I **lavorare**	II **ripetere**	III **dormire**
Pensano che	io	lavori	ripeta	dorma
Vogliono che	tu	lavori	ripeta	dorma
Sperano che	lui, lei, Lei	lavori	ripeta	dorma
È necessario che	(noi)	lavor**iamo**	ripet**iamo**	dorm**iamo**
Mi pare che	(voi)	lavor**iate**	ripet**iate**	dorm**iate**
E meglio che	(loro, Loro)	lavor**ino**	ripet**ano**	dorm**ano**

1. Since the form of the subjunctive for the three singular persons is the same, it is preferable to use subject pronouns to avoid ambiguity.

Penso che **lui** parli troppo.	*I think that he talks too much.*
È meglio che **tu** parli adesso.	*It is preferable that you speak now.*

2. The endings of both the first person plural and the second person plural are the same in all three conjugations. The third person plural is formed by adding **-no** to the singular form of the subjunctive, and the stress remains on the stem of the verb, as in the present indicative.

— D'accordo,[a] è stato un bel gol, ma mi sembra che ora esagerino...

[a]*Agreed*

Spelling changes in regular verbs

1. Third conjugation verbs that take the suffix **-isc** in the present indicative follow the same pattern in the present subjunctive: **-isc** is inserted

before the conjugation endings of the three singular persons and the third person plural.

Credo che lei prefer**isca** il gelato alla crema.	*I believe she prefers vanilla ice cream.*
Credo che voi prefer**iate** il gelato al limone.	*I think you prefer lemon ice cream.*

2. Verbs ending in **-care** and **-gare** insert an **h** before the **i** throughout the whole conjugation.

Mi pare che dimenti**chino** tutto.	*It seems to me they forget everything.*
Bisogna che pa**ghiate** il conto.	*It's necessary that you pay the bill.*

3. Verbs ending in **-iare** drop one **i** throughout the conjugation.

Spero che il film comin**ci** presto.	*I hope the film begins soon.*
Credo che man**gino** troppo.	*I think they eat too much.*

Verbs and expressions requiring the subjunctive

Some verbs and expressions require the subjunctive.

VERBS EXPRESSING OPINION	VERBS EXPRESSING VOLITION	EXPRESSIONS OF EMOTION OR STATE OF MIND
credere	chiedere	essere contento/felice
dubitare (*to doubt*)	desiderare	(dis)piacere
pensare	esigere (*to demand, require*)	avere paura
	preferire	temere (*to fear*)
	sperare	
	volere	

IMPERSONAL EXPRESSIONS	
(non) bisogna (*it is necessary*)	(non) è meglio
(non) è difficile	(non) è strano (*it is strange*)
(non) è necessario	(non) pare, sembra (*it seems*)
(non) è importante	peccato (*too bad*)
(non) è (im)possibile	può darsi (*it could be*)
(non) è (im)probabile	può essere (*it may be*)
(non) è bene	

SUBJUNCTIVE VERSUS INFINITIVE

1. Italian uses a clause introduced by **che** (*that*) with the subjunctive when the subjects of the two clauses are different.

Spero che tu capisca le barzellette italiane.	*I hope you understand Italian jokes.*
È difficile che voi capiate le barzellette italiane.	*It's difficult for you to understand Italian jokes.*
Voglio che loro imparino l'italiano.	*I want them to learn Italian.*

2. Following impersonal expressions, the infinitive is used if there is no expressed subject.

È difficile capire le barzellette italiane.	*It's difficult to understand Italian jokes.*

3. When the subject of the two clauses is the same, the infinitive is used, frequently preceded by the preposition **di**. If the infinitive depends on the verbs **volere**, **preferire**, or **desiderare**, the preposition **di** is not used.

Spero di capire le barzellette italiane.	*I hope to understand Italian jokes.*
Voglio imparare l'italiano.	*I want to learn Italian.*

Attenzione!

■ Pay particular attention to the difference between Italian and English in constructions with **volere**.

Vogliono che io studi l'italiano.	*They want me to study Italian.*
Non vuole che lei esca.	*He doesn't want her to go out.*

||| Facciamo pratica! . . . .

A. Speranze e paure pre-elettorali. Completate con i verbi in parentesi, scegliendo tra congiuntivo e infinito.

1. I partiti hanno paura che quest'anno gli italiani non _____ (votare).
2. Il PCI spera di _____ (superare) la DC.

3. I cacciatori sperano che i Verdi non _____ (mettere) piede in Parlamento.

4. Molti italiani non vogliono che il PCI _____ (entrare) nel governo.

5. Gli italiani non sono contenti di _____ (pagare) molte tasse.

6. È probabile che il Partito Liberale _____ (perdere) dei voti.

7. I giovani desiderano che il sistema scolastico _____ (migliorare) e che gli insegnanti _____ (lavorare) di più.

8. Gli insegnanti delle scuole pubbliche esigono che lo Stato li _____ (pagare) meglio.

9. Gli operai pensano che il governo non _____ (capire) i loro problemi.

10. Può darsi che il leader del Partito Socialista _____ (diventare) presidente.

B. Secondo te, è necessario o no?

> ESEMPIO: Gli studenti parlano italiano in classe. →
> Secondo te, è necessario che gli studenti parlino italiano in classe?

1. Gli studenti imparano l'italiano.
2. Ascoltate sempre il professore.
3. Scrivi un componimento (*composition*) ogni giorno.
4. Leggiamo molti libri.
5. Venite in classe ogni giorno.
6. Il professore spiega bene.

C. La mamma vuole... Nella famiglia Bonaventura tutti devono fare quel che vuole la mamma. Carletto commenta.

> ESEMPIO: Maria deve lavare i piatti. →
> La mamma vuole che Maria lavi i piatti.

1. Io devo pulire la mia camera.
2. Mio fratello deve guidare piano.
3. Noi la dobbiamo aiutare.
4. Papà deve mangiare di meno.
5. Il cane non deve dormire sulla poltrona.
6. I miei fratellini devono finire i compiti.

D. Sei contento o ti dispiace? Trasformate le frasi seguenti secondo l'esempio.

> ESEMPIO: I dipartimenti di lingua organizzano/non organizzano viaggi all'estero. →
> Sono contento/a che i dipartimenti organizzino viaggi all'estero. (Mi dispiace che i dipartimenti non organizzino viaggi all'estero.)

1. La biblioteca apre presto e chiude tardi.
2. Il servizio degli autobus funziona bene/male.

3. L'università offre pochi/molti corsi d'italiano.
4. Si mangia bene/male alla mensa (*cafeteria*).
5. I dipartimenti di lingua presentano molti/pochi film stranieri.
6. Le vacanze di primavera durano molto/poco.

IRREGULAR VERBS IN THE PRESENT SUBJUNCTIVE

essere	sia	siamo	siate	siano
avere	abbia	abbiamo	abbiate	abbiano
dare	dia	diamo	diate	diano
sapere	sappia	sappiamo	sappiate	sappiano
stare	stia	stiamo	stiate	stiano

—Credo che mio marito sia ancora in collera[a] con me...

[a]*angry*

The present subjunctive of **essere, avere, dare, sapere,** and **stare** is formed with the stem of the first person plural of the present indicative and the subjunctive endings.

andare	vada	andiamo	andiate	vadano
bere	beva	beviamo	beviate	bevano
dire	dica	diciamo	diciate	dicano
dovere	debba (deva)	dobbiamo	dobbiate	debbano (devano)
fare	faccia	facciamo	facciate	facciano
uscire	esca	usciamo	usciate	escano
venire	venga	veniamo	veniate	vengano
volere	voglia	vogliamo	vogliate	vogliano

The present subjunctive of this second list of verbs has the same irregularity as the first person singular of the present indicative. The only difference in the three singular persons of the present subjunctive is the ending, which is always **-a**. Note that, as always, the third person plural is formed by adding **-no** to the singular form.

||| **Facciamo pratica!** . . . .

A. È probabile che... Ipotesi (*Hypothesize*) sulla famiglia Braghieri. Trasformate le frasi secondo l'esempio. Parla Paolo Braghieri.

ESEMPIO: Mia sorella Carla va all'università. →
È probabile che mia sorella Carla vada all'università.

1. Mio fratello Mario va negli Stati Uniti.
2. I nonni vengono a trovarci.
3. Francesco ed io facciamo un viaggio nel Marocco.
4. Io devo dare un esame per entrare all'università.
5. Stasera papà e mamma non escono.
6. Tu e Carla non volete andare in vacanza con mamma e papà.
7. Lauretta non dice la verità.
8. Carla non sa guidare.
9. Gli zii non possono comprare la casa al mare.

B. Un'esclamazione molto italiana: peccato che... ! Gli studenti e l'insegnante si lamentano. Trasformate le frasi secondo l'esempio.

ESEMPIO: Non studiano abbastanza. →
Peccato che non studino abbastanza.

1. Parlano gli studenti:

a. Questo professore non dà mai bei voti.
b. È un corso molto noioso.
c. Molti professori non hanno pazienza.
d. La professoressa d'italiano ci fa fare troppi esercizi.
e. Questo professore non vuole mai darci una vacanza.

2. Parla l'insegnante:

a. Alcuni (*Some*) studenti non stanno zitti quando parlo.
b. Alcuni studenti non vogliono mai fare niente.
c. Alcuni studenti non fanno i compiti.
d. Alcuni studenti sono pigri.
e. Alcuni studenti non sanno studiare.

Si avvicinano le elezioni e i partiti si fanno pubblicità (© Bayer/Monkmeyer)

C. Situazioni. Completate le seguenti interviste. Completate e rispondete secondo l'esempio o in un modo personale.

ESEMPIO: Scusi, Lei pensa che questo presidente _____ (fare) un buon lavoro? →
—Scusi, Lei pensa che questo presidente faccia un buon lavoro?
—Sì, penso di sì. (No, penso di no.)

1. Scusi, Lei pensa che questo presidente _____ (stare) facendo un buon lavoro?
2. Pensa che in questo paese si _____ (pagare) troppe tasse?
3. Quale crede che _____ (essere) il migliore partito?
4. Secondo Lei, è probabile che il Partito Repubblicano _____ (tornare) al governo?
5. Le pare che questo governo _____ (fare) abbastanza per le donne?
6. Pensate che _____ (essere) importante che tutti _____ (votare)?

RAPIDI SCAMBI

La triste storia del deputato Porcello

Un mese prima delle elezioni: Il deputato è preoccupato della sua immagine.

1. Dal dottore

   —Dottore, mi dica, cosa devo fare per dimagrire?
   —Mangi un po' di meno!

2. Al ristorante

   —Cameriere, mi faccia il conto, per favore.
   —Sì, signore, subito. Sono centomila lire.
   —Caspita, che botta!
   —Caro signore, doveva mangiare di meno!

3. In farmacia

   —Scusi, dottore, ho un grosso problema. Ha qualcosa per farmi dimagrire?
   —Certo. Prenda queste pillole, non beva vino, e cammini molto.

4. Al ristorante, con la moglie

   —Cameriere, ci porti il menu, per favore.
   —Eccolo, signora!
   —Benissimo, mi porti un piatto di fettucine ai quattro formaggi, e per mio marito un'insalata di lattuga e cetrioli. Mi raccomando, non la condisca!

5. Un mese dopo, allo stesso ristorante

   —Cameriere, mi porti una porzione doppia di fettucine ai quattro formaggi. Tanto, ormai ho perso alle elezioni.
   —Subito, onorevole!

COME SI DICE?

il deputato congressman
l'immagine (*f.*) image

il cetriolo cucumber
le fettuccine ai quattro formaggi
noodles in a four-cheese
sauce
la lattuga lettuce
la porzione doppia double
portion

Caspita! Goodness!
Che botta! What a blow!
Tanto, ormai... Might as well,
since . . .

(bere)
Non beva! Don't drink!
(camminare)
Cammini! Walk!

(condire)
Non la condisca! Don't season it!
(dire)
Mi dica... ! Tell me . . . !
fare il conto to write up the bill
Mi faccia il conto! Write up the
bill for me!
(mangiare)
Mangi! Eat!
(portare)
Ci porti... ! Bring us . . . !
(prendere)
Prenda! Take!
raccomandare to recommend
Mi raccomando! I beg of you!*

triste sad

Facciamo pratica! . . . .

Domandate e rispondete.

1. Qual è il grosso problema del signor Porcello?
2. Cosa deve fare il signor Porcello secondo il dottore?
3. Cosa deve fare il signor Porcello secondo il farmacista?
4. Perché il conto al ristorante è così alto?
5. Cosa gli dice il cameriere?
6. Cosa ordina la moglie per sé? E per il marito?

---

*Though this is the literal translation, there is little "begging" in this expression. Its meaning ranges from an emphatic *Please* to an admonishing *I must caution you.*

THE *LEI* AND *LORO* FORMS OF THE IMPERATIVE

	I **portare**	II **prendere**	**dormire**	III **condire**
(Lei)	port**i**!	prend**a**!	dorm**a**!	cond**isca**!
(Loro)	port**ino**!	prend**ano**!	dorm**ano**!	cond**iscano**!

1. The **Lei** and **Loro** forms of the imperative are identical to their forms in the present subjunctive. This holds true for irregular verbs as well.

2. In contrast to the negative **tu** form of the imperative, the **Lei** form does not change to the infinitive.

    (tu)   Non **mangiare** troppo! ⎫
    (Lei) Non **mangi** troppo!   ⎬   *Don't eat too much!*

    (tu)   Non **bere**! ⎫
    (Lei) Non **beva**! ⎬   *Don't drink!*

3. Direct and indirect object pronouns are never attached to the **Lei** and **Loro** forms of the imperative and they always precede the verb.

    Mi dia il biglietto.   *Give me the ticket.*
    Gli dica di pagare.   *Tell him to pay.*
    Glielo porti subito, per favore.   *Take it to her right away,*
                                           please.

4. The formal imperative is used in many common polite Italian expressions.

    Abbia pazienza!   *Be patient!*
    Sia gentile!   *Be kind!*
    Si accomodi!   *Make yourself comfortable!*
    Senta...   *Listen . . .*
    Scusi...   *Excuse me . . .*

Attenzione!

■   In English, the conditional rather than the imperative is preferred for polite requests: *Would you please (give me your ticket)?* In Italian, the

Lei and **Loro** imperatives are considered very polite because they are simply a shortened form of compound sentences with the independent clause omitted.

> (Desidero che Lei) mi dia il biglietto.
>
> (Desidero che Lei) glielo porti subito.

||| Facciamo pratica! . . . .

A. **Situazioni.** È giovedì. La senatrice Liotti lascia una lista d'istruzioni alla collaboratrice domestica.

> ESEMPIO: Per favore, _____ (stirare [*to iron*]) le camice. →
> Per favore, stiri le camicette.

1. _____ (aprire) le finestre.
2. _____ (pulire) il bagno e la cucina.
3. _____ (lavare) i piatti.
4. _____ (mettere) in ordine il mio studio.
5. _____ (scrivere) i nomi delle persone che telefonano.
6. Non _____ (lasciare) le luci accese (*the lights on*).
7. Se ha tempo _____ (fare) una torta per i bambini.
8. Mi raccomando non _____ (dimenticare) di chiudere a chiave (*to lock*) la porta di casa.

B. **A Venezia.** L'autista del pullman accompagna un gruppo di turisti e dice...

> ESEMPIO: Signore e signori, _____ (tornare) qui tra mezz'ora. →
> Signore e signori, tornino qui tra mezz'ora.

1. Signore e signori, _____ (scendere) dal pullman e _____ (stare) attenti ai gradini (*steps*).
2. _____ (visitare) la chiesa e non _____ (dimenticare) di vedere i quadri di Caravaggio.
3. _____ (entrare) nel museo accanto ma non _____ (pagare) il biglietto perché è stato già pagato.
4. Non _____ (fare) fotografie perché è vietato, ma _____ (comprare) pure le cartoline.
5. Ripartiremo fra un'ora. Per favore, _____ (essere) puntuali.

C. **Situazioni.** Leggete attentamente e completate con l'imperativo ed i pronomi secondo il caso.

> ESEMPIO: In un bar, Aldo dice al cameriere di portargli un gelato. → —Cameriere, per favore, mi porti un gelato!

1. Per la strada, un poliziotto ferma una turista e le dice di fargli vedere la patente.
   —Signora,

2. A un dibattito un giornalista intervista un uomo politico e gli chiede di spiegare il punto di vista del suo partito.
   —Onorevole,

3. In un albergo, il portiere (*doorman*) dice a una coppia di non dimenticare di dargli le chiavi prima di partire.
   —Signori,

4. A casa Centaro, arrivano i signori Albergotti. Carletto apre la porta e dice loro di accomodarsi.
   —Prego, signori,

5. Al ristorante una coppia dice al cameriere di portare loro il menu.
   —Cameriere, per favore,

6. Alla stazione, un turista dice al facchino (*porter*) di portargli le valige e chiamargli un tassì.
   —Facchino, per favore,

INFORMAZIONI

L'Italia è una repubblica parlamentare. Il presidente della Repubblica Italiana è eletto ogni sette anni dal Parlamento e ha funzioni soprattutto rappresentative. Il Parlamento esercita il potere legislativo, mentre il governo, formato dal Presidente del Consiglio e dai suoi ministri, esercita quello esecutivo.

Da molti anni coalizioni di partiti si susseguono (*succeed each other*) al governo. Il partito più importante della coalizione è la DC. Il PCI, il maggior partito dopo la DC, è sempre stato all'opposizione. Il PSI oggi è il terzo partito italiano e fa parte del governo.

Bologna: Una signora dà la sua adesione all'iniziativa di un partito politico (© Hugh Rogers/Monkmeyer)

LETTURA

Di destra o di sinistra?

La famiglia Landucci, composta dai genitori e il figlio Antonio, abita in un paesino dell'Umbria. La figlia Elisabetta vive col marito a Roma

e insegna in una scuola elementare. I due genitori, Oreste e Rosa, sono
5 ex-contadini che hanno lavorato la terra tutta la vita per conto d'altri.°   *per... for other people*
Il figlio invece ha studiato e ora ha un'ottima posizione di manager
nella banca del paese.

In questa famiglia si vogliono molto bene e vanno d'accordo in
tutto fuorché° in politica. Quando ci sono state le ultime elezioni,   *except*
10 anticipate° come al solito perché il governo è caduto° per via° dei dis-   *advanced / è... fell / on account*
sensi tra DC e PSI, in casa Landucci è successo il finimondo.° Il vecchio   *è... all hell broke loose*
Oreste si è messo° a ricordare le ingiustizie subite° quando lui lavorava   *si... started / endured*
le terre del conte Pisacane e ha urlato che in casa sua tutti dovevano
votare PCI, l'unico partito (secondo lui) che si preoccupa dei lavoratori.

15 La moglie Rosa è stata zitta per un po', poi si è fatta il segno della
croce° e ha detto: —Io all'inferno non ci voglio andare, per quei mi-   *si... she made the sign of the cross*
scredenti° io non voto; io voto DC. Ricordati Oreste che mio fratello   *heathens*
è prete e che è lui che ha aiutato Antonio a continuare gli studi e a
trovargli il posto.°   *job*

20 A questo punto Antonio è intervenuto per dire: —Sbagliate tutti
e due, i tempi sono cambiati, ora è necessario avere al governo uomini
che si rendano conto° delle complessità del mondo tecnologico in cui   *si... are aware*
viviamo e che siano sensibili ai problemi pratici. Altro che° ideologie!   *Altro... the heck with*
Votate PSI. È un partito progressista, di sinistra ma non troppo, che
25 pensa prima di tutto agli aspetti economici del paese.

—Sì, per riempirsi le tasche, — ha borbottato° il vecchio Oreste.   *grumbled*

—Quello lo fanno più o meno tutti gli uomini politici, — ha
ribattuto° freddamente il figlio.   *replied*

In quel momento è squillato° il telefono. Era Elisabetta da Roma   *rang*
30 che raccomandava a tutti di votare per i Verdi: —Finalmente c'è un
partito che si preoccupa della qualità della vita! Avete sentito l'ultima?
Nelle acque della Sardegna stanno per scomparire gli ultimi esemplari°   *specimens*
di foche monache,° le uniche foche del Mediterraneo.   *foche... "nun" seals*

—Altro che foche monache, — ha gridato Oreste, —prima i
35 cristiani!*

—Fascista! — ha urlato Elisabetta. Povero Oreste! Lui, partigiano°   *partisan*
nelle brigate Garibaldi nella seconda guerra mondiale, chiamato
fascista!

Antonio sorride: —Non te la prendere babbo, i tempi cambiano.
40 Da' retta a me,° vota socialista, per i lavoratori ma anche per i datori   *Da'... listen to me*
di lavoro. Oggi la parola d'ordine° è efficienza. Guarda i giapponesi!   *parola... key word*
—Altro che efficienza, — borbotta Oreste, — c'è da° pensare ai   *c'è... one must, people must*
cristiani.

---

*The word **cristiani** (*Christians*) is used in a colloquial sense, indicating *people, human
beings*. It has become a neutral term that does not specifically refer to persons of the
Christian faith.

COME SI DICE?

di destra right-wing, rightist	**Non te la prendere!** Don't take
di sinistra left-wing, leftist	it to heart!
	rendersi conto to realize, to grasp
il datore di lavoro employer	**riempirsi le tasche** to fill up one's
il prete priest	pockets
	sbagliare to make a mistake
andare d'accordo to agree	**sorridere** to smile
gridare, urlare to shout	
prendersela to take it to heart,	
take offense	

||| Facciamo pratica! . . . .

A. Identikit della famiglia Landucci. Date le informazioni essenziali su Oreste, Rosa, Elisabetta e Antonio. Dite chi sono (padre, madre, giovane, anziano) dove vivono, cosa fanno, quali idee politiche hanno e perché.

IL FUTURO E' "VERDE" IL PASSATO E' ROSSO

L'UNICO GUAIO[a] E' IL PRESENTE CHE E' ANCORA DEMOCRISTIANO

B. Completate le frasi con le espressioni adatte.

1. Una persona che vota per il PCI è di _____.
2. Un fascista è una persona di estrema _____.
3. Spesso gli italiani invece di dire «uomo» dicono _____.
4. In una famiglia, tutti dovrebbero andare _____.
5. Spesso la gente _____ quando si arrabbia.
6. Quando non si studia, è facile _____.
7. È sempre triste e non _____ mai.
8. Nella chiesa cattolica i _____ non possono sposarsi.
9. «Non _____! Domani le cose andranno meglio».
10. I _____ italiani fanno spesso sciopero.

[a]*problem*

SALUTI AFFETTUOSI

Pensando agli amici: «Saluti affettuosi dall'Italia» (© Peter Menzel/Stock, Boston)

PAROLE NEL CONTESTO

Scriviamo due righe

Terminillo, 28 agosto

Ciao carissimo,
come va la vita? Qui in montagna con la zia Augusta è una noia mortale. Peccato che tu non ci sia, ci faremmo quattro risate.
Sono contenta che tu sia riuscito a passare quel maledetto esame di maturità.
Fatti vivo presto.
Bacioni,

Sabina

Genova, 5 novembre

Gentile Signora Marri,
La ringrazio di cuore della Sua calda ospitalità che spero di poter presto contraccambiare. Mi dispiace che non abbia potuto conoscere i miei genitori durante il loro soggiorno a Firenze. Mi auguro che ci sia presto un'altra occasione.
Saluti affettuosi,
Marco

Napoli, 10 agosto

Cara nonna,
spero che tu stia bene e che il viaggio non sia stato troppo faticoso. Riposati e mandami tue notizie al più presto.
Un abbraccio affettuoso,
Fiorella

COME SI DICE?

l'abbraccio embrace, hug
l'affetto affection, love
il bacione big kiss
il cuore heart
  di cuore with all my heart
il saluto greeting

abbracciare to embrace, hug
augurarsi to wish, hope

contraccambiare to reciprocate
farsi quattro risate to have a good laugh
farsi vivo to show up, give a sign of life (*coll.*)
ringraziare to thank
scrivere due righe to drop a note (*lit.* to write two lines)

la noia boredom
l'occasione opportunity
l'ospitalità hospitality
il soggiorno stay

affettuoso/a affectionate
faticoso/a tiring
maledetto/a darned, blasted
mortale deadly

Pisa 8 settembre 1983

Sperando che abbiate passato una bella vacanza vi abbraccio con affetto
Vostro Giovanni

Famiglia Albergotti
piazza Oberdan 25
Firenze

Ediz. G. S. - Pisa

Facciamo pratica! . . . .

A. Domandate e rispondete.

     1. A chi scrivono Fiorella, Marco e Sabrina? Da dove? E quando? Con quali espressioni concludono i loro biglietti (*notes*)?
     2. Dove abita la famiglia Albergotti?
     3. Da dove scrive Giovanni?

B. E ora, scrivete voi una cartolina a un caro amico. Non dimenticate la data e l'indirizzo.

THE PAST SUBJUNCTIVE

MAIN CLAUSE (INDICATIVE) + **che** + SUBORDINATE CLAUSE (SUBJUNCTIVE)				
			con **avere**	con **essere**
Pensano		io	**abbia** dormito.	**sia** partito/a
Sperano		tu	**abbia** dormito.	**sia** partito/a.
Dubitano	**che**	lui/lei/Lei	**abbia** dormito.	**sia** partito/a.
Crede		(noi)	**abbiamo** dormito.	**siamo** partiti/e.
Gli pare		(voi)	**abbiate** dormito.	**siate** partiti/e.
È meglio		(loro/Loro)	**abbiano** dormito.	**siano** partiti/e.

1. The past subjunctive, rather than the **passato prossimo**, is used in a subordinate clause when the verb in the main clause requires the subjunctive. The past subjunctive indicates that the action of the subordinate clause preceded the action expressed in the main clause.

Dice che Maria gli ha scritto.	*He says that Maria wrote to him.*
Spera che Maria gli **abbia scritto**.	*He hopes that Maria wrote to him.*
So che sono già arrivati.	*I know they've already arrived.*
Dubito che **siano** già **arrivati**.	*I doubt they've already arrived.*

2. The past subjunctive is formed with the present subjunctive of the auxiliaries **avere** or **essere** plus the past participle of the verb. As is the case with all compound tenses, the past participle of verbs conjugated with **essere** always agrees in gender and number with its subject.

> Penso che **Maria** sia già partita per Roma.
> *I think Maria has already left for Rome.*

Remember, too, that the past participle of verbs conjugated with **avere** always agrees with the direct object pronouns **lo, la, li,** and **le,** as well as with the partitive **ne.**

> È possibile che **li** abbia incontrati.
> *It is possible that he met them.*
>
> Penso che **ne** abbia comprati tre.
> *I think he bought three (of them).*

3. When the subject of both the main and the subordinate clauses is the same, the past infinitive is used, frequently with the preposition **di.** The past infinitive is formed with the past participle of the verb in question preceded by the infinitive forms **essere** or **avere,** as appropriate.

> Penso **di aver fatto** un buon esame.
> *I think I did well on the exam.*
>
> Credono **di essere stati** poco fortunati.
> *They think they were unlucky.*

Attenzione!

■ Even in the past infinitive form, the past participle of verbs conjugated with **essere** agrees in gender and number with the subject. For phonetic reasons, the final **e** of the auxiliary verb is frequently dropped.

||| Facciamo pratica! . . . .

A. Giacomo e Luisa frequentano un'università lontano da casa. Mamma e papà pensano sempre a loro e dicono: «Mi dispiace che... / Sono contento/a che... »

> ESEMPIO: Luisa non ha risposto alla mia lettera. →
> Mi dispiace che Luisa non abbia risposto alla mia lettera.

1. I ragazzi sono partiti.
2. Giacomo non ha telefonato.
3. Luisa non ha ancora scritto.

4. Giacomo e Luisa hanno trovato un bell'appartamento.
5. Si sono divertiti alla festa del Club Italiano.
6. Luisa si è lamentata perché deve studiare troppo.

B. Cosa si domanda Marina? Gli amici di Marina sono partiti per Rimini. Recitate la parte di Marina e domandate e rispondete secondo gli esempi.

ESEMPI: Mi telefonerà Mario?
È probabile che Mario mi telefoni.

Avranno fatto un buon viaggio?
Spero che abbiano fatto un buon viaggio.

1. Ci sarà stata molta gente sul treno?
È molto probabile che _____.
2. Saranno già arrivati?
È probabile che _____.
3. Mi sentirò sola?
È probabile che _____.
4. Si divertiranno?
Spero che _____.
5. Si sarà ricordato di scrivermi Mario?
Spero che _____.
6. Faranno gite in barca?
Può darsi che _____.
7. Potrò andare a trovarli?
È probabile che _
8. Farà bel tempo?
Spero che _____.

C. Completate le frasi con espressioni personali. Scegliete tra congiuntivo e infinito.

ESEMPI: Desidero... _____. →
Desidero fare un viaggio.

Penso che voi _____. →
Penso che voi dobbiate studiare.

1. Quest'estate spero di _____.
2. Mi auguro che l'esame _____.
3. Speriamo che il professore _____.
4. È probabile che il prossimo semestre _____.
5. Non ho soldi, bisogna che _____.
6. Ho fame, voglio _____.
7. Mi pare che i corsi d'italiano _____.
8. Mi sento male. È meglio che _____.

PAROLE NEL CONTESTO

Letterine

Napoli, 23 dicembre

Carissima Sandra,
   Speravo che tu mi scrivessi
al più presto e invece sono passati
15 giorni da quando sei partita
e ancora non ho ricevuto un rigo.
È possibile che tu m'abbia già
dimenticato?
   Un bacio,
      Alfredo.

Bologna, 7 febbraio

Mio caro Alfredo,
   come hai potuto pensare che ti
avessi dimenticato! Spero che tu abbia
ormai ricevuto la mia lettera. Come
al solito, la posta funziona male.
Aspetto la tua telefonata domenica
prossima.
   Ti abbraccio con affetto,
      tua Sandra

Torino, 11 giugno

Egregio Direttore:

   In vista di un mio prossimo viaggio
negli Stati Uniti gradirei che mi
comunicasse appena possibile le modalità
per un trasferimento di denaro all'estero.

Distinti saluti,

Dott. Angelo de Micheli

COME SI DICE?

funzionare to work; to function
gradire (isc) to appreciate
passare to pass, to go by

in vista di in view of

il denaro money
la modalità modality, method

un rigo a word (*lit.* a line, *same as* **riga**)
il trasferimento transfer

egregio/a distinguished (*formal letter address*)
Distinti saluti Best regards

INFORMAZIONI

In Italy there are many formal ways to address people in writing.

Formal Opening Expressions:
Gentile (Gentilissimo/a) Signore, Dottore, Avvocato
Egregio Professore, Direttore, Presidente
Illustre Professore
Chiarissimo Professore
Eccellenza (*only for very important political people and magistrates*)
Eminenza (*only for very important people in the clergy*)

Formal Closing Expressions:
Distinti saluti
Distinti saluti e ossequi (*very formal*)
Cordiali saluti (*less formal*)

Informal Closing Expressions:
Cari saluti, Saluti affettuosi
Con affetto, Affettuosamente
Un abbraccio, Ti abbraccio affettuosamente
Baci, Bacioni, Un bacetto
Saluti e baci (*especially on a postcard*)

Never end a letter with **amore** (*love*), but you might begin in this manner if you are in love: **amore, amore mio**.

||| **Facciamo pratica!** . . . .

A. Domandate e rispondete.

1. Quanto tempo è passato da quando è partita Sandra?
2. Di che si lamenta Alfredo?
3. Che cosa vuol sapere il dottor de Micheli?
4. Perché Alfredo non ha ricevuto la lettera di Sandra?
5. Quando dovrebbe telefonare Alfredo?
6. Come cominceresti e finiresti una lettera a un professore universitario che non conosci? A un amico? A un parente (alla mamma, a uno zio, alla nonna)?

B. Scrivete un biglietto a un vostro/a amico/a.

THE IMPERFECT SUBJUNCTIVE

		I **parlare**	II **scrivere**	III **capire**
	io	parl**assi**	scriv**essi**	cap**issi**
Era necessario che	tu	parl**assi**	scriv**essi**	cap**issi**
Non bisognava che	(lui/lei/Lei)	parl**asse**	scriv**esse**	cap**isse**
Era importante che	(noi)	parl**assimo**	scriv**essimo**	cap**issimo**
	(voi)	parl**aste**	scriv**este**	cap**iste**
	(loro, Loro)	parl**assero**	scriv**essero**	cap**issero**

1. The imperfect subjunctive is used when the verb in the main clause is in a past tense or in the conditional.

Penso che lui mi **ami**.	*I think he loves me.*
Pensavo che lui mi **amasse**.	*I thought (that) he loved me.*
Bisogna che lei lo **faccia**.	*It is necessary that she do it.*
Bisognava che lei lo **facesse**.	*It was necessary that she do it.*
Voglio che lui mi **ami**.	*I want him to love me.*
Vorrei che lui mi **amasse**.	*I would like him to love me.*

2. The imperfect subjunctive is composed of *verb stem + imperfect subjunctive endings.*

<table>
<tr><td colspan="4" align="center">THE IMPERFECT SUBJUNCTIVE</td></tr>
<tr><td colspan="2" align="center">**essere**</td><td colspan="2" align="center">*Some irregular verbs*</td></tr>
<tr>
<td>io fossi</td><td>(noi) fossimo</td>
<td>**bere** bevessi</td><td>**dare** dessi</td>
</tr>
<tr>
<td>tu fossi</td><td>(voi) foste</td>
<td>**fare** facessi</td><td>**stare** stessi</td>
</tr>
<tr>
<td>(lui)
(lei) } fosse
(Lei)</td><td>(loro)
(Loro) } fossero</td>
<td>**dire** dicessi</td><td></td>
</tr>
</table>

||| **Facciamo pratica!** . . . .

A. Ti ricordi della festa in casa degli zii? Tutti speravano... che cosa?
Completate con l'imperfetto del congiuntivo.

1. Carlo sperava che _____ (venire) Laura.
2. Laura sperava che Carlo _____ (restare) a casa.
3. I bambini speravano che ci _____ (essere) molti dolci.
4. I genitori speravano che i bambini _____ (stare) buoni.
5. Il nonno sperava che il vino _____ (essere) buono.
6. Gli zii speravano che noi _____ (divertirsi).
7. Io speravo che Francesco mi _____ (invitare) a ballare.
8. E tu cosa speravi? Io speravo che voi mi _____ (dire) come ero
elegante.

B. Dal presente al passato. Cosa vogliono? Cosa volevano? Mettete le
seguenti frasi al passato.

ESEMPIO: Anna vuole che i fratellini stiano zitti. →
Anna voleva che i fratellini stessero zitti.

1. Anna vuole che i suoi genitori le comprino una moto.
2. Il suo ragazzo vuole che Anna gli scriva spesso.
3. I suoi fratelli vogliono che lei li porti allo zoo.
4. La mamma vuole che Anna le dia una mano in casa.
5. Papà vuole che Anna non esca tutte le sere.
6. Anna vuole che io le dica sempre tutto.
7. I nostri amici vogliono che Anna ed io facciamo molte gite con
loro.

C. Che cosa vorresti? Completate con l'imperfetto del congiuntivo.

1. Vorrei che gli uomini non _____ (fare) più guerre.
2. Vorrei che i miei genitori _____ (vivere) fino a cent'anni.

3. Vorrei che il mio lavoro mi _____ (dare) soddisfazione.
4. Vorrei che i miei amici _____ (essere) sempre leali (*loyal*).
5. Vorrei che tutti _____ (dire) sempre la verità.
6. Vorrei che le vacanze _____ (durare) di più.
7. Vorrei che un viaggio in Italia _____ (costare) di meno.
8. E tu, che cosa vorresti? Continuate voi...

D. **Situazioni.** Completate in modo originale.

1. Il tuo ragazzo/La tua ragazza è lontano/a. Cosa diresti?

   a. Spero che _____.
   b. Vorrei che _____.

2. Devi scrivere una lettera al direttore della tua banca per chiedere un'informazione. Cosa diresti?

   a. Egregio Direttore, gradirei che _____.
   b. Mi auguro che _____.

3. Un tuo caro amico non ha ancora risposto alla tua lettera. Cosa gli diresti?

   a. Speravo che _____.
   b. Mi piacerebbe che _____.

4. Hai intenzione di andare a studiare in Italia. Chiedi al tuo professore di darti un consiglio su una buona scuola. Cosa scriveresti?

   a. Gentilissimo Professore, desidererei che _____.
   b. Spero di _____.

PAROLE NEL CONTESTO

Il trapassato del congiuntivo

1. —Hai dimenticato di pagare il conto della luce?
   —Credevo che lo avessi pagato tu!

2. —Giulia, sei ancora qui? Credevo che tu fossi ormai partita...

3. —Cosa mi dici? Franco e Rosalba hanno divorziato? Sarebbe stato meglio che non si fossero mai sposati!

THE PLUPERFECT SUBJUNCTIVE

		CON **avere**	CON **essere**
	io	**avessi** parlato	**fossi** partito/a
	tu	**avessi** parlato	**fossi** partito/a
Non credeva che	(lui/lei/Lei)	**avesse** parlato	**fosse** partito/a
Non pensava che	(noi)	**avessimo** parlato	**fossimo** partiti/e
	(voi)	**aveste** parlato	**foste** partiti/e
	(loro/Loro)	**avessero** parlato	**fossero** partiti/e

1. The pluperfect subjunctive is formed with the *imperfect subjunctive of* **avere** *or* **essere** + *the past participle of the verb.*

2. It is used when the verb in the main clause is in a past tense or in the conditional, and the action in the subordinate clause occurs prior to the action in the main clause. In other words, the pluperfect subjunctive is used in place of the **trapassato** (*past perfect*) of the indicative.

> **Sapevo** che **avevano divorziato** anni fa.   *I knew they had gotten divorced years ago.*
> **Pensavo** che **avessero divorziato**.   *I thought they had divorced.*

3. Note carefully the differences in these sets of examples that contrast the imperfect subjunctive with the pluperfect subjunctive.

> Pensavo che **telefonassero**.   *I thought they were going to call.*
>
> Pensavo che **avessero telefonato**.   *I thought they had called.*
>
> Vorrei che tu non **partissi**.   *I would like (for) you not to leave.*
>
> Vorrei che tu non **fossi partita**.   *I wish you hadn't left.*
>
> Sarebbe meglio che **pagaste** il conto subito.   *It would be better that you pay the bill right now.*
>
> Sarebbe stato meglio che **aveste pagato** il conto subito.   *It would have been better if you had paid the bill immediately.*

REVIEW OF TENSES IN THE SUBJUNCTIVE

MAIN CLAUSE + **che** + SUBORDINATE CLAUSE			
INDICATIVE			SUBJUNCTIVE
present			present subjunctive (concurrent or future actions)
future	+	**che** +	past subjunctive (preceding actions)

Voglio che domani siate tutti presenti.	*I want you all present in class tomorrow.*
Penseranno che tu sia già partito.	*They will think that you already left.*

MAIN CLAUSE + **che** + SUBORDINATE CLAUSE			
(INDICATIVE, CONDITIONAL)			(SUBJUNCTIVE)
past tenses of indicative			imperfect subjunctive (concurrent or future actions)
conditional tenses	+	**che** +	pluperfect subjunctive (preceding actions)

Sperava che scrivessero.	*She hoped they would write.*
Non avrei mai creduto che foste già tornati.	*I would never have thought that you had already returned.*

||| **Facciamo pratica!** . . . .

A. La mamma domanda. Completate secondo l'esempio.

ESEMPIO: —Carletto, non hai ancora finito i compiti? Credevo che ormai li avessi finiti.

1. —Come, non ha ancora mangiato Paolo? Credevo che _____ già
_____.

2. —Ragazzi, non siete ancora usciti? Pensavo che ____ già ____.
3. —Come mai Giovanni non ha ancora scritto? Mi aspettavo che ormai ____.
4. —Perché Maria non è ancora tornata? Mi aspettavo che a quest'ora ____ già ____.
5. —Come mai i bambini non sono ancora andati a letto? Pensavo che ormai ci ____.
6. —Paolo, non hai ancora saputo i risultati delle elezioni? Pensavo che li ____ già ____.

B. Riflessioni post-elettorali. Mettete le frasi al passato secondo l'esempio.

> ESEMPIO: Mi sembra che nel 1987 molti italiani abbiano votato. →
> Mi sembrava che nel 1987 molti italiani avessero votato.

1. Mi pare che nel 1987 il Partito Socialista abbia guadagnato voti e il PCI li abbia perduti.
2. Credo che molti giovani abbiano dato il voto al Partito dei Verdi.
3. È probabile che i troppi dibattiti abbiano confuso le idee agli elettori (*voters*).
4. Sono contento che abbiano fatto un nuovo governo.
5. Mi pare che la televisione non abbia aiutato i candidati repubblicani.
6. Temo (*I fear*) che pochi abbiano capito la situazione.
7. Pensi che la gente si sia stancata (*has gotten tired*) di ascoltare la propaganda elettorale?
8. I miei genitori dubitano che io sia andato a votare.

C. Papà e mamma si lamentano di tutto. Completate con l'imperfetto o il trapassato del congiuntivo.

1. Giacomo, sarebbe meglio che i ragazzi ____ (guardare) meno la televisione e ____ (studiare) di più.
2. Marta, non credi che sarebbe stato meglio che ieri sera Valeria non ____ (uscire)?
3. Sì, hai ragione, e sarebbe anche stato meglio che Valeria ____ (prepararsi) per l'esame di matematica.
4. Sarebbe meglio che Guido mi ____ (dare) una mano quando lavoro in giardino.
5. Sarebbe stato meglio, cara Marta, che tua madre non ____ (venire) a cena ieri sera. Mi ha rovinato la digestione (*She ruined my digestion*).
6. Caro Giacomo, sarebbe meglio che tu non ____ (lamentarsi) sempre di mia madre.
7. Cari genitori, sarebbe meglio che voi ____ (stare) un po' zitti e ____ (essere) più comprensivi (*understanding*).

RAPIDI SCAMBI

1. —Marco, se ti offrissero un lavoro a New York, ci andresti?
   —Come no (*Of course*)! Ci andrei molto volentieri.

2. —Adriano, se ti avessero offerto un lavoro a New York, ci saresti andato?
   —Neanche per idea (*Not on your life*)! Preferisco Roma.

IF CLAUSES WITH THE SUBJUNCTIVE

se +	SUBORDINATE CLAUSE (imperfect or pluperfect subjunctive)	+	MAIN CLAUSE (present or past conditional)

1. *If* clauses with the imperfect subjunctive express a hypothetical condition unlikely to happen.

Se vincessi alla lotteria, **farei** un lungo viaggio.	*If I were to win the lottery, I would take a long trip.*
Se Valeria mi **amasse**, **sarei** felice.	*If Valeria loved me, I would be happy.*

— Che cosa suggerireste, se foste voi a dover pagare il conto?

2. *If* clauses with the pluperfect subjunctive express a hypothetical condition in the past that did not materialize.

Se avessi vinto alla lotteria, **avrei fatto** un lungo viaggio.	*If I had won the lottery, I would have taken a long trip.*
Se Valeria mi **avesse amato**, **sarei stato** felice.	*If Valeria had loved me, I would have been happy.*

Attenzione!

■ If there is a present or past conditional in the main clause of a sentence, the verb in the *if* clause must always be in the imperfect or pluperfect subjunctive. In contrast to English, an if clause in Italian *never* contains a conditional verb.

> Sarebbe meglio **che** tu venissi.
> Sarebbe meglio **se** tu venissi.

- An *if* clause may also take the indicative mood. In this instance, however, the speaker is indicating certainty or conviction.

Se studi, impari.	*If you study, you will learn.*
Se lo vedrò, gliene parlerò.	*If I see him, I will speak to him about it.*
Se sei andata sola, hai fatto male.	*If you went alone, you did not do the right thing.*
Se vieni, porta del vino.	*If you come, bring some wine.*

||| Facciamo pratica! . . . .

—Enzo, non credi che la mamma
starebbe più comoda, se tu
sgonfiassi^a quel coso^b?

^a*deflated*
^b*whatchamacallit*

A. Quali sarebbero le conseguenze? Completate secondo l'esempio.

     ESEMPIO: Se ＿＿＿ (essere) bel tempo, ＿＿＿ (noi, fare) un picnic.
               → Se fosse bel tempo, faremmo un picnic.

1. Se ＿＿＿ (piovere), ＿＿＿ (volere, voi) uscire?
2. Se la mamma ＿＿＿ (fare) una bella torta, i bambini ＿＿＿ (essere) felici.
3. Se la zia Augusta non ＿＿＿ (venire), ＿＿＿ (essere) meglio.
4. Se il nonno ＿＿＿ (mangiare) meno dolci, non ＿＿＿ (sentirsi) male.
5. Se noi ＿＿＿ (avere) la macchina, ＿＿＿ (andare) per conto nostro.
6. Se Clara non ＿＿＿ (dovere) studiare, ＿＿＿ (venire) anche lei.
7. Se tu ＿＿＿ (portare) la chitarra, tutti ＿＿＿ (divertirsi) di più.
8. Se ＿＿＿ (fare) caldo, voi ＿＿＿ (andare) a nuotare?
9. Se ＿＿＿ (trovare, noi) un albergo sul mare, ＿＿＿ (potere) restare tutto il weekend.
10. E tu dove ＿＿＿ (preferire) andare se ＿＿＿ (avere) la scelta?

B. Mettete le situazioni precedenti al passato secondo l'esempio.

     ESEMPIO: Se avesse fatto bel tempo, saremmo andati al mare.

C. Un po' di conversazione. Domandate e rispondete.

1. Se ti offrissero un viaggio in Italia, quali città vorresti visitare?
2. Se tu andassi a Napoli, faresti una gita a Pompei?
3. Se facessi un viaggio in inverno, ti piacerebbe andare a sciare?
4. Se tu restassi sei mesi in una città italiana, preferiresti affittare un appartamento o stare con una famiglia?

5. Quali sarebbero i vantaggi se tu stessi con una famiglia italiana?
6. Che cosa diresti se tu volessi invitare una ragazza italiana/un ragazzo italiano a ballare?
7. Se tu fossi invitato a cena da una famiglia italiana, cosa porteresti?
8. Se tu andassi in un buon ristorante italiano, cosa ordineresti?
9. Se tu dovessi viaggiare da Roma a Palermo, quale mezzo di trasporto prenderesti?
10. Prima di tornare negli Stati Uniti, quali cose compreresti?

D. Sogniamo un po'. Completate secondo le vostre fantasie.

1. Se fossi milionario...
2. Se potessi fare quello che voglio...
3. Se parlassi otto lingue...
4. Se le vacanze non finissero mai...
5. Se non ci fossero più esami...
6. Se facessi il regista cinematografico...
7. Se avessi una bellissima voce...
8. Se fossi invisibile...
9. Se avessi una bacchetta (*wand*) magica...

E ora continuate voi usando la vostra immaginazione!

INFORMAZIONI

There is a tendency today in spoken Italian to substitute the tenses of the subjunctive with the corresponding tenses of the indicative. You might be surprised when in Italy, especially in Rome, to hear the following:

Credo che l'**hanno** già visto.

Non sapevo che c'**erano** stati.

And you might find the cumbersome

Sarebbe stato meglio se non fosse venuto.

shortened to

Era meglio se non **veniva**.

Expressions like these are sometimes used in everyday spoken language. However, in writing or in formal situations they cannot be used.

LETTURA 1

___ Lingua e dialetti ___

L'italiano è una lingua neolatina o romanza,° cioè deriva dal latino   *romance*
parlato dai romani. Fino al tredicesimo° secolo il latino era la lingua   *thirteenth*
letteraria in uso, mentre si sviluppavano nella lingua parlata vari vol-
5 gari (dialetti) regionali.

Con Dante l'italiano, cioè il toscano,° diventa lingua colta e lette-   *Tuscan*
raria. Ma insieme alla lingua italiana, restano tuttavia° i dialetti regio- *however*
nali, vere e proprie lingue diversissime tra loro.

Gli italiani di oggi conoscono oltre alla lingua italiana anche il
10 dialetto della propria regione, ma raramente riescono a capire gli altri
dialetti.

LETTURA 2

___ Canzoni dialettali ___

La canzone è sempre stata l'espressione più autentica dell'anima di un
popolo. In Italia c'è una ricchissima tradizione di canzoni dialettali. Le
più note sono certamente quelle napoletane. Eccone due famose in
5 tutto il mondo.

O Sole Mio

Che bella cosa
'na iurnata 'e sole,
N'aria serena
10 dopo 'na tempesta!
Pe'll'aria fresca
pare già 'na festa
Che bella cosa
'na iurnata 'e sole!

15 Ma n'a tu sole
cchiù bello, ohine',
'o sole mio
sta 'nfronte a te!

'O sole 'o sole mio
20 Sta 'nfronte a te,
sta 'nfronte a te!

«Santa Lucia Lontana» esprime il profondo attaccamento dei napoletani alla loro terra e lo strazio della separazione sentito dagli emigranti in partenza per il Nuovo Mondo.

25   ***Santa Lucia Lontana***

Partono 'e bastimente
pe' terre assaje luntane.
Càntano a buordo: so'
napulitane!
30 Càntano pe' tramente,

'o golfo già scumpare
e 'a luna, 'a miezo 'o mare,
nu poco 'e Napule
lle fa vedè.

35 *Coro*
Santa Lucia!
luntano a' te
quanta malincunia!
Se gira 'munno sano,
40 se va a cercà fortuna.
Ma, quanno sponta 'a luna
luntano 'a Napule
nun se pò stà!

— Gli ho dato questa forma per non sentire troppo la nostalgia di casa!

||| Facciamo pratica! . . . .

A. Piccolo quiz. Quante parole potete riconoscere in queste due canzoni napoletane?

B. Riconoscete alcuni dei più famosi italo-americani?

© UPI/Bettmann Newsphotos

© UPI/Bettmann Newsphotos

© AP/Wide World Photos

© AP/Wide World Photos

CAPITOLO 23

C'È QUALCOSA DI BELLO AL CINEMA?

Nobiltà ed eleganza ottocentesca: Una bella inquadratura di Burt Lancaster nel ruolo di principe siciliano nel film «Il Gattopardo», diretto da Luchino Visconti (© Polletto/Associated Press)

RAPIDI SCAMBI

1. —Laura, si va al cinema stasera?
   —Sì, purché si vada a vedere un film divertente e non si torni troppo tardi.

2. —Fred, com'è quel film di Fellini?
   —Abbastanza interessante, benché sia un po' strano ed io non abbia capito tutto quel che dicevano.

3. —Professore, lo sa che danno di nuovo «Il Gattopardo»?
   —Sì, ma prima di andare a vederlo vorrei che leggeste il romanzo.

4. —Tonino, hai visto il «Decameron» di Pasolini?
   —No, papà dice che non è un film adatto.
   —Allora vacci senza che lui lo sappia.

5. —Sai, sono stato accettato all'Accademia d'Arte Drammatica.
   —Bravo, Mario, quando cominceranno le lezioni?
   —In novembre a meno che i professori non facciano sciopero.

Un festino d'altri tempi. Il regista Federico Fellini ricostruisce nel suo film «Satyricon» il banchetto di Trimalchione dal racconto di Petronio (primo secolo d.C.) (© AP/Wide World Photos)

INFORMAZIONI

Federico Fellini, famoso regista cinematografico. Tra i suoi film più noti: «La Dolce Vita», «La Strada», «8 1/2», «Satyricon», «Amarcord», e «Ginger e Fred».

> **«Il Gattopardo»**, film del regista Luchino Visconti con Burt
> Lancaster, Alain Delon e Claudia Cardinale, è basato sul romanzo
> *Il Gattopardo* (*The Leopard*) di Giuseppe Tomasi di Lampedusa.
> Scritto nel XX secolo, questo romanzo parla della Sicilia durante il
> periodo dell'unificazione d'Italia nel secolo scorso.
>
> Il **«Decameron»** è un film del regista Pier Paolo Pasolini. Lo spunto
> (*idea*) per questo film viene dal *Decameron*, le cento novelle (*short
> stories*) di Giovanni Boccaccio (XIV secolo).

COME SI DICE?

adatto/a suitable
strano strange

accettare to accept
dare (un film) to show (a movie)
fare sciopero to go (to be) on
  strike

a meno che ... non unless
benché although

purché provided that

di nuovo again

l'Accademia d'Arte Drammatica
  Academy of Dramatic Arts
la novella short story

cinematografico/a movie (*adj.*)
  (*m. pl.* **cinematografici**)

||| Facciamo pratica! . . . .

A. Ripetete gli scambi tra di voi.

B. Domandate e rispondete.

1. Quale tipo di film vuol vedere Laura?
2. Cosa pensa Fred del film di Fellini?
3. Quale romanzo dovrebbero leggere gli studenti prima di andare a
   vedere il film?
4. Perché il papà di Tonino non vuole che il figlio veda il «Decameron»?
5. Che cosa consiglia l'amico a Tonino?
6. A quale scuola è stato accettato Mario?
7. Cosa potrebbe succedere a novembre?
8. Hai mai visto un film di Fellini?

9. Ti piacerebbe fare l'attore (l'attrice)?
10. Sai chi ha scritto il *Decameron*?

CONJUNCTIONS REQUIRING THE SUBJUNCTIVE

benché sebbene per quanto }	*although*	affinché perché }	*so that*
purché a condizione che }	*provided that*	prima che senza che	*before* *without*
a meno che ... non	*unless*		

1. **Benché, sebbene, per quanto, purché, a condizione che,** and **a meno che ... non** require the subjunctive even when the main clause and the subordinate clause have the same subject.

   Per quanto avessi studiato molto, ho preso un brutto voto.   *Although I had studied a lot, I got a bad grade.*

   Verrò **purché** io non **sia** troppo stanco.   *I'll come provided that I'm not too tired.*

2. **Affinché, perché, prima che,** and **senza che** require the subjunctive only when the subjects of the two clauses are different. When the subject is the same, the prepositions **per, prima di,** and **senza** are used, followed immediately by the infinitive.

   Ripeto i verbi **perché** li **impariate** meglio.   *I'm repeating the verbs so that you'll learn them better.*

   Ripeto i verbi **per impararli** meglio.   *I'm repeating the verbs (in order) to learn them better.*

   Lava i piatti **prima che** la mamma **torni**!   *Wash the dishes before Mom comes back!*

   Lava i piatti **prima di uscire**!   *Wash the dishes before you go out (before going out)!*

   Si è sposata **senza che** i genitori lo **sapessero**.   *She got married without her parents' knowing it.*

   Si è sposata **senza dirlo** ai genitori.   *She got married without telling her parents.*

Attenzione!

▪ Observe the use of the conjunction **a meno che ... non**.

> Verrò **a meno che** i bambini
> **non** siano troppo stanchi.
>
> *I'll come unless the kids are
> too tired.*

The **non** in this expression carries no semantic weight and is not translated. However, it can never be omitted.

▪ When **perché** means *because*, always use the indicative; when it means *so that*, use the subjunctive.

> Vi ripeterò la regola **perché**
> non **l'avete capita**.
>
> *I'll repeat the rule because
> you didn't understand it.*
>
> Vi ripeterò la regola **perché la
> capiate meglio**.
>
> *I'll repeat the rule so that
> you may understand it
> better.*

▪ Whereas in English *without* and *before* are followed by the *-ing* form of the verb, in Italian, **senza** and **prima** are always followed by the infinitive.

> Lavoriamo **senza perdere**
> tempo!
>
> *Let's work without wasting
> time!*
>
> **Prima di partire** dobbiamo
> mangiare.
>
> *Before leaving we must eat.*

▪ **Benché, sebbene,** and **per quanto** can sometimes be replaced by **anche se** + *indicative*.

> Esco **benché piova**.
>
> *I'm going out although it's
> raining.*
>
> Esco **anche se piove**.
>
> *I'm going out even if it's
> raining.*

||| Facciamo pratica! . . . . · · · · · · · · ·

A. Commenti sul cinema. Completate con il congiuntivo o l'infinito, come necessario.

1. Benché «Ladri di Biciclette» _____ (essere) un vecchio film, è sempre molto interessante.
2. Prima di _____ (fare) film, Pasolini aveva già scritto romanzi.
3. Sebbene i registi del dopoguerra _____ (avere) pochi soldi, facevano ottimi film.
4. A meno che il regista non _____ (avere) un nome conosciuto, i produttori generalmente non finanziano (*produce*) un film.

5. Non credo che si possa capire bene *Il Gattopardo* senza _____ (conoscere) la storia italiana.
6. Il professore vi parlerà del *Decameron* di Boccaccio prima che voi _____ (andare) a vedere il film di Pasolini.
7. Lo potrete apprezzare (*appreciate*) purché _____ (leggere) alcune (*some*) novelle di Boccaccio.
8. Qualche volta il professore parla senza che gli studenti lo _____ (ascoltare).

B. Situazioni. Due amici ti domandano... Domandate e rispondete completando le frasi liberamente. (Usate il congiuntivo o l'infinito.)

ESEMPI: —Vai in montagna con gli amici?
—Sì, sebbene non sappia sciare, ci vado.

—E l'esame di maturità l'hai già dato?
—No, parto senza completare gli studi.

1. —Vuoi venire al picnic con noi domenica?
—Ci verrò volentieri purché _____.
2. —Com'è andato l'esame?
—Male, sebbene _____.
3. —Perché lavori anche l'estate?
—Lavoro per _____.
4. —Hai intenzione di fare un viaggio in Italia?
—Sì, a meno che _____.
5. —Ci vedremo prima della nostra partenza?
—Sì, verrò a trovarvi prima che _____.
6. —Ti ha dato i soldi papà?
—Sì, me li ha dati senza che io _____.
7. —Hai già comprato i biglietti?
—No, li comprerò prima di _____.
8. —Come mai Maria non ha un lavoro?
—Per quanto lo _____, non lo trova.

C. Completate le situazioni usando le seguenti congiunzioni e preposizioni: **benché, affinché, purché, prima che (di), senza (che), a meno che ... non.**

ESEMPIO: Farò una passeggiata _____. →
Farò una passeggiata purché non piova (prima di mangiare, benché faccia freddo).

1. Studio ogni giorno _____.
2. Non mi sposerò _____.
3. Dovrò lavorare _____.
4. Sto attento/a in classe _____.
5. Mi lavo le mani _____.
6. Vado a nuotare _____.

SUMMARY OF THE SEQUENCE OF TENSES IN THE SUBJUNCTIVE

MAIN CLAUSE	SUBORDINATE CLAUSE
present indicative future imperative }	present subjunctive (action is concurrent with or following that of the main verb)

—Ma tu sei veramente convinto, papà, che io possa crearmi una posizione con sole cinquecento lire alla settimana?

Penso che **tornino** stasera.

Usciranno benché **piova**.

Va' pure a ballare, purché tu non **faccia** tardi.

I think they're coming back tonight.

They'll go out although it's raining.

Go ahead and go dancing, provided (that) you don't come back late.

MAIN CLAUSE	SUBORDINATE CLAUSE
present indicative future imperative }	past subjunctive (action precedes that of the main verb)

Penso che **siano tornati** ieri.

Usciranno benché **abbia piovuto**.

Va' pure a ballare, benché tu non **abbia finito** il lavoro.

I think they got back yesterday.

They'll go out even though it rained.

Go ahead and go dancing, even though you didn't finish your work.

MAIN CLAUSE	SUBORDINATE CLAUSE
any past indicative tense any conditional tense }	imperfect subjunctive (action is concurrent with or following that of the main verb)

—E' stata un'idea geniale, per impedire che gli impiegati continuassero a guardare l'orologio!

Pensavo che tu lo **facessi**.

I thought that you were doing it (you were going to do it).

Ho pensato che tu non lo **sapessi**.

I thought you didn't know.

Vorrebbero che io **studiassi** di più.

They would like me to study more.

Avrei voluto che anche Laura **venisse**.

I would have liked Laura to come too.

MAIN CLAUSE	SUBORDINATE CLAUSE
any past indicative tense ⎫ any conditional tense ⎭	pluperfect subjunctive (action precedes that of the main verb)

Pensavo che tu l'**avessi fatto**.

I thought that you had done it.

Ho pensato che tu non l'**avessi saputo**.

I thought that you hadn't found out.

Avrei voluto che anche Laura **avesse finito** il lavoro.

I would have liked Laura to have finished the job too.

Attenzione!

- The sequence of tenses in the subjunctive may seem at first to be rather daunting. But with time and practice you will learn that these rules can help you to express yourself with precision and clarity.

  In approaching your exercises and compositions, try as much as possible not to make reference to English, but to focus instead on the tense and mood of the verb in the main clause. If you keep in mind the rules presented above and the sequence of events in the sentence, the tense of the verb in the subordinate clause should become apparent.

‖ Facciamo pratica! . . . .

A. Leggete attentamente. Identificate i tempi e i modi dei verbi e spiegate il loro uso.

1. È probabile che il regista Massimo Troisi giri un altro film a Napoli.

◆ L'ultimo imperatore
di Bernardo Bertolucci; con John Lone, Joan Chen, Peter O'Toole, Yng Ruo Chen; 1987

La storia di un destino unico: quello di Pu Yi, incoronato imperatore della Cina a tre anni, recluso nella città proibita a sei, fuggiasco a 18, imperatore-fantoccio a 25, infine prigioniero e rieducato dalla Rivoluzione Culturale delle Guardie Rosse. Il film può essere interpretato come la storia di una malattia, la malattia dell'onnipotenza di cui Pu Yi è contagiato infante e da cui guarisce solo in vecchiaia. Poco importa se la ricostruzione di Bertolucci sia realtà o solo fantasia; certo è che lo spettacolo è grandioso e affascinante.
(Quattro Fontane)

2. Da qualche anno la Cina è di moda. Il film di Bertolucci, «L'Ultimo Imperatore», ha avuto molto successo. Ho sentito che anche Spielberg ha girato un film sulla Cina; ma mi pare che il primo film importante su questo paese sia stato «La Cina è vicina» di Michelangelo Antonioni.

3. Vorrei che la nostra università offrisse un corso sul cinema italiano perché è un ottimo mezzo per imparare qualcosa della cultura di un paese.

4. Mi hanno detto che a Roma c'è un'ottima scuola di cinema. Sarebbe bello se potessi avere una borsa di studio per andarci.

5. Benché avessero pochi soldi, gli italiani nel dopoguerra hanno fatto film che sono diventati dei classici. Secondo me, Rossellini e De Sica sono stati i registi più importanti del periodo neorealista.

E ora, date l'equivalente di queste frasi in inglese. Notate bene e discutete le differenze tra l'italiano e l'inglese.

B. Leggete con attenzione il racconto e completate con il congiuntivo.

Quando frequentavo il liceo mio padre, che era ingegnere, voleva che anch'io _____¹ (fare) l'ingegnere come lui. Mia madre, che aveva uno studio d'avvocato, avrebbe voluto che io _____² (studiare) legge. Mio zio, che non aveva figli e aveva una grande fattoria, sperava che io _____³ (andare) a lavorare con lui subito dopo il liceo.

Io, per quanto _____⁴ (volere) molto bene a tutta la famiglia, avevo altre idee. Così un giorno, sebbene i miei genitori _____⁵ (essere) contrari e non mi _____⁶ (dare) una lira, sono partito per Roma. Siccome (*Since*) sapevo fare belle fotografie ho trovato lavoro come fotografo per una rivista senza che nessuno mi _____⁷ (aiutare). Ora fotografo spesso attori ed attrici del cinema e spero che le mie foto _____⁸ (avere) gran successo e che un regista mi _____⁹ (offrire) presto un lavoro in un film. Diventerò mai un regista famoso?

FESTIVAL DI VENEZIA

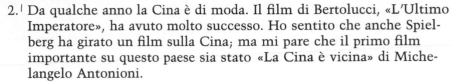

RAPIDI SCAMBI

1. —Olga, hai letto qualche romanzo italiano?
   —Sì, ne ho letti alcuni.
   —Quali scrittori conosci?
   —Moravia, Sciascia e Natalia Ginzburg.

2. —Professor Nardi, quanto tempo ci vuole per imparare l'italiano?
   —Beh, ci vuole un po' di tempo. Per alcuni ci vogliono degli anni!

3. —Ragazzi, qualcuno sa chi ha scritto *Il Conformista*?
   —Lo so io, professore. Bernardo Bertolucci.
   —Ti sbagli, Gino. Bertolucci ha fatto il film, ma il romanzo è stato scritto da Moravia.

4. —C'è qualcosa di bello da vedere al cinema? Guardiamo nel giornale.
   —No, Franca, non mi pare che ci sia niente di divertente.
   —E allora vediamo cosa c'è alla televisione.

Bernardo Bertolucci in Cina per le riprese del suo film «L'Ultimo Imperatore» (© Reuters/Bettmann Newsphotos)

COME SI DICE?

alcuni/e (*pl.*) some, a few
qualche some, a few
qualcuno (*s.*) someone, anyone

sbagliarsi to make a mistake

niente di divertente nothing interesting

un po' di tempo a bit of (some) time

Quanto tempo ci vuole? How long does it take?
Ci vogliono degli anni. It takes years.

||| Facciamo pratica! . . . .

A. Ripetete gli scambi tra di voi.

B. Domandate e rispondete.

   1. Chi sono Moravia, Sciascia e Ginzburg?
   2. Da chi è stato scritto il romanzo *Il Conformista*? E chi ha fatto il film?
   3. Secondo il professor Nardi, ci vuole poco o molto tempo per imparare l'italiano?
   4. Perché Franca e la sua amica non andranno al cinema? Cos'è probabile che facciano?

C. Piccolo quiz cinematografico. Cercate di combinare (*match*) i film con i personaggi. (Le risposte sono a piè di pagina.)

Isabella Rossellini, figlia del famoso regista italiano e dell'attrice Ingrid Bergman, una delle donne più fotografate del mondo (© Meylan/Sygma)

1. Claudia Cardinale
2. Lina Wertmüller
3. Federico Fellini
4. Isabella Rossellini
5. Nino Manfredi
6. Vittorio Gassman
7. Roberto Rossellini
8. Michelangelo Antonioni
9. Mariangela Melato e Giancarlo Giannini
10. Marcello Mastroianni

a. «Ginger e Fred»
b. «Blow Up»
c. «Blue Velvet»
d. «Pane e cioccolata»
e. «Mimì metallurgico ferito per amore»
f. «Il Gattopardo»
g. «Oci Ciornie (Occhi Neri)»
h. «C'eravamo tanto amati»
i. «Amore ed Anarchia»
j. «Roma città aperta»

Uno dei tanti volti di Vittorio Gassman, attore di teatro e di cinema, qui in un one-man show al festival di Avignon in Francia (© Karel/Sygma)

THE USE OF *ALCUNI* AND *QUALCHE*

Leggo **alcuni libri**. } Leggo **qualche libro**. }	*I read some books.*
Conosci **qualche attrice** alla TV?	*Do you know some (any) television actresses?*
Sì, ne conosco **alcune**.	*Yes, I know some (a few).*

1. **Alcuni/e** and **qualche** both express the concept of *some*, in the sense of *several*. Because of this plural connotation, they can be used to indicate only items that can be counted.

Ci vogliono **alcuni anni** per imparare una lingua straniera.

Ci vuole **qualche anno** per imparare una lingua straniera.

Ci vogliono **degli anni** per imparare una lingua straniera.

It takes several years to learn a foreign language.

Ho comprato **alcune bottiglie** di latte.

Ho comprato **qualche bottiglia** di latte.

Ho comprato **delle bottiglie** di latte.

I bought several bottles of milk.

Review the partitive construction (**di** + *definite article*) in Chapter 17 and remember that it can also be used in these cases.

2. To indicate items that cannot be counted, use the partitive (**di** + *definite article*) or the expression **un po' di**.

Ci vuole **del tempo** per imparare una lingua straniera.

Ci vuole **un po' di tempo** per imparare una lingua straniera.

It takes (some) time to learn a foreign language.

Ho comprato **del latte**.

Ho comprato **un po' di latte**.

I bought some milk.

3. **Qualche** can be used only as an adjective. Although its meaning is plural, its form is always singular, and the word it modifies is always singular.

Ho letto **qualche romanzo italiano**.

I read some (a few) Italian novels.

Ho conosciuto **qualche ragazza italiana**.

I met some Italian girls.

4. **Alcuni/e** is always plural. It is used both as an adjective and as a pronoun.

Ho letto **alcuni romanzi italiani**.

I read some Italian novels.

Ne ho letti **alcuni**.

I read some.

Alcuni ridono, altri piangono.

Some (people) laugh, others cry.

INDEFINITE EXPRESSIONS IN POSITIVE AND NEGATIVE SENTENCES

qualcuno	*someone, anyone*	qualcosa, qualche cosa	*something*
ognuno	*everyone, each one*	tutto, ogni cosa	*everything*
tutti/e	*everyone, all*	niente, nulla	*nothing*
nessuno	*nobody, no one, not one*		

1. **Ognuno** and **tutti/e** both mean *everyone*. However, **ognuno** is invariable and singular, whereas **tutti/e** can be used only in the plural.

    Ognuno desidera la felicità.⎫
    Tutti desiderano la felicità.⎭   *Everyone desires happiness.*

2. Remember that in Italian a negative sentence always requires a negation before the verb.

    Non leggo.   *I don't read.*
    Non leggo **mai**.   *I never read.*
    Non ho **nemmeno** un soldo.   *I don't even have a cent.*

    The same rule applies when indefinite pronouns are used in negative sentences.

    Conosci **qualcuno** in questa città? —No, **non** conosco **nessuno**.   *Do you know anyone in this city? —No, I don't know anyone (I know no one).*

    Avete mangiato **qualcosa**? —No, **non** abbiamo mangiato **nulla**.   *Did you eat something? —No, we didn't eat anything (we ate nothing).*

Non vedo niente.

3. **Niente** (**Nulla**) and **nessuno** can be used emphatically, to start a sentence. In this case, the **non** is omitted.

    Nessuno mi ama!   *Nobody loves me!*
    Nulla mi piace!   *There's nothing I like!*

Non sento niente.

4. **Nessuno** can also act as an adjective. When it does, it agrees in gender and number with the noun it modifies. It undergoes the same changes as the indefinite article (**un, uno, una,** and **un'**), and can never be made plural.

    Non ho visto ness**un** film di Nanni Moretti.   *I haven't seen any films by Nanni Moretti.*

Non dico niente.

Nessuno studente ha preso A
nell'ultimo esame.

Non mi ha dato nessuna
risposta.

*Not one student got an A on
the last exam.*

*She didn't give me any
answer.*

Attenzione!

■ When **qualcosa** (**qualche cosa**) and **niente** (**nulla**) are followed by an
adjective, the preposition **di** must be used. The adjective is in the
masculine singular form. When they are followed by an infinitive, the
preposition **da** is used instead.

C'è **qualcosa di bello** al cinema? —No, non c'è **niente di**
bello.

C'è **qualcosa da vedere** alla
TV? —No, non c'è **nulla da
vedere**.

*Is there anything good at
the movies? —No, there's
nothing good.*

*Is there anything to see on
TV? —No, there's nothing
to see.*

||| Facciamo pratica! . . . .

A. **Qualche** o **alcuni**? Domandate e rispondete usando la parola adatta.

1. —Conosci degli scrittori italiani?
   —Sì, conosco _____ scrittore italiano.

2. —Hai letto dei romanzi di Moravia?
   —Non ricordo bene: Mi pare di averne letti _____ quando ero in
   Italia.

3. —Danno spesso film italiani in questa università?
   —Sì, in inverno ci fanno vedere _____ film italiano nel nostro
   dipartimento.

4. —Conosci qualche poesia italiana?
   —Sì, ne ho lette _____ nel mio corso d'italiano.

5. —Ti piacciono i film italiani?
   —_____ mi piacciono, altri no.

6. —Vai spesso al cinema?
   —No, ci vado solo _____ volta.

7. —Ci sono state conferenze sul cinema italiano quest'anno?
   —Sì, c'è stata _____ conferenza sul neorealismo.

B. Tornando a casa la sera... Domandate e rispondete usando **qualcosa** o
qualcuno nella domanda, **niente** o **nessuno** nella risposta, e la preposizione adatta dove necessario.

1. C'è_____ _____ bere nel frigo?
2. C'è _____ _____ interessante alla televisione stasera?
3. È venuto _____ oggi?
4. Hai mangiato _____ _____ buono a pranzo?
5. Hai incontrato _____ che conosci al mercato?

LETTURA 1

_____ Andiamo al cinema! _____

Guida alla lettura: Cercate di capire i punti essenziali della trama dei
due film, concentrandovi sui seguenti.

1. Qual è il problema di Riccardo e Carolina
e chi li aiuterà a risolverlo?

2. Che tipo è il tenente Cordelli e qual è il
suo compito (*task*)?

Riccardo Pazzaglia
SEPARATI IN CASA
(1986)

Il cast tecnico: Regia: Riccardo Pazzaglia. Sceneggiatura:
Riccardo Pazzaglia. Direttore della fotografia: Nino Celeste. Sce-
5 nografia: Giovanni Agostinucci. Montaggio: Anna Napoli. Costumi: Giulia Mafai. Produzione: Mario e Vittorio Cecchi Gori per Ei-
doscope International. Origine: Italia. Durata: 1 h e 35'.

Gli interpreti: Riccardo Pazzaglia (Riccardo), Simona Mar-
10 chini (Carolina), Massimiliano Pazzaglia (Lucio e Riccardo da giovane), Marina Confalone (avvocatessa), Lucio Allocca (avvocato), Elisabeth Gutierrez (Concepcion).

La trama. Dopo un'estenuante serie di litigi, Riccardo e Carolina decidono di chiedere la separazione. Date le loro condizioni
15 economiche sono costretti a convivere nel medesimo appartamento. Da notare che lei è assistita da un'avvocatessa «separa-
ta in casa», lui da un avvocato «separato in residence». A risolvere la spinosa situazione che si ingarbuglierà tra l'altro nel tempo
sarà il figlio dei due, Riccardo, aspirante attore e, in questo ca-
20 so, agente conciliatore.

Il regista: Napoletano verace, classe 1926, Riccardo Pazzaglia è passato dal cinema al teatro, dal giornalismo alla letteratura, radio e televisione. Dopo il diploma di regista al «Centro speri-
mentale di Cinematografia» ha realizzato documentari e cortome-
25 traggi. Il suo primo film è stato «L'onorata società» (1960), seguito da «La fabbrica dei soldi - l'uomo dal cancro d'oro» (1965), e
«Farfallon» (1973). Ha sceneggiato inoltre i due film di Luciano
De Crescenzo «Così parlò Bellavista» (1984) e «Il mistero di Bellavista» (1985). Conosciutissimo alla radio («Quarto programma»,
30 «Radio anch'io»), ha ottenuto grande successo sul piccolo scher-
mo l'anno scorso con «Quelli della notte» (1985).

Le note di Ciak: Il film è nato sull'onda del personaggio creato
da Riccardo Pazzaglia in «Quelli della notte» di Renzo Arbore. Al
suo fianco infatti come co-protagonista un'altra reduce della for-
35 tunatissima trasmissione, Simona Marchini, la «segretaria» tutto
cuore e un po' svampita.

Maurizio Ponzi
IL TENENTE DEI CARABINIERI
(1986)

Il cast tecnico: Regia: Maurizio Ponzi. Sceneggiatura: Leo
Benvenuti, Piero De Bernardi, Maurizio Ponzi. Direttore della fo-
5 tografia: Carlo Cerchio. Direzione artistica: Francesco Frigeri.
Montaggio: Antonio Siciliano. Costumi: Maurizio Tognalini. Musica: Bruno Zambrini. Produzione: Mario e Vittorio Cecchi Gori per
la C.G. Silver Film. Origine: Italia. Distribuzione: CEIAD Colum-
10 bia. Durata: 1 h e 48'.

Gli interpreti: Enrico Montesano (tenente Cordelli), Nino Manfredi (il colonnello), Marisa Laurito (Clara Cordelli), Claudio Bo-
tosso (appuntato Iachino), Massimo Boldi (vicebrigadiere Lodifé),
Alessandro Partexàno (maresciallo Tucci).

15 **La trama**: Il tenente Cordelli è un solerte carabiniere tutto casa e lavoro. Mentre sta cercando di costruirsi una casetta in campagna con i suoi sudatissimi risparmi, deve indagare su tre delit-
ti: lo spaccio di denaro falso, l'assassinio di un pregiudicato, una
rapina[a] in grande stile. Le indagini sono lunghe e difficili, ma il pa-
20 ziente Cordelli, con l'appoggio del colonnello suo superiore, rie-
sce a gettare luce definitiva sulle tre intricate vicende.

Il regista: Maurizio Ponzi è nato a Roma nel 1939. Dapprima
critico cinematografico, collaboratore di diverse riviste italiane
e straniere («Filmcritica», «Cahiers du Cinéma», «Cinema e Film»)
25 realizza alcuni cortometraggi dedicati a Pasolini, Rossellini e Visconti. Il suo esordio avviene nel 1968 con «I visionari», premiato
al festival di Locarno, a cui seguono «Equinozio» (1971), «Il caso
Raoul» (1975). Dopo una parentesi televisiva («Mattolneide», 1978;
«Hedda Gabler», 1979), torna al cinema con tre pellicole interpre-
30 tate da Francesco Nuti: «Madonna che silenzio c'è stasera» (1982),
«Io Chiara e lo Scuro» (1983), «Son contento» (1983). Nel 1985
gira infine «Qualcosa di biondo» con Sofia Loren.

Le note di Ciak: Costato due miliardi e mezzo, il film è stato
girato con la fattiva collaborazione dell'Arma dei Carabinieri, che
35 ha messo a disposizione uomini e mezzi. Le riprese sono state
effettuate a Roma, Milano e Manchester.

---

[a]*armed robbery*

COME SI DICE?

il carabiniere special policeman, gendarme
il delitto crime
il litigio fight, argument
l'interprete interpreter

la regia direction (*of a film or theatrical work*)
la trama plot

costretto forced

convivere to live together
indagare to inquire, investigate

||| Facciamo pratica! . . . .

A. Un po' di conversazione. Fate domande sui due film per avere le informazioni su regista, anno, interpreti, costo, personaggi, località (*place*), durata.

> ESEMPIO: —Chi è il regista del film «Separati in Casa»?
> —È Riccardo Pazzaglia.
> —Dov'è nato?
> —È nato a Napoli.

B. Vero o falso?

1. «Il Tenente dei Carabinieri» è una storia d'amore.
2. Riccardo e Carolina restano nella stessa casa dopo la separazione per mancanza di soldi.
3. Gli avvocati risolveranno il loro problema.
4. Il regista e l'interprete principale di «Separati in Casa» sono la stessa persona.
5. Riccardo e Carolina non hanno figli.
6. Il tenente Cordelli è un poliziotto corrotto.

LETTURA 2

Una personalità del nostro tempo

Pier Paolo Pasolini (1922–1974), poeta, scrittore di romanzi e racconti, regista cinematografico, filologo e critico.

Leggete attentamente e cercate di capire i fatti essenziali della vita di Pasolini da giovane. Prima, però, alcune spiegazioni e un po' di vocabolario per aiutarvi.

ravennate	*from Ravenna*
friulana	*from Friuli*
la Grande Guerra	*World War I*
infanzia	*childhood*
ufficiale	*army officer*
«sfollare»	*to leave a city (because of the war)*
adattarsi a	*to adapt to*
borgata	*slum*
trasferimenti	*transfers, changes of residence*

PIER PAOLO PASOLINI

Il padre di famiglia ravennate, la madre friulana (incontratisi durante la Grande Guerra), Pier Paolo Pasolini nasce a Bologna, ma ci
5 *vive poco: per tutta l'infanzia e l'adolescenza, egli deve continuamente « adattarsi » a degli ambienti nuovi, seguendo i trasferimenti del padre ufficiale: Bologna, Par-*
10 *ma, di nuovo Bologna, Belluno, Conegliano, Sacile, Idria, di nuovo Sacile, Cremona, Reggio Emilia: infine ancora Bologna, dove, mentre frequenta l'università, nel '43*
15 *è costretto a « sfollare » nel paese materno, Casarsa. Qui (nel frattempo si laurea e comincia la sua*
attività letteraria) rimane fino al '49. Poi si trasferisce a Roma: ed
20 *è un nuovo « adattamento » d'ambiente: quello, violentissimo, della Roma plebea e sottoproletaria delle borgate. Ambiente « dialettale », assai adatto al temperamento e*
25 *agli interessi di Pasolini: i cui versi in friulano (La meglio gioventù, Sansoni, 1954) e il cui lavoro critico (una Antologia del '900 dialettale, presso Guanda, e una An-*
30 *tologia della poesia popolare italiana, in preparazione) hanno già avuto ampi e concordi riconoscimenti. In Ragazzi di vita si rivela un forte e originalissimo narratore.*

Alcuni dati biografici su Pasolini: sapete rispondere?

1. In quale città è nato Pasolini? In quale anno?
2. Di dov'era suo padre? E sua madre in quale regione è nata?
3. Perché Pier Paolo da bambino e da ragazzo ha cambiato spesso residenza?
4. In quale università si è laureato?
5. Quando Pasolini dopo gli studi si è trasferito a Roma, viveva nel centro storico, nei quartieri residenziali, o nelle borgate?
6. In quale dialetto è scritto il libro di poesie *La Meglio Gioventù*?
7. Hai mai visto un film di Pasolini?
8. Quanti anni aveva Pasolini quando è morto?

CAPITOLO 24

C'ERA UNA VOLTA...

C. COLLODI

LE AVVENTURE
DI
PINOCCHIO

STORIA DI UN BURATTINO

127 disegni ad un colore e 8 tavole a 4 colori
tratti dall'edizione di lusso illustrata
da Attilio Mussino

GIUNTI MARZOCCO

PAROLE NEL CONTESTO

Quattro momenti delle avventure di Pinocchio

1. Appena a letto Pinocchio s'addormentò e cominciò a sognare. E sognando gli pareva di essere in mezzo a un campo, e questo campo era pieno di alberi carichi di monete d'oro.

2. Pinocchio, svegliandosi, restò così sorpreso da perdere subito il suo buon umore. Si accorse che gli orecchi gli erano cresciuti di un bel pezzo.

3. «Dimmi, bambino, che cosa fai laggiù?» disse un colombo (*pigeon*). «Non lo vedi? Piango!» disse Pinocchio alzando il capo verso quella voce e asciugandosi gli occhi.

4. Saltando giù dal letto trovò preparato un bel vestito nuovo, un berretto e delle scarpe che gli stavano perfettamente bene.

COME SI DICE?

accorgersi di (*p.p.* **accorto**) to realize, to notice **si accorse di...** he realized that . . .	**addormentarsi** to fall asleep **si addormentò** he fell asleep (**cominciare**) **cominciò** he began	(**dire**) **disse** he said **piangere** (*p.p.* **pianto**) to cry

(restare)
   restò he remained
saltare to jump
   saltando giù jumping down
sognare to dream
   sognare di (+ *infinitive*) to
   dream about (doing
   something)
	stare bene a to suit, to fit well
	(trovare)
	   trovò he found
	
	il berretto cap
	il buon umore good mood
	il capo head
	il colombo pigeon
	la voce voice
		carico/a di loaded with
		in mezzo a in the middle of
		laggiù down there
		sorpreso/a surprised
		verso toward
		
		perfettamente perfectly

I N F O R M A Z I O N I

Le Avventure di Pinocchio, uno dei più famosi libri per bambini, è stato scritto da Carlo Collodi nel 1880. Pinocchio è conosciuto in tutto il mondo grazie a Walt Disney.

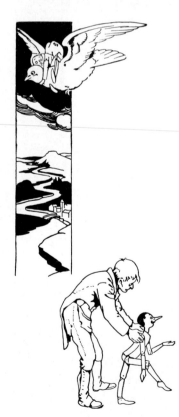

⫼ Facciamo pratica! . . . .

A. Leggete attentamente e completate con le parole adatte.

1. Pinocchio va a letto, si addormenta e _____ di essere in un campo pieno di alberi _____ monete d'oro.
2. Una mattina Pinocchio si sveglia e resta _____ perché si accorge di avere lunghissime _____.
3. Un giorno mentre Pinocchio è su una spiaggia passa un colombo e gli domanda: «Bambino, perché _____?» Pinocchio gli risponde: «_____ perché sto cercando il mio babbo».
4. Finalmente dopo molte avventure, una mattina Pinocchio si sveglia, si _____ allo specchio e vede che non è più un burattino (*puppet*). Sulla sedia vicino al letto ci sono _____. Pinocchio è diventato un ragazzo come tutti gli altri.

B. Un po' di conversazione sulla storia di Pinocchio. Domandate e rispondete tra di voi. Ecco i nomi dei personaggi principali della favola di Collodi.

Geppetto: il padre di Pinocchio

il Gatto e la Volpe (*fox*)

Mangiafuoco: il burattinaio (*puppetteer*)

il Grillo parlante (*the talking cricket*)

Lucignolo: l'amico cattivo di Pinocchio
la buona Fatina (*the good little fairy*)
la Balena (*the whale*)
l'Omino del carro (*the carriage driver*)

1. Hai letto *Le Avventure di Pinocchio*?
2. Quante volte hai visto il film di Walt Disney? Quale episodio ti è piaciuto di più? Qual è la caratteristica principale di Pinocchio? Quali sono i personaggi «cattivi» della storia? Chi è la figura femminile della storia? Chi rappresenta?
3. Potete fare altre domande sul libro o sul film? Continuate voi!

THE GERUND

I	II	III
parl**ando**	scriv**endo**	sent**endo**

Review the material on the present progressive in Chapter 7.

1. You have already studied the forms of the gerund (the **-ando** or **-endo** form of the main verb) combined with the present tense of **stare** to express an action in progress in the present.

   Sto **parlando**.   *I am speaking.*
   Stanno **scrivendo**.   *They are writing.*

   Similarly, to express an action in progress in the past, you can use the *imperfect* of **stare** + the **-ando** or **-endo** form of the main verb.

   Quando mi hai telefonato   *When you called me I was*
   stavo dormendo.   *sleeping.*

2. The **-ando** or **-endo** form of the verb can also be used in a subordinate clause to replace an expression with a conjugated verb. It corresponds to the English *-ing* form. Contrary to English, however, it is never used with prepositions and can be used only when its subject is the same as the subject of the main clause. Keep in mind, also, that the endings of the gerund forms are invariable.

   Pinocchio **dormendo** sognava   *While sleeping, Pinocchio*
   monete d'oro.   *dreamed about golden*
                                      coins.

> **Andando** a scuola Pinocchio
> ha incontrato il Gatto e la
> Volpe.
>
> **Lavorando** molto ha fatto una
> bella carriera.

> *Going to school, Pinocchio*
> *met the cat and the fox.*
>
> *By working hard he had a*
> *successful career.*

3. Reflexive pronouns and direct and indirect object pronouns must be attached to the end of the **-ando** or **-endo** form.

> **Vestendosi,** Pinocchio perse le
> monete che aveva in tasca.

> *While getting dressed, Pinoc-*
> *chio lost the coins he had*
> *in his pocket.*

4. Verbs with an irregular stem in the imperfect have the same irregularity in the **-ando** or **-endo** form.

bere	bevevo	**bev**endo
dire	dicevo	**dic**endo
fare	facevo	**fac**endo

Attenzione!

- Observe carefully the following examples.

> **Nuotare** è un ottimo esercizio.
> Amo **nuotare**.

> *Swimming is great exercise.*
> *I love swimming.*

When the English *-ing* form is used as a noun (as the subject or object of a sentence), in Italian it must be rendered with the infinitive.

||| **Facciamo pratica!** . . . .

A. Cosa stava facendo Pinocchio?

> ESEMPIO: Quando è arrivato Geppetto, Pinocchio _____ (sognare).
> → Quando è arrivato Geppetto, Pinocchio stava sognando.

1. Quando ha incontrato il Gatto e la Volpe, _____ (andare a scuola).
2. Quando è passato il colombo, _____ (piangere).
3. Quando il naso gli è cresciuto, _____ (dire una bugia).
4. Mentre Geppetto piangeva, _____ (divertirsi).

B. Cosa stavate facendo quando è entrato in classe il professore? Rispondete secondo l'esempio.

> ESEMPIO: tu / leggere il *Corriere dello Sport* →
> Tu stavi leggendo il *Corriere dello Sport.*

1. io / bere una Coca-Cola
2. Francesca / leggere il giornale
3. Giorgio / scrivere gli esercizi
4. Marco e Luisa / parlare tra di loro

C. Completate le frasi.

1. _____ (*While sleeping*) Pinocchio sognava monete d'oro.
2. A Pinocchio non piaceva _____ (*going to school*).
3. _____ (*Crying*) Pinocchio gli disse che stava _____ (*looking for*) suo padre.
4. _____ (*Getting up*) ha trovato un bel vestito vicino al letto.
5. _____ (*Answering him*) Pinocchio piangeva.
6. _____ (*Telling*) bugie era una brutta abitudine (*habit*) di Pinocchio.
7. Gli piaceva più _____ (*playing*) che _____ (*studying*).
8. La Fatina gli disse che _____ (*by working*) avrebbe fatto felice il papà.

PAROLE NEL CONTESTO

Un po' di storia

1. Tra il settimo (VII) e il quinto (V) secolo avanti Cristo (a.C.), i greci fondarono varie colonie nell'Italia del Sud e in Sicilia. Il territorio occupato fu chiamato Magna Grecia.

2. Dopo la caduta dell'Impero Romano nel quinto secolo dopo Cristo (d.C.), bizantini, arabi, normanni e infine spagnoli dominarono la Sicilia e l'Italia meridionale.

La grandezza della Grecia in terra siciliana. Il tempio della Concordia (450 a.C.) su una collina di Agrigento ricorda il Partenone sull'Acropoli di Atene (© Eugene Gordon/ Photo Researchers)

Incontro di civiltà diverse. Palermo: Duomo di Monreale in stile arabo-normanno-bizantino (secolo XII) (© Peter Menzel/ Stock, Boston)

3. Nel 1860 Giuseppe Garibaldi organizzò una spedizione di mille uomini e in breve tempo liberò la Sicilia e tutta l'Italia del sud dalla dominazione straniera.

Giuseppe Garibaldi (© The Bettman Archive)

4. Nel 1870 Roma diventò la capitale del Regno d'Italia. La monarchia durò in Italia fino alla fine della seconda guerra mondiale. Nel giugno del 1946 gli italiani votarono per la Repubblica.

COME SI DICE?

a.C. (avanti Cristo) B.C.	**il territorio** territory	**(organizzare)**
d.C. (dopo Cristo) A.D.	**l'uomo, gli uomini** man, men	**organizzò** he organized
		stabilirsi (isc) to settle
la caduta dell'Impero Romano the	**(chiamare)**	**si stabilirono** they settled
fall of the Roman Empire	**fu chiamato** was called	
la colonia colony	**dominare** to dominate	**i greci** the Greeks
la dominazione domination	**dominarono** they dominated	
l'Italia meridionale Southern Italy	**durare** to last	**breve** brief
la monarchia monarchy	**durò** it lasted	**occupato/a** occupied
il regno reign	**fondare** to found	**vario/a** various
la spedizione expedition		

||| Facciamo pratica! . . . .

Piccolo quiz di storia.

1. Quale popolo fondò colonie nell'Italia meridionale? In quali secoli?
2. Che cosa significa Magna Grecia?

3. Sapete da dove venivano i bizantini, gli arabi e i normanni? Quale parte dell'Italia hanno dominato?
4. Avevate mai sentito il nome di Giuseppe Garibaldi?
5. In quale anno fu liberata la Sicilia?
6. Quanti uomini aveva con sé Garibaldi nella spedizione in Sicilia?
7. Per quanti anni è durato il Regno d'Italia?
8. Quando è diventata capitale d'Italia Roma?
9. Da quanto tempo l'Italia è una repubblica?

IL PASSATO REMOTO

I fondare		II credere		III finire	
fondai	fondammo	credei (-etti)	credemmo	finii	finimmo
fondasti	fondaste	credesti	credeste	finisti	finiste
fondò	fondarono	credé (-ette)	crederono (-ettero)	finì	finirono

1. The conjugation endings of the **passato remoto** (past absolute) retain the identifying vowel of the infinitive (**a, e, i**), with the exception of the third person singular of the first conjugation.

2. Verbs of the second conjugation have alternate forms for the first and third person singular and the third person plural (**-etti, -ette, -ettero**). In the case of many verbs, the alternate endings are more common. You will learn through reading which form to use.

3. The **passato remoto** is a parallel form to the **passato prossimo**. It expresses a completed action in the past, and it shares the same relationship with the **imperfetto**. However, the **passato remoto** is used most frequently in fiction and in historical narrative. There is a tendency today in spoken Italian to use the **passato remoto** rather infrequently, but this varies from region to region. In conversation, it is a way to express the speaker's complete detachment from the event described.

IRREGULAR VERBS IN THE *PASSATO REMOTO*

1. The verbs **essere, dare,** and **stare** are completely irregular in the **passato remoto**.

essere	fui	fosti	fu	fummo	foste	furono
dare	diedi	desti	diede	demmo	deste	diedero
	(detti)		(dette)			(dettero)
stare	stetti	stesti	stette	stemmo	steste	stettero

2. Other verbs which are irregular in the **passato remoto** (mostly second conjugation verbs) follow a pattern: The irregular forms occur only in the first person singular and in the third person singular and plural. Once you know the first person singular, you can complete the conjugation by adding the endings **-e** and **-ero** for the third person singular and plural. The other three persons are conjugated regularly. Here are two examples.

avere	ebbi	avesti	ebbe	avemmo	aveste	ebbero
volere	volli	volesti	volle	volemmo	voleste	vollero

3. There are many other verbs which are irregular in the **passato remoto**. The chart below will help you to recognize some forms as you read. For more irregular forms, see the appendix at the end of the book.

bere	bevvi	**prendere**	presi
chiedere	chiesi	**rispondere**	risposi
conoscere	conobbi	**sapere**	seppi
dire	dissi*	**scrivere**	scrissi
fare	feci*	**vedere**	vidi
leggere	lessi	**venire**	venni
nascere	nacqui	**vivere**	vissi

*The regular **passato remoto** forms of **dire** and **fare** are based on the imperfect stem: **dic**esti, **fac**esti, etc.

||| Facciamo pratica! . . . .

A. Da *Giricoccola*, una fiaba popolare di Bologna. Leggete attentamente ed analizzate l'uso del passato remoto e dell'imperfetto.

> ESEMPIO: Disse alle figlie › azione compiuta (*completed*)
> Si chiamava → descrizione

Un mercante che aveva[1] tre figlie dovette[2] andare in viaggio per affari. Disse[3] alle figlie: «Prima di partire vi farò un regalo, perché voglio la sciarvi contente. Ditemi che cosa volete».

Le ragazze pensarono[4] un po' e dissero[5] che volevano[6] oro, argento e seta da filare (*silk for spinning*). La più piccola delle tre sorelle, che si chiamava[7] Giricoccola, era[8] la più bella e le sorelle erano[9] sempre invidiose (*envious*). Dopo la partenza del padre, la più grande prese[10] l'oro, la seconda prese[11] l'argento e diedero[12] la seta a Giricoccola.

Dopo il pranzo cominciarono[13] a filare vicino alla finestra, e la gente che passava guardava[14] le tre ragazze e gli occhi di tutti si fissavano[15] sempre sulla più piccola.

Venne[16] la sera e nel cielo passava[17] la luna che guardò[18] le tre sorelle alla finestra e disse: «Quella che fila l'oro è bella, quella che fila l'argento è più bella, ma quella che fila la seta è la più bella di tutte. Buonanotte belle e brutte!»

B. Provate a completare i seguenti episodi delle *Avventure di Pinocchio* scegliendo tra il passato remoto e l'imperfetto.

«C'era una volta un pezzo di legno... »

1. Maestro Ciliegia (*Master Cherry*) _____ᵃ (prendere) il pezzo di legno e lo _____ᵇ (dare) al suo amico Geppetto che proprio quella mattina era venuto a chiedergli del legno per farne un burattino.

   Geppetto _____ᶜ (tornare) a casa e _____ᵈ (cominciare) subito a lavorare. La sua casa _____ᵉ (essere) una stanzina quasi senza luce, piccola e povera. I mobili non _____ᶠ (potere) essere più semplici: una piccola sedia, un letto poco buono e un tavolino tutto rovinato.

2. Mentre Pinocchio _____ᵃ (nuotare) per raggiungere (*to reach*) la spiaggia, si accorse (*realized*) che il suo babbo, che gli _____ᵇ (stare) sulle spalle e _____ᶜ (avere) le gambe nell'acqua, _____ᵈ (tremare) come se avesse la febbre. Pinocchio, credendo che tremasse di paura gli _____ᵉ (dire): «Coraggio, babbo, tra pochi minuti arriveremo a terra, e saremo salvi».

C. Domande sulle favole di Giricoccola e Pinocchio.

   1. Quante figlie aveva il mercante?
   2. Perché erano invidiose di Giricoccola le sorelle?
   3. Che cosa regalò il padre alle figlie prima di partire?
   4. Che cosa fecero le sorelle di Giricoccola dopo la partenza del padre?
   5. Chi era Pinocchio?
   6. A chi diede il pezzo di legno Maestro Ciliegia?
   7. Perché aveva bisogno di un pezzo di legno Geppetto?
   8. Che cosa credeva Pinocchio?

I NUMERI ORDINALI

primo (a/i/e)	*first*	sesto (a/i/e)	*sixth*
secondo	*second*	sęttimo	*seventh*
terzo	*third*	ottavo	*eighth*
quarto	*fourth*	nono	*ninth*
quinto	*fifth*	dęcimo	*tenth*

1. Ordinal numbers from *eleventh* on are formed by dropping the final vowel of the cardinal number and adding the suffix **-esimo**.

undici	→	undic**esimo**
ventisette	→	ventisett**esimo**

Numbers ending in **-sei** retain the final vowel; numbers ending in **-tré** retain the final vowel but not the accent.

cinquantasei   →   cinquantase**iesimo**

trentatré   →   trentat**reesimo**

2. Ordinal numbers are adjectives. Thus, they agree in gender and number with the noun they modify, whether this noun is expressed or implied.

La prim**a** volta non ho capito,   *The first time I didn't under-*
    la second**a** sì.   *stand, the second time, yes.*

3. Ordinal numbers generally precede the nouns they modify, but they can also be placed after them. As in English, they follow the names of monarchs and popes, but in Italian they do not take the definite article.

Carlo V (Quinto)   *Charles the Fifth*
Elisabetta II (Seconda)   *Elizabeth the Second*
Giovanni XXIII   *John the Twenty-third*
    (Ventitreesimo)

4. Centuries are often indicated with Roman numerals. The number can be placed either before or after the noun.

È il secolo XX (ventesimo). |
È il XX (ventesimo) secolo. | *It's the twentieth century.*

||| Facciamo pratica! . . . .

Informazioni culturali. Leggete ad alta voce.

1. Il potere temporale della Chiesa durò fino alla seconda metà del XIX secolo.
2. Lorenzo dei Medici, detto Il Magnifico, fu signore di Firenze nel XV secolo.
3. Leonardo da Vinci visse tra il XV e il XVI secolo.
4. Michelangelo lavorò per i papi Giulio II e Leone X.
5. Il grande artista Bernini disegnò la Fontana dei Fiumi in Piazza Navona, un esempio di arte barocca del XVII secolo.
6. La scalinata di Piazza di Spagna (*Spanish Steps*) fu costruita nel secolo XVIII.
7. Vittorio Emanuele II fu il primo re d'Italia.
8. Le guerre per l'indipendenza furono combattute nel XIX secolo.
9. De Chirico, Morandi, Carrà e Guttuso sono tra i più importanti pittori italiani del secolo XX.

LETTURA

Roma: per il viaggio di un giorno, la sintesi di diverse civiltà

Roma antica

 Arco di Costantino. *Eretto intorno al 315 d.C. per celebrare la vittoria dell'imperatore su Massenzio a Ponte Milvio, presenta ricche decorazioni.*

 Colosseo o Anfiteatro Flavio. *Costruito tra il 72 e l'80 d.C., è il più importante monumento di Roma antica. Destinato soprattutto agli spettacoli gladiatorii, poteva contenere circa 50.000 spettatori.*

 Terme di Caracalla. *Furono costruite tra il 206 e il 217 d.C. e distrutte dai Goti nel sec. VI. Comprendevano, oltre ai bagni che si dice potessero ospitare fino a 1.600 persone contemporaneamente, palestre, biblioteche, sale di ritrovo, giardini. Attualmente vi si svolge la stagione operistica estiva.*

Roma cristiana

 Basilica di S. Pietro. *Fu costruita dal 1506 al 1626. La cupola è di Michelangelo, la facciata del Maderno e il colonnato della piazza del Bernini. Contiene tra gli altri capolavori la Pietà di Michelangelo e il baldacchino del Bernini.*

 Chiesa di S. Maria in Trastevere. *Costruita nel 1130-43, probabilmente è la prima chiesa di Roma. La facciata e l'interno sono ornati di mosaici dei secc. XII-XIII, fra cui la Vita di Maria del Cavallini (1231 circa).*

 Chiesa di S. Pietro in Vincoli. *Fondata nel sec. V e ricostruita due volte nei secc. XV e XVIII, ospita il michelangiolesco Mausoleo di Giulio II, con la famosa statua del Mosè (sec. XVI).*

Roma profana

 Fontana di Trevi. *È la più monumentale fontana della città. La vasca è di L. B. Alberti (1453), mentre il disegno d'insieme delle sculture fra rocce e giochi d'acqua è opera di N. Salvi (1732-51).*

 Palazzo Farnese. *Capolavoro rinascimentale, è dovuto a Sangallo il Giovane, Michelangelo e G. Della Porta. Nell'interno, splendidi affreschi dei Carracci.*

 Piazza di Spagna. *Centro della vita mondana, è una delle più pittoresche piazze di Roma. Le fa da sfondo la scenografica scalinata di Trinità dei Monti, opera di A. Specchi e F. De Sanctis (1723-6).*

Una breve visita a Roma

John Campbell è uno studente americano che si trova in Italia per la prima volta. Il suo soggiorno a Roma sarà purtroppo molto breve e John dovrà scegliere con attenzione cosa vedere. A scuola ha imparato che
5 Roma è l'unica° città del mondo ad essere stata continuamente abitata   *only*
per 2700 anni: dalla sua fondazione nel 753 a.C. Roma ha avuto due
ruoli° fondamentali nel corso dei secoli: prima come capitale di un   *roles*
impero che per mille anni estese° la sua civiltà a gran parte del mondo;   *extended*
più tardi, come centro della Cristianità.
10   John è molto colpito° da questo passato che ha lasciato le sue   *impressed*
tracce° in tutta la città. La sua prima tappa° è il Palatino, il colle su   *signs / stop*
cui Romolo fondò la città e che fu la residenza dei capi politici fino
alla fine dell'Impero (IV secolo d.C.). Sotto il Palatino, c'è il Foro
Romano, luogo d'incontro politico, economico e religioso degli antichi
15 romani. John è sorpreso di vedere che gli scavi° del Foro continuano   *excavations*
ancora ad opera di una collaborazione internazionale.

Ma è sul colle Capitolino che John ha la sensazione della continuità
storica di Roma. Su questo colle, sede° del capo religioso ai tempi degli   *seat*
antichi romani, Michelangelo (1475–1564) nel 1500 costruì la ma-
20 gnifica piazza su cui oggi cammina John.

Continuando la sua passeggiata lungo il Viale dei Fori Imperiali,
John arriva al Colosseo, un anfiteatro che fu costruito dall'imperatore
Vespasiano alla fine del I secolo d.C. per i suoi divertimenti e dove
combattevano i gladiatori. La tappa successiva è il Pantheon, il tempio°   *temple*
25 dedicato a tutti gli dei, costruito dall'imperatore Adriano all' inizio del
II secolo d.C., situato nel cuore della Roma barocca. Da Piazza del
Pantheon, attraverso una serie di antiche strade piene di negozietti e
piccoli ristoranti, John arriva al caratteristico mercato di Campo de'
Fiori. Sullo sfondo° c'è il Palazzo Farnese, stupendo esempio di archi-   Sullo... *In the background*
30 tettura rinascimentale. Ancora due passi° e John è a Piazza Navona.   Ancora... *Two more steps*
Ecco la chiesa barocca di Sant'Agnese del Borromini e la suggestiva
Fontana dei Fiumi del Bernini. Qui finalmente John si siede al caffè
Tre Scalini. Mentre assaggia il delizioso gelato tartufo,° si gode lo spet-   *truffle*
tacolo della piazza. Esausto° e con tanta confusione in testa pensa che   *Exhausted*
35 è impossibile conoscere Roma in pochi giorni. Dovrà tornarci un'altra
volta.

Prima della partenza l'ultima tappa è Città del Vaticano, lo stato
più piccolo del mondo (.44 Km²) sotto la sovranità° del papa. Al centro   *sovereignty*
di questo piccolissimo stato c'è la maestosa° Basilica di San Pietro,   *majestic*
40 opera di grandi artisti, fra cui Bramante, Michelangelo e Raffaello.*

All'interno della Città del Vaticano ci sono gli immensi Musei
Vaticani. John sa benissimo che è impossibile visitarli tutti in una
volta e così sceglie di vedere le cose più famose: la Cappella Sistina
con gli affreschi di Michelangelo, le Stanze di Raffaello (1483–1520),
45 il Cortile del Belvedere di Bramante (1444–1514).

E la Roma di oggi? Traffico, inquinamento, rumore, ma anche
mostre d'arte, spettacoli all'aperto, negozi eleganti e tante trattorie
dove mangiare bene in compagnia di amici.

Il Colosseo (primo secolo d.C.), la più grande arena del mondo antico. Posti per più di 50.000 spettatori! (© Carl Frank/ Photo Researchers)

Veduta del Foro Romano, la piazza più famosa del mondo. Nello sfondo a destra l'arco di Tito (primo secolo d.C.). A destra in primo piano il tempio dei Dioscuri (periodo Augusteo 31 a.C.–14 d.C.). A sinistra il tempio di Antonino e Faustina (secondo secolo d.C.) (© Erich Lessing/Magnum)

---

*Altri architetti che costruirono questa basilica furono: Antonio da Sangallo, il Vignola e
della Porta.

COME SI DICE?

---

l'**affresco** fresco
il **colle** hill
il **dio, gli dei** god, gods
la **fondazione** foundation,
    founding
l'**inizio** beginning

il **Barocco** Baroque Period (XVII
    century)

rinascimentale (*adj.*) renaissance
il **Rinascimento** Renaissance
    Period (15th–16th centuries)

mantenere* to maintain
sedersi† to sit down

all'aperto outdoor
attraverso through

||| Facciamo pratica! . . . .

A. Piccolo quiz. Chi o che cosa sono? Rispondete con una breve frase.

> ESEMPIO: Sant'Agnese →
>   Chiesa barocca in Piazza Navona.

1. il Palatino
2. il Foro Romano
3. Michelangelo
4. il Colosseo
5. Raffaello
6. il Vaticano

7. i Tre Scalini
8. la Cappella Sistina
9. Bernini
10. Campo de'Fiori
11. Palazzo Farnese
12. San Pietro

B. Scrivete un piccolo componimento sulla storia della vostra città o di
una città famosa degli Stati Uniti.

---

*Conjugated like **tenere** and **venire: mantengo, mantieni,** etc.
†**mi siedo, ti siedi, si siede ... si siedono.**

APPENDIX

Avere and essere

Conjugation of the verb *avere*

PAST PARTICIPLE: avuto GERUND: avendo

INDICATIVE

PRESENT	IMPERFECT	PASSATO REMOTO	FUTURE
ho	avevo	ebbi	avrò
hai	avevi	avesti	avrai
ha	aveva	ebbe	avrà
abbiamo	avevamo	avemmo	avremo
avete	avevate	aveste	avrete
hanno	avevano	ebbero	avranno

PASSATO PROSSIMO	TRAPASSATO PROSSIMO	TRAPASSATO REMOTO*	FUTURE PERFECT
ho	avevo	ebbi	avrò
hai	avevi	avesti	avrai
ha } avuto	aveva } avuto	ebbe } avuto	avrà } avuto
abbiamo	avevamo	avemmo	avremo
avete	avevate	aveste	avrete
hanno	avevano	ebbero	avranno

CONDITIONAL

PRESENT	PAST
avrei	avrei
avresti	avresti
avrebbe	avrebbe } avuto
avremmo	avremmo
avreste	avreste
avrebbero	avrebbero

SUBJUNCTIVE

PRESENT	IMPERFECT	PAST	PLUPERFECT
abbia	avessi	abbia	avessi
abbia	avessi	abbia	avessi
abbia	avesse	abbia } avuto	avesse } avuto
abbiamo	avessimo	abbiamo	avessimo
abbiate	aveste	abbiate	aveste
abbiano	avessero	abbiano	avessero

IMPERATIVE

—
abbi (non avere)
abbia
abbiamo
abbiate
abbiano

Conjugation of the verb *essere*

PAST PARTICIPLE: stato GERUND: essendo

INDICATIVE

PRESENT	IMPERFECT	PASSATO REMOTO	FUTURE
sono	ero	fui	sarò
sei	eri	fosti	sarai
è	era	fu	sarà
siamo	eravamo	fummo	saremo
siete	eravate	foste	sarete
sono	erano	furono	saranno

PASSATO PROSSIMO	TRAPASSATO PROSSIMO	TRAPASSATO REMOTO*	FUTURE PERFECT
sono	ero	fui	sarò
sei } stato/a	eri } stato/a	fosti } stato/a	sarai } stato/a
è	era	fu	sarà
siamo	eravamo	fummo	saremo
siete } stati/e	eravate } stati/e	foste } stati/e	sarete } stati/e
sono	erano	furono	saranno

CONDITIONAL

PRESENT	PAST
sarei	sarei
saresti	saresti } stato/a
sarebbe	sarebbe
saremmo	saremmo
sareste	sareste } stati/e
sarebbero	sarebbero

SUBJUNCTIVE

PRESENT	IMPERFECT	PAST	PLUPERFECT
sia	fossi	sia	fossi
sia	fossi	sia } stato/a	fossi } stato/a
sia	fosse	sia	fosse
siamo	fossimo	siamo	fossimo
siate	foste	siate } stati/e	foste } stati/e
siano	fossero	siano	fossero

IMPERATIVE

—
sii (non essere)
sia
siamo
siate
siano

*The **trapassato remoto** occurs infrequently, especially in spoken Italian. Though not studied in this text, it is included here for reference.

Regular Verbs

First conjugation: *cantare*

PAST PARTICIPLE: **cantato**   GERUND: **cantando**

INDICATIVE

PRESENT	IMPERFECT	PASSATO REMOTO	FUTURE
canto	cantavo	cantai	canterò
canti	cantavi	cantasti	canterai
canta	cantava	cantò	canterà
cantiamo	cantavamo	cantammo	canteremo
cantate	cantavate	cantaste	canterete
cantano	cantavano	cantarono	canteranno

PASSATO PROSSIMO	TRAPASSATO PROSSIMO	TRAPASSATO REMOTO*	FUTURE PERFECT
ho	avevo	ebbi	avrò
hai	avevi	avesti	avrai
ha }cantato	aveva }cantato	ebbe }cantato	avrà }cantato
abbiamo	avevamo	avemmo	avremo
avete	avevate	aveste	avrete
hanno	avevano	ebbero	avranno

CONDITIONAL

PRESENT	PAST
canterei	avrei
canteresti	avresti
canterebbe	avrebbe }cantato
canteremmo	avremmo
cantereste	avreste
canterebbero	avrebbero

SUBJUNCTIVE

PRESENT	PAST	IMPERFECT	PLUPERFECT
canti	abbia	cantassi	avessi
canti	abbia	cantassi	avessi
canti	abbia }cantato	cantasse	avesse }cantato
cantiamo	abbiamo	cantassimo	avessimo
cantiate	abbiate	cantaste	aveste
cantino	abbiano	cantassero	avessero

IMPERATIVE

canta (non cantare)
canti
cantiamo
cantate
cantino

Second conjugation: *ripetere*

PAST PARTICIPLE: **ripetuto**   GERUND: **ripetendo**

INDICATIVE

PRESENT	IMPERFECT	PASSATO REMOTO	FUTURE
ripeto	ripetevo	ripetei	ripeterò
ripeti	ripetevi	ripetesti	ripeterai
ripete	ripeteva	ripeté	ripeterà
ripetiamo	ripetevamo	ripetemmo	ripeteremo
ripetete	ripetevate	ripeteste	ripeterete
ripetono	ripetevano	ripeterono	ripeteranno

PASSATO PROSSIMO	TRAPASSATO PROSSIMO	TRAPASSATO REMOTO*	FUTURE PERFECT
ho	avevo	ebbi	avrò
hai	avevi	avesti	avrai
ha }ripetuto	aveva }ripetuto	ebbe }ripetuto	avrà }ripetuto
abbiamo	avevamo	avemmo	avremo
avete	avevate	aveste	avrete
hanno	avevano	ebbero	avranno

CONDITIONAL

PRESENT	PAST
ripeterei	avrei
ripeteresti	avresti
ripeterebbe	avrebbe }ripetuto
ripeteremmo	avremmo
ripetereste	avreste
ripeterebbero	avrebbero

SUBJUNCTIVE

PRESENT	PAST	IMPERFECT	PLUPERFECT
ripeta	abbia	ripetessi	avessi
ripeta	abbia	ripetessi	avessi
ripeta	abbia }ripetuto	ripetesse	avesse }ripetuto
ripetiamo	abbiamo	ripetessimo	avessimo
ripetiate	abbiate	ripeteste	aveste
ripetano	abbiano	ripetessero	avessero

IMPERATIVE

ripeti (non ripetere)
ripeta
ripetiamo
ripetete
ripetano

Third conjugation: *dormire*

PAST PARTICIPLE: dormito GERUND: dormendo

INDICATIVE

PRESENT	IMPERFECT	PASSATO REMOTO	FUTURE
dormo	dormivo	dormii	dormirò
dormi	dormivi	dormisti	dormirai
dorme	dormiva	dormì	dormirà
dormiamo	dormivamo	dormimmo	dormiremo
dormite	dormivate	dormiste	dormirete
dormono	dormivano	dormirono	dormiranno

PASSATO PROSSIMO	TRAPASSATO PROSSIMO	TRAPASSATO REMOTO*	FUTURE PERFECT
ho	avevo	ebbi	avrò
hai	avevi	avesti	avrai
ha ⎱ dormito	aveva ⎱ dormito	ebbe ⎱ dormito	avrà ⎱ dormito
abbiamo ⎰	avevamo ⎰	avemmo ⎰	avremo ⎰
avete	avevate	aveste	avrete
hanno	avevano	ebbero	avranno

CONDITIONAL

PRESENT	PAST
dormirei	avrei
dormiresti	avresti
dormirebbe	avrebbe ⎱ dormito
dormiremmo	avremmo ⎰
dormireste	avreste
dormirebbero	avrebbero

SUBJUNCTIVE

PRESENT	PAST
dorma	abbia
dorma	abbia
dorma	abbia ⎱ dormito
dormiamo	abbiamo ⎰
dormiate	abbiate
dormano	abbiano

IMPERFECT	PLUPERFECT
dormissi	avessi
dormissi	avessi
dormisse	avesse ⎱ dormito
dormissimo	avessimo ⎰
dormiste	aveste
dormissero	avessero

IMPERATIVE

—
dormi (non dormire)
dorma
dormiamo
dormite
dormano

Third conjugation (-isc): *capire*

PAST PARTICIPLE: capito GERUND: capendo

INDICATIVE

PRESENT	IMPERFECT	PASSATO REMOTO	FUTURE
capisco	capivo	capii	capirò
capisci	capivi	capisti	capirai
capisce	capiva	capì	capirà
capiamo	capivamo	capimmo	capiremo
capite	capivate	capiste	capirete
capiscono	capivano	capirono	capiranno

PASSATO PROSSIMO	TRAPASSATO PROSSIMO	TRAPASSATO REMOTO*	FUTURE PERFECT
ho	avevo	ebbi	avrò
hai	avevi	avesti	avrai
ha ⎱ capito	aveva ⎱ capito	ebbe ⎱ capito	avrà ⎱ capito
abbiamo ⎰	avevamo ⎰	avemmo ⎰	avremo ⎰
avete	avevate	aveste	avrete
hanno	avevano	ebbero	avranno

CONDITIONAL

PRESENT	PAST
capirei	avrei
capiresti	avresti
capirebbe	avrebbe ⎱ capito
capiremmo	avremmo ⎰
capireste	avreste
capirebbero	avrebbero

SUBJUNCTIVE

PRESENT	PAST
capisca	abbia
capisca	abbia
capisca	abbia ⎱ capito
capiamo	abbiamo ⎰
capiate	abbiate
capiscano	abbiano

IMPERFECT	PLUPERFECT
capissi	avessi
capissi	avessi
capisse	avesse ⎱ capito
capissimo	avessimo ⎰
capiste	aveste
capissero	avessero

IMPERATIVE

—
capisci (non capire)
capisca
capiamo
capite
capiscano

Verbs irregular in the past participle

accludere (*to enclose*)	accluso	**offendere** (*to offend*)	offeso
aprire (*to open*)	aperto	**offrire** (*to offer*)	offerto
assumere (*to hire*)	assunto	**parere** (*to seem*)	parso
avvenire (*to happen*)	avvenuto	**perdere** (*to lose*)	perso
bere (*to drink*)	bevuto	**piangere** (*to cry*)	pianto
chiedere (*to ask*)	chiesto	**prendere** (*to take*)	preso
chiudere (*to close*)	chiuso	**produrre** (*to produce*)	prodotto
convincere (*to convince*)	convinto	**promettere** (*to promise*)	promesso
coprire (*to cover*)	coperto	**rendere** (*to give back, return*)	reso
correre (*to run*)	corso		
cuocere (*to cook*)	cotto	**richiedere** (*to require*)	richiesto
decidere (*to decide*)	deciso	**riconoscere** (*to recognize*)	riconosciuto
dipendere (*to depend*)	dipeso	**ridere** (*to laugh*)	riso
dipingere (*to paint*)	dipinto	**rimanere** (*to remain*)	rimasto
dire (*to say, tell*)	detto	**riprendere** (*to resume*)	ripreso
dirigere (*to conduct*)	diretto	**risolvere** (*to solve*)	risolto
discutere (*to discuss*)	discusso	**rispondere** (*to respond*)	risposto
distinguere (*to distinguish*)	distinto	**rompere** (*to break*)	rotto
dividere (*to divide*)	diviso	**scegliere** (*to select*)	scelto
esigere (*to demand*)	esatto	**scendere** (*to get off; to come down*)	sceso
esistere (*to exist*)	esistito		
esprimere (*to express*)	espresso	**scommettere** (*to bet*)	scommesso
essere (*to be*)	stato	**scoprire** (*to discover*)	scoperto
fare (*to do; to make*)	fatto	**scrivere** (*to write*)	scritto
giungere (*to join*)	giunto	**soffrire** (*to suffer*)	sofferto
interrompere (*to interrupt*)	interrotto	**sorprendere** (*to surprise*)	sorpreso
iscriversi (*to enroll*)	iscritto	**succedere** (*to happen*)	successo
leggere (*to read*)	letto	**vedere** (*to see*)	visto (veduto)
mettere (*to put*)	messo	**venire** (*to come*)	venuto
morire (*to die*)	morto	**vincere** (*to win*)	vinto
muovere (*to move*)	mosso	**vivere** (*to live*)	vissuto
nascere (*to be born*)	nato		

Verbs conjugated with *essere* in compound tenses*

andare (*to go*)
arrivare (*to arrive*)
bastare (*to be enough; to suffice*)
bisognare (*to be necessary*)
cadere (*to fall*)
cambiare† (*to change; to become different*)

cominciare† (*to begin*)
costare (*to cost*)
dipendere (*to depend*)
dispiacere (*to be sorry; to mind*)
diventare (*to become*)
durare (*to last*)

*Remember that all reflexive verbs (**lavarsi**, **divertirsi**, etc.) are conjugated with **essere**.
†Conjugated with **avere** when used with a direct object.

entrare (*to enter*)
esistere (*to exist*)
essere (*to be*)
finire⁺ (*to finish*)
fuggire (*to run away*)
giungere (*to arrive*)
ingrassare (*to put on weight*)
mancare (*to lack*)
morire (*to die*)
nascere (*to be born*)
parere (*to seem*)
partire (*to depart*)
passare (*to stop by*)

piacere (*to like, to be pleasing*)
restare (*to remain*)
rimanere (*to remain*)
ritornare (*to return*)
riuscire (*to succeed*)
salire⁺ (*to get on, climb up*)
scendere⁺ (*to get off, go down*)
sembrare (*to seem*)
stare (*to be*)
succedere (*to happen*)
tornare (*to return*)
uscire (*to go out*)
venire (*to come*)

Irregular Verbs

First conjugation: *-are* verbs

andare *to go*
PRESENT INDICATIVE: vado, vai, va; andiamo, andate, vanno
FUTURE: andrò, andrai, andrà; andremo, andrete, andranno
CONDITIONAL: andrei, andresti, andrebbe; andremmo, andreste, andrebbero
IMPERATIVE: va' (vai), vada; andiamo, andate, vadano
PRESENT SUBJUNCTIVE: vada, vada, vada; andiamo, andiate, vadano

dare *to give*
PRESENT INDICATIVE: do, dai, dà; diamo, date, danno
PASSATO REMOTO: diedi (detti), desti, diede (dette); demmo, deste, diedero (dettero)
FUTURE: darò, darai, darà; daremo, darete, daranno
CONDITIONAL: darei, daresti, darebbe; daremmo, dareste, darebbero
IMPERATIVE: da' (dai), dia; diamo, date, diano
PRESENT SUBJUNCTIVE: dia, dia, dia; diamo, diate, diano
IMPERFECT SUBJUNCTIVE: dessi, dessi, desse; dessimo, deste, dessero

fare *to do; to make* [**rifare** *to do again*]
PAST PARTICIPLE: fatto
GERUND: facendo
PRESENT INDICATIVE: faccio, fai, fa; facciamo, fate, fanno
IMPERFECT: facevo, facevi, faceva; facevamo, facevate, facevano
PASSATO REMOTO: feci, facesti, fece; facemmo, faceste, fecero
FUTURE: farò, farai, farà; faremo, farete, faranno
CONDITIONAL: farei, faresti, farebbe; faremmo, fareste, farebbero
IMPERATIVE: fa' (fai), faccia; facciamo, fate, facciano
PRESENT SUBJUNCTIVE: faccia, faccia, faccia; facciamo, facciate, facciano
IMPERFECT SUBJUNCTIVE: facessi, facessi, facesse; facessimo, faceste, facessero

stare *to stay*
PRESENT INDICATIVE: sto, stai, sta; stiamo, state, stanno
PASSATO REMOTO: stetti, stesti, stette; stemmo, steste, stettero
FUTURE: starò, starai, starà; staremo, starete, staranno
CONDITIONAL: starei, staresti, starebbe; staremmo, stareste, starebbero
IMPERATIVE: sta' (stai), stia; stiamo, state, stiano
PRESENT SUBJUNCTIVE: stia, stia, stia; stiamo, stiate, stiano
IMPERFECT SUBJUNCTIVE: stessi, stessi, stesse; stessimo, steste, stessero

Second conjugation: *-ere* verbs

accludere *to enclose* [**alludere** *to refer to*; **chiudere** *to close*; **concludere** *to conclude*;
  deludere *to disappoint*; **disilludere** *to disillusion*; **eludere** *to elude*; **illudere** *to delude*]
PAST PARTICIPLE: accluso
PASSATO REMOTO: acclusi, accludesti, accluse; accludemmo, accludeste, acclusero

assolvere *to acquit*; *to discharge, fulfill* [**risolvere** *to solve*]
PAST PARTICIPLE: assolto
PASSATO REMOTO: assolsi, assolvesti, assolse; assolvemmo, assolveste, assolsero

assumere *to hire*; *to assume, undertake*
PAST PARTICIPLE: assunto
PASSATO REMOTO: assunsi, assumesti, assunse; assumemmo, assumeste, assunsero

bere *to drink*
PAST PARTICIPLE: bevuto
GERUND: bevendo
PRESENT INDICATIVE: bevo, bevi, beve; beviamo, bevete, bevono
IMPERFECT: bevevo, bevevi, beveva; bevevamo, bevevate, bevevano
PASSATO REMOTO: bevvi, bevesti, bevve; bevemmo, beveste, bevvero
FUTURE: berrò, berrai, berrà; berremo, berrete, berranno
CONDITIONAL: berrei, berresti, berrebbe; berremmo, berreste, berrebbero
IMPERATIVE: bevi, beva; beviamo, bevete, bevano
PRESENT SUBJUNCTIVE: beva, beva, beva; beviamo, beviate, bevano
IMPERFECT SUBJUNCTIVE: bevessi, bevessi, bevesse; bevessimo, beveste, bevessero

cadere *to fall* [**accadere** *to happen*]
FUTURE: cadrò, cadrai, cadrà; cadremo, cadrete, cadranno
CONDITIONAL: cadrei, cadresti, cadrebbe; cadremmo, cadreste, cadrebbero
PASSATO REMOTO: caddi, cadesti, cadde; cademmo, cadeste, caddero

chiedere *to ask* [**richiedere** *to require*]
PAST PARTICIPLE: chiesto
PASSATO REMOTO: chiesi, chiedesti, chiese; chiedemmo, chiedeste, chiesero

chiudere *to close*
PAST PARTICIPLE: chiuso
PASSATO REMOTO: chiusi, chiudesti, chiuse; chiudemmo, chiudeste, chiusero

cogliere *to pick up* [**accogliere** *to receive*; **raccogliere** *to gather*; **scegliere** *to choose*; **sciogliere** *to untie, to melt*]

PAST PARTICIPLE: colto
PRESENT INDICATIVE: colgo, cogli, coglie; cogliamo, cogliete, colgono
PASSATO REMOTO: colsi, cogliesti, colse; cogliemmo, coglieste, colsero
IMPERATIVE: cogli, coglia; cogliamo, cogliete, colgano
PRESENT SUBJUNCTIVE: colga, colga, colga; cogliamo, cogliate, colgano

concedere *to allow*

PAST PARTICIPLE: concesso
PASSATO REMOTO: concessi, concedesti, concesse; concedemmo, concedeste, concessero

conoscere *to know* [**riconoscere** *to recognize*]

PAST PARTICIPLE: conosciuto
PASSATO REMOTO: conobbi, conoscesti, conobbe; conoscemmo, conoscete, conobbero

correre *to run* [**rincorrere** *to chase*]

PAST PARTICIPLE: corso
PASSATO REMOTO: corsi, corresti, corse; corremmo, correste, corsero

cuocere *to cook*

PAST PARTICIPLE: cotto
PRESENT INDICATIVE: cuocio, cuoci, cuoce; cociamo, cocete, cuociono
PASSATO REMOTO: cossi, cocesti, cosse; cocemmo, coceste, cossero
IMPERATIVE: cuoci, cuocia; cociamo, cocete, cuociano
PRESENT SUBJUNCTIVE: cuocia, cuocia, cuocia; cociamo, cociate, cuociano

decidere *to decide* [**dividere** *to divide*; **elidere** *to elide*; **ridere** *to laugh*, **sorridere** *to smile*; **uccidere** *to kill*]

PAST PARTICIPLE: deciso
PASSATO REMOTO: decisi, decidesti, decise; decidemmo, decideste, decisero

dipingere *to paint*

PAST PARTICIPLE: dipinto
PASSATO REMOTO: dipinsi, dipingesti, dipinse; dipingemmo, dipingeste, dipinsero

discutere *to discuss*

PAST PARTICIPLE: discusso
PASSATO REMOTO: discussi, discutesti, discusse; discutemmo, discuteste, discussero

distinguere *to distinguish*

PAST PARTICIPLE: distinto
PASSATO REMOTO: distinsi, distinguesti, distinse; distinguemmo, distingueste, distinsero

dovere *to have to*

PRESENT INDICATIVE: devo (debbo), devi, deve; dobbiamo, dovete, devono (debbono)
PASSATO REMOTO: dovei (dovetti), dovesti, dové (dovette); dovemmo, doveste, doverono (dovettero)

FUTURE: dovrò, dovrai, dovrà; dovremo, dovrete, dovranno
CONDITIONAL: dovrei, dovresti, dovrebbe; dovremmo, dovreste, dovrebbero
PRESENT SUBJUNCTIVE: deva, deva, deva (debba); dobbiamo, dobbiate, devano (debbano)

esigere *to demand*
PAST PARTICIPLE: esatto

esistere *to exist*
PAST PARTICIPLE: esistito

esprimere *to express* [**comprimere** *to compress;* **opprimere** *to oppress;* **reprimere** *to repress;*
sopprimere *to suppress*]
PAST PARTICIPLE: espresso
PASSATO REMOTO: espressi, esprimesti, espresse; esprimemmo, esprimeste,
espressero

giungere *to arrive* [**raggiungere** *to reach*]
PAST PARTICIPLE: giunto
PASSATO REMOTO: giunsi, giungesti, giunse; giungemmo, giungeste, giunsero

leggere *to read* [**eleggere** *to elect;* **proteggere** *to protect*]
PAST PARTICIPLE: letto
PASSATO REMOTO: lessi, leggesti, lesse; leggemmo, leggeste, lessero

mettere *to put* [**ammettere** *to admit;* **promettere** *to promise;* **scommettere** *to bet*]
PAST PARTICIPLE: messo
PASSATO REMOTO: misi, mettesti, mise; mettemmo, metteste, misero

muovere *to move* [**commuovere** *to stir emotions, move*]
PAST PARTICIPLE: mosso
PASSATO REMOTO: mossi, muovesti, mosse; muovemmo, muoveste, mossero

nascere *to be born*
PAST PARTICIPLE: nato
PASSATO REMOTO: nacqui, nascesti, nacque; nascemmo, nasceste, nacquero

nascondere *to hide*
PAST PARTICIPLE: nascosto
PASSATO REMOTO: nascosi, nascondesti, nascose; nascondemmo, nascondeste, nascosero

parere *to seem*
PAST PARTICIPLE: parso
PRESENT INDICATIVE: paio, pari, pare; paiamo, parete, paiono
PASSATO REMOTO: parvi, paresti, parve; paremmo, pareste, parvero
FUTURE: parrò, parrai, parrà; parremo, parrete, parranno
CONDITIONAL: parrei, parresti, parrebbe; parremmo, parreste, parrebbero
PRESENT SUBJUNCTIVE: paia, paia, paia; paiamo, paiate, paiano

perdere *to lose*
PAST PARTICIPLE: perso
PASSATO REMOTO: persi, perdesti, perse; perdemmo, perdeste, persero

persuadere *to persuade*
PAST PARTICIPLE: persuaso
PASSATO REMOTO: persuasi, persuadesti, persuase; persuademmo, persuadeste, persuasero

piacere *to like, to be pleasing* [**dispiacere** *to be displeasing*]
   PAST PARTICIPLE: piaciuto
   PRESENT INDICATIVE: piaccio, piaci, piace; piacciamo, piacete, piacciono
   PASSATO REMOTO: piacqui, piacesti, piacque; piacemmo, piaceste, piacquero
   PRESENT SUBJUNCTIVE: piaccia, piaccia, piaccia; piacciamo, piacciate, piacciano

piangere *to cry*
   PAST PARTICIPLE: pianto
   PASSATO REMOTO: piansi, piangesti, pianse; piangemmo, piangeste, piansero

porre *to put* [**comporre** *to compose*; **imporre** *to impose*; **opporre** *to oppose*; **supporre** *to suppose*]
   PAST PARTICIPLE: posto
   GERUND: ponendo
   PRESENT INDICATIVE: pongo, poni, pone; poniamo, ponete, pongono
   IMPERFECT: ponevo, ponevi, poneva; ponevamo, ponevate, ponevano
   PASSATO REMOTO: posi, ponesti, pose; ponemmo, poneste, posero
   FUTURE: porrò, porrai, porrà; porremo, porrete, porranno
   CONDITIONAL: porrei, porresti, porrebbe; porremmo, porreste, porrebbero
   IMPERATIVE: poni, ponga; poniamo, ponete, pongano
   PRESENT SUBJUNCTIVE: ponga, ponga, ponga; poniamo, poniate, pongano
   IMPERFECT SUBJUNCTIVE: ponessi, ponessi, ponesse; ponessimo, poneste, ponessero

potere *to be able*
   PRESENT INDICATIVE: posso, puoi, può; possiamo, potete, possono
   FUTURE: potrò, potrai, potrà; potremo, potrete, potranno
   CONDITIONAL: potrei, potresti, potrebbe; potremmo, potreste, potrebbero
   PRESENT SUBJUNCTIVE: possa, possa, possa; possiamo, possiate, possano

prendere *to take* [**accendere** *to light*; **appendere** *to hang*; **difendere** *to defend*; **dipendere** *to depend*; **offendere** *to offend*; **pretendere** *to pretend, to demand*; **rendere** *to give back*; **riprendere** *to resume, to reprove*; **scendere** *to descend*; **sorprendere** *to surprise*; **spendere** *to spend money*]
   PAST PARTICIPLE: preso
   PASSATO REMOTO: presi, prendesti, prese; prendemmo, prendeste, presero

rimanere *to remain*
   PAST PARTICIPLE: rimasto
   PRESENT INDICATIVE: rimango, rimani, rimane; rimaniamo, rimanete, rimangono
   PASSATO REMOTO: rimasi, rimanesti, rimase; rimanemmo, rimaneste, rimasero
   FUTURE: rimarrò, rimarrai, rimarrà; rimarremo, rimarrete, rimarranno
   CONDITIONAL: rimarrei, rimarresti, rimarrebbe; rimarremmo, rimarreste, rimarrebbero
   IMPERATIVE: rimani, rimanga; rimaniamo, rimanete, rimangano
   PRESENT SUBJUNCTIVE: rimanga, rimanga, rimanga; rimaniamo, rimaniate, rimangano

rispondere *to answer*
   PAST PARTICIPLE: risposto
   PASSATO REMOTO: risposi, rispondesti, rispose; rispondemmo, rispondeste, risposero

rompere *to break* [**corrompere** *to corrupt*; **interrompere** *to interrupt*]
   PAST PARTICIPLE: rotto
   PASSATO REMOTO: ruppi, rompesti, ruppe; rompemmo, rompeste, ruppero

sapere *to know*

PRESENT INDICATIVE: so, sai, sa; sappiamo, sapete, sanno

PASSATO REMOTO: seppi, sapesti, seppe; sapemmo, sapeste, seppero

FUTURE: saprò, saprai, saprà; sapremo, saprete, sapranno

CONDITIONAL: saprei, sapresti, saprebbe; sapremmo, sapreste, saprebbero

IMPERATIVE: sappi, sappia; sappiamo, sappiate, sappiano

PRESENT SUBJUNCTIVE: sappia, sappia, sappia; sappiamo, sappiate, sappiano

scrivere *to write* [**iscriversi** *to enroll*]

PAST PARTICIPLE: scritto

PASSATO REMOTO: scrissi, scrivesti, scrisse; scrivemmo, scriveste, scrissero

sedere (**sedersi**) *to sit* [**possedere** *to own*]

PRESENT INDICATIVE: siedo, siedi, siede; sediamo, sedete, siedono

PASSATO REMOTO: sedei (sedetti), sedesti, sedé (sedette); sedemmo, sedeste, sederono (sedettero)

IMPERATIVE: siedi, sieda (segga); sediamo, sedete, siedano (seggano)

PRESENT SUBJUNCTIVE: sieda, sieda, sieda (segga); sediamo, sediate, siedano (seggano)

spegnere (**spengere**) *to turn off*

PAST PARTICIPLE: spento

PRESENT INDICATIVE: spengo, spegni (spengi), spegne (spenge); spegniamo (spengiamo), spegnete (spengete), spengono

PASSATO REMOTO: spensi, spegnesti (spengesti), spense; spegnemmo (spengemmo), spegneste (spengeste), spensero

PRESENT SUBJUNCTIVE: spenga, spenga, spenga; spegniamo (spengiamo), spegniate (spengiate), spengano

succedere *to happen*

PAST PARTICIPLE: successo

PASSATO REMOTO: successi, succedesti, successe; succedemmo, succedeste, successero

tenere *to hold* [**appartenere** *to belong*; **mantenere** *to keep*; **ottenere** *to obtain*; **sostenere** *to sustain*; **trattenere** *to hold back*]

PRESENT INDICATIVE: tengo, tieni, tiene; teniamo, tenete, tengono

PASSATO REMOTO: tenni, tenesti, tenne; tenemmo, teneste, tennero

FUTURE: terrò, terrai, terrà; terremo, terrete, terranno

CONDITIONAL: terrei, terresti, terrebbe; terremmo, terreste, terrebbero

IMPERATIVE: tieni, tenga; teniamo, tenete, tengano

PRESENT SUBJUNCTIVE: tenga, tenga, tenga; teniamo, teniate, tengano

tradurre *to translate* [**condurre** *to conduct*; **introdurre** *to introduce*; **produrre** *to produce*; **ridurre** *to reduce*; **sedurre** *to seduce*]

PAST PARTICIPLE: tradotto

GERUND: traducendo

PRESENT INDICATIVE: traduco, traduci, traduce; traduciamo, traducete, traducono

IMPERFECT: traducevo, traducevi, traduceva; traducevamo, traducevate, traducevano

PASSATO REMOTO: tradussi, traducesti, tradusse; traducemmo, traduceste, tradussero

FUTURE: tradurrò, tradurrai, tradurrà; tradurremo, tradurrete, tradurranno

CONDITIONAL: tradurrei, tradurresti, tradurrebbe; tradurremmo, tradurreste, tradurrebbero
PRESENT SUBJUNCTIVE: traduca, traduca, traduca; traduciamo, traduciate, traducano
IMPERFECT SUBJUNCTIVE: traducessi, traducessi, traducesse; traducessimo, traduceste, traducessero

vedere *to see* [**prevedere** *to foresee;* **rivedere** *to see again*]
PAST PARTICIPLE: visto *or* veduto
PASSATO REMOTO: vidi, vedesti, vide; vedemmo, vedeste, videro
FUTURE: vedrò, vedrai, vedrà; vedremo, vedrete, vedranno
CONDITIONAL: vedrei, vedresti, vedrebbe; vedremmo, vedreste, vedrebbero

vincere *to win* [**convincere** *to convince*]
PAST PARTICIPLE: vinto
PASSATO REMOTO: vinsi, vincesti, vinse; vincemmo, vinceste, vinsero

vivere *to live* [**sopravvivere** *to survive*]
PAST PARTICIPLE: vissuto
PASSATO REMOTO: vissi, vivesti, visse; vivemmo, viveste, vissero
FUTURE: vivrò, vivrai, vivrà, vivremo, vivrete, vivranno
CONDITIONAL: vivrei, vivresti, vivrebbe, vivremmo, vivreste, vivrebbero

volere *to want*
PRESENT INDICATIVE: voglio, vuoi, vuole; vogliamo, volete, vogliono
PASSATO REMOTO: volli, volesti, volle; volemmo, voleste, vollero
FUTURE: vorrò, vorrai, vorrà; vorremo, vorrete, vorranno
CONDITIONAL: vorrei, vorresti, vorrebbe; vorremmo, vorreste, vorrebbero
IMPERATIVE: vogli, voglia; vogliamo, vogliate, vogliano
PRESENT SUBJUNCTIVE: voglia, voglia, voglia; vogliamo, vogliate, vogliano

Third conjugation: *-ire* verbs

aprire *to open*
PAST PARTICIPLE: aperto

coprire *to cover* [**scoprire** *to discover*]
PAST PARTICIPLE: coperto

dire *to say, tell*
PAST PARTICIPLE: detto
GERUND: dicendo
PRESENT INDICATIVE: dico, dici, dice; diciamo, dite, dicono
IMPERFECT: dicevo, dicevi, diceva; dicevamo, dicevate, dicevano
PASSATO REMOTO: dissi, dicesti, disse; dicemmo, diceste, dissero
IMPERATIVE: di', dica; diciamo, dite, dicano
PRESENT SUBJUNCTIVE: dica, dica, dica; diciamo, diciate, dicano
IMPERFECT SUBJUNCTIVE: dicessi, dicessi, dicesse; dicessimo, diceste, dicessero

morire *to die*
PAST PARTICIPLE: morto
PRESENT INDICATIVE: muoio, muori, muore; moriamo, morite, muoiono

offrire *to offer* [**soffrire** *to suffer*]
PAST PARTICIPLE: offerto

salire *to climb*
PRESENT INDICATIVE: salgo, sali, sale; saliamo, salite, salgono
IMPERATIVE: sali, salga; saliamo, salite, salgano
PRESENT SUBJUNCTIVE: salga, salga, salga; saliamo, saliate, salgano

uscire *to go out* [**riuscire** *to succeed*]
PRESENT INDICATIVE: esco, esci, esce; usciamo, uscite, escono
IMPERATIVE: esci, esca; usciamo, uscite, escano
PRESENT SUBJUNCTIVE: esca, esca, esca; usciamo, usciate, escano

venire *to come* [**avvenire** *to happen*; **intervenire** *to intervene*]
PRESENT INDICATIVE: vengo, vieni, viene; veniamo, venite, vengono
PASSATO REMOTO: venni, venisti, venne; venimmo, veniste, vennero
FUTURE: verrò, verrai, verrà; verremo, verrete, verranno
CONDITIONAL: verrei, verresti, verrebbe; verremmo, verreste, verrebbero
IMPERATIVE: vieni, venga; veniamo, venite, vengano
PRESENT SUBJUNCTIVE: venga, venga, venga; veniamo, veniate, vengano

VOCABULARY

This vocabulary contains the contextual meaning of most words used in this book. For active vocabulary, the number within parentheses indicates the chapter in which the word first appears.

The gender of nouns is indicated by the abbreviations *m.* or *f.* only when gender is not evident in the noun ending. Adjectives are listed under the masculine form and also show the feminine ending. Stress is indicated by a dot under the stressed vowel. Idiomatic expressions are listed under the major word in the phrase, usually a noun or a verb, sometimes an adjective.

An asterisk * before a verb indicates that it requires **essere** in compound tenses. A dagger † before a verb indicates that it takes **essere** in compound tenses except when used with a direct object, when it takes **avere**. The indication (**isc**) after an **-ire** verb shows that the verb is conjugated with **-isc-** in the present indicative, subjunctive, and imperative. The following abbreviations have been used:

adj.	adjective	*inf.*	infinitive	*p.p.*	past participle
adv.	adverb	*inter.*	interjection	*poet.*	poetic
abbr.	abbreviation	*irreg.*	irregular	*prep.*	preposition
coll.	colloquial	*m.*	masculine	*pron.*	pronoun
conj.	conjunction	*n.*	noun	*s.*	singular
f.	feminine	*pl.*	plural		

Italian–English Vocabulary

A

A, ad[1] *prep.* in, to, at (8)
abbastanza enough (8); **abbastanza bene** pretty good, pretty well (1)
abbigliamento clothing (17)
abbondante *adj.* plenty of
abbracciare to embrace (22)
abbraccio (*pl.* **abbracci**) embrace (22)
abbreviazione *f.* abbreviation
abitante *m./f.* inhabitant (13)
abitare to live (13)
abito suit; dress; **abito da sera** evening dress; **abito da sposa** wedding dress (12)
abitudine *f.* habit
accademia academy, school (23)
accanto a *adv.* next to

accelerato *n.* local train
accento stress; accent (13)
acceso/a switched on, turned on; lighted
accesso access
accettare to accept (23)
accidenti *inter.* darn!
*accomodarsi to come in; to make oneself comfortable
accompagnare to accompany; **mal accompagnato** in bad company
accordo agreement; **andare d'accordo** to agree, be in agreement; **d'accordo** agreed, OK (7)
*accorgersi (**di** + *inf.*) to realize; to become aware of (24)
acqua water (12)
*adattarsi (**a** + *inf.*) to adapt

adatto/a suitable (23)
addio *inter.* farewell!
addirittura *adv.* even
addormentare to put to sleep; ***addormentarsi** to fall asleep (12)
adesso now (7)
aereo *abbr.* (**aeroplano**) airplane; **in aereo** by plane (6)
aeroporto airport
affamato/a hungry
affare *n. m.* business; **per affari** on business; **uomo/donna d'affari** businessman, businesswoman (15)
affascinante charming, fascinating (15)
affatto *adv.* completely; **non... affatto** not at all
affermativamente affirmatively
affetto affection; **con affetto** with love (22)

---

[1]**Ad** is used before words that start with a vowel.

affettuoso/a affectionate (22)

affinché *conj.* (+ *subjunctive*) so that (23)

affittare to rent; **affittasi** for rent

***affogare** to drown (18)

affollato/a crowded

affresco (*pl.* **affreschi**) fresco (24)

agenda appointment book (2)

agenzia agency; **agenzia di viaggi** travel agency (6)

aggettivo adjective

aggiungere (*p.p.* **aggiunto**) (*irreg.*) to add

aglio (*pl.* **agli**) garlic (10)

agnello lamb (11)

agnolotto dumpling (11)

ago (*pl.* **aghi**) needle

agosto August (5)

aiutare (**a** + *inf.*) to help (do something)

aiuto help, assistance

alberghetto charming little hotel (16)

albergo (*pl.* **alberghi**) hotel (4)

albero tree (20)

alcuni/e some; a few (23)

alimentazione *f.* nourishment, food; diet

all'antica old fashioned (14); **all'estero** abroad; **all'aperto** outdoors (24); **all'italiana** in the Italian style; **all'ultima moda** in the latest style

alleanza alliance

allegria happiness

allenatore *m.* coach

allergico/a (*m. pl.* **allergici**) allergic

allestimento preparation; production

***allontanarsi** to walk away; to differ

allora *conj.* then, well then; therefore; *adv.* at that time (10)

almeno at least (8)

alto/a tall; high (3); **ad alta voce** out loud

altrettanto *adv.* as much, equally

altrimenti *adv.* otherwise, or else (16)

altro/a other; another (6); **d'altra parte** on the other hand; **l'altro ieri** the day before yesterday (11)

alunno, alunna pupil, student

alzare to raise, lift; ***alzarsi** to get up (12)

amare to love (6)

amatore *m.* connoisseur

ambasciata embassy (8)

ambasciatore *m.*, **ambasciatrice** *f.* ambassador

ambiente *m.* environment (20)

ambito/a desired, sought

ambulanza ambulance (19)

americano, americana *n.* American person; *adj.* American (3)

amico (*pl.* **amici**), **amica** friend

ammazzare to kill (20)

ammiratore *m.*, **ammiratrice** *f.* admirer

amore *m.* love (22)

anagramma *m.* (*pl.* **anagrammi**) anagram

analisi *f. s./pl.* analysis (19)

anarchia anarchy

anche also, too, as well (2); **anche se** even if

ancora *adv.* again; more; yet, still (5); *conj.* even; **ancora una volta** one more time

ancora anchor

***andare** (*irreg.*) to go (6); andare **a** + *inf.* to go (do something) (6); **andare a caccia** to go hunting; **andare a casa** to go home (6); **andare a cavallo** to go horseback riding (6); **andare a piedi** to walk (10); **andare a trovare** to go visit (somebody) (13); **andare d'accordo** to agree (21); **andare di moda** to be in fashion; **andare in bicicletta, in macchina** to go by bicycle, by car (6); **andare in giro** to walk, drive around; **andare via** to go away (11); **va bene** it's fine, OK (4)

anello ring

anfiteatro amphitheater

anima soul, spirit

animale *m.* animal

annaffiare to water (20)

anno year (5); **avere... anni** to be . . . years old (5); **buon anno!** happy New Year! (5)

annoiare to bore; ***annoiarsi** to get bored (12)

annuncio (*pl.* **annunci**) advertisement

annuo/a annual, yearly

anteriore: futuro anteriore future perfect

antico/a (*m. pl.* **antichi**) old, antique; ancient

antichità *f. s./pl.* antiquity

anticipato/a anticipated

antipasto hors d'oeuvre

antipatico/a (*m. pl.* **antipatici**) unpleasant (3)

antiquariato antiquarian trade

antiquario (*pl.* **antiquari**) dealer in antiques (17)

anziano *n.* old person (19)

anziano/a *adj.* elderly, old

aperitivo aperitif (11)

aperto/a open; **all'aperto** outdoors, in the open (24)

apparecchiare to prepare; **apparecchiare la tavola** to set the table (10)

appartamento apartment

***appartenere** (*irreg.*) to belong

appassionato/a ardent, fond

appena *adv.* just; *conj.* as soon as (11)

appetito appetite; **buon appetito!** enjoy your meal!

apprezzare to appreciate

appropriato/a appropriate, suitable

approvare to approve

appuntamento appointment

appunto note

aprile *m.* April (5)

aprire (*p.p.* **aperto**) to open (9)

arabo/a Arab, Arabian

arancia orange

aranciata orangeade

arancio (*pl.* **aranci**) orange tree

archeologico/a (*m. pl.* **archeologici**) archaeological

architetto, architetta architect (7)

architettura architecture

argentino/a Argentine

argento silver (17)

argomento subject, topic

aria air

arista *f.* a Tuscan pork specialty (11)

armadio (*pl.* **armadi**) wardrobe (17)

***arrabbiarsi** to get mad (12)

arredare to furnish

***arrivare** to arrive (6); **arrivare in ritardo** to arrive late

arrivederci *inter.* goodbye, **arrivederLa** goodbye (1)

arrivo arrival

arrosto roast; **pollo arrosto** roast chicken (10)

arte *f.* art; **arte drammatica** dramatic arts

articolato/a with article; **preposizione articolata** preposition linked to its article

articolo article (18)

artista *m./f.* (*m. pl.* **artisti**) artist (9)

artistico/a (*m. pl.* **artistici**) artistic

arto limb (19)

artrosi *f.* arthrosis

arzillo/a sprightly, lively (18)

asciugamano *m.* towel (12)

asciugare to dry

asciutto/a dry (10)

ascoltare to listen (to) (6)
asino donkey
asparagi (*m. pl.*) asparagus (10)
aspettare to wait (for) (6); *****aspettarsi** to expect (21)
aspetto aspect, point of view
aspirapolvere *n. m.* vacuum cleaner (17)
aspirina aspirin (19)
assaggiare to taste (11)
assai very
assistenza assistance, help
associare to combine
associazione *f.* association
astro *m.* star
astronauta *m./f.* (*m. pl.* **astronauti**) astronaut (15)
astronomico/a (*m. pl.* **astronomici**) astronomical
atmosferico/a (*m. pl.* **atmosferici**) atmospheric
atomico/a atomic; **bomba atomica** atom bomb
attaccamento attachment
attacco (*pl.* **attacchi**) attack
attento/a attentive, careful; **stare attento/a** to pay attention (7)
attenzione *f.* attention; care; **attenzione!** look out! **fare attenzione** to pay attention
attività *f. s./pl.* activity
atto act
attore *m.*, **attrice** *f.* actor, actress (5)
attraente *adj.* attractive
attraversare to cross
attraverso across, through (24)
attrezzatura equipment (19); *f. pl.* fixtures
attuale *adj.* current
augurare to wish; *****augurarsi** to hope (22)
augurio (*pl.* **auguri**) wish; **fare gli auguri** to offer one's best wishes (12)
aula classroom (2)
aumento raise
aura (*poet.*) atmosphere
autentico/a (*m. pl.* **autentici**) genuine, real
autista *m./f.* (*m. pl.* **autisti**) driver
auto *abbr.* (**automobile**) *f.* automobile, car
autoambulanza ambulance
autobus *m.* bus; **fermata dell'autobus** bus stop (4)
automobile *f.* automobile, car
automobilistico/a: **patente automobilistica** driver's license

autore *m.*, **autrice** *f.* author
autoritario/a (*m. pl.* **autoritari**) authoritarian
autostrada highway (4)
autunno autumn, fall (5)
avanti before; **avanti Cristo** (a.C.) before Christ (B.C.) (24)
avanzato/a advanced
avere (*irreg.*) to have; **avere... anni** to be ... years old (5); **avere bisogno di** to need (5); **avere caldo** to be hot (5); **avere fame** *f.* to be hungry (5); **avere fegato** to have guts; **avere fiducia (in)** to trust; **avere freddo** to be cold (5); **avere fresco** to be (feel) cool (5); **avere fretta** to be in a hurry (5); **avere intenzione di** + *inf.* to have a mind to (do something) (21); **avere la lingua lunga** to be a gossip; **avere la testa sulle spalle** to have one's head screwed on straight; **avere le mani bucate** to be a spendthrift; **avere paura** to be afraid (5); **avere pazienza** to be patient; **avere ragione** *f.* to be right (5); **avere sete** *f.* to be thirsty (5); **avere sonno** to be sleepy (5); **avere torto** to be wrong (5); **avere una salute di ferro** to be as strong as an ox; **oggi ne abbiamo tre** today's the third; **non avere peli sulla lingua** to be blunt
avvelenare to poison (20)
avvenimento event
avvenire *n. m.* future
*****avvenire** (*p.p.* **avvenuto**) (*irreg.*) to happen, to occur
avventura adventure
avverbio (*pl.* **avverbi**) adverb
avversario (*pl.* **avversari**) opponent
avvocato, **avvocatessa** lawyer (15)
azione *f.* action
azzurro/a blue (3); **gli Azzurri** the Italian national soccer team

B

babbo daddy (*used mainly in Tuscany*); **Babbo Natale** Santa Claus
bacchetta baton; stick; **bacchetta magica** magic wand
baciare to kiss
bacio (*pl.* **baci**) kiss
bagno bath; bathroom (17); **costume da bagno** bathing suit; **fare un/il bagno** to take a bath; to swim (7)

balena whale
ballare to dance (6)
ballerina ballerina, dancer (9)
bambino, bambina baby; child; **da bambino...** when little . . .
banca bank; **banca commerciale** commercial bank (4)
banco (*pl.* **banchi**) desk (2)
bandiera flag
bar *m. s./pl.* bar, café (2)
barba beard; **farsi la barba** to shave (oneself) (12)
barca boat (6)
Barocco *n.* baroque period (24)
barocco/a *adj.* baroque
barone, baronessa baron, baroness
barzelletta joke, funny story
basare to base
basso/a short (3)
bastimento ship
battaglia battle
battesimo baptism (13)
battistero baptistery
battuta dialogue line; **battute** (*pl.*) exchange, repartee
be'(**be**) *inter.* well!
beato/a: **beato te! beati voi!** lucky you! (9)
bellezza beauty; **finire in bellezza** to end up on the right note
bello/a beautiful, handsome, good looking (3); **un bel pezzo** quite a bit; **fare bella figura** to make a good impression (17); **fare bello** to be nice weather (5), **un bel voto** a good grade (3)
beltà beauty
benché *conj.* (+ *subjunctive*) although (23)
bene *adv.* fine, well; **abbastanza bene** pretty good; **benissimo** very well; **benone** very well indeed; **ben pochi** very few; **stare bene** to be fine; **va bene** it's fine, O.K. (1)
benzina gasoline (20)
bere (*p.p.* **bevuto**) (*irreg.*) to drink (10)
berretto cap (24)
bianco/a (*m. pl.* **bianchi**) white (3)
biblioteca library; **in biblioteca** at/in/to the library
bicchiere *m.* drinking glass (10); **bicchieri di cristallo** crystal drinking glass
bicicletta bicycle; **andare in bicicletta** to ride a bicycle (6)
biglietto ticket; note (8)
bilancio (*pl.* **bilanci**) budget

biliardo: giocare a biliardo to play billiards

binario (*pl.* **binari**) rail (6)

biografico/a biographical; **dati biografici** biographical data

biologia biology

biondo/a blond (3)

birra beer (5)

birreria pub

*bisognare (*impersonal verb*) to be necessary (8)

bisogno need; **avere bisogno di** to need (5)

bistecca steak (10)

bizantino/a Byzantine

blu *adj.* (*invariable*) blue (3)

bocca mouth (19)

bolognese: alla bolognese in the Bolognese style (10)

bomba bomb; **bomba atomica** atom bomb

bombardamento bombardment

bombardare to bomb (20)

bombola: bombola d'ossigeno oxygen tank

bomboniera bonbonnier, candy box

borbottare to mumble

borgata city district

borgataro, borgatara resident of a city district

borsa bag, handbag (4); **borsetta** handbag

bosco (*pl.* **boschi**) woods (16)

botta: che botta! what a blow! how expensive! (21)

bottiglia bottle (10)

boutique *f.* boutique

braccio (*pl.* **le braccia**) arm (19)

bravo/a good, capable, fine; **bravissimo/a** very good (3)

breve *adj.* brief, short (24)

bridge: giocare a bridge to play bridge

brigata brigade

bruno/a dark-haired (3); **una brunetta** a brunette

brutto/a ugly (3); **fare brutta figura** to make a bad impression (7); **fare brutto tempo** to be bad weather (7); **un brutto incidente** a bad accident; **un brutto voto** a bad grade (3)

bucato/a: avere le mani bucate to be a spendthrift

buffo/a funny

bugia fib, lie

buono/a good (3); **buon anno!** happy New Year! **buon appetito!** enjoy your meal! **buon giorno!** good morning! (1) **buon Natale!** Merry Christmas! **buona notte!** good night! (1) **buona sera!** good evening! (1)

burattinaio (*pl.* **burattinai**) puppet maker

burattino puppet (24)

burro butter (1)

busta: busta di plastica plastic bag (20)

C

cabina: cabina telefonica telephone booth

caccia hunt; **andare a caccia** to go hunting

cacciatore *m.* hunter (20)

caduta fall (24)

caffè *m.* coffee; café; **caffè macchiato** coffee with a dash of milk (10)

calabrese *adj.* Calabrian

calamaro (**calamaretto**) squid

calciatore *m.* soccer player

calcio soccer

calcolatrice *f.* calculator

caldo/a hot, warm; **avere caldo** to be hot; **fare caldo** to be hot weather (5)

calendario (*pl.* **calendari**) calendar (2)

calza stocking (12)

calzino sock (12)

calzoleria shoeshop

cambiamento change

*cambiare to change; **cambiare casa** to move (to another house) (13)

camera room; **camera matrimoniale** double room (16); **compagno di camera** roommate; **camera da letto** bedroom (17)

cameriere, cameriera waiter, waitress (10)

camicetta blouse, shirt (12)

camicia shirt (12)

camminare to walk (8)

campagna countryside; **in campagna** in/to the country

campanile *m.* bell tower

*campare to live (*coll.*)

campeggio (*pl.* **campeggi**) camping; campsite; **fare un campeggio** to go camping (7)

campetto beginners' ski slope (19)

campionato: campionato mondiale world championship

campo field (20)

canadese *adj.* Canadian (3)

canale *m.* channel (5); **canale di stato** TV channel controlled by the government

candidato, candidata candidate

cane *m.* dog

canone *m.* tax

cantante *m./f.* singer (9)

cantare to sing (9)

cantiere *n. m.*: **cantiere navale** shipyard

canto canto; song; singing, chirping (14)

canzone *f.* song

canzoniere: Il Canzoniere di Petrarca collection of lyric poems by Francesco Petrarca

capei *m. pl.* (*poet.*) hair

capelli *m. pl.* hair (12); **mettersi le mani nei capelli** to tear one's hair out

capire (**isc**) to understand (9)

capitale *f.* capital

capitolo chapter

capo head (24); leader; **Capodanno** New Year's Day (5)

capolavoro masterpiece (14)

capoluogo (*pl.* **capoluoghi**) regional capital

cappella chapel; **Cappella Sistina** Sistine Chapel

cappello hat

cappotto winter coat (5)

cappuccino cappuccino

capra goat

carabiniere *m.* military policeman (23)

carattere *m.* disposition, character

caratteristica characteristic, feature

caratteristico/a (*m. pl.* **caratteristici**) typical

caratterizzare to characterize

carciofo artichoke (11); **carciofi alla giudia** artichoke (cooked) in the Jewish style

carico/a (*m. pl.* **carichi**) laden; **carico di** laden with (24)

carino/a pretty, cute (3)

carità *f. s./pl.* charity; **per carità!** not on your life! (8)

carne *f.* meat

carnevale *m.* carnival

caro/a dear, darling; expensive (3)

carota carrot

carriera career; **fare carriera** to have a successful career

carro wagon

carrozza carriage, coach

carta paper (4); **carta geografica** map (2); **carta da lettere** stationery (4); **carta di credito** credit card (4); **carta d'identità** I.D. card

cartina small map (16)
cartoleria stationer's shop (4)
cartolina postcard (16)
cartomante *f.* fortune-teller
casa house, home (4); **a/in casa** at home; **andare a casa** to go home (4); **cambiare casa** to move (13); **stare a casa** to stay home; **uscire di casa** to leave the house (11); **casa di campagna** country home (20); **casa di cura** nursing home (19)
casalinga housewife (13)
casalingo/a (*m. pl.* **casalinghi**) domestic, homely
caso chance; case; **per caso** by chance
caspita *inter.* good heavens! (21)
cassetta tape; cassette
castano/a chestnut-colored
castello castle
categoria category, class
cattedrale *f.* cathedral
cattivo/a bad, wicked
cattolico/a (*m. pl.* **cattolici**) catholic
causa reason; **a causa di** because of
causare to cause
cavallo horse; **a cavallo** on horseback (6)
caviglia ankle (19)
celebrare to celebrate
cellulite *f.* cellulite
cena dinner, supper; **invitare a cena** to invite to dinner (6)
cenare to have dinner, supper
cento: per cento percent (13)
centrale *n. f.* station, center; *adj.* central; **centrale nucleare** nuclear power station
centralino operator (7)
centro center; **in/al centro** downtown; **centro storico** historic downtown area; **centro turistico** touristic resort (4)
ceramica: servizio di ceramica china set
cerca: in cerca di lavoro looking for work (15)
cercare to look for; **cercare di** + *inf.* to try (to do something); **cercare fortuna** to seek one's fortune; **cercasi** wanted (6)
cerimonia ceremony, rite
certificato certificate; **certificato di nascita** birth certificate; **certificato di stato libero** certificate of civil status
certo/a sure, certain; **certo!** of course! (4)
cetriolo cucumber (21)

che *pron.* who, whom, which, that; *conj.* that, than; *interrogative adj./ pron.* what? which? *inter.* what! how! **che cosa?** what?
chi *pron.* he/she/the one who, whom; **chi?** who? whom? (2); **di chi?** whose? (4)
chiacchiera chatter; **fare quattro chiacchiere** to have a chat
chiacchierare to chat
chiamare to call (6); **chiamarsi** to be called; **mi chiamo...** my name is . . .
chiaro/a clear
chiarissimo: Chiarissimo Professore (*very formal*) Dear Professor (22)
chiave *f.* key; **chiudere a chiave** to lock
chiedere (*p.p.* **chiesto**) (*irreg.*) to ask (for) (8)
chiesa church; **in chiesa** in/to church (4)
chilo kilogram (20)
chimica chemistry
chimico/a: concime chimico fertilizer
chiromante *m./f.* palm reader, fortune-teller
chissà *adv.* who knows?
chitarra guitar
chiudere (*p.p.* **chiuso**) (*irreg.*) to close; **chiudere a chiave** to lock (8)
chiuso/a closed
ci *adv.* there; *pron.* us, to us (12)
ciao *inter.* hello! hi! goodbye! (1)
ciascuno/a *adj.* every, each; *pron.* everyone
ciclismo cycling (19)
ciclista *m./f.* (*m. pl.* **ciclisti**) cyclist (9)
cielo sky; **Santo Cielo!** for Heaven's sake! (16)
ciliegia cherry
cinema *m. s./pl. abbr.* (**cinematografo**) movie theater; cinema (4)
cinematografico/a (*m. pl.* **cinematografici**) cinematografic; **regista cinematografico** movie director (23)
cinematografo movie theater, cinema
cinese *adj.* Chinese
ciò *pron.* that **ciò che** what
cioccolata chocolate
cioccolatino chocolate candy (10)
cioè *adv.* that is, which means
circa *adv.* approximately, about (14)
circolare to move about
città *f. s./pl.* city, town (2); **in città** in/to the city; **stare in città** to be in the city; **vivere in città** to live in the city

cittadina little town
cittadinanza citizenship
cittadino/a city, urban; **vita cittadina** city life
civile *adj.* civil; **stato civile** civil status (12)
civiltà *f. s./pl.* civilization
classe *f.* classroom; class (2)
classico (*pl.* **classici**) *n.* classic
classico/a *adj.* classical
cliente *m./f.* customer, client
coalizione *f.* coalition
codice *m.* code
cognome *m.* surname (2)
colazione *f.* breakfast, lunch; **a colazione** at breakfast; **fare colazione** to have breakfast (7)
collaborare to collaborate, cooperate
collaboratrice *f.:* **collaboratrice domestica** maid
collaborazione *f.* collaboration, cooperation
colle *m.* hill (24)
collega *m./f.* (*m. pl.* **colleghi**) colleague
collezione *f.* collection
collo neck (19); **farsi mettere i piedi sul collo** to let people take advantage of you
colomba dove
colombo pigeon (24)
colonia colony (24)
colonna column
colorato/a colored
colore *m.* color; **televisione a colori** color TV; **di che colore?** what color? (3)
colpo blow, hit
colpire (**isc**) to hit, to strike (19)
colto/a cultured, educated
coltello knife (10)
comando order
combattere to fight (19)
combinare to match
combinazione *f.* combination
come how; **così... come** as . . . as; **come al solito** as usual (7); **come mai?** how come? (2)
†**cominciare** to begin, start; **cominciare a** + *inf.* to begin to (do something); **per cominciare** to begin with (6)
commedia comedy; *La Divina Commedia* the *Divine Comedy*
commemorazione *f.:* **la commemorazione dei morti** All Soul's Day
commentare to comment upon
commento comment, remark

commerciale *adj.*: **banca commerciale** commercial bank

commercio commerce; **Economia e Commercio** Business School

commesso, commessa salesman, saleswoman (15)

commovente *adj.* moving, touching (16)

comodo/a comfortable (3)

compagno, compagna companion, mate; **compagno di camera** roommate

comparativo comparative adjective

compere *n. f. pl.*: **fare compere** to go shopping (7)

compiere: compiere... anni to turn . . . years old (21)

compito assignment, homework; **fare i compiti** to do one's homework (7)

compiuto/a finished

compleanno birthday (5)

complemento: complemento oggetto direct object

complessità *f. s./pl.* complexity

completare to complete

completo/a complete; **al completo** no vacancy

componimento composition

*****comportarsi** to behave (19)

compositore *m.* composer (9)

composto/a composed

comprare to buy; **cose da comprare** things to buy

comprensione *f.* comprehension

comprensivo/a understanding

comune *adj.* common

comunicare to communicate (19)

comunista *n./adj. m./f. s.* (*m. pl.* **comunisti**) communist (9)

con *prep.* with (3)

*****concentrarsi** to concentrate

concerto concert (9)

concime *m.*: **concime chimico** fertilizer

concludere (*p.p.* **concluso**) (*irreg.*) to conclude, finish

concorrenza competition; **farsi concorrenza** to compete with one another

concreto/a actual, real

condire (**isc**) to season (10)

condizionale *m.* conditional mood

conferenza conference, lecture

confetto sugar-coated almond

confondere (*p.p.* **confuso**) (*irreg.*) to confuse (21)

conformista *n./adj. m./f. s.* (*m. pl.* **conformisti**) conformist

confusione *f.* confusion

confuso/a confused

congestionato/a congested

congiuntivo subjunctive mood

congiunzione *f.* conjunction

coniugare to conjugate

coniugazione *f.* conjugation

connotato: connotati caratteristici features

conoscente *m./f.* acquaintance

conoscenza knowledge

conoscere (*p.p.* **conosciuto**) (*irreg.*) to know, be acquainted with; to meet (*in the past tenses*) (9)

conseguenza consequence

considerare to consider

consigliare to advise; to suggest, recommend (10)

consiglio (*pl.* **consigli**) advice (17)

consultare to consult

consumare to consume, use

contadino, contadina farmer (15)

contare to count

conte, contessa count, countess

contento/a happy, glad (5)

contestazione *f.* protest

contesto context

continuamente constantly

continuare to keep on, continue; **continuare a** + *inf.* to continue (doing something) (10)

continuità continuity

conto bill, account (4); **fare il conto** to give the bill; **per conto di** on behalf of; **per conto mio** alone (13); **rendersi conto** to realize (21)

contraccambiare to reciprocate, repay (22)

contrario/a unwilling, contrary

contrassegno mark

contrasto contrast

contribuire (**isc**) to contribute

contro *adv./prep.* against

controllare to check

controllo control, examination

conveniente *adj.* convenient, advantageous

conversazione *f.* conversation

convincere (*p.p.* **convinto**) (*irreg.*) to persuade

convinzione *f.* persuasion

convivere (*p.p.* **convissuto**) (*irreg.*) to live together (23)

coperchio (*pl.* **coperchi**) lid

coperto cover charge

coppia couple (9)

coraggio courage; **coraggio!** come on!

cordiale *adj.* cordial, warm; **Cordiali saluti** Best regards (22)

core *m.* (*poet.*) heart

cornetto croissant (10)

coro chorus; **in coro** with one voice

corpo body

correggere (*p.p.* **corretto**) (*irreg.*) to correct

correlazione *f.* correlation

corrente *f.*: **corrente politica** political trend

*****correre**[2] (*p.p.* **corso**) (*irreg.*) to run (11)

corrispondente *adj.* corresponding

corrotto/a corrupt

corso course (*of study*) (9); main street; **nel corso dei secoli** over the centuries

cortile *m.* courtyard

corto/a short

cosa thing, something; **cosa? che cosa?** what? **cose da comprare, da fare** things to buy, to do (5)

così so; in this/that way; **così... come** as . . . as; **così così** not bad (10)

cosiddetto/a so-called

costa coast, shore (12)

*****costare** to cost; **quanto costa?** how much is it? (6)

costeggiare to go along, follow the line of

costituire (**isc**) to constitute

costo cost, price

costoso/a expensive

costringere (*p.p.* **costretto**) (*irreg.*) to oblige (23)

costruire (**isc**) to build (17)

costruzione *f.* construction

costume *m.* costume; **costume da bagno** bathing suit (9)

cotto/a cooked

cottura *n.* cooking

cravatta tie (17)

creare to create

creatore *m.*, **creatrice** *f.*: **creatore di moda** fashion designer

credere to believe, think; to trust; **credere a/in** to believe in; **credere di** + *inf.* to think (of doing something); **non credo** I don't think so (8)

credito credit; **carta di credito** credit card (4)

---

[2]When the destination is not mentioned, takes **avere** in compound tenses.

crema cream
***crepare** to die, to croak (*slang*)
***crescere** (*p.p.* **cresciuto**) (*irreg.*) to grow; to be raised (13)
cristallo crystal; **bicchieri di cristallo** crystal drinking glasses
cristiano *n.* human being, soul (*slang*)
cristiano/a *adj.* Christian
Cristianità Christianity
Cristo: avanti Cristo (a.C.) before Christ (B.C.); **dopo Cristo (d.C.)** *Anno Domini* (A.D.) (24)
critica critique, review
critico (*pl.* **critici**) critic
croce *f.*: **farsi il segno della croce** to make the sign of the cross
crociato: scudo crociato symbol of the **Democrazia Cristiana**
cronaca news; **fatti di cronaca** news items
cucchiaino teaspoon (10)
cucchiaio (*pl.* **cucchiai**) spoon; tablespoon (10)
cucina cooking, cuisine; kitchen (3); **cucina a gas** gas stove (17)
cucinare to prepare food, cook (6)
cugino, cugina cousin (13)
cui *pron.* whom; whose
cultura culture
culturale *adj.* cultural
cuocere (*p.p.* **cotto**) (*irreg.*) to cook (10)
cuore *m.* heart; **ringraziare di cuore** to thank with all one's heart (22)
cura care, **casa di cura** private clinic (19), **con cura** carefully (12)
curare to cure, treat (19)
curioso/a curious
curva curve

D

da *prep.* by; from
damigella: damigella d'onore maid of honor
danese *adj.* Danish
danno damage (20); **risarcimento dei danni** compensation for damages (23)
dappertutto everywhere
dare (*irreg.*) to give (6); **dare del tu/ Lei a qualcuno** to address someone in the **tu/Lei** form (6); **dare un esame** to take an exam (7); **dare una festa** to throw a party; **dare un film** to show a film (23); **dare la mancia** to tip; **dare la mano** to shake hands (7); **dare una mano** to help (7); **dare un passaggio** to give a lift (7); **dare retta a** to listen to;

dare da mangiare to feed (20); **può darsi** perhaps, it's possible (21)
data date (2)
datore *m.*: **datore di lavoro** employer (21)
davanti a in front of (8)
davvero really, indeed (19)
decidere (*p.p.* **deciso**) (*irreg.*) to decide; **decidere di** + *inf.* to decide (to do something)
decimo tenth (24)
decorare to adorn, decorate
dedicare to devote
dedizione *f.* devotion
deficit *m.* deficit
definire (**isc**) to define
delfino dolphin (20)
delitto crime (23)
delizia delight (11)
delizioso/a delightful
democrazia democracy
denaro money (22)
dente tooth (19); **al dente** just underdone (10); **spazzolino da denti** tooth brush (12)
dentifricio (*pl.* **dentifrici**) toothpaste (12)
dentista *m./f.* (*m. pl.* **dentisti**) dentist (9)
depresso/a depressed (19)
deputato, deputata delegate (21)
derivare to originate
descrivere (*p.p.* **descritto**) (*irreg.*) to describe
descrizione *f.* description
desiderabile *adj.* desirable
desiderare to want, wish; **desiderare di** + *inf.* to wish (to do something)
destinazione *f.* destination
destra *n.*: **a destra** to the right (4); **di destra** right-wing (*adj.*) (21)
destro/a *adj.* right
detersivo detergent (20)
detto/a called
di *prep.* of; about; from (8); **di destra/ sinistra** right/left-wing (21); **di dove sei?** where are you from? (3); **di moda** fashionable; **di nuovo** again (23); **di solito** usually (8); **prima di** (+ *inf.*) before (doing something) (23); **tra di voi** between/among you
dialettale *adj.* in dialect
dialetto dialect; **dialetto romanesco** Roman dialect
dialogo (*pl.* **dialoghi**) dialogue
dibattito debate
dicembre *m.* December (5)
dichiarare to declare

dieta diet; **essere a dieta** to be on a diet (10)
dietologo (*pl.* **dietologhi**), **dietologa** dietician
dietro a behind (8)
difendere (*p.p.* **difeso**) (*irreg.*) to defend
difesa: in difesa in defense
differente *adj.* different
differenza difference
difficile *adj.* difficult
difficoltà *f. s./pl.* difficulty
digestione *f.* digestion
digiuno fasting (20)
dilettantesco/a (*m. pl.* **dilettanteschi**) amateurish
diligente *adj.* diligent
***dimagrire** to lose weight (19)
dimenticare (**di** + *inf.*) to forget (to do something) (6)
†diminuire (**isc**) to reduce
dimostrare to show
dintorni *n. m. pl.* surroundings
dintorno around (14)
dio (*pl.* **gli dei**) god, God (24); **Dio mio!** my God!
dipartimento department
***dipendere** (*p.p.* **dipeso**) (*irreg.*) to depend on; **dipende** it depends
dipingere (*p.p.* **dipinto**) (*irreg.*) to paint
diploma *m.* (*pl.* **diplomi**) diploma, certificate; **diploma di maturità** high school diploma
diplomato/a graduate
dire (*p.p.* **detto**) (*irreg.*) to say, tell; **voler dire** to mean (11)
diretta: in diretta live
direttamente directly
direttiva instruction
diretto/a direct
direttore *m.*, **direttrice** *f.* chief executive; administrator; **direttore d'orchestra** conductor (9)
direzione *f.* direction (4)
dirigere (*p.p.* **diretto**) to conduct, direct
disco (*pl.* **dischi**) record
discoteca discotheque
discreto/a fairly good
discussione *f.* discussion
discutere (*p.p.* **discusso**) (*irreg.*) to discuss
disegnare to draw
disegno drawing
disoccupato/a unemployed (7)
disperato/a desperate
***dispiacere** (*p.p.* **dispiaciuto**) (*irreg.*) to be displeasing; **mi dispiace** I'm sorry (4)

disponibile *adj.* available
dissenso disagreement
distinto/a: **Distinti saluti** Yours truly (22)
distratto/a absent-minded
distruggere (*p.p.* **distrutto**) (*irreg.*) to destroy
dito (*pl.* **le dita**) finger (9)
divano couch (17)
*****diventare** to become (15)
diverso/a different
divertente *adj.* amusing, funny (18)
divertimento amusement
*****divertirsi** to enjoy onself (12)
divino/a: *La Divina Commedia* the *Divine Comedy*
divisione *f.* division
diviso divided by (*mathematics*) (4)
divo, **diva** star
divorziato/a divorced
divorzio divorce (13)
dizionario (*pl.* **dizionari**) dictionary (4)
doccia shower; **fare la doccia** to take a shower (7)
documentario (*pl.* **documentari**) documentary film (5)
documento document, certificate
dolce *n. m.* dessert (6); *adj.* sweet
dollaro dollar (4)
dolore *m.* pain (19)
domanda question; **fare una domanda** to ask a question (7); **domande di lavoro** job applications
domandare to ask (6)
domani tomorrow (5); **a domani!** see you tomorrow! (1)
domenica Sunday (5)
domestico/a: **collaboratrice domestica** maid
dominare to rule (24)
dominazione *f.* domination, rule (24)
donna woman; **donna d'affari** businesswoman (15)
dopo after (7); **dopo Cristo (d.C.)** Anno Domini (A.D.) (24)
dopoguerra postwar period (9)
doppio/a double
dormire to sleep (9)
dote *f.* dowry
dottore *m.*, **dottoressa** doctor; university graduate (1)
dove where; **di dove sei?** where are you from? (3)
dovere (*irreg.*) to have to, must (11)
dramma *m.* (*pl.* **i drammi**) drama

drammatico/a dramatic (*m. pl.* **drammatici**); **arte drammatica** dramatic arts
drasticamente drastically
dritto/a: **sempre dritto** straight ahead (4)
droga drug
dubbio doubt, reservation; **senza dubbio** without doubt
dubitare to doubt; **dubitare di** + *inf.* not expect to (do something) (21)
duomo cathedral
durante during
*****durare** to last (24)
durata length
duro/a hard

E

E, ed[3] and (3)
Eccellenza Exellency
eccessivo/a excessive
eccetera (ecc.) etcetera (etc.)
eccetto *prep.* except (5)
eccezione *f.* exception
ecco here; there (to indicate) (2)
eccome (*inter.*) Sure! And how! (13)
ecologia ecology (20)
economia economy (9); **Economia e Commercio** Business School; **a economia avanzata** industrialized (15)
edicola newsstand
edile *adj.*: **imprenditore** *m.* **edile** building contractor
efficiente *adj.* efficient
efficienza efficiency
egoista *n. m./f.* (*m. pl.* **egoisti**) selfish person, egoist (15)
egregio/a (*m. pl.* **egregi**) distinguished; **Egregio Professore** (*very formal*) Dear Professor (22)
eguale (uguale) same
elegante *adj.* elegant, fashionable (3)
elegantissimo/a very elegant (13)
elementare *n. f./adj.*: **scuola elementare (elementari)** grade school
elemento component; **elementi** facts
elencare to list
elenco list; **elenco telefonico** telephone directory (2)
elettorale *adj.* electoral
elettore *m.*, **elettrice** *f.* voter

elettricista *m.* (*pl.* **elettricisti**) electrician (15)
elettrico/a (*m. pl.* **elettrici**): **cucina elettrica** electric stove (17)
elezione *f.* election (20)
emigrante *m./f.* emigrant
emigrare to emigrate (15)
*****entrare** to enter, go in, come in (6)
entusiasmo enthusiasm
entusiasta *n. m./f.* (*m. pl.* **entusiasti**) enthusiast; *adj.* enthusiastic
Epifania Epiphany (January 6)
episodio (*pl.* **episodi**) episode
équipe *f. s./pl.* team
equivalente *m.* equivalent
erba grass (20)
errore *m.* mistake
eruzione *f.* eruption
esagerare to exaggerate (15)
esagerato/a: **esagerato/a!** how you exaggerate! (3)
esame *m.* exam, examination; **fare un esame**, **dare un esame** to take an exam (7); **passare un esame** to pass an exam
esaminare to examine
esatto/a exact, correct
esaurito: **tutto esaurito** sold out (16)
esausto/a worn out
esclamazione *f.* exclamation
esecutivo/a: **potere esecutivo** executive power
esempio (*pl.* **esempi**) example; **ad esempio** for example
esemplare *m.* sample
esercitare to wield
esercizio (*pl.* **esercizi**) exercise
esigere (*p.p.* **esatto**) to demand (21)
*****esistere** (*p.p.* **esistito**) to exist
esodo exodus
esploratore *m.*, **esploratrice** *f.* explorer (15)
esporre (*p.p.* **esposto**) (*irreg.*) to expose; to exhibit
espressione *f.* expression
espresso espresso (*type of coffee*)
esprimere (*p.p.* **espresso**) (*irreg.*) to express
essenziale *n. m./adj.* essential
essere (*p.p.* **stato**) (*irreg.*) to be (3); **essere a dieta** to be on a diet (10); **essere in gamba** to be on the ball; **di dove sei?** where are you from? (3); **c'era una volta** once upon a time (there was)

---

[3]**Ed** is used before words that start with a vowel.

estate *f.* summer (5)
estendere (*p.p.* **esteso**) (*irreg.*) to expand
estero *n. m.*: **all'estero** abroad (5)
estero/a *adj.* foreign
estrarre (*p.p.* **estratto**) (*irreg.*) to pull out
estremo/a extreme
età *f. s./pl.* age; **l'età minima** the minimum age (17)
eterogeneo/a mixed
etto *abbr.* (**ettogrammo**) 100 grams (10)
europeo/a European
evento event
evitare to avoid

F

fa *adv.* ago (11)
fa (*from* **fare**) equals (*mathematics*)
fabbrica factory (17)
facchino porter
faccia face (19)
facciale *adj.* facial
facile *adj.* easy
facoltà *f. s./pl.* faculty, department (2)
falso/a false
fama fame, renown
fame *f.* hunger; **avere fame** to be hungry (5)
famiglia family
familiare *adj.* domestic
famoso/a famous (9)
fantasia imagination, fantasy
fantastico/a (*m. pl.* **fantastici**) extraordinary, wonderful
fare (*p.p.* **fatto**) (*irreg.*) to do, to make; **fare attenzione** (*f.*) to pay attention; **fare bella/brutta figura** to make a good/bad impression (17); **fare bello/brutto** to be good/bad weather (5); **fare bene a qualcuno** to do someone good (19); **fare caldo/freddo** to be cold/hot weather (5); **fare carriera** to have a successful career; **fare colazione** (*f.*) to have breakfast (7); **fare compere** to go shopping; **fare concorrenza a** to compete with; **fare da sé** to do by oneself; **fare foto** to take pictures (7); **fare gli auguri** to offer one's best wishes; **fare i compiti** to do one's homework (7); **fare il bagno** to take a bath; to go for a swim (7); **fare il conto** to give the bill; **fare il numero di telefono** to dial the number (6); **fare la doccia** to take a shower (7); **far l'occhio di triglia** to make eyes at; **fare la spesa** to buy groceries (7); **fare male** to hurt, ache; **fare male a qualcuno** to do someone harm (17); **far parte di** to be part of; **fare pratica** to practice; **fare presto** to hurry up (11); **fare il/la +** *profession* to be a (profession) (7); **fare quattro chiacchiere** to have a chat; **fare gli occhiacci** to make a fierce face; **fare sciopero** to go on strike (23); **fare un/il campeggio** to go camping (7); **fare una domanda** to ask a question (7); **fare un favore** to do a favor (13); **fare una gita** to go on an excursion; **fare una passeggiata** to take a walk (7); **fare un picnic** to have a picnic; **fare un regalo** to give a present (7); **fare una telefonata** to make a call (7); **fare un viaggio** to take a trip; **fare una visita** to pay a visit (14); **farsi la barba** to shave (12); **farsi concorrenza** to compete with one another; **farsi mettere i piedi sul collo** to let people take advantage of you; **farsi la permanente** to have a perm; **farsi quattro risate** to have a good laugh (22); **farsi il segno della croce** to make the sign of the cross; **farsi vivo** to give news of oneself, to show up (22)
farmacia (*pl.* **farmacie**) pharmacy (14)
farmacista *m./f.* (*m. pl.* **farmacisti**) pharmacist (15)
fascismo fascism
fascista *n./adj. m./f.* (*m. pl.* **fascisti**) fascist (9)
faticoso/a tiring (22)
fatina little fairy
fatto event; **fatti di cronaca** news item
fattoria farm
fauna fauna
favola fairy-tale
favore *m.* favor; **per favore** please
febbraio February (5)
febbre *f.* fever (19)
fegato: avere fegato to have guts
felice *adj.* happy
felicità *f. s./pl.* happiness (14)
femminile *f.* feminine
femminista *n./adj. m./f.* feminist
ferie paid vacation; holidays (16)
ferito *n.* wounded man
ferito/a *adj.* wounded
fermare to stop; to arrest (18)

fermata stop; **fermata dell'autobus** bus stop (4)
fermo/a: stare fermo/a to keep still (7)
ferro: avere una salute di ferro to be as strong as an ox
ferrovia railway; **Ferrovie dello Stato** Italian Railways (*state-owned*)
festa holiday; party (5); **dare una festa** to throw a party (7)
festeggiare to celebrate (12)
fetta slice
fettuccine *f. pl.* noodles
fidanzato, fidanzata *n.* fiance, fiancée (3)
fidanzato/a *adj.* engaged
fiducia: avere fiducia (**in**) to trust
fierezza pride
figlio, figlia (*m. pl.* **figli**) son, daughter; child (13)
figura figure; **fare bella/brutta figura** to make a good/bad impression (17)
figurati *inter.* just think! (14)
fila line
filare to spin
filastrocca nursery rhyme
film *m.* film, movie; **film giallo** thriller (12)
filobus *m.* trolleybus
filologo (*pl.* **filologi**), **filologa** philologist
filosofia philosophy
finalmente lastly; at last, finally (17)
finanziare to finance
fine *f.* end; **alla fine** (**di**) at the end (of)
finestra window (2)
fingere (*p.p.* **finto**) (*irreg.*) to pretend
finimondo: è successo il finimondo all hell broke loose
†**finire** (**isc**) to finish, end; **finire di** to finish (doing something) (9); **finire in bellezza** to end up on the right note
fino (**a**) as far as; until (8)
fiore *m.* flower
fiorente *adj.* blooming
fiorentino/a Florentine (3)
firma signature
firmare to sign
fisica physics
fissare to set (a date); to stare at (9)
fisso/a fixed
fiume *m.* river
foca seal
foglio (*pl.* **fogli**) sheet
fondamentale *adj.* fundamental
fondare to found, establish (24)
fondazione *f.* foundation (24)

fontana fountain (9)
forchetta fork (10)
forma form; shape
formaggio (*pl.* **formaggi**) cheese (11)
formalità *f. s./pl.* formality
formare to form
formulare to formulate
forno oven; **al forno** baked (10)
foro forum
forse perhaps, maybe, probably
forte *adj.* strong
fortuna luck; **cercare fortuna** to seek one's fortune; **che fortuna!** what luck! (15)
fortunato/a lucky (2)
forza strength
fosforo phosphorus
foto *abbr.* (**fotografia**) *f.* photo; **fare foto** to take pictures (7)
fotografia photograph
fotografica/o: macchina fotografica camera
fotografare to take a photo
fotografo, fotografa photographer
fra *prep.* among, between; in, within (5)
fragola strawberry (10)
francamente frankly
francese *adj.* French; **il francese** French (language)
francobollo postage-stamp
frase *f.* sentence
fratello brother (3)
frattempo: nel frattempo in the meantime (12)
frattura fracture (19)
freccia arrow
freddamente coldly
freddo cold; **avere freddo** to be cold (5); **fare freddo** to be cold weather (7)
frequentare to attend (a school/ courses)
fresco/a (*m. pl.* **freschi**) cool (10); fresh
fretta hurry; **avere fretta** to be in a hurry (5); **in fretta** in a hurry
frigo *abbr.* (**frigorifero**) fridge (17)
frigorifero refrigerator
fritto/a fried
friulano *n.* dialect of Friuli
friulano/a *adj.* of the region of Friuli
fronte: di fronte a in front of
frullatore *m.* blender (17)
frutta fruit; **macedonia di frutta** fruit salad (6)
fuga: mettere in fuga to put to flight (18)
*fuggire to escape

fuggitivo/a fleeting
fumare to smoke (20)
funerale *m.* funeral
fungo mushroom; **ai funghi** with mushrooms (10)
funzionare to function, work (22)
funzione *f.* function
fuoco fire; **a fuoco lento** over low heat
fuorché except
fuori out, outside
furbo/a clever, astute (19)
futuro future (14)

G

gabbia cage
galleria gallery; railroad tunnel
gallina hen
gamba leg; **essere in gamba** to be on the ball
garofano carnation
gas: cucina a gas gas stove
gatto, gatta cat
gelato ice-cream (11)
gelo frost
geloso/a jealous (5)
gemello, gemella twin
generale *adj.* general; **in generale** generally
genere *m.*: **in genere** generally
genitore *m.* parent; **i miei genitori** my parents (13)
gennaio January (5)
gente *f. s.* people (8)
gentile *adj.* kind; **Gentile Signore/ Signora** Dear Sir/Madam (22)
geografia geography (9)
geografico/a: carta geografica map (2)
geometra *m./f.* (*m. pl.* **geometri**) surveyor (15)
Germania Germany
gerundio present progressive; gerund
gesso chalk (2)
gesto gesture
gettone *m.* telephone token (7)
già *adv.* already (5); *inter.* sure, of course (14)
giacca jacket (12)
giaccone *m.*: **giaccone di pelle** leather coat
giallo/a yellow (3); **film/libro giallo** thriller (12)
giapponese *n. m./f.* Japanese person (3); *adj.* Japanese; **il giapponese** Japanese (language)
giardino garden; **giardini pubblici** park (3)

giglio (*pl.* **gigli**) lily
ginestra broom (*shrub*)
ginocchio (*pl.* **le ginocchia**) knee (19)
giocare to play; **giocare a** + *n.* to play (a sport or game); **giocare a biliardo/bridge** to play billiards/ bridge (6)
giocatore *m.* player
gioco (*pl.* **giochi**) game
gioiello jewel (13)
giornale *m.* newspaper (18)
giornalista *m./f.* (*m. pl.* **giornalisti**) journalist (9)
giornata day (*descriptive*) (12)
giorno day; **buon giorno** good morning (1)
giovane *n. m./f.* young person; *adj.* young (3)
giovanile *adj.* youthful
giovedì *m.* Thursday (5)
gioventù *f.* youth; **ostello della gioventù** youth hostel
giovinezza youth (9)
giradischi *m. s.* record player (17)
giraffa giraffe
girare to go around; to shoot (a film)
girasole *m.* sunflower
giro tour (4); **in giro** around; **andare in giro** to walk, drive around; **prendere in giro** to make fun of
gita excursion; **fare una gita** to go on an excursion (7)
giù down
giudia: carciofi alla giudia artichokes (cooked) in the Jewish style
giudice *m.* judge (15)
giugno June (5)
giustificato/a justified
giusto/a correct, right
gladiatore *m.* gladiator
*godersi to enjoy
gola throat (19)
golf *m.* golf (sport)
golfetto sweater, cardigan (17)
goloso/a greedy, gluttonous
gondola gondola
gonna skirt (12)
gotico/a (*m. pl.* **gotici**) gothic
governo government
gradino step
gradire (**isc**) to be pleased (22)
grado degree (*meteorological*) (5)
grammatica grammar (4)
grammo gram
grande (**gran**) *adj.* big, large; great; grown-up; **da grande** as an adult; **grande magazzino** department store (3)

grandioso/a magnificent
grasso/a fat (3)
grassottello/a chubby (3)
gratuito/a free of charge (5)
grave *adj.* grave, serious
gravità *f. s./pl.* gravity
grazie *inter.* thank you! (1)
Grecia Greece (7)
greco (*pl.* **greci**), **greca** Greek person;
  adj. Greek; **il greco** Greek
  (language)
gridare to shout, scream (21)
grigio/a (*m. pl.* **grigi**) gray (3)
griglia: alla griglia grilled (11)
grillo cricket (24)
grissino bread stick
grosso/a big (10)
gruppo group; **gruppetto** small group
  (16)
guadagnare to earn; to gain;
  guadagnarsi da vivere to earn a
  living (13)
guanto glove
guardare to watch; to look at (6)
*****guarire** (**isc**) to heal (19)
guasto/a broken, out of order (7)
guerra war; **la seconda guerra
  mondiale** World War II (9)
guida *f.* guide (4); **patente** *f.* **di guida**
  driver's license (8)
guidare to drive (6)
gusto taste; **tutti i gusti son gusti**
  there is no accounting for taste (18)

I

idea idea (21); **idea fissa** fixed idea,
  fixation (23); **neanche per idea!** not
  on your life!
ideale *adj.* ideal
identità: carta d'identità identification
  card
ideologia ideology
idiomatico/a (*m. pl.* **idiomatici**)
  idiomatic
idraulico (*pl.* **idraulici**) plumber (15)
ieri yesterday (5); **ieri sera** last night;
  l'altro ieri (**ieri l'altro**) the day
  before yesterday (11)
illusione *f.* illusion (14)
illustrare to illustrate
illustrazione *f.* illustration
illustre *adj.* distinguished
immaginare to imagine; **immaginare
  di** to imagine to
immaginazione *f.* imagination
immagine *f.* image (21)
immediatamente immediately

immenso/a immense, huge
imparare to learn; **imparare a** + *inf.*
  to learn how (to do something);
  imparare a memoria to memorize
  (6)
impegno responsibility, commitment
imperativo imperative mood
imperatore *m.*, **imperatrice** *f.*
  emperor, empress
imperfetto imperfect tense
impermeabile *m.* raincoat (12)
impero empire
impiegato, impiegata clerk, white
  collar worker (15)
impiego (*pl.* **impieghi**) employment,
  job; **offerte/domande d'impiego** job
  offers/applications
importante *adj.* important
importanza importance
impossibile *adj.* impossible
imprenditore *m.*: **imprenditore edile**
  building contractor (15)
improbabile *adj.* improbable
in *prep.* at, in, to (8)
incantevole *adj.* enchanting (3)
incidente *m.* accident; **un brutto
  incidente** a bad accident
incluso/a included
incominciare to begin
incontrare to meet; **incontrarsi con**
  to meet with (6)
incontro meeting, encounter
indagare to investigate (23)
**indeterminativo: articolo
  indeterminativo** indefinite article
indicare to indicate; to suggest
indicativo indicative mood
indicazione *f.* direction
indice *m.* index
indimenticabile *adj.* unforgettable
indipendenza independence
indiretto/a indirect
indirizzo address (4)
individualmente individually
indovinare to guess
indumento garment
industria industry; **industria del
  tempo libero** tourist industry (16)
industriale *n. m.* industrialist,
  businessman; *adj.* industrial
industrializzazione *f.*
  industrialization (15)
inesistente *adj.* non-existent
infanzia early childhood
infarinare to dredge in flour
infatti in fact
inferiore *adj.*: **media inferiore**
  secondary school

inferno hell
infine *adv.* finally
infinito infinitive
inflessione *f.* inflection
influenza flu (19)
informazione *f.* information
ingegnere *m.* engineer (15)
ingegneria engineering
Inghilterra England
ingiustizia injustice
inglese *n. m./f.* English person; *adj.*
  English; **l'inglese** English (language)
  (3)
ingrediente *m.* ingredient
†iniziare to begin
iniziativa initiative
inizio (*pl.* **inizi**) beginning (24)
innamorarsi (**di**) to fall in love (with)
  (12)
innamorato/a (**di**) in love (with)
inquinamento pollution (8)
inquinare to pollute (20)
insalata salad (6)
insegnante *m./f.* teacher (2)
insegnare to teach (6)
insieme together (6)
insomma in short
insonnia insomnia
insulto insult
intelligente *adj.* intelligent (3)
intenso/a intense
intento/a intent
intenzionalmente intentionally
intenzione *f.* intention; **avere
  intenzione di** + *inf.* to have a mind
  to (do something) (21)
interessato/a (**a/in**) interested (in)
interno/a: all'interno inside; **politica
  interna** domestic policy
internazionale *adj.* international
intero/a whole, entire (14)
interprete *m./f.* interpreter (23)
interrogativo/a interrogative
interrompere (*p.p.* **interrotto**) (*irreg.*) to
  interrupt
interurbano/a: telefonata interurbana
  long-distance call (7)
*****intervenire** (*p.p.* **intervenuto**) (*irreg.*) to
  intervene
intervista interview
intervistare to interview
intorno around
introduzione *f.* introduction
invece instead; **invece di** + *inf.*
  instead of (doing something) (6)
inventare to invent
invernale *adj.* winter, wintry
inverno winter (5)

investire to run over
invidia envy
invidioso/a envious
invisibile *adj.* invisible
invitare to invite; **invitare a cena** to invite to dinner (19)
invito invitation (12)
iperattivo/a hyperactive
ipotesi *f. s./pl.* hypothesis
irregolare *adj.* irregular
†**irrigidire** (**isc**) to stiffen, harden
irritabilità *f. s./pl.* irritability
iscriversi (**a**) (*p.p.* **iscritto**) (*irreg.*) to enroll (in) (14)
iscrizione *f.*: **libretto d'iscrizione** record book for grades (*university*)
isola island
istituto institute; **istituto magistrale** teacher's training college
istruzione *f.* education; instruction
Italia Italy
italiano, italiana *n.* Italian person; *adj.* Italian; **l'italiano** *n. m.* Italian (language); **all'italiana** in the Italian manner (3)
italico: **in italico** in italic
italo-americano/a Italian-American
itinerario (*pl.* **itinerari**) itinerary (16)

L

là *adv.* there
labbro (*pl.* **le labbra**) lip; **leccarsi le labbra** to lick one's chops (19)
laboratorio (*pl.* **laboratori**) laboratory
lacrima tear (19)
ladro thief
laggiù *adv.* down there (24)
lago (*pl.* **laghi**) lake
lamentarsi (**di**) to complain (about) (20)
lampada lamp (2)
largo/a (*m. pl.* **larghi**) wide
lasciare to leave behind; to let, allow (6)
latino/a Latin; **il latino** Latin (language)
latte *m.* milk
lattuga lettuce (21)
laurea doctorate (*from an Italian university*)
laurearsi to graduate from a university (15)
lavagna blackboard (2)
lavandino basin, sink (17)
lavare to wash
lavastoviglie *f. s./pl.* dishwasher (17)
lavatrice *f.* washing machine (15)

lavorare to work (6)
lavoratore *m.*, **lavoratrice** *f.* worker (16)
lavorazione *f.* manufacture, workmanship
lavoro job, work; **in cerca di lavoro** looking for a job (15); **la festa del lavoro** Labor Day; **domande/offerte di lavoro** job applications/offers
leale *adj.* sincere, loyal
leccare to lick; **leccarsi le labbra** to lick one's chops
legge *f.* law; **Facoltà di Legge** Law School (14)
leggendario/a (*m. pl.* **leggendari**) legendary
leggere (*p.p.* **letto**) (*irreg.*) to read (8)
leggero/a light
legislativo/a: **potere** *m.* **legislativo** legislative power
legna firewood
legno: **di legno** wood, wooden
legume *m.* legume
lento/a: **a fuoco lento** over low heat
leone, leonessa lion, lioness
lesso *n.* boiled beef
lesso/a *adj.* boiled; **il pesce lesso** boiled fish (11)
lettera letter; **Lettere** Liberal Arts (14)
letterario/a (*m. pl.* **letterari**) literary
letteratura literature
letto bed; **a letto** to/in bed (6); **camera da letto** bedroom (17); **vagone letto** sleeping car
lettura reading selection; reading
levare to remove (10)
lezione *f.* lesson; class (2)
lì *adv.* there
liberale *adj.* liberal; **Partito Liberale** Liberal Party (*an Italian political party*)
liberare to liberate
libero/a free; **certificato di stato libero** certificate of civil status
libreria bookstore (4); bookshelves (17)
libretto: **libretto d'iscrizione** *f.* record book for grades (*university*)
libro book (2); **libro giallo** thriller, mystery novel
liceo high school
lieto/a cheerful
lieve *adj.* gentle (*poet.*)
limitare to limit
limitazione *f.* limit
limone *m.* lemon
linea line (7)
lingua language; tongue; **avere la lingua lunga** to be a gossip **non avere peli sulla lingua** to be blunt

lino linen
liquore *m.* liqueur (10)
lira lira (*Italian currency*) (4)
lirica lyric poetry
lirico/a (*m. pl.* **lirici**) lyric (14)
lista list
litigare to argue (15)
litigio (*pl.* **litigi**) dispute (23)
litro liter (10)
livello level
locale *m.* place; *adj.* local
località *f. s./pl.* place, resort
lode *f.* praise; **e lode** cum laude
lontano/a far away; *adv.* distant, far (4)
luce *f.* light; electricity (17)
luglio July (5)
luminoso/a bright
luna moon
lunedì *m.* Monday (5)
lunghezza length
lungo/a (*m. pl.* **lunghi**) long (12); **avere la lingua lunga** to be a gossip
luogo (*pl.* **luoghi**) place

M

ma but
macché *inter.* nonsense! not at all! (12)
macchiato/a: **caffè macchiato** coffee with a dash of milk (10)
macchina car; machine (3); **macchina da scrivere** typewriter (2); **macchina fotografica** camera; **andare in macchina** to go by car, to drive (6)
macedonia: **macedonia di frutta** fruit salad (11)
madre *f.* mother (13)
maestoso/a grand; majestic
maestro, maestra elementary school teacher (15)
magazzino: **grande magazzino** department store
maggio May (5)
maggioranza majority (20)
maggiore *adj.* bigger, greater; older
magico/a *adj.* magic; **bacchetta magica** magic wand
magistrale *adj.*: **istituto magistrale** (**le Magistrali**) teacher's training college
maglieria knitwear
maglietta undershirt, T-shirt
maglione *m.* pullover (17)
magnifico/a (*m. pl.* **magnifici**) magnificent

magro/a thin, skinny (3)
mai *adv.* ever; **non... mai** never; **come mai?** how come? (2)
maiale *m.* pig
maionese *f.* mayonnaise (11)
malandrino/a mischievous
malato *n. m.* sick person (2)
malato/a *adj.* sick
malattia illness (19)
male *n. m.* ache, hurt; **mal di cuore/ di denti/di gola/di stomaco** heart trouble/toothache/sore throat/ stomach ache (19); **fare male** to hurt; **mi fa male la gamba** my leg hurts; **farsi male** to hurt oneself; *adv.* badly, poorly; **mal accompagnato** in bad company; **non c'è male** not bad (1)
maledetto/a cursed, damned (22)
malinconia melancholy
malleolo ankle bone
mamma mom (13)
mancare to miss; to be lacking
mancia tip; **dare la mancia** to tip
mandare to send
maneggevole *adj.* handy, convenient
mangiare to eat (6); **dare da mangiare** to feed (20)
manifestazione *f.* demonstration (20)
mano *f.* (*pl.* le mani) hand; **dare la mano** to shake hands; **dare una mano** to help; **avere le mani bucate** to be a spendthrift; **mettersi le mani nei capelli** to tear one's hair out
mantenere (*irreg.*) to keep; to support (24)
mare *m.* sea; **al mare** at/to the beach (5)
marinaro/a: alla marinara with fish sauce (10)
marito husband (3)
marrone *adj.* brown (3)
Marte *m.* Mars
martedì *m.* Tuesday (5)
marzo March (5)
mascalzone *m.* rascal
maschile *m.* masculine
maschio (*pl.* maschi) boy, son
massa: in massa in mass, in a body
massaggiatore *m.*, **massaggiatrice** *f.* masseur, masseuse
masticare to chew
matematica mathematics
materiale *m.* material
matita pencil (2)
matrimoniale: camera matrimoniale double room
matrimonio (*pl.* matrimoni) marriage (12)
mattina morning (5)

maturità: diploma di maturità high school diploma
meccanico (*pl.* meccanici) mechanic
media average; **in media** on average; **scuola media** junior high school
medicina medicine (19)
medico (*pl.* medici) doctor, physician (15)
meglio *adv.* better (18)
melone *m.* melon (10)
membro member
memoria: imparare a memoria to memorize (14)
menare to lead
meno less (7); minus (2); **a meno che... non** unless (23); **di meno** less, not so much
mensa: alla mensa at the cafeteria (*university*)
mentalità *f. s./pl.* mentality
mente *f.* mind
mentre while
menu *m. s./pl.* menu
mercante *m.* shopkeeper
mercato marketplace (4)
mercoledì *m.* Wednesday (5)
meridionale *n. m./f.* southerner (24); *adj.* southern
meritare to deserve
mescolare to mix, stir (10)
mese *m.* month (5)
messa Mass
messicano/a Mexican (3)
mestiere *m.* trade
meta destination
metà half
metalmeccanico (*pl.* metalmeccanici) worker in the metal and mechanical industries
metro meter
metropolitana subway (8)
mettere (*p.p.* messo) (*irreg.*) to put (8); **mettere in fuga** to put to flight (18); **mettere in ordine** to put in order; **mettere piede** to set foot (21); **farsi mettere i piedi sul collo** to let people take advantage of you; **mettersi** to put on, wear (12); **mettersi le mani nei capelli** to tear one's hair out
mezzo *n. m.* middle; half; means; **mezzo di trasporto** means of transportation (8); **in mezzo** in the midst, middle (24)
mezzo/a *adj.* half; **mezz'ora** half an hour (5)
mezzogiorno noon (5)
miccia fuse
microfono microphone

microonda microwave
migliorare to improve (21)
migliore *adj.* better, best (18)
miliardo billion
milionario millionaire
milione *m.* million
mille (*pl.* mila) thousand
mimica mimicry
minaccia threat
minerale *n. m./adj.* mineral
minimo/a: l'età minima the minimum age
ministero ministry
ministro minister
minoranza minority
minore *adj.* younger
minuto minute (5)
miracolo miracle
miscredente *m./f.* disbeliever
mobile *m.* piece of furniture (17)
moda fashion, style; **alla moda** fashionable (17); **all'ultima moda** in the latest fashion (8); **andare di moda** to be in fashion; **creatore** *m.* **di moda** fashion designer
modalità *f. s./pl.* modality (22)
modello model, pattern (8)
moderato/a moderate
moderno/a modern
modificare to modify
modo way; mood; **modo condizionale** conditional mood
moglie *f.* (*pl.* mogli) wife
moltiplicazione *f.* multiplication
molto *adv.* very
molto/a *adj.* much, a lot (4); **molti, molte** many (3)
momento moment (4)
monarchia monarchy (24)
mondiale *adj.* world; **campionato mondiale** world championship; **seconda guerra mondiale** World War II
mondo world
moneta coin (7)
monofiglio only child
monopolio: monopolio di Stato State monopoly
montagna mountain; **in montagna** in/to the mountains (5)
montato/a: panna montata whipped cream (10)
monte *m.* mount
monumento monument (20)
morbido/a soft (17)
*****morire** (*p.p.* morto) to die (13)
mortale *adj.* mortal (22)
morto dead man; **commemorazione** *f.* **dei morti** All Soul's Day

mostra exhibition; **la mostra dell'antiquariato** antique show (17)

mostrare to show

moto *abbr.* (**motocicletta**) *f.* motorcycle (6)

motocicletta motorcycle

motore *m.* engine

motoretta motor scooter

motorino moped

motorizzato/a motor-driven

motoscafo motorboat (8)

movimento movement

mozzafiato (*invariable*) that takes your breath away

mucchio: un mucchio di heaps of, a lot of

municipio (*pl.* **municipi**) city hall

muratore *m.* bricklayer (15)

muro wall (18)

museo museum (4)

musica music (9)

musicale *adj.* musical; **commedia musicale** musical

musicista *m./f.* (*m. pl.* **musicisti**) musician (9)

N

napoletano/a Neapolitan

*nascere (*p.p.* **nato**) (*irreg.*) to be born (14)

nascita birth; **certificato di nascita** birth certificate

naso nose (19)

Natale *m.* Christmas (5); **Babbo Natale** Santa Claus

natura nature

naturalmente naturally

navale *adj.*: **cantiere** *m.* **navale** shipyard

nazionalità *f. s./pl.* nationality

neanche not even; **neanche per idea!** not on your life! (20)

nebbia fog (5)

necessario/a (*m. pl.* **necessari**) necessary

negativo/a negative

negozio (*pl.* **negozi**) store, shop (4)

nemico (*pl.* **nemici**), **nemica** enemy

nemmeno *adv.* not even

neolatino/a Neo-Latin, Romance

neorealismo neorealism

neorealista *m./f.* (*m. pl.* **neorealisti**) neorealist

nero/a black (3)

nervoso/a nervous

nessuno nobody, no one

neve *f.* snow (5)

nevicare to snow (5)

niente nothing; **niente di speciale** nothing special (4)

nipote *m./f.* nephew, niece; grandchild (13)

nobile *n. m./f.* nobleman, noblewoman

noce *f.* walnut, nut

noia boredom, tedium (22)

noioso/a boring

nome *m.* noun, name (2)

non not; **non c'è male** not bad (1); **non... più** no more, no longer; **non... mai** never

nonno, nonna grandfather, grandmother; **i nonni** grandparents (13)

nono/a ninth (24)

nord north

normanno/a Norman

notare to notice

notizia news

noto/a known (16)

notte *f.* night; **buona notte** good night (1)

novella short story (23)

novembre *m.* November (5)

nozze *f. pl.* wedding; **viaggio di nozze** honeymoon (12); **partecipazione di nozze** wedding announcement (12)

nubile *adj.* unmarried (*woman*)

nucleare *adj.* nuclear; **centrale** *f.* **nucleare** nuclear plant

nulla nothing

numero number; **fare il numero di telefono** to dial the number (2)

numeroso/a numerous

nuotare to swim (9)

nuoto swimming

nuovo/a new (3); **di nuovo** *adv.* again (23)

nuvola cloud

nuvoloso/a cloudy

O

o or

obbedire (**isc**) to obey (9)

obbligare to oblige

obbligatorio/a (*m. pl.* **obbligatori**) obligatory

obbligo: scuola dell'obbligo compulsory school

occasione *f.* occasion (22)

occhio (*pl.* **occhi**) eye (3); **far l'occhio di triglia** to make eyes at; **fare gli occhiacci** to make a fierce face

occupato/a busy, occupied (24)

occupazione *f.* job

oculista *m./f.* (*m. pl.* **oculisti**) ophthalmologist (15)

odiare to hate (12)

odore *m.* smell

odoroso/a sweet-smelling

offerta: offerte di lavoro/impiego job offers

officina machine shop (15)

offrire (*p.p.* **offerto**) to offer (9)

oggetto object, article; **complemento oggetto** direct object

oggi today (1)

ogni every

ognuno everyone

olio (*pl.* **oli**) oil; **olio d'oliva** olive oil (10)

oliva olive (20)

olivo olive tree (16)

oltre (a) *adv.* besides; *prep.* beyond

omino little man

onore *m.* honor; **damigella d'onore** maid of honor

Onorevole *adj.* Honorable (*form of address for a member of Parliament*)

opera opera; work (9); **ad opera di** thanks to

operaio (*pl.* **operai**), **operaia** blue collar worker (15)

operazione *f.* operation

opinione *f.* opinion

opposizione *f.* opposition (21)

ora *n.* hour, time; **ore di punta** rush hours; **mezz'ora** half an hour (5); *adv.* now (9)

orale *adj.* oral

orario (*pl.* **orari**) schedule; **in orario** on time (6)

orchestra orchestra; **direttore** *m.* **d'orchestra** conductor (9)

ordinale *adj.* ordinal

ordinare to order

ordine *m.* order; **mettere in ordine** to put in order; **parola d'ordine** password

orecchino earring (13)

orecchio (*pl.* **le orecchie**) ear (19)

organizzare to organize (6)

organizzazione *f.* organization

origano oregano

originale *adj.* original

ormai *adv.* by now, by then (14)

oro gold

orologio (*pl.* **orologi**) watch, clock (2)

orribile *adj.* horrible

orto kitchen garden (20)

oscuro/a obscure, sad; dark

ospedale *m.* hospital (4)
ospedaliero: personale *m.* **ospedaliero** hospital staff
ospitalità *f. s./pl.* hospitality (22)
ospite *m./f.* guest (10); host
ossequi regards
osservare to observe
ossigeno: bombola d'ossigeno oxygen tank
osso (*pl.* **le ossa**) bone
ostello: ostello della gioventù *f.* youth hostel
ottavo/a eighth (24)
ottenere (*irreg.*) to obtain
ottimista *n./adj. m./f. s.* (*m. pl.* **ottimisti**) optimist, optimistic
ottimo/a very good, excellent (15)
ottobre *m.* October (5)

P

pacchetto small package, packet (15)
padella frying pan (10)
padre *m.* father (13)
paesano, paesana countryman, countrywoman (15)
paese *m.* country, nation; village (15)
pagare to pay for (6)
pagina page
paio (*pl.* **le paia**) pair (17)
palazzo palace; apartment house (4)
palcoscenico (*pl.* **palcoscenici**) stage
palermitano/a of the city of Palermo
palla ball
pallone *m.* soccer ball
palpitare to tremble (*poet.*); to beat
panca bench
panchina bench, garden seat
pancia belly (19)
pane *m.* bread (17)
panino roll, sandwich (6)
panna cream; **panna montata** whipped cream (10)
panorama *m.* (*pl.* **panorami**) view
pantaloni *m. pl.* trousers, pants (12)
papa *m.* (*pl.* **papi**) pope
papà *m. s./pl.* daddy, dad (13)
paradiso paradise
paragrafo paragraph
parcheggio (*pl.* **parcheggi**) parking place (8)
parco (*pl.* **parchi**) park
parente *m./f.* relative (13)
parentesi *f. s./pl.* parenthesis
*****parere** (*p.p.* **parso**) (*irreg.*) to seem
parlamentare *adj.*: **repubblica parlamentare** parliamentary republic

Parlamento Parliament (21)
parlante *adj.* talking
parlare to speak, talk
parmigiano Parmesan cheese (10)
parola word; **parola d'ordine** *m.* password (2)
parolaccia bad word (18)
parrucchiere *m.*, **parrucchiera** *f.* hairdresser (15)
parte *f.* part; role; **d'altra parte** on the other hand; **far parte di** to be part of
partecipare (**a**) to participate (in)
partecipazione *f.*: **partecipazione di nozze** wedding announcement (12)
partenza departure
participio (*pl.* **participi**): **participio passato** past participle
particolare *adj.* particular, special (12)
particolarmente particularly
partigiano partisan
*****partire** to depart, leave (9)
partita game, match
partito political party (21)
Pasqua Easter
pasquale *adj.* Easter
passaggio (*pl.* **passaggi**) ride; **dare un passaggio** to give a lift (7)
passaporto passport
passare to pass; to spend (time); **passare un esame** to pass an exam; *****passare** (**da/a** + *inf.*) to stop by (22)
passato *n.* past
passato/a *adj.* past; **passato prossimo** present perfect; **passato remoto** past absolute
passeggiata walk; **fare una passeggiata** to take a walk (7)
passione *f.* passion
passivo/a passive voice
passo step
pasta *s.* pasta, macaroni products; *s./pl.* pastry (10)
pasticceria pastry shop
pastiglia lozenge
patata potato (10)
patente *f.* license; **patente automobilistica/di guida** driver's license (8)
paura fear; **avere paura** (**di**) to be afraid (of) (5)
paziente *n. m./f.* patient; *adj.* patient
pazienza patience; **avere pazienza** to be patient (7)
PCI Italian Communist Party
peccato *inter.* pity! too bad! (5)

pecora sheep
pediatra *m./f.* (*m. pl.* **pediatri**) pediatrician
peggio *adv.* worse; worst (18)
peggiore *adj.* worse; the worst (18)
pelle *f.* leather; skin; **giaccone** *m.* **di pelle** leather coat (17)
pellegrino pilgrim
pelletteria leather-goods shop
pelliccia fur coat (17)
pelo hair; **non avere peli sulla lingua** to be blunt; **sacco a pelo** sleeping bag
penna pen; *pl.* kind of pasta (2)
pensare to think; **pensare a** to think about; **pensare di** to think of, to have an opinion about; **pensare di** + *inf.* to plan (to do something) (6)
pensiero thought (15)
pensionato, pensionata retired person
pensione *f.* bed and board (16)
pensoso/a absorbed in thought
*****pentirsi** to regret
pepe pepper (10)
peperoncino hot pepper (11)
per *prep.* for; through; **per** + *inf.* in order to (8); times (*mathematics*) (4); **per me** as far as I'm concerned (5); **per affari** on business; **per cominciare** to begin with; **per favore/piacere** please; *conj.* **per quanto** + *subjunctive* although (23)
perché *adv.* because, why (4); *conj.* **perché** + *subjunctive* so that (23)
perciò so, therefore (19)
perdere (*p.p.* **perduto/perso**) (*irreg.*) to lose; **perdere tempo** to waste time (8); **perdere il treno** to miss the train
perfettamente perfectly (24)
perfino even
pericoloso/a dangerous
periodo period of time (14)
perla pearl (13)
permanente *f.* perm; **farsi la permanente** to have a perm
però but, however
perpetuo/a endless
persona person
personaggio (*pl.* **personaggi**) literary character; public personality
personale *n. m.* staff, personnel; **personale ospedaliero** hospital staff; *adj.* personal
personalità *f. s./pl.* personality
pesca fishing
pescare to fish
pesce *m.* fish (10)

pessimista *m./f. n./adj. m./f. s.*
(*m. pl.* **pessimisti**) pessimist,
pessimistic
pessimo/a very bad (15)
*****pettinarsi** to comb one's hair (12)
pettinatura hairstyle (17)
petto: petto di pollo chicken breast
(10)
pezzo piece; **un bel pezzo** quite a bit
*****piacere** (*p.p.* **piaciuto**) (*irreg.*) to be
pleasing (10); **mi piacciono i piselli**
I like peas
piacere *m.* pleasure; **piacere!** nice to
meet you! (1)
pianeta *m.* (*pl.* **pianeti**) planet
piangere (*p.p.* **pianto**) (*irreg.*) to cry
(24)
pianista *m./f.* (*m. pl.* **pianisti**) pianist
(9)
piano *abbr.* (**pianoforte**) piano
piano *adv.* slowly
pianoforte *m.* piano
pianta plant
piantare to plant (20)
piantina little map
piatto plate; dish; course (10)
piazza square; **in piazza** in/to the
square (4)
piccolo/a small, little; young (3)
picnic *m.* picnic
piede (**piè**) foot (19); **a piè di...** at the
bottom of; **andare a piedi** to walk
(6); **farsi mettere i piedi sul collo**
to let people take advantage of
you; **mettere piede** to set foot (21)
piemontese *adj.* of the region of
Piemonte
pieno/a (**di**) full (of) (17)
pigro/a lazy
pillola pill (19)
pioggia rain (5)
piombo lead
piovere to rain (5)
piscina swimming pool
pisello pea (10)
pista ski slope
pittore *m.*, **pittrice** *f.* painter (4, 15)
pittoresco/a (*m. pl.* **pittoreschi**)
picturesque
più *adv.* more; plus (*mathematics*) (2);
più di more than; **non... più** no
longer, not anymore; **al più presto**
as soon as possible
piuttosto rather (4)
pizza pizza (5); **pizzetta** hors d'oeuvre
pizza (10)
pizzeria pizza restaurant
pizzico pinch

plastica plastic; **busta di plastica**
plastic bag (20)
plurale *m.* plural
poco (**po'**) *adv.* little (4); **tra poco** in a
little while (20); **un po' di** a little
(of) (9)
poco/a (*m. pl.* **pochi**) little, not much,
few; **ben pochi** very few
poesia poetry (14)
poeta *m.*, **poetessa** (*m. pl.* **poeti**) poet
(14)
poi *adv.* then, afterward (7)
polemica polemics
polenta corn meal mush (11)
politica politics; **politica interna**
domestic policy
politico/a (*m. pl.* **politici**) political;
corrente *f.* **politica** political trend
(21)
polizia police (18)
poliziotto policeman
pollo chicken; **pollo arrosto** roast
chicken; **petto di pollo** chicken
breast (6)
poltrona armchair; orchestra seat (2)
pomeriggio afternoon
pomodoro tomato (10)
ponentino zephyr (*west wind*)
ponte *m.* bridge (8)
popolare *adj.* folk; popular (18)
popolo people, nation
porcino a type of wild mushroom
porta door (2)
portafoglio (*pl.* **portafogli**) wallet (4)
portare to bring; to wear (10)
portiere *m.* porter
porzione *f.* portion (21)
posata eating utensil; **posate** *pl.*
flatware, silverware (10)
posizione *f.* position
possessivo possessive
possibile *adj.* possible
possibilità *f. s./pl.* possibility, chance
postale: ufficio postale post office (4)
postino postman (15)
posto place
potere (*irreg.*) (+ *inf.*) to be able to,
can, may (do something) (11); **può
darsi** it's possible (21)
potere *n. m.* power; **potere esecutivo**
executive power
povero/a poor (3)
poverino, poverina poor thing (7)
pranzo dinner, lunch (10)
pratica practice; **fare pratica** to
practice
praticare: praticare uno sport to go in
for a sport (19)

pratico/a (*m. pl.* **pratici**) practical
pre-elettorale *adj.* pre-electoral
precedente *adj.* preceding, previous
preciso/a precise
preferibile *adj.* preferable
preferire (**isc**) to prefer (9)
preferito/a favorite
prefisso area code (7)
pregare to beg, ask
prego *inter.* please; you're welcome
(4)
premio (*pl.* **premi**) prize
prendere (*p.p.* **preso**) (*irreg.*) to take
(8); **prendere in giro** to make fun
(of); **prendere un caffè** to have a
coffee; **prendere un voto** to make a
grade; **prendersela** to take it hard;
to get upset (21)
prenotare to make a reservation (11)
*****preoccuparsi** to worry
preoccupato/a worried
preparare to prepare (6)
preparativo preparation
preparazione *f.* preparation, training
preposizione *f.* preposition;
preposizione articolata preposition
linked to its article
prescrivere (*p.p.* **prescritto**) to
prescribe
presentare to introduce; to show;
presentarsi to introduce oneself
(17)
presentatore *m.*, **presentatrice** *f.*
announcer (18)
presentazione *f.* presentation
presente *m.* present; present tense
presepio Nativity scene; Christmas
manger
presidente *m.*, **presidentessa**
president; chairman, chairwoman
(20)
prestare to lend (13)
presto early; quickly; soon; **al più
presto** as soon as possible (19); **fare
presto** to hurry up (11)
prete *m.* priest (21)
prezzemolo parsley (10)
prezzo price (4)
prima *n.* premiere (9)
prima *adv./conj.* before (7); **prima
che** + *subjunctive* (23); **prima di** +
infinitive
primavera spring
primo *n.* first course (10)
primo/a *adj.* first (5)
principale *adj.* main, principal
principe *m.*, **principessa** prince,
princess (18)

privato/a private (5)
probabile *adj.* probable
probabilità *f. s./pl.* probability
problema *m.* (*pl.* **problemi**) problem (8)
proclama *m.* (*pl.* **proclami**) proclamation
produrre (*p.p.* **prodotto**) (*irreg.*) to cause, produce
produttore *m.* producer
professione *f.* occupation
professionista *m./f.* (*m. pl.* **professionisti**) professional man, woman (15)
professore *m.*, **professoressa** professor, teacher; **Chiarissimo/Egregio Professore** Dear Professor (2)
profondo/a deep
profumo perfume
progetto plan, project
programma *m.* (*pl.* **programmi**) program (5)
progressista *adj.* (*m. pl.* **progressisti**) progressive
promessa promise
promesso: **i promessi sposi** the betrothed couple
pronome *m.* pronoun
pronto/a ready (5); **pronto!** hello! (*over the phone*) (2); **pronto soccorso** first aid (19)
pronuncia pronunciation
pronunciare to pronounce
proporre (*p.p.* **proposto**) (*irreg.*) to propose
proposta proposal, suggestion (20)
proprietario, **proprietaria** owner; **proprietario terriero** landowner (15)
proprio *adv.* just; really (12)
proprio/a *adj.* (*m. pl.* **propri**) own (17)
prosa prose (14)
prosciutto ham (10) (Italian-style uncooked ham)
prossimo/a next; **passato prossimo** present perfect; **trapassato prossimo** past perfect
protagonista *m./f.* (*m. pl.* **protagonisti**) protagonist (9)
proteggere (*p.p.* **protetto**) (*irreg.*) to protect
protezione *f.* protection
provare to try; **provare a** + *inf.* to try (to do something) (11)
proverbio (*pl.* **proverbi**) proverb
provocare to cause, provoke
provvedimento measure
PSI Italian Socialist Party
psicologo, **psicologa** (*m. pl.* **psicologi**) psychologist (19)

pubblicare to publish
pubblicazione *f.* publication
pubblicità *f. s./pl.* publicity (5), advertising
pubblicitario/a (*m. pl.* **pubblicitari**) advertising (19)
pubblico *n.* public
pubblico/a *adj.* (*m. pl.* **pubblici**) public; **giardini pubblici** park (5)
pugno fist
pulire (**isc**) to clean (9)
pulito/a clean
pullman *m.* long distance bus (6)
punta: **ore di punta** rush hours (5)
punto point; **punto di vista** point of view
puntuale *adj.* punctual, on time
può darsi (**che**) it's possible (that), maybe (21)
purché *conj.* (+ *subjunctive*) provided that (23)
pure also, too; as you like, by all means, please
purtroppo unfortunately (9)

Q

quaderno exercise book, notebook (2)
quadro picture, painting (2)
qualche some, a few; **qualche volta** sometimes (23)
qualcosa (**qualche cosa**) something (11)
qualcuno somebody, someone (23)
quale *adj.* what, which; *pron.* who, that, whose (4)
qualità *f. s./pl.* quality (18)
qualunque any, any sort of (12)
quando when, whenever; **da quando** since
quanto *adv.* how, how much (4)
quanto/a *adj.* how many (2); **quanti ne abbiamo oggi?** what's today's date? (5)
quartiere *m.* district, neighborhood
quarto quarter; **è l'una e un quarto** it's 1:15 (5); *adj.* fourth (24)
quasi almost (8)
quello/a that (4)
questo/a this (3); **per questo** that's why, for this reason
qui here; **qui vicino** nearby (4)
quieto/a quiet
quinto/a fifth (14)
quotidiano daily newspaper (18)

R

raccogliere (*p.p.* **raccolto**) (*irreg.*) to pick, harvest (20)
raccolta collection
raccolto harvest, crop
raccomandare to recommend; **mi raccomando!** mind you! please don't forget! (21)
raccontare to narrate, tell (13)
racconto story, tale
radiazione *f.* radiation
radio *abbr.* (**radiotelefonia**) *f.* radio; **Radiotelevisione italiana** Italian Broadcasting Corporation (5)
raffreddore *m.* cold (19)
ragazzo, ragazza boy, girl; boyfriend, girlfriend (2)
raggiungere (*p.p.* **raggiunto**) (*irreg.*) to arrive, reach (19)
ragione *f.*: **avere ragione** to be right (5)
ragioniere *m.*, **ragioniera** accountant, bookkeeper (15)
RAI (**Radio Audizioni Italiana**) Italian Broadcasting Corporation (5)
rapido/a quick, swift
rapido *n.* express train (6)
rapina robbery (23)
rappresentante *m./f.* representative, delegate
rappresentare to represent
rappresentativo/a representative
raramente seldom
ravennate of the city of Ravenna
ravioli *m. pl.* ravioli
re *m.*, **regina** king, queen
realista *m./f.* (*m. pl.* **realisti**) realist
realtà *f. s./pl.* reality (14)
recentemente recently
recita recitation, recital
recitare to act, perform (14)
redditizio/a (*m. pl.* **redditizi**) lucrative
regalare to give (as a present) (13)
regalo gift, present; **fare un regalo** (**a**) to give a present (7)
reggere (*p.p.* **retto**) (*irreg.*) to hold
regia direction (*in movies*); production (*in television and theater*) (23)
regio/a (*m. pl.* **regi**) royal
regionale *adj.* regional
regione *f.* region
regista *m./f.* (*m. pl.* **registi**) director; **regista cinematografico** movie director (9)
registratore *m.* recorder

regnare to reign
regno kingdom (24)
regola rule
regolamento regulation
regolarmente regularly
relatività relativity
relativo/a relative; **pronome relativo** relative pronoun
religioso/a religious (12)
remoto: passato remoto past absolute
*****rendersi** (*p.p.* **reso**) (*irreg.*): **rendersi conto (di)** to realize (21)
repubblica republic
repubblicano/a republican
residenza residence
residenziale *adj.* residential
respirare to breathe (20)
repiratorio/a (*m. pl.* **respiratori**) respiratory
responsabile *m./f.* agent, responsible party
*****restare** to stay, remain (7)
restaurare to restore
restituire (**isc**) to give back, return (9)
rete *f.* network
retta tuition (*university*); **dare retta (a)** to listen to
reumatismo rheumatism
revisione *f.* review, revision
riacquistare to regain
riaprire (*p.p.* **riaperto**) to reopen
riassunto summary
ribattere to answer back
ricamato/a embroidered
ricapitolazione *f.* recapitulation
ricco/a (*m. pl.* **ricchi**) rich
ricerca research (14)
ricercato/a in great demand
ricetta recipe (10)
ricevere to receive (8)
ricevimento reception (12)
ricevitore *m.* telephone receiver
richiedere (*p.p.* **richiesto**) (*irreg.*) to request
riconoscere (*p.p.* **riconosciuto**) (*irreg.*) to recognize
ricordare (**di** + *inf.*) to remember (6)
ricordo memory, remembrance (14)
ricorrente *adj.* recurrent
ridente *adj.* laughing, smiling
ridere (*p.p.* **riso**) (*irreg.*) to laugh
ridurre (*p.p.* **ridotto**) (*irreg.*) to reduce
riduzione *f.* reduction
riempire to fill (up); to fill in (21)
riepilogo (*pl.* **riepiloghi**) recapitulation
rifare (*p.p.* **rifatto**) (*irreg.*) to redo
riflessione *f.* reflection, consideration

riflettere (*p.p.* **riflettuto/riflesso**) to reflect
riga line
rigo (*pl.* **righi**) line (22)
riguardare to concern
rileggere (*p.p.* **riletto**) (*irreg.*) to read again
*****rimanere** (*p.p.* **rimasto**) to remain
rimembrare to remember (*poet.*)
rinascimentale *adj.* of the Renaissance (24)
Rinascimento Renaissance (24)
*****ringiovanire** (**isc**) to become young again
ringraziare to thank; **ringraziare di cuore** to thank with all one's heart (22)
rinunciare to give up
riparare to repair (15)
*****ripartire** to leave again
ripassare to review
ripasso review, revision
ripetere to repeat
ripido/a steep
*****riposarsi** to rest (12)
riposo rest (16)
risarcimento: risarcimento di danni compensation for damages (23)
risata laugh; **farsi quattro risate** to have a good laugh (22)
riscaldamento heating
rischiare to risk (19)
rischio (*pl.* **rischi**) risk, hazard
riso rice (14)
risolvere (*p.p.* **risolto**) (*irreg.*) to solve
risotto Italian rice dish (10)
rispondere (*p.p.* **risposto**) (*irreg.*) to answer, reply (8)
risposta answer (19)
ristorante *m.* restaurant (4)
ristrutturare to restore (20)
risultato result, outcome
ritardo delay; **in ritardo** late, not on time (6)
*****ritornare** to return, go back
ritorno return; **al ritorno** having returned, upon returning
ritratto portrait
ritrovare to find (again); *****ritrovarsi** to meet, find oneself
*****riuscire** (**a** + *inf.*) to succeed (in doing something) (21)
rivedere (*p.p.* **riveduto/rivisto**) (*irreg.*) to meet again, to see again (14)
rivista magazine
roccia rock
romanesco: dialetto romanesco Roman dialect

romano
Romanticismo the Romantic Movement
romantico/a (*m. pl.* **romantici**) romantic
romanzo *n.* novel (15)
romanzo/a *adj.* Romance
rompere (*p.p.* **rotto**) (*irreg.*) to break; **rompersi la gamba** to break one's leg (19)
rosa (*invariable*) pink (3)
rosolare to brown
rosso/a red (3)
rotto/a broken
rovinare to ruin
rovinato/a ruined
rovine *f. pl.* ruins (16)
rubare to steal
rumore *m.* noise (8)
rumoroso/a noisy, loud
ruolo part, role
russo/a Russian (3)

S

sabato Saturday (5)
sacco bag, sack; **sacco a pelo** sleeping bag
sacerdote *m.* priest (18)
salame *m.* salami; **salamino** small salami (11)
salato/a salty
salatino cracker
saldo sale (17)
sale *m.* salt (10)
saliente *adj.* important, conspicuous, main
†**salire** (*irreg.*) to climb; to go up; to get (in) (16)
salotto sitting room (17)
salsa sauce (11)
salsiccia sausage
†**saltare** to jump (24)
salutare to greet
salute *f.* health; **salute!** Bless you!; **avere una salute di ferro** to be as strong as an ox (19)
saluto greeting; **Cordiali saluti** Best regards; **Distinti saluti** Yours truly (22)
salvare to save (18)
salvo/a safe
sandalo sandal (4)
sano/a healthy
santo (**san**), **santa** saint; **Santo cielo!** for Heaven's sake!
sapere (*irreg.*) to know; **sapere** + *inf.* to know how (to do something) (9)

sapone *m.* soap (12)
sarto, sarta tailor (13), seamstress
sbagliare to make a mistake (21); *****sbagliarsi** to be mistaken (23)
sbaglio (*pl.* **sbagli**) mistake
scadente *adj.* poor, low quality (18)
scaffale *m.* shelf, set of shelves (2)
scalare to climb
scalinata staircase
scalino step, stair
scambio (*pl.* **scambi**) exchange
scandalo scandal
scarpa shoe (4)
scarpone *m.* heavy boot
scarso/a insufficient, not enough
scatenare to arouse; to unleash
scavo excavation
scegliere (*p.p.* **scelto**) (*irreg.*) to choose (16)
scelta choice (12)
scemo/a stupid
scena scene (9)
scenario (*pl.* **scenari**) scenery, stage setting
†**scendere** (*p.p.* **sceso**) (*irreg.*) to get off, descend
schedina: schedina del Totocalcio soccer lottery ticket
scherzare to joke
scherzo joke
scherzosamente playfully
schiavo, schiava slave
schiena back
sci *m.* ski; skiing
sciare to ski (9)
scientifico/a (*m. pl.* **scientifici**) scientific
scienza science, knowledge
sciocchezza nonsense
sciocco/a (*m. pl.* **sciocchi**) silly, foolish
sciogliere (*p.p.* **sciolto**) to melt
scioglilingua tongue twister
sciopero strike; **fare sciopero** to go on strike (2)
scippatore *m.* purse-snatcher (18)
scolare to drain (10)
scolastico/a (*m. pl.* **scolastici**) academic, scholastic (21)
scomodo/a uncomfortable
*****scomparire** (*p.p.* **scomparso**) (*irreg.*) to disappear
sconto discount (4)
scoperta discovery
scopo purpose, aim
scoprire (*p.p.* **scoperto**) to discover
scorso/a last, past (11)
scrittore *m.*, **scrittrice** *f.* writer

scrivania desk (2)
scrivere (*p.p.* **scritto**) (*irreg.*) to write (8); **scrivere due righe** to drop a line (22); **macchina da scrivere** typewriter
scudo: scudo crociato symbol of the Democrazia Cristiana
scultore *m.*, **scultrice** *f.* sculptor, sculptress (15)
scuola school; **scuola dell'obbligo** compulsory school; **scuola elementare** grade school; **scuola media** junior high school
scuro/a dark
scusare to excuse (3)
se *conj.* if (6)
sebbene *conj.* although (23)
secco/a (*m. pl.* **secchi**) dry
secolo century (14); **nel corso dei secoli** over the centuries
secondo *n.* second course (10); *prep.* according to (15)
secondo/a second
sede *f.* headquarters, seat
*****sedersi** to sit (24)
sedia chair (2)
segnale *m.* sign
segno mark; **farsi il segno della croce** *f.* to make the sign of the cross
segretaria secretary
segreto secret (16)
seguente *adj.* following
seguire to follow (9)
seguito: in seguito as a consequence, afterwards
semaforo traffic light (4)
sembrare to seem
semestre *m.* semester
semplice *adj.* simple
sempre always, all the time; **sempre dritto** straight ahead (5)
senatore *m.*, **senatrice** *f.* senator
sensazione *f.* feeling, sense
sensibile *adj.* sensitive (21)
sentimentale *adj.* sentimental, romantic
sentimento sentiment
sentire to hear; listen to (9); *****sentirsi** to feel (12)
senza *prep./conj.* without; **senza che** + *subjunctive* (23); **senza dubbio** without doubt
separato/a separated
separazione *f.* separation
sepolto/a buried
sera evening; **buona sera!** good evening! (1); **abito da sera** evening dress

serata evening (*descriptive*)
sereno *n. m.* clear weather
sereno/a *adj.* serene
serie *f. s./pl.* series
serio/a (*m. pl.* **seri**) serious
servile *adj.*: **verbi servili** auxiliary verbs
servire to serve (10)
servizio (*pl.* **servizi**) service, set; **servizio di ceramica** china (18)
sesto/a sixth (24)
seta silk
sete *f.* thirst; **avere sete** to be thirsty (5)
settembre *m.* September (5)
settimana week (5)
settimanale *m.* weekly magazine (18)
settimo/a seventh (24)
settore *m.* sector
sezione *f.* section
sfollare to evacuate
sfondo background
sguattero, sguattera kitchen help
sì yes
siamese *adj.* Siamese
siccome *conj.* as, since
siciliano, siciliana person from Sicily (3)
sicuro/a sure
sigaretta cigarette
significare to mean
signore, signora Mr., Sir, Mrs., Lady (1); **Gentile Signore/Signora** Dear Sir/Madam (22)
signorina Miss, young lady (1)
silenzio silence
simile *adj.* similar
simpatico/a (*m. pl.* **simpatici**) nice, likeable (3)
singolare *m.* singular
singolo/a single
sinistra *n.*: **a sinistra** to the left (4); **di sinistra** left-wing (*adj.*) (21)
sinistro/a *adj.* left
sistema *m.* (*pl.* **sistemi**) system (21)
sistemare to fix
situazione *f.* situation
slip *m.* briefs (12)
soave *adj.* gentle
soccorso: pronto soccorso first aid (19)
sociale *adj.* social
socialista *n./adj. m./f. s.* (*m. pl.* **socialisti**) socialist (9)
società *f. s./pl.* society
sociologia sociology
soddisfazione *f.* satisfaction
soffocare to choke, suffocate (20)

soffrire (*p.p.* **sofferto**) to suffer (19)

soggiorno living room (17); stay, sojourn (22)

sognare to dream; **sognare di** + *inf.* to dream about (doing something) (24)

sogno dream

soldo cent; coin; **soldi** money (6); **non avere un soldo** to be broke

sole *m.* sun (5)

*****solere** to be accustomed to (*poet.*)

solito/a usual (10); **di solito** *adv.* usually (8)

solo *adv.* only (5)

solo/a *adj.* alone, by oneself

soltanto only

sonetto sonnet (14)

sonno: avere sonno to be sleepy (5)

sopra *prep.* on, above (8)

soprannominato/a above-mentioned

soprattutto above all (9)

sopravvivere (*p.p.* **sopravvissuto**) (*irreg.*) to survive

sordo/a deaf

sorella sister (13)

sorpresa surprise

sorpreso/a surprised (24)

sorridere (*p.p.* **sorriso**) (*irreg.*) to smile (21)

sorriso smile (12)

sosta *n.* stopover (16)

sostituire (**isc**) to substitute

sottile *adj.* thin

sotto *prep.* under, underneath (8)

sottolineare to underline

spaghetti (*m. pl.*) type of pasta (6)

Spagna Spain

spagnolo/a Spanish; **lo spagnolo** Spanish (language) (3)

spalla shoulder (19); **avere la testa sulle spalle** to have one's head screwed on

sparso/a spread out, strewn

spazio (*pl.* **spazi**) space

spazioso/a spacious

spazzolino: spazzolino da denti toothbrush (12)

specchio (*pl.* **specchi**) mirror (12)

speciale *adj.* special

specialità *f. s./pl.* specialty

*****specializzarsi** to specialize in; to major in

specialmente especially

spedire (**isc**) to send

spedizione *f.* expedition (24)

spendere (*p.p.* **speso**) (*irreg.*) to spend (money) (8)

spegnere (*p.p.* **spento**) (*irreg.*) to turn off (24)

speranza hope (14)

sperare (**di** + *inf.*) to hope (to do something) (8)

spesa: fare la spesa to buy groceries (7)

spesso *adv.* often

spettacolo show (5)

spettatore *m.* spectator; **spettatori** audience (9)

spiaggia beach (20)

spicchio (*pl.* **spicchi**): **spicchio d'aglio** clove of garlic (10)

spiegare to explain

spiegazione *f.* explanation

spinaci *m. pl.* spinach

spirituale *adj.* spiritual

splendere to shine (*not used in compound tenses*)

splendido/a wonderful

sportivo/a sporty, sport

*****sposarsi** to get married (12)

sposo, sposa bridegroom, bride; **abito da sposa** wedding dress (12)

spumante *m.* sparkling wine (10)

spunto cue; idea

squadra team (19)

squillare to ring (telephone)

squisito/a delicious (10)

*****stabilirsi** to settle; to establish oneself (24)

stabilito/a fixed

stadio (*pl.* **stadi**) stadium (4)

stagione *f.* season (5)

stamane (**stamani**) *adv.* this morning (11)

stamattina *adv.* this morning (11)

*****stancarsi** to get tired

stanco/a (*m. pl.* **stanchi**) tired

stanotte *adv.* tonight (7)

stanza room (17)

stare (*p.p.* **stato**) (*irreg.*) to stay; **stare a casa** to stay home; **stare attento/a** to pay attention (7); **stare bene/male** to be well/ill (7); **stare bene a** to suit (someone) (24); **stare in città** to be in the city; **stare per** + *inf.* to be about to (do something) (7); **stare zitto/a** to be quiet (7)

stasera tonight, this evening (6)

stato state, nation; **canale** *m.* **di stato** government-controlled television channel; **certificato di stato libero** certificate of civil status; **Ferrovie dello Stato** Italian Railways (state-owned); **monopolio di stato** state monopoly

statua statue

statura height

stazione *f.* station (4)

stella star

stesso/a same; **te stesso** yourself

stile *m.* style (17)

stirare to iron

stivale *m.* boot (4)

stomaco stomach, tummy; **a stomaco vuoto** on an empty stomach (19)

storia history (9)

storico/a (*m. pl.* **storici**) historic

strada road, street (4)

straniero, straniera *n.* foreigner; *adj.* foreign (13)

strano/a strange (23)

straordinario/a (*m. pl.* **straordinari**) extraordinary; **niente di straordinario** nothing special (17)

strazio (*pl.* **strazi**) torment

stretto/a tight (8)

strofa stanza (of poetry)

struttura structure

studente *m.*, **studentessa** student (2)

studio (*pl.* **studi**) studies

studiare to study (6)

studioso, studiosa *n.* scholar (14); *adj.* studious

stupido/a stupid

su *prep.* on, upon (8)

subire (**isc**) to undergo

subito *adv.* at once, right away (10)

*****succedere** (*p.p.* **successo**) (*irreg.*) to happen (19); **è successo il finimondo** all hell broke loose

successivo/a next

successo success (9)

sud *m.* south

sufficiente *adj.* sufficient

suffisso suffix

suggerimento suggestion

suggestivo/a suggestive, charming

sugo (*pl.* **sughi**) sauce; **al sugo** with sauce (11)

suonare to play (an instrument) (6); to ring (15)

suora nun, sister

superare to overcome, surpass (21)

superiore *adj.*: **scuola superiore** senior high school

superlativo superlative

supermercato supermarket

supplementare *adj.* additional

*****susseguirsi** to follow one another

*****svegliarsi** to wake up (12)

*****svilupparsi** to develop

svizzera Switzerland (7)

svizzero/a Swiss

T

tabaccheria tobacco shop
tabella list, table
tacchino turkey
tacco (*pl.* **tacchi**) heel
tagliare to cut (10); **tagliarsi le unghie** to cut one's nails (12)
tanto *adv.* so, as (7)
tanto/a *adj.* so much, such a lot of (7)
tappa pause, stop
tardi late (6); **più tardi** later on (7)
tascabile *adj.* pocket
tasca pocket
tassa tax (21)
tassì *m. s./pl.* taxi (10)
tavola dinner table; **a tavola!** dinner is ready!; **apparecchiare la tavola** to set the table (10)
tavolino small table, end table (17)
tavolo table; desk (2)
tazza cup, mug; toilet bowl (17)
tazzina small cup; coffee cup (*in Italy*) (10)
tè *m.* tea
teatro theater (9)
tecnico (*pl.* **tecnici**), **tecnica** *n.* technician; *adj.* technical
tecnologico/a (*m. pl.* **tecnologici**) technological
tedesco/a (*m. pl.* **tedeschi**) German; **il tedesco** German language (3)
tegame *m.* pan, saucepan
telefilm *m.* telefilm (18)
telefonare to telephone, call (6)
telefonata telephone call (2); **telefonata interurbana** long-distance call (7)
telefonico/a (*m. pl.* **telefonici**) telephonic, telephone; **cabina telefonica** telephone booth; **elenco telefonico** telephone directory (2)
telefono telephone (2)
telegiornale *m.* television newsreel, news
telegramma *m.* (*pl.* **telegrammi**) telegram
teleselezione *f.* direct dialing
teletrasmettere (*p.p.* **teletrasmesso**) (*irreg.*) to telecast (9)
televisione *f.* television; **alla televisione** on television; **Televisione a colori** color TV (5)
televisivo/a television (5)
televisore *m.* television set (2)
tema *m.* (*pl.* **temi**) composition; theme (14)

temere to fear
temperatura temperature (5)
tempesta storm, tempest
tempio (*pl.* **templi**) temple
tempo time (8); weather (5); tense; **che tempo fa?** what is the weather like? (5); **perdere tempo** to waste time (8); **un tempo** long time ago; **ai nostri tempi** in our days (14)
temporale *m.* thunderstorm (5)
tenda tent (16)
tenente *m.* lieutenant
tennis *m.* tennis (6)
tennista *m./f.* (*m. pl.* **tennisti**) tennis player (9)
tenore *m.* tenor
teoria theory
terme *f. pl.* hot springs, spa (19)
terra earth; land, country; soil (15)
terrazzo terrace, balcony
terreno land
terriero/a: proprietario terriero landowner
territorio (*pl.* **territori**) territory (24)
terzo/a third (24)
tesoro treasure, darling
tessera card
testa head (19); **avere la testa sulle spalle** to have one's head screwed on
testimone *n. m./f.* witness
tifoso, tifosa fan (19)
tipico/a (*m. pl.* **tipici**) typical
tipo kind, type; guy, gal, fellow (3)
tirare: tira vento it's windy (5)
titolo title
tivvù *f.* pronunciation of TV (5)
toccare to touch; **tocca a te** it's your turn (19)
tomba grave (9)
topo mouse; **topolino** little mouse (2)
*****tornare** to go back, return (6)
torrente *m.* stream
torta cake, pie (10)
tortellini type of pasta (10)
torto: avere torto to be wrong (5)
toscano, toscana *n. m./f.* Tuscan person; *n. m.* Tuscan dialect; *adj.* Tuscan
totale *m.* total
totocalcio *m. s.* soccer pools
tovaglia tablecloth (10)
tra *prep.* among, between; in, within (5); **tra poco** in a little while (20)
traccia sign, trace
tradizionalista *m./f.* (*m. pl.* **tradizionalisti**) traditionalist (9)

tradizione *f.* tradition
traduttore *m.*, **traduttrice** *f.* translator
traffico traffic (8)
tragedia tragedy
traghetto ferry boat (16)
tram *m.* street car
trama plot (23)
tranquillo/a quiet, calm (8)
trapassato: trapassato prossimo past perfect
trasferimento transfer (22)
*****trasferirsi** (**isc**) to move (*to another place*)
trasformare to transform
trasformazione *f.* transformation
trasmettere (*p.p.* **trasmesso**) (*irreg.*) to broadcast
trasporto transportation
Trastevere: a Trastevere in the picturesque section of Rome (across the Tiber) (11)
trattare to discuss, deal with
trattato treatise
tratto part, segment; **ad un tratto** suddenly
trattoria family restaurant (10)
tremare to tremble, shake
treno train; **in treno** by train (6)
trentino, trentina person from Trento
triangolo triangle
triglia: far l'occhio di triglia to make eyes at
trionfo triumph (9)
triste *adj.* sad (21)
tromba trumpet
troppo *adv.* excessively, too (3)
troppo/a *adj.* too much (7)
trota trout (20)
trottare (**trotterellare**) to trot along
trovare to find; *****trovarsi** to be situated; to get along (13); **venire a trovare** to visit, come for a visit, **andare a trovare** to go and see (somebody) (13)
*****truccarsi** to put makeup on (12)
turista *m./f.* (*m. pl.* **turisti**) tourist (9)
turistico/a (*m. pl.* **turistici**) tourist, touristic; **centro turistico** tourist resort
tuttavia however, yet
tutti *pron.* everybody, everyone
tutto *pron.* everything; **tutto esaurito** all sold out; no vacancy (16)
tutto/a *adj.* all, the whole; every; each; **tutti i giorni** every day (5);

tutta la vita (one's) whole life; **tutti i gusti son gusti** there is no accounting for taste (18)
TV *f.* television

U

ubbidire: *see* **obbedire**
ubriacone *m.* drunkard (18)
uccello bird (20)
***uccidere** (*p.p.* **ucciso**) (*irreg.*) to kill (20)
ufficiale *adj.* official
ufficio (*pl.* **uffici**) office (2); **ufficio postale** post office (4)
uguaglianza equality
uguale *adj.* alike, the same
ulivo (**olivo**) olive tree
ultimo/a last (5); newest; **all'ultima moda** in the latest fashion (8)
umanista *n./adj. m./f. s.* (*m. pl.* **umanisti**) humanist
umanistico/a (*m. pl.* **umanistici**) humanistic
umano/a human
umore *m.* mood (24)
umorismo humor
unghia nail; **tagliarsi le unghie** to cut one's nails (12)
unico/a (*m. pl.* **unici**) only
unificazione *f.* unification
unire to unite
unità unity
unito/a united
università *f. s./pl.* university (2)
universitario/a (*m. pl.* **universitari**) university
uomo (*pl.* **uomini**) man (24); **uomo/donna d'affari** businessman, businesswoman (15)
uovo (*pl.* **le uova**) egg (17)
urlo (*pl.* **le urla**) cry, howl
urlare to scream (21)
usanza custom
usare to use
***uscire** (*irreg.*) to go out; to leave; **uscire di casa** to leave the house (9)
uso use
uva grape (20)

V

vacanza holiday, vacation (5); **in vacanza** on vacation (7)
vago/a (*m. pl.* **vaghi**) vague
vagone *m.:* **vagone letto** sleeping car
valico (*pl.* **valichi**) pass
valido/a valid
valigia suitcase (12)
valle *f.* valley (16)

vampiro vampire
vantaggio (*pl.* **vantaggi**) advantage
vaporetto waterbus (*in Venice*); ferry
variare to change, vary
variazione *f.* variation
varietà *f. s./pl.* variety
vario/a (*m. pl.* **vari**) different; several (24)
vasca bathtub (17)
vecchio (*pl.* **vecchi**), **vecchia** *n.* old man, old woman; *m. pl.* old people (3); *adj.* old
vedere (*p.p.* **veduto/visto**) (*irreg.*) to see (8)
vegetariano/a vegetarian (20)
veloce *adj.* fast, quick
vendere to sell; **vendesi** for sale (8)
vendetta revenge (23)
venerdì *m.* Friday (5)
Venere *f.* Venus
veneto/a of the region of Veneto
***venire** (*p.p.* **venuto**) (*irreg.*) to come (11); **venire a trovare** to come for a visit (13)
ventina about twenty (13)
vento wind; **tira vento** it's windy (5)
verbo verb
verde *adj.* green (3)
verdura vegetables
verità *s./pl.* truth (16)
vero *n. m.* truth (4)
vero/a *adj.* true
versare to pour
verso *n.* line, verse; *prep.* toward; against (24)
vestire to dress; ***vestirsi** to get dressed (12)
vestito dress (4)
Vesuvio Mt. Vesuvius (16)
veterinario (*pl.* **veterinari**) veterinary surgeon (15)
vetrina shop window (17)
vetro glass
via *n.* street, way; *adv.* away; **andare via** to go away (11)
viaggiare to travel (6)
viaggio (*pl.* **viaggi**) journey; **agenzia di viaggi** travel agency (6); **fare un viaggio** to take a trip (7); **viaggio di nozze** honeymoon (12)
viale *m.* avenue, boulevard
vicino *adv.* near; **qui vicino** nearby (4)
vicino/a *adj.* near, close
vietare to forbid, prohibit (20)
vigile *m.* local policeman, traffic cop
vigna vineyard (16)
vignetta cartoon
vigore *m.* strength (19)
villa country house, villa (14)

villaggio (*pl.* **villaggi**) village
vincere (*p.p.* **vinto**) (*irreg.*) to win (19)
vino wine (10)
violinista *m./f.* (*m. pl.* **violinisti**) violinist (9)
violino violin
visita visit; **fare una visita** to visit (8)
visitare to visit (14)
vista: **punto di vista** point of view; **in vista di** in view of (22)
vita life; **vita cittadina** city life (20)
vitamina vitamin
vite *f.* grapevine (20)
vitella veal
vivace *adj.* lively
***vivere** (*p.p.* **vissuto**) (*irreg.*) to live; **vivere in città** to live in the city (8); **vivere da signori** to live in grand style (15)
vivo/a alive; **farsi vivo/a** to give news of oneself (22)
vocabolario (*pl.* **vocabolari**) dictionary
vocabolo word, term
vocale *f.* vowel
voce *f.* voice (24); **ad alta voce** out loud
volare to fly
volentieri *adv.* with pleasure, willingly (7)
volere (*irreg.*) to want (10); **voler bene a** to love (a person) (13); **voler dire** to mean (14)
volgare *n. m.* vernacular; *adj.* common, vulgar
volo flight
volpe *f.* fox
volta time, occasion (7); **qualche volta** sometimes; **una volta** once; **c'era una volta** once upon a time (there was)
vólto face
vongola clam
votare to vote (21)
voto vote; grade; **un bel/brutto voto** a good/bad grade (20)
vulcano volcano
vuoto/a empty

Z

zebra zebra
zero zero
zio, zia (*m. pl.* **zii**) uncle, aunt
zitto/a silent; **stare zitto/a** to be quiet (7)
zoccolo clog
zoo zoo
zucca pumpkin
zucchero sugar
zuppiera soup tureen

English–Italian Vocabulary

A

able capace; **to be able to** potere (*irreg.*)

about circa; di; **to be about to** (**do something**) stare per + *inf.*

above: **above all** soprattutto

abroad all'estero

academy accademia

accent accento

to accept accettare

accountant ragioniere *m.*, ragioniera

to act (**out**) recitare

actor, actress attore *m.*, attrice *f.*

A.D. d.C. (dopo Cristo)

address indirizzo

advanced avanzato/a

advertising *n.* pubblicità; *adj.* pubblicitario/a (*m. pl.* pubblicitari)

advice consiglio (*pl.* consigli)

to advise consigliare

adult adulto; **as an adult** da grande

affection affetto

affectionate affettuoso/a

after dopo, poi

afternoon pomeriggio; **in the afternoon** nel pomeriggio

again di nuovo; **not . . . again** non... più

age età

agency: **travel agency** agenzia di viaggi

ago fa; **a long time ago** molto tempo fa

to agree *andare (*irreg.*) d'accordo

agreed d'accordo

agreement accordo

ahead avanti; **straight ahead** sempre dritto

aid: **emergency first aid** pronto soccorso

all *pron.* tutto; *adj.* tutto/a; **above all** soprattutto; **all right** va bene; **not at all!** macché!

to allow permettere (*p.p.* permesso) (*irreg.*) (di + *inf.*); lasciare (+ *inf.*)

almost quasi

a lot *adj.* molto/a; *adv.* molto (*invariabile*)

already già

also anche

although benché, sebbene, per quanto

always sempre

ambulance ambulanza, autoambulanza

American *n.* americano, americana; *adj.* americano/a

among fra, tra

amusing divertente

and e, ed (*before vowels*)

ankle caviglia

answer risposta

to answer rispondere (*p.p.* risposto) (*irreg.*)

any *pron./adj.* alcuni/e *pl.*; *adj.* qualche, qualunque *s.*

anyone qualcuno

anything niente (*negative*), qualcosa (*interrogative*)

apéritif aperitivo

to appreciate gradire (isc)

approximately circa

architect architetto, architetta

area: **area code** prefisso

arm braccio (*pl.* le braccia)

armchair poltrona

to arrive *arrivare

art arte *f.*

artichoke carciofo

article articolo

artist artista *m./f.* (*m. pl.* artisti)

artistic artistico/a (*m. pl.* artistici); **artistic work** opera

as così, come; **as . . . as** così... come, tanto... quanto; **as soon as** appena; **as soon as possible** al più presto; **as well** anche

to ask chiedere (*p.p.* chiesto) (*irreg.*), domandare; **to ask a question** fare una domanda

asparagus asparagi *pl.*

aspirin aspirina

astronaut astronauta *m./f.* (*m. pl.* astronauti)

at in, a; **at least** almeno; **at night** di notte

to attain raggiungere (*p.p.* raggiunto) (*irreg.*)

attention attenzione *f.*

automobile automobile, macchina

B

baby bambino, bambina

bad *adj.* cattivo/a; *adv.* **badly** male; **too bad** peccato

bag borsa; busta; **plastic bag** busta di plastica

baked al forno

ballerina ballerina

bank banca

baptism battesimo

Baroque (**period**) Barocco (*XVII century*)

bathroom bagno

bathtub vasca da bagno, vasca

to be *essere (*p.p.* stato); **to be** (*physically*) *stare (*irreg.*); **how are they?** come stanno? **how is it going? how are things?** come va? **it's sunny** c'è il sole; **to be a . . .** + *profession* fare il/la + *profession*; **to be able to** potere (*irreg.*) + *inf.*; **to be about to** (**do something**) *stare per (+ *inf.*); **to be afraid** avere paura; **to be angry** *essere arrabbiato; **to be cold** (**weather**) fare freddo; **to be cool** (**weather**) fare fresco; **to be hot** (**weather**) fare caldo; **to be hot** avere caldo; **to be hungry** avere fame *f.*; **to be necessary** *bisognare (*impersonal verb*); **to be pleasing** *piacere (*p.p.* piaciuto) (*irreg.*); **to be quiet/still** *stare fermo/a; **to be right** avere ragione *f.*; **to be silent** *stare zitto/a; **to be sorry** *dispiacere (*p.p.* dispiaciuto) (*irreg.*); **I'm sorry** mi dispiace; **to be sleepy** avere sonno; **to be thirsty** avere sete *f.*; **to be well/ill** *stare bene/male; **to be wrong** avere torto; **to be . . . years old** avere... anni; **today is . . .** oggi ne abbiamo... **what is your name?** come ti chiami/si chiama?

B.C. a.C. (avanti Cristo)

beach spiaggia

beautiful bello/a

to become *diventare

bed letto

bedroom camera da letto, camera

beer birra

before *adv.* prima; **shortly before** poco prima; *prep.* davanti

to begin †cominciare (a) †iniziare (a)

beginning inizio (*pl.* inizi)

to behave *comportarsi

behind dietro a

to believe credere (*irreg.*)

better *adj.* migliore; *adv.* meglio; **the best** il migliore

between fra, tra

bicycle bicicletta; **by bicycle** in bicicletta

bicycling ciclismo
big grande; grasso/a
bikini bikini *m.*
bill conto; **to write up the bill** fare (*p.p.* fatto) (*irreg.*) il conto
bird uccello
birthday compleanno
bit: a bit of time un po' di tempo
black nero/a
blackboard lavagna
blasted maledetto
blender frullatore *m.*
to bless benedire (isc); **Bless you!** Salute!
blonde biondo/a
blouse camicetta
blow botta
to blow out spegnere (*p.p.* spento) (*irreg.*)
blue blu (*invariable*); **light blue** azzurro/a
boarding: boarding house pensione *f.*
boat barca; **by boat** in barca
body corpo
boiled: boiled meat lesso
to bomb bombardare
to bombard bombardare
book libro; **date book** agenda; **phone book** elenco telefonico (*pl.* elenchi telefonici); **mystery book** libro giallo
bookshelves libreria
bookstore libreria
boot stivale *m.*
boredom noia
born: to be born *nascere (*p.p.* nato) (*irreg.*)
bottle bottiglia
boy ragazzo; **darling baby boy** maschietto; **my boy friend** il mio ragazzo
bread pane *m.*; **whole wheat bread** pane integrale
to break rompere (*p.p.* rotto) (*irreg.*); **to break one's leg/arm** *rompersi una gamba/un braccio
breakfast colazione *f.*
breast: chicken breast petto di pollo
to breathe respirare
bricklayer muratore *m.*
bride sposa; **pretty young bride** sposina
bridge ponte *m.*
brief breve
to bring portare
to broadcast teletrasmettere (*p.p.* teletrasmesso) (*irreg.*); **broadcast live** teletrasmettere in diretta
brother fratello

brown marrone
brunette bruno/a
brunettes brune *f. pl.*
to build costruire (isc)
bus autobus *m.*; pullman *m.*; **by city bus** in autobus; **by intercity bus** in pullman
businessman, businesswoman uomo (*pl.* uomini)/donna d'affari
busy occupato/a
butter burro
to buy comprare
by da

C

café bar *m.*, caffè *m.*
cake dolce *m.*, torta
calendar calendario
to call chiamare; **to call oneself** *chiamarsi; **to call up/phone** telefonare
call: telephone call telefonata; **long distance call** telefonata interurbana
can (do something) potere (*irreg.*) (+ *inf.*)
Canadian canadese *n./adj. m./f.*
canteloupe melone *m.*
canto canto
cap berretto
capable bravo (*used only for people or animals*)
cappuccino cappuccino (*milk with espresso coffee*)
car macchina, automobile *f.*; **by car** in macchina
card: credit card carta di credito
carefully con cura
cassette nastro, cassetta; **cassette player** registratore *m.*
to celebrate festeggiare
center centro
century secolo
certainly certo, certamente
chair sedia
chalk gesso
change (money) moneta; resto
to change *cambiare
channel canale *m.*
charming incantevole, affascinante
to chase away mettere in fuga (*p.p.* messo) (*irreg.*)
cheese formaggio (*pl.* formaggi)
chicken pollo; **chicken breast** petto di pollo
chili pepper peperoncino
choice scelta
to choose scegliere (*p.p.* scelto) (*irreg.*)

Christmas Natale *m.*
chubby grassottello/a
church chiesa; **small church** chiesetta
city città
civil civile
class lezione *f.*, classe *f.*
classroom aula, classe
to clean pulire (isc)
clerk impiegato, impiegata (*white collar worker*)
to climb *salire
clinic clinica; **health clinic** casa di cura
clock orologio (*pl.* orologi)
to close chiudere (*p.p.* chiuso) (*irreg.*)
cloth: table cloth tovaglia
clothing abbigliamento
clove: garlic clove spicchio (*pl.* specchi) d'aglio
coast: Emerald Coast Costa Smeralda (*in Sardinia*)
coat giacca; **winter coat** cappotto
code: area code prefisso
coin moneta
coke Coca-Cola
cold raffeddore *m.*; **to have a cold** avere il/un raffreddore
colony colonia
color colore *m.*; **what color is it?** di che colore è?
to comb pettinare; **to comb one's hair** *pettinarsi
to come *venire (*p.p.* venuto) (*irreg.*); **to come to see** venire a trovare
comfortable comodo/a
communist comunista *n./adj. m./f.* (*m. pl.* comunisti)
to complain (about) *lamentarsi (di)
composer compositore *m.*
to concern: as far as I'm concerned per me
concert concerto
to conduct dirigere (*p.p.* diretto) (*irreg.*)
conductor direttore *m.* d'orchestra
to confuse confondere (*p.p.* confuso) (*irreg.*)
congressman deputato
conservative tradizionalista *m./f.* (*m. pl.* tradizionalisti)
to continue continuare (a + *inf.*)
to convey: to convey the results comunicare il risultato
to cook cucinare (*to prepare food*); cuocere (*to cook over heat*) (*p.p.* cotto) (*irreg.*)
cordials liquore *m.*
cornmeal mush polenta
to cost *costare

costume costume *m.*

couch divano; **leather couch** divano di pelle

country paese *m.*; nazione *f.*; **country house** casa di campagna; **fellow countryman** paesano; **countryside** campagna

couple coppia

course corso (*of study*); **to take a course** seguire un corso; **first course** primo piatto; **of course!** certo!

crafty furbo/a

cream panna; **whipped cream** panna montata

credit: **credit card** carta di credito

crime delitto

croissant cornetto

to cry piangere (*p.p.* pianto) (*irreg.*)

cucumber cetriolo

cunning furbo/a

cup tazza; **demitasse cup** tazzina

to cure curare; *guarire (isc)

custom costume *m.*

to cut tagliare; **to cut oneself** tagliarsi; **to cut one's fingernails** tagliarsi le unghie

cute carino/a

cyclist ciclista *m./f.* (*m. pl.* ciclisti)

D

daily (paper) quotidiano

damage danno

to dance ballare

darling caro/a; **what a darling!** che tesoro!

dark scuro/a, **dark-haired** bruno/a

darned maledetto/a

date data; appuntamento; **what's today's date?** quanti ne abbiamo oggi?; **date-book** agenda

daughter figlia

day giorno; giornata (*to indicate quality and duration*); **New Year's Day** capodanno; **in our days/time** ai nostri tempi

deadly *adj.* mortale

dear caro/a, bello/a

degree grado; **university degree** laurea

delicious squisito/a; **delicious!** una delizia!

to demand esigere (*p.p.* esatto)

demitasse: **demitasse cup** tazzina

demonstration manifestazione *f.*

dentist dentista *m./f.* (*m. pl.* dentisti)

to depart *partire

department (school) facoltà

depressed depresso/a

desk scrivania; **student desk** banco (*pl.* banchi)

dessert dolce *m.*

detergent detersivo

to dial (a phone number) fare (*p.p.* fatto) (*irreg.*) il numero di telefono

dictionary dizionario (*pl.* dizionari)

to die *morire (*p.p.* morto)

diet dieta; **to be on a diet** essere a dieta

dinner pranzo; **supper** cena; **dinner time** ora di cena

direction direzione *f.*; regia (*of a film or theatrical work*)

director direttore *m.*; **movie director** regista *m./f.* (*m. pl.* registi)

discotheque discoteca

discount sconto; **a 10% discount** uno sconto del dieci per cento; **discount sale** saldi *m. pl.*

dish piatto; **a rice dish** risotto; **main dish** secondo piatto

dishwasher lavastoviglie *f./pl.*

distance: **long distance call** telefonata interurbana

distinguished egregio/a (*m. pl.* egregi)

divided diviso/a

division divisione *f.*

divorce divorzio (*pl.* divorzi)

to do fare (*p.p.* fatto) (*irreg.*); **things to do** cose da fare; **to do homework** fare i compiti; **to do some good** fare bene a

doctor dottore *m.*, dottoressa; medico (*pl.* medici)

documentary documentario (*pl.* documentari)

dollar dollaro

dolphin delfino

to dominate dominare

domination dominazione *f.*

door porta

double doppio/a; **double room** camera matrimoniale

to doubt dubitare di; **to doubt that** dubitare che

down giù; sotto; **down there** laggiù

downtown centro

to drain scolare

dramatic drammatico/a (*m. pl.* drammatici)

to dream (of doing something) sognare di + *inf.*)

dress vestito; **wedding dress** abito da sposa

to dress vestire; **to get dressed** *vestirsi; **to dress a salad** condire (isc)

to drink bere (*p.p.* bevuto) (*irreg.*)

to drive guidare; andare in macchina

driver: **driver's license** patente *f.* di guida, patente

to drop: **to drop a line** scrivere (*p.p.* scritto) (*irreg.*) due righe

to drown *affogare

drunkard ubriacone *m.*

to dry asciugare; **to dry oneself** *asciugarsi

dry asciutto/a

dumpling agnolotti *pl.*

E

ear orecchio (*pl.* le orecchie)

to earn guadagnare

earring orecchino

to eat mangiare

ecology ecologia

economy economia

egg uovo (*pl.* le uova)

eighth ottavo/a

elderly anziano/a

elections elezione *f.*

electrician elettricista *m./f.* (*m. pl.* elettricisti)

elegant elegante; **very elegant** elegantissimo/a

embassy ambasciata

embrace abbraccio (*pl.* abbracci)

to embrace abbracciare

Emerald: **Emerald Coast** Costa Smeralda (*in Sardinia*)

to emigrate *emigrare

empire impero

employer datore *m.* di lavoro

empty vuoto/a

enchanting incantevole

engineer ingegnere *m.*

English inglese

enough abbastanza

to enroll (in) *iscriversi (*p.p.* iscritto) (*irreg.*)

to enter *entrare (in)

environment ambiente *m.*

equipment attrezzatura

espresso (coffee) espresso

even perfino, anche; **not even** neanche, non... nemmeno

evening sera; **in the evening** di sera

ever mai

everyday tutti i giorni; ogni giorno

everyone ognuno, tutti/e *pl.*

everything tutto, ogni cosa

to exaggerate esagerare; **how you do carry on/go on!** esagerato/a!

exam esame *m.*

excellent eccellente, ottimo

except eccetto
to exchange cambiare; scambiare
exciting bello
to excuse scusare; **excuse me!** scusa!/
   scusi!
exhibition mostra
to exit *uscire (*irreg.*)
to expect *aspettarsi
expedition spedizione *f.*
expensive caro/a
explorer esploratore *m.*
eye occhio (*pl.* occhi)
eye doctor oculista *m./f.* (*m. pl.* oculisti)

F

face faccia
facility attrezzatura
factory fabbrica
fall caduta
to fall *cadere; **to fall asleep**
   *addormentarsi; **to fall in love**
   *innamorarsi
famous famoso/a, noto/a
fan tifoso/a
far *adj.* lontano/a; *prep.* lontano da; **as**
   far as fino a; **as far as I'm concerned**
   per me
fashion moda; **in fashion** di moda; **in**
   the latest fashion all'ultima moda
fast *n.* digiuno; **on a fast, fasting** a
   digiuno
fascinating affascinante
fascist fascista *m./f.* (*m. pl.* fascisti)
fat grasso/a
father padre *m.*
favor favore *m.*
to fear temere
to feed dare (*p.p.* dato) (*irreg.*) da
   mangiare a
to feel *sentirsi
fellow: fellow countryman paesano
ferryboat traghetto
fever febbre *f.*
few: a few *pron./adj.* alcuni/e, pochi/e
   pl.; *adj.* qualche *s.*
fiancé, fiancée fidanzato, fidanzata
field campo
fifth quinto/a
fight litigio (*pl.* litigi)
to fight combattere
to fill one's pockets *riempirsi le
   tasche
to find trovare; **to find a place** trovare
   posto
fine! va bene! bene!
finger dito (*pl.* le dita)

fingernail unghia
to finish †finire
first *adj.* primo/a; *adv.* prima
   (*invariable*); **first name** nome *m.*
fish pesce *m.*; **poached fish** pesce lesso
to fit (well) stare bene a
to fix fissare (*to stare*); riparare (*to
   repair*)
fixed stabilito/a, fisso/a; **fixed price**
   prezzo fisso
flatware posate (*f. pl.*)
Florentine fiorentino/a
flu influenza
to fly volare; andare in aereo
fog nebbia
foggy: it's foggy c'è nebbia
folks ragazzi
follow seguire
foot piede *m.*; **on foot** a piedi
for per
to forbid vietare
forced (to) costretto/a (a)
foreign straniero/a
to forget dimenticare, *dimenticarsi
   (di + *inf.*)
fork forchetta
foul: foul language parolaccia
to found fondare
foundation fondazione *f.*
founding fondazione *f.*
fountain fontana
fourth quarto/a
fracture frattura
free libero/a; gratuito/a
French francese *n./adj. m./f.*
fresco affresco (*pl.* affreschi)
fresh fresco/a (*m. pl.* freschi)
Friday venerdì *m.*
from da; **where are you from?** di dove
   sei/è?
front: in front davanti a
fruit frutta; **fruit salad** macedonia di
   frutta
full (of) pieno/a (di)
fun divertente *adj.*
to function funzionare
fur pelliccia
furniture mobile *m.*
future futuro

G

garden giardino
garlic aglio (*pl.* agli)
gasoline benzina
gendarme carabiniere *m.*
geography geografia

German *n.* tedesco (*pl.* tedeschi),
   tedesca; *adj.* tedesco/a
to get: to get along well trovarsi bene;
   to get angry *arrabbiarsi; **to get a**
   degree *laurearsi; **to get a place**
   trovare posto; **to get bored**
   *annoiarsi; **to get dressed** *vestirsi;
   to get married *sposarsi; **to get up**
   *alzarsi; **have you got . . . ?** ce
   l'ha...? (*colloquial*)
girl ragazza; **my girlfriend** la mia
   ragazza
to give dare (*irreg.*); **to give a hand**
   dare una mano; **to give a party** dare
   una festa; **to give as a gift** regalare;
   to give a present fare (*p.p.* fatto)
   (*irreg.*) un regalo; **to give a ride** dare
   un passaggio; **to give back** restituire
   (isc)
gladly volentieri
glass (*drinking*) bicchiere *m.*
to go *andare (*irreg.*); **to go back**
   *tornare; **to go by** *passare; **to go**
   camping fare (*p.p.* fatto) (*irreg.*) un
   campeggio; **to go out** *uscire; **to go**
   shopping fare la spesa; **to go visit**
   *andare a trovare
God Dio
goodness! caspita!
good bravo, buono; **good heavens, no!**
   per carità!
good-bye ciao, arrivederci, arrivederLa
gorgeous bello/a
grandchild nipote *m./f.*; **young**
   grandchildren nipotini
grandfather nonno
grandmother nonna
grandparents nonni
grapes uva
great! benissimo!
gram grammo; **100 grams** etto (*about*
   3.5 oz.)
grammar grammatica
to grasp *rendersi (*p.p.* reso) (*irreg.*)
   conto di; *accorgersi di (*p.p.*
   accorto) (*irreg.*)
Greece Grecia
Greek *n.* greco (*pl.* greci); greca; *adj.*
   greco/a
green verde *m./f.*
to greet salutare; **to send greetings/**
   proffer good wishes fare (*p.p.* fatto)
   (*irreg.*) gli auguri
greetings saluti
grilled alla griglia
groom sposo
to grow *crescere (*p.p.* cresciuto)
   (*irreg.*)

guest ọspite *m./f.*
guide guida; **guide-book** guida *m./f.*
guy ragazzo

H

hair capelli (*m. pl.*)
hairdo pettinatura
hairdresser parrucchiere *m.*,
  parrucchiera
half *n.* mezzo; *adj.* mezzo/a
ham prosciutto
hand mano (*pl.* le mani); **on the other
  hand** invece
to happen succẹdere (*p.p.* successo)
  (*irreg.*)
happiness felicità
to harvest raccọgliere (*p.p.* raccolto)
  (*irreg.*)
to hate odiare
to have avere (*p.p.* avuto) (*irreg.*); **to
  have a good time** *divertirsi; **to
  have breakfast** fare (*p.p.* fatto)
  (*irreg.*) colazione *f.*; **to have
  something done/someone do
  something** fare + *inf.*; **to have to**
  dovere (*irreg.*)
head capo; testa
headache mal di testa; **my headache
  is gone** mi è passato il mal di testa
to heal †guarire (isc)
health salute *f.*
to hear sentire, ascoltare
heart cuore *m.*; **by heart** a memọria;
  heart trouble mal di cuore; **with all
  my heart** di cuore
heavens: good heavens! santo cielo!;
  good heavens, no! per carità!
hello ciao; pronto (*on the phone*); **to
  say hello** salutare
to help aiutare; **how may I help you?**
  desidera?
here qui, qua; **here is/are** ecco
hi! ciao!
high alto/a
highway autostrada
hill colle *m.*
historical stọrico/a (*m. pl.* storici)
history stọria
to hit colpire (isc)
holiday festa, vacanza
home casa
honeymoon viạggio di nozze
hope speranza
to hope augurarsi (di + *inf.*), sperare
  (di + *inf.*)
horse cavallo; **on horseback** a cavallo

hospital ospedale *m.*
hospitality ospitalità
host: show host presentatore *m.*,
  presentatrice *f.*
hot caldo; **to be hot** avere caldo; **to be
  hot (weather)** fare caldo
hotel albergo (*pl.* alberghi); **small
  hotel** alberghetto
hour ora; **rush hour** ora di punta
house casa; **boarding house** pensione *f.*
housewife casalinga
how come; **how are you?** come stai/
  sta?; **how come?** come mai?; **how is
  it going?** come va?; **how is he/she?**
  come sta? **how is it? what is he/
  she/it like?** com'è? **how long**
  quanto; **how long does it take
  to . . . ?** quanto ci vuole per...?; **how
  many?** quanti/e; **how much?**
  quanto/a; **how much are . . . ?**
  quanto fa...? (*mathematics*)
hug abbrạccio (*pl.* abbracci)
to hug abbracciare
human umano/a
humanities lẹttere
hunter cacciatore *m.*
to hurry fare (*p.p.* fatto) (*irreg.*) presto
to hurt far (*p.p.* fatto) (*irreg.*) male a
husband marito

I

ice cream gelato
idea idea
if se
ill malato/a; **to be ill** stare male
illness malattịa
illusion illusione *f.*
image immạgine *f.*
to imagine immaginare; **just imagine!**
  figurati!
to impress fare (*p.p.* fatto) (*irreg.*) bella
  figura
to improve migliorare
in in; fra (+ *time expression*) **in the
  morning** di mattina
industrialization industrializzazione *f.*
inhabitant abitante *m.*
to inquire indagare
instead invece
intelligent intelligente
interesting interessante; divertente
interpreter interprete *m./f.*
to introduce presentare
to investigate indagare
invitation invito
to invite invitare

Italian *n.* italiano, italiana; *adj.*
  italiano/a
Italy Italia
itinerary itinerạrio (*pl.* itinerari)

J

jacket giacca
Japanese *n./adj. m./f.* giapponese
jealous geloso/a
jewel, jewelry gioiẹllo
journalist giornalista *m./f.* (*m. pl.*
  giornalisti)
judge giụdice *m.*
to jump saltare
just *adv.* proprio

K

to keep: to keep quiet stare zitto/a
to kill ammazzare; uccịdere (*p.p.*
  ucciso) (*irreg.*)
kilogram chilo (*about two pounds*)
kitchen cucina
kiss bạcio (*pl.* baci); **big kiss** bacione
  m.
knee ginọcchio (*pl.* le ginocchia)
knife coltello
to know conọscere (*p.p.* conosciuto)
  (*irreg.*) (*a person/place*); sapere
  (*irreg.*) (*a fact*); **to know how to**
  sapere + *inf.*
known noto/a

L

to lack mancare
lady signora; **little old lady**
  vecchietta; **young lady** signorina
lamb agnello
lamp lạmpada
land terra; **land surveyor** geọmetra *m.*
  (*pl.* geọmetri)
landowner proprietạrio (*pl.* proprietari)
  terriero
language linguạggio; **foul language**
  parolạccia
large grande
last scorso/a; ụltimo/a; **last name**
  cognome *m.*; **at last** finalmente
to last durare
late tardi; **it's late** è tardi (*when the
  subject is implied*), è in ritardo
  (*when the subject is an agent*); **later**
  più tardi

laugh risata; **to have a good laugh** farsi (*p.p.* fatto) (*irreg.*) quattro risate
law legge *f.*; **Law School** Facoltà di Legge
lawyer avvocato, avvocatessa
to learn imparare
least: at least almeno
leather *n.* pelle *f.*; *adj.* di pelle
to leave *uscire (*irreg.*); *partire; *andare via (*irreg.*); lasciare (*to leave someone/something behind*)
left sinistra; **to the left** a sinistra
leg gamba
to lend prestare
less meno; di meno; **the least** il/la meno
lesson lezione *f.*
to let lasciare (+ *inf.*), permettere (*p.p.* permesso) (*irreg.*) (di + *inf.*)
lettuce lattuga
library biblioteca
license: driver's license patente *f.* di guida
life vita; *The New Life* La Vita Nuova (*by Dante*)
lift passaggio (*pl.* passaggi)
light luce *f.*
like come; **what is he/she like?** che tipo è?
to like *piacere (*p.p.* piaciuto) (*irreg.*)
likeable simpatico/a (*m. pl.* simpatici)
limb arto
line linea; riga, rigo (*pl.* righi); battuta (*dialogue line*)
liqueur liquore *m.*
lira lira
to listen to ascoltare
little *adj.* piccolo/a, poco/a (*m. pl.* pochi); *adv.* poco; **a little** un po'; **little mouse** topolino; **when little** da piccolo/a
liter litro (*almost a quart*)
live: broadcast live teletrasmesso in diretta
to live vivere[1] (*p.p.* vissuto) (*irreg.*); abitare (*to reside*); **to live in grand style** vivere da signori; **to live together** convivere (*p.p.* convissuto) (*irreg.*)
living room soggiorno, salotto
loaded: loaded with carico/a di (*m. pl.* carichi)
long lungo/a (*m. pl.* lunghi); **a long time ago** molto tempo fa; **long distance call** telefonata interurbana;

no longer non... più
to look at guardare; **to look at oneself** guardarsi; **to look for** cercare; **looking for work** in cerca di lavoro
to lose perdere (*p.p.* perso/perduto) (*irreg.*); **to lose weight** dimagrire (isc)
lot: a lot of molto/a
love amore *m.*, affetto
to love amare, volere bene a
luck fortuna; **what luck!** che fortuna!
lucky fortunato/a; **lucky you!** beato/a te!
lunch pranzo, seconda colazione
lyric lirico/a (*m. pl.* lirici)

M

Madam signora
magazine rivista
mailman postino
to maintain mantenere (*irreg.*)
majority maggioranza
to make fare (*p.p.* fatto) (*irreg.*); **to make a call** fare una telefonata; **to make a date** fissare un appuntamento; **to make a mistake** sbagliare, *sbagliarsi
male di sesso maschile/maschio
man uomo (*pl.* uomini)
many molti/e, tanti/e; **too many** troppi/e
map carta geografica; **small map** cartina
market mercato
marriage matrimonio (*pl.* matrimoni)
to marry sposare, *sposarsi
masterpiece capolavoro
may (do something) potere (*irreg.*) (+ *inf.*)
mayonnaise maionese *f.*
mean: means of transportation mezzo di trasporto
to mean significare, volere (*irreg.*) dire
meanwhile nel frattempo
mechanic meccanico; **mechanic's shop** officina
medicine medicina
to meet incontrare; conoscere (*p.p.* conosciuto) (*irreg.*), fare la conoscenza di; **pleased to meet you!** piacere!
memory memoria; ricordo (*remembrances*)

method modalità, metodo
Mexican *n.* messicano, messicana; *adj.* messicano/a
middle metà, mezzo; **in the middle** in mezzo
might: might as well . . . tanto, ormai...
mineral *adj.* minerale
minute minuto
mirror specchio (*pl.* specchi)
Miss signorina
to miss perdere (*p.p.* perso/perduto) (*irreg.*); **to be missing** mancare; **to long for** avere nostalgia di
to mix mescolare
modality modalità
model modello
moment momento
monarchy monarchia
Monday lunedì *m.*
money soldi *m. pl.*
month mese *m.*
monument monumento
mood umore *m.*
more di più; **the most** il più
morning mattina; **in the morning** di mattina; **this morning** stamattina, stamani
mother madre *f.*
motorboat motoscafo
motorcycle motocicletta; **by motorcycle** in motocicletta
mountain montagna; **to the mountains** in montagna
mouse topo; **little mouse** topolino
mouth bocca
to move cambiare casa (*change residence*); *trasferirsi
movie *n.* film *m.*; **TV movie** telefilm; **movie theater** cinematografo, cinema; *adj.* cinematografico/a (*m. pl.* cinematografici)
moving *adj.* commovente
Mr. Sig.
Mrs. Sig.ra
much molto/a; **not too much** poco; **so much** tanto
multiplication moltiplicazione *f.*
to murder ammazzare, uccidere (*p.p.* ucciso) (*irreg.*)
museum museo
mushroom fungo (*pl.* funghi); **with mushrooms** ai funghi
music musica
must (do something) dovere (*irreg.*) (+ *inf.*)

---

[1]**Vivere** may take either **essere** or **avere** in compound tenses.

N

name nome *m.*; **what's your name?** come ti chiami/si chiama?; **first name** nome *m.*; **last name** cognome *m.*
narrow stretto/a
near vicino a
nearby qui vicino
necessary necessario/a (*m. pl.* necessari); **it's necessary** bisogna; **to be necessary** bisognare (*impersonal verb*)
neck collo
to need avere bisogno di
never non... mai
new nuovo/a
newlyweds sposi (*m. pl.*)
news (**T.V.**) telegiornale *m.*
newspaper giornale *m.*
night notte *f.*; **at night** di notte; **opening night** prima
ninth nono/a
nobody nessuno
noise rumore *m.*
noodles fettuccine
nose naso
not non; **not bad** non c'è male; **not too well** poco bene
note biglietto
notebook quaderno
nothing niente, nulla
to notice notare, *accorgersi di (*p.p.* accorto) (*irreg.*)
novel romanzo
now adesso, ora; **by now** ormai; **by then** ormai
number numero; **phone number** numero di telefono

O

obsession ossessione *f.*, idea fissa
occupied occupato/a
of di
to offer offrire (*p.p.* offerto)
office ufficio (*pl.* uffici); **post office** ufficio postale
oil olio (*pl.* oli); **olive oil** olio d'oliva
OK va bene; d'accordo
old vecchio/a (*m. pl.* vecchi); antico/a (*m. pl.* antichi); **in the old days** nei tempi antichi
old-fashioned all'antica
olive oliva; **olive oil** olio d'oliva; **olive tree** olivo, ulivo
on su

only *adj.* solo/a, unico/a (*m. pl.* unici); *adv.* solo, solamente
to open aprire (*p.p.* aperto)
opening: opening night/performance prima
operation operazione *f.*
operator centralino
opinion opinione *f.*; **in my opinion** secondo me
opportunity occasione *f.*
opposition opposizione *f.*
order ordine *m.*; **in order to** per + *inf.*; **out of order** guasto/a
oregano origano
to organize organizzare
other altro/a; **on the other hand** invece
otherwise se no, altrimenti
out fuori; **out of order** guasto/a
to overcome superare
own: on his/her/my own per conto suo/mio

P

package pacco (*pl.* pacchi); **small package** pacchetto
pain dolore *m.*
painter pittore *m.*, pittrice *f.*
pair paio (*pl.* le paia)
palace palazzo
pants pantaloni
panty hose calze *f. pl.*, collant *m. s./pl.*
paper carta; **writing paper** carta da lettere
parents genitori
parking parcheggio (*pl.* parcheggi)
Parliament Parlamento
Parmesan (cheese) parmigiano
parsley prezzemolo
particular particolare
party festa; partito (*political*)
to pass †passare
pasta pasta *s.*; **filled pasta** agnolotti *pl.*
pastry pasta
patience pazienza
to pay (for) pagare; **to pay attention** stare attento/a
pea pisello
pearl perla
peasant contadino, contadina; paesano, paesana
pen penna
pencil matita
people gente *f. s.*

pepper pepe *m.*; **chili pepper** peperoncino
percent per cento
perfectly perfettamente
performance: opening performance prima
period periodo; **post–World War II period** dopoguerra
pharmacist farmacista *m./f.* (*m. pl.* farmacisti)
pharmacy farmacia
phone telefono; **phone book** elenco telefonico (*pl.* elenchi telefonici); **phone number** numero di telefono
to phone telefonare
pianist pianista *m./f.* (*m. pl.* pianisti)
to pick raccogliere (*p.p.* raccolto) (*irreg.*)
picture quadro; fotografia
pigeon colombo
pill pillola
pink rosa (*invariable*)
pity: what a pity! che peccato!
pizza pizza; **small pizza** pizzetta
place luogo (*pl.* luoghi), posto; **at our/your place** da noi/voi; **marketplace** mercato
to place mettere (*p.p.* messo) (*irreg.*)
to plan to avere intenzione *f.* di
plane aereo; **by plane** in aereo
to plant piantare
plastic plastica
plate piatto
to play (a game, a sport) giocare a (+ *n.*), **to play (an instrument)** suonare
player: cassette player registratore *m.*
player: tennis player tennista *m./f.* (*m. pl.* tennisti)
please per favore, per piacere; prego
pleasure piacere *m.*; **with pleasure** volentieri
to please piacere a (*p.p.* piaciuto) (*irreg.*); **pleased to meet you** piacere!
plot trama
plumber idraulico (*pl.* idraulici)
plural plurale *m.*
poached: poached fish pesce *m.* lesso
pocket tasca
pocketbook portafoglio (*pl.* portafogli)
poem poesia
poet poeta *m.* (*pl.* poeti), poetessa
poetry poesia
to poison avvelenare
police polizia *s.*
policeman poliziotto; **military policeman** carabiniere *m.*
political politico/a (*m. pl.* politici)
to pollute inquinare

pollution inquinamento
pool piscina
poor povero/a; **poor thing!** poverino/a!
portion porzione *f.*
post: post–World War II period
  dopoguerra
postcard cartolina illustrata, cartolina
post office ufficio postale
potato patata
to prefer preferire (isc)
prefix prefisso
to prepare preparare
president presidente *m.*, presidentessa
pretty carino/a; **pretty well**
  abbastanza bene
price prezzo; **fixed price** prezzo fisso
priest prete *m.*
princess principessa
private privato/a
problem problema *m.* (*pl.* problemi)
professor professore *m.* professoressa
program programma *m.* (*pl.*
  programmi)
proposal proposta
protagonist protagonista *m./f.* (*m. pl.*
  protagonisti)
provided: provided that purché
psychologist psicologo, psicologa
  (*m. pl.* psicologi)
public pubblico/a (*m. pl.* pubblici)
pullover maglione *m.*
pupil alunno, alunna
purse borsa; **small purse** borsetta
to put mettere (*p.p.* messo) (*irreg.*); **to
  put on** mettersi; **to put out** spegnere
  (*p.p.* spento) (*irreg.*)

Q

quality qualità
to quarrel litigare
quarter quarto

R

railroad ferrovia; **railroad station**
  stazione *f.*
rain pioggia
to rain piovere[2]
raincoat impermeabile *m.*
rather piuttosto
ravioli ravioli *m. pl.*
to reach raggiungere (*p.p.* raggiunto)
  (*irreg.*)

to read leggere (*p.p.* letto) (*irreg.*)
ready pronto/a
reality realtà
to realize *rendersi (*p.p.* reso) (*irreg.*)
  conto di, *accorgersi di (*p.p.*
  accorto) (*irreg.*)
really proprio, davvero; veramente;
  to be really thirsty avere una gran
  sete *f.*
to receive ricevere
reception ricevimento
recipe ricetta
to reciprocate contraccambiare
to recite recitare
recollection ricordo
to recommend raccomandare
to recount raccontare
to recover *guarire (isc)
red rosso/a
regards: Best regards Distinti saluti
refrigerator frigorifero
to refuse rifiutare, non volere (*irreg.*)
reign regno
relative parente *m./f.*
religious religioso/a
to remain *restare
remainder resto
to remember ricordare (di + *inf.*),
  *ricordarsi (di + *inf.*)
to remind ricordare a
to remove levare
Renaissance Rinascimento (*15th–16th
  centuries*)
renaissance *adj.* rinascimentale
repair: repair shop meccanico (*pl.*
  meccanici)
to repair riparare
report (**news**) servizio (*pl.* servizi)
to require richiedere (*p.p.* richiesto)
  (*irreg.*), esigere (*p.p.* esatto)
to reside (**in**) abitare (a)
rest riposo
to rest *riposarsi
restaurant ristorante *m.*; **small family
  restaurant** trattoria
to restore restaurare
to return *tornare, *ritornare (*to go
  back*); restituire (isc)
revenge vendetta
rhyme: nonsense rhyme filastrocca
rice riso; **rice dish** risotto
ride passaggio (*pl.* passaggi)
right destra; **all right** va bene; **right?**
  vero? **to the right** a destra; **right
  away** subito

to ring suonare; **to ring the bell**
  suonare il campanello
to rise †salire
to risk rischiare
roast arrosto
Roman romano
romantic romantico/a (*m. pl.*
  romantici); **the Romantic period**
  il periodo romantico
room camera, stanza; **double room**
  camera matrimoniale, doppia;
  single room camera singola; **living
  room** salotto
ruins rovine
to run †correre (*p.p.* corso) (*irreg.*)
rush: rush hour ora di punta
Russian *n.* russo, russa; *adj.* russo/a

S

sad triste
salad insalata
salami salame *m.*; **small salami**
  salamino
sale vendita; **discount sale** saldi *m. pl.*
salesclerk commesso, commessa
salt sale *m.*
to sample assaggiare
sandal sandalo
sandwich panino
Saturday sabato
sauce sugo, salsa; **with tomato-based
  sauce** alla marinara; **with Bolognese
  sauce** alla bolognese
to save salvare
to say dire (*p.p.* detto) (*irreg.*); **to say
  hello** salutare
schedule: on schedule in orario
scholar studioso/a
scholastic scolastico/a (*m. pl.* scolastici)
school scuola; facoltà (*university*)
sculptor scultore *m.*, scultrice *f.*
sea mare *m.*
seamstress sarta
season stagione *f.*
to season condire (isc)
second *n.* secondo; *adj.* secondo/a;
  second course secondo piatto
secret segreto
secular civile
to see vedere (*p.p.* visto/veduto)
  (*irreg.*); **see you!** ci vediamo! **see
  you tomorrow** a domani; **to see
  again** rivedere (*p.p.* riveduto/rivisto)
  (*irreg.*)

---

[2]**Piovere** may take either **avere** or **essere** in compound tenses.

to seem *parere (p.p. parso) (irreg.), *sembrare

to sell vendere; **sold out** esaurito

to send mandare, inviare

sensitive sensibile

serene tranquillo/a

to serve servire

to set fissare; **to set a date** fissare una data/un appuntamento; **to set the table** apparecchiare; **to set foot** mettere (p.p. messo) (irreg.) piede m.

set scena

setting scena

to settle *stabilirsi (isc)

seventh settimo/a

several alcuni/e pl.

to shake: **to shake hands with** dare la mano a

to shave *farsi la barba

shelf scaffale m., mensola

shirt camicia

shoe scarpa

shop negozio (pl. negozi); **mechanic's shop** officina; **at the mechanic's** dal meccanico

shore: **to the shore** al mare

short basso/a

shortly fra poco; brevemente

shoulder spalla

to shout gridare, urlare

show spettacolo; mostra; **antique show** mostra dell'antiquariato

to show mostrare; **to show a movie** dare (irreg.) un film; **to show up** farsi (p.p. fatto) (irreg.) vivo/a

shower doccia

Sicilian n. siciliano, siciliana; adj. siciliano/a

sick malato/a

sickness malattia

to sing cantare

singer cantante m./f.

single singolo/a; **single room** camera singola

singular singolare adj./n. m.

sink lavandino

silent: **to be silent** stare zitto/a

silver argento

silverware argento

Sir signore

sister sorella

to sit (down) *sedersi (irreg.)

sixth sesto/a

to ski sciare

skillet padella

skirt gonna

to sleep dormire

sly furbo/a

slope: **beginner's ski slope** campetto

small piccolo/a

smile sorriso

to smile sorridere (p.p. sorriso) (irreg.)

to smoke fumare

snatcher: **purse snatcher** scippatore m.

snow neve f.

to snow nevicare

so così

soap sapone m.

soccer calcio

socialist socialista m./f. (m. pl. socialisti)

socks calzini

sofa divano

soft morbido/a

some pron./adj. alcuni/e pl.; adj. qualche s.

someone qualcuno s.

something qualcosa, qualche cosa

son figlio (pl. figli)

sonnet sonetto

soon presto; **as soon as** appena; **as soon as possible** al più presto

sorry: **to be sorry** dispiacere (p.p. dispiaciuto) (irreg.), **I'm sorry** mi dispiace

southern meridionale, del Sud

spa terme f. pl.

spaghetti spaghetti m. pl.

Spanish spagnolo/a

sparkling wine spumante m.

to speak parlare; **to speak to one another** *parlarsi

special adj. speciale, particolare, straordinario/a (m. pl. straordinari)

spectator spettatore m.

to spend spendere (p.p. speso) (irreg.)

sport sport m.; **to do/participate in a sport** praticare uno sport

sprightly arzillo/a

square piazza

stadium stadio (pl. stadi)

to stare (at) fissare

station stazione f.

stationery carta da lettere; **stationery store** cartoleria

stay soggiorno

to stay *stare, *restare

steak bistecca

still ancora

to stir mescolare

stockings calze f. pl., collant m. s./pl.

stomach stomaco (pl. stomaci), pancia; **stomach ache** mal di stomaco

stop n. fermata, sosta; **bus stop** fermata dell'autobus

to stop fermare; **to stop by** *fermarsi da

stoplight semaforo

store negozio (pl. negozi); **stationery store** cartoleria; **department store** grande magazzino

storm temporale m.

story storia, favola; servizio (pl. servizi) (news); **short story** novella

stove: **gas stove** cucina a gas

straight dritto/a; **straight ahead** sempre dritto

strange strano/a

strawberry fragola

street strada

strength vigore m.

strike sciopero; **to go/be on strike** fare sciopero

student studente m., studentessa; **student table/desk** banco

to study studiare

style stile m.

subject tema m. (pl. temi)

subway metropolitana

to succeed (in doing something) *riuscire (irreg.) (a + inf.)

success successo

to suffer (from) soffrire (p.p. sofferto) (di)

to suffocate †soffocare

sugar zucchero

to suit stare (irreg.) bene a

suitable adatto/a

suitcase valigia

Sunday domenica

sunny: **it's sunny** c'è il sole

sure sicuro/a; **sure!** eccome! già!

to surpass superare

surprised sorpreso/a

surroundings dintorni m. pl.

surveyor: **land surveyor** geometra m. (pl. geometri)

system sistema m. (pl. sistemi)

sweater maglione m.; golf m.

to swim nuotare

Switzerland Svizzera

T

table tavolo; **coffee table** tavolino; **dinner table** tavola; **student table** banco (pl. banchi)

tablecloth tovaglia

tablespoon cucchiaio (pl. cucchiai)

to take prendere (p.p. preso) (irreg.); **how long does it take to . . . ?** quanto ci vuole per... ?; **to take a bath** fare il bagno; **to take a course**

seguire un corso; **to take an exam** fare (*irreg.*) un esame; **to go on an excursion** fare (*p.p.* fatto) (*irreg.*) una gita; **to take a shower** fare la doccia; **to take a trip** fare un viaggio; **to take a walk** fare una passeggiata; **to take it hard/to heart** prendersela; **to take pictures** fare fotografie

to talk parlare

tall alto/a

taste gusto

to taste assaggiare

tax tassa

taxi tassì *m.*

to teach insegnare

teacher insegnante *m./f.*; professore *m.*, professoressa; **elementary school teacher** maestro, maestra

team squadra

tear lacrima

teaspoon cucchiaino

to telephone telefonare

television *adj.* televisivo/a

television/TV set televisione *f.*, televisore *m.*

to tell dire (*p.p.* detto) (*irreg.*); **to tell a story/fact** raccontare

temperature temperatura

tennis tennis *m.*; **to play tennis** giocare a tennis

tent tenda

tenth decimo/a

terrible pessimo/a

territory territorio (*pl.* territori)

test esame *m.*; analisi *f.* (*medical*)

to thank ringraziare

thanks grazie

that *conj.* che; *relative pron.* che; **so that** perché

theater teatro; **movie theater** cinematografo, cinema

theme tema *m.* (*pl.* temi)

then allora

there ci; là, lì; **there is/are** c'è/ci sono

therefore perciò

thick spesso/a; grosso/a

thin magro/a

thing cosa; **poor thing!** poverino/a! **things to do** cose da fare

to think pensare

third terzo/a

this questo/a

thought pensiero

through attraverso

Thursday giovedì *m.*

thus così

ticket biglietto

tie cravatta

tight stretto/a

time tempo; ora; volta; **a long time ago** molto tempo fa; **it's time to . . .** è ora di... ; **on time** in orario; **this time** questa volta; **time to waste** tempo da perdere

tiring faticoso/a

to a; in

today oggi; **what's today's date?** quanti ne abbiamo oggi?

together insieme

toilet tazza

token (*for telephone calls*) gettone *m.*

tomato pomodoro

tomb tomba

tomorrow domani; **see you tomorrow** a domani

tongue twister scioglilingua

tonight questa sera, stasera

too anche

too much *adj.* troppo/a; *adv.* troppo; **not too much** poco; **not too well** poco bene

tooth dente *m.*

toothache mal di denti

toothbrush spazzolino da denti

toothpaste dentifricio (*pl.* dentifrici)

torte torta

tortellini tortellini *m. pl.*

to touch toccare

tour giro

tourist turista *m./f.* (*m. pl.* turisti)

towards verso

towel asciugamano *m.*

town città; **small town** paese *m.*

track binario (*pl.* binari)

trade industria; **tourist trade** industria del tempo libero

traditionalist tradizionalista *m./f.* (*m. pl.* tradizionalisti)

traffic traffico

train treno; **express train** rapido

tranquil tranquillo/a

transportation: means of transportation mezzo di trasporto

transfer trasferimento

Trastevere a picturesque section of Rome

travel: travel agency agenzia di viaggi

to travel viaggiare

tree albero; **olive tree** olivo, ulivo

trip viaggio (*pl.* viaggi)

triumph trionfo

trouble: heart trouble mal di cuore *m.*

trout trota

truth verità

to try provare (a + *inf.*); cercare (di + *inf.*)

Tuesday martedì *m.*

to turn girare, voltare; **to turn off** spegnere (*p.p.* spento) (*irreg.*); **to**

turn . . . years old compiere... anni

turntable giradischi *m. s./pl.*

TV TV (*pronounced "tivvù"*); **on TV** alla TV

twenty: about twenty una ventina

type tipo

typewriter macchina da scrivere

U

ugly brutto/a

underbriefs (*man's*) slip

undercooked al dente

to understand capire (isc)

unemployed disoccupato/a

unfortunately purtroppo

university università

unless a meno che... non

unpleasant antipatico/a

to use usare; **to use the formal/ informal form of address** dare (*p.p.* dato) (*irreg.*) del Lei/del tu

usual solito; **as usual** come al solito

usually di solito

V

vacancy: no vacancy tutto esaurito

vacation vacanza; **on vacation** in vacanza; **paid vacation** ferie *f. pl.*

vacuum cleaner aspirapolvere *m.*

valley valle *f.*

various vario/a (*m. pl.* vari)

veal vitella

vegetarian vegetariano/a

very molto, tanto

Vesuvius: Mount Vesuvius Vesuvio

vet veterinario (*pl.* veterinari)

view vista, panorama *m.* (*pl.* panorami); **in view of** in vista di

villa villa

village paese *m.*

vine vite *f. s.*

vineyard vigna

violinist violinista *m./f.* (*m. pl.* violinisti)

visit visita

to visit visitare, fare visita a; **to go/ come visit** andare/venire a trovare

voice voce *f.*

vote voto

to vote votare

W

to wait (for) aspettare; **please wait** si prega aspettare

waiter cameriere *m.*, cameriera

to **wake up** *svegliarsi
to **walk** camminare
wall muro
wallet portafoglio (*pl.* portafogli)
to **want** volere (*irreg.*)
war guerra; **post–World War II period**
  dopoguerra
wardrobe armadio (*pl.* armadi)
warm caldo; **to be warm** avere caldo;
  to be warm (weather) fare caldo
to **wash** lavare; **to wash up** *lavarsi
washing machine lavatrice *f.*
to **waste: time to waste** tempo da
  perdere
to **watch** guardare
water acqua
to **water** annaffiare
weather tempo; **how is the weather?**
  che tempo fa?; **it's hot/cold** fa
  caldo/freddo; **it's bad/nice weather**
  fa brutto/bello
week settimana
weekend weekend *m.*
weekly (newspaper/magazine)
  settimanale *m.*
wedding nozze *f. pl.*; **wedding dress**
  abito da sposa
Wednesday mercoledì *m.*
well bene; **very well** molto bene;
  pretty well abbastanza bene; **not
  too well** poco bene; **to be well** stare
  bene

what che, che cosa, cosa; **what color
  is it?** di che colore è?; **what is he/
  she/it like?** com'è?; **what is your
  name** come ti/si chiami/chiama?
where dove; **where are you from** di
  dove sei/è?
which *relative pron.* che, quale, *prep.*
  + cui; *adj.* quale; **that which** quello
  che, quel che, ciò che; *interrogative
  pron./adj.* quale; **which is?** qual è?
whichever qualunque
while mentre; **in a short while** tra/fra
  poco
whipped: whipped cream panna
  montata
white bianco/a (*m. pl.* bianchi)
who che; chi; **the one who** quello/a
  che; **those who** quelli/e che
whole intero/a
whom *relative pron.* che, *prep.* + cui;
  prep. + chi (*interrogative*)
whose di chi
why perché
to **win** vincere (*p.p.* vinto) (*irreg.*)
window finestra; **shop window**
  vetrina
windy: it's windy tira vento
wine vino; **sparkling wine** spumante
  m.
winter inverno
to **wish** augurare, *augurarsi (di +
  inf.*); desiderare

wishes: best wishes auguri; tanti
  auguri
with con
within tra, fra
without senza; **without you** senza di te
wood legno, legna (*firewood*); **woods**
  bosco (*pl.* boschi)
word parola; **bad word** parolaccia
to **work** lavorare; funzionare
work lavoro; **artistic work** opera
worker lavoratore *m.*, lavoratrice *f.*;
  factory worker operaio, operaia (*m.
  pl.* operai)
worse *adv.* peggio; *adj.* peggiore; **the
  worst** il peggiore
to **write** scrivere (*p.p.* scritto) (*irreg.*);
  to write up the bill fare (*p.p.* fatto)
  (*irreg.*) il conto; **writing paper** carta
  da lettere

Y

year anno; **New Year's Day**
  Capodanno
yellow giallo/a
yesterday ieri; **the day before
  yesterday** l'altro ieri, ieri l'altro
yet ancora; già; **not yet** non... ancora
young giovane; **youngest** il/la minore;
  as a young man/woman da giovane
youth giovinezza
youthful giovanile

INDEX

About the Authors

Antonella Pease is associate professor of Italian at the University of Texas, Austin. Born and raised in Florence, Italy, she studied languages and literature in Italy and abroad and received her Laurea from the University of Florence. She is a contributing author to the first-year Italian text *Prego!* and the main author of the intermediate cultural reader *Vivere all'italiana*.

Daniela Bini is assistant professor of Italian at the University of Texas, Austin. Born in Rome, she received her Laurea in Philosophy from the University of Rome and her doctoral degree in comparative literature from the University of Texas. She has published a book and a number of articles on the literature and philosophy of the nineteenth and twentieth centuries. She also collaborated with her colleague and friend, Antonella Pease, on *Vivere all'italiana*.